大学赤本シリーズ

406

明治大学

政治経済学部－学部別入試

教学社

は　し　が　き

おかげさまで，大学入試の「赤本」は，今年で創刊 70 周年を迎えました。

これまで，入試問題や資料をご提供いただいた大学関係者各位，掲載許可をいただいた著作権者の皆様，各科目の解答や対策の執筆にあたられた先生方，そして，赤本を使用してくださったすべての読者の皆様に，厚く御礼を申し上げます。

以下に，創刊初期の「赤本」のはしがきを引用します。これからも引き続き，受験生の目標の達成や，夢の実現を応援してまいります。

本書を活用して，入試本番では持てる力を存分に発揮されることを心より願っています。

編者しるす

＊　＊　＊

学問の塔にあこがれのまなざしをもって，それぞれの志望する大学の門をたたかんとしている受験生諸君！　人間として生まれてきた私たちは，自己の欲するままに，美しく，強く，そして何よりも人間らしく生きることをねがっている。しかし，一朝一夕にして，この純粋なのぞみが達せられることはない。私たちの行く手には，絶えずさまざまな試練がまちかまえている。この試練を克服していくところに，私たちのねがう真に人間的な世界がはじめて開かれてくるのである。

人生最初の最大の試練として，諸君の眼前に大学入試がある。この大学入試は，精神的にも身体的にも，大きな苦痛を感ぜしめるであろう。あるスポーツに熟達するには，たゆみなき，はげしい練習を積み重ねることが必要であるように，私たちは，計画的・持続的な努力を払うことによって，この試練を克服し，次の一歩を踏みだすことができる。厳しい試練を経たのちに，はじめて満足すべき成果を獲得できるのである。

本書は最近の入学試験の問題に，それぞれ解答を付し，さらに問題をふかく分析することによって，その大学独特の傾向や対策をさぐろうとした。本書を一般の参考書とあわせて使用し，まとはずれのない，効果的な受験勉強をされるよう期待したい。

（昭和 35 年版「赤本」はしがきより）

挑む人の、いちばんの味方

赤本創刊70周年

1954年に大学入試の過去問題集を刊行してから70年。赤本は大学に入りたいと思う受験生を応援しつづけてきました。これからも，苦しいとき落ち込むときにそばで支える存在でいたいと思います。

そして，勉強をすること，自分で道を決めること，努力が実ること，これらの喜びを読者の皆さんが感じることができるよう，伴走をつづけます。

そもそも赤本とは…

受験生のための大学入試の過去問題集！

70年の歴史を誇る赤本は，500点を超える刊行点数で全都道府県の370大学以上を網羅しており，過去問の代名詞として受験生の必須アイテムとなっています。

…………… なぜ受験に過去問が必要なのか？ ……………

大学入試は大学によって問題形式や頻出分野が大きく異なるからです。

赤本の掲載内容

傾向と対策

これまでの出題内容から，問題の「**傾向**」を分析し，来年度の入試に向けて具体的な「**対策**」の方法を紹介しています。

問題編・解答編

- 年度ごとに問題とその解答を掲載しています。
- 「**問題編**」ではその年度の試験概要を確認したうえで，実際に出題された過去問に取り組むことができます。
- 「**解答編**」には高校・予備校の先生方による解答が載っています。

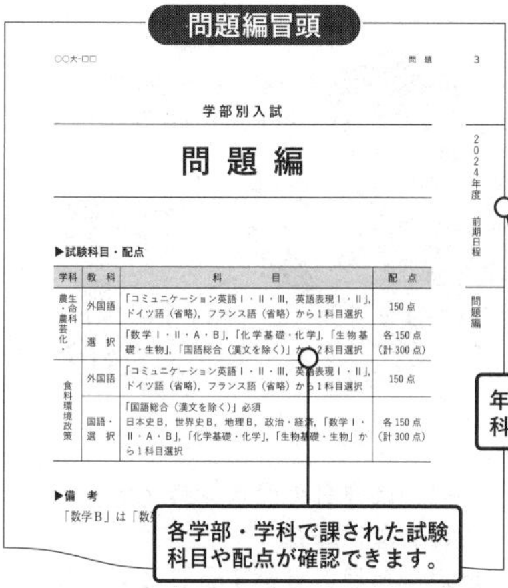

○○大-□□　問題　3

学部別入試

問題編

2024年度　前期日程　問題編

▶試験科目・配点

学科	教科	科目	配点
農芸化・生命科・農	外国語	「コミュニケーション英語Ⅰ・Ⅱ・Ⅲ，英語表現Ⅰ・Ⅱ」，ドイツ語（省略），フランス語（省略）から1科目選択	150点
	選択	「数学Ⅰ・Ⅱ・A・B」，「化学基礎・化学」，「生物基礎・生物」，「国語総合（漢文を除く）」から2科目選択	各150点（計300点）
食料環境政策	外国語	「コミュニケーション英語Ⅰ・Ⅱ・Ⅲ，英語表現Ⅰ・Ⅱ」，ドイツ語（省略），フランス語（省略）から1科目選択	150点
	国語・選択	「国語総合（漢文を除く）」必須 日本史B，世界史B，地理B，政治・経済，「数学Ⅰ・Ⅱ・A・B」，「化学基礎・化学」，「生物基礎・生物」から1科目選択	各150点（計300点）

▶備　考

「数学B」は「数

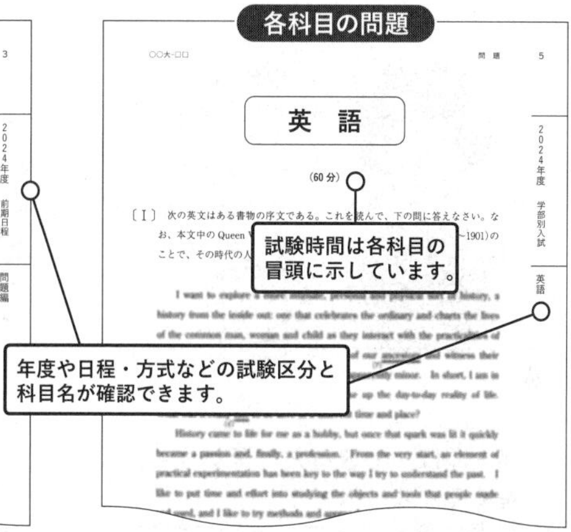

○○大-□□　問題　5

英　語

（60分）

2024年度　学部別入試　英語

〔Ⅰ〕 次の英文はある書物の序文である。これを読んで，下の問に答えなさい。なお，本文中の Queen V ～1901）のことで，その時代の人

History came to life for me as a hobby, but once that spark was lit it quickly became a passion and, finally, a profession. From the very start, an element of practical experimentation has been key to the way I try to understand the past. I like to put time and effort into studying the objects and tools that people made and used, and I like to try methods and

他にも，大学の基本情報や，先輩受験生の合格体験記，在学生からのメッセージなどが載っていることがあります。

掲載内容について

著作権上の理由やその他編集上の都合により問題や解答の一部を割愛している場合があります。
なお，指定校推薦入試，社会人入試，編入学試験，帰国生入試などの特別入試，英語以外の外国語科目，商業・工業科目は，原則として掲載しておりません。また試験科目は変更される場合がありますので，あらかじめご了承ください。

受験勉強は

過去問に始まり，

STEP 1　なにはともあれ

まずは解いてみる

しずかに…
今，自分の心と
向き合ってるんだから
ムーン
それは
問題を解いて
からだホン!

過去問は，**できるだけ早いうちに解く**のがオススメ！
実際に解くことで，**出題の傾向，問題のレベル，今の自分の実力**がつかめます。

STEP 2　じっくり具体的に

弱点を分析する

分析の結果だけど
英・数・国が苦手みたい
スリー
必須科目だホン
頑張るホン

間違いは自分の弱点を教えてくれる**貴重な情報源**。
弱点から自己分析することで，**今の自分に足りない力や苦手な分野**が見えてくるはず！

合格者があかす赤本の使い方

傾向と対策を熟読
（Fさん／国立大合格）

大学の出題傾向を調べるために，赤本に載っている「傾向と対策」を熟読しました。

繰り返し解く
（Tさん／国立大合格）

1周目は問題のレベル確認，2周目は苦手や頻出分野の確認に，3周目は合格点を目指して，と過去問は繰り返し解くことが大切です。

過去問に終わる。

STEP 3

志望校にあわせて

苦手分野の重点対策

明日からはみんなで頑張るよ！
参考書も！ 問題集も！
よろしくね！
呼んだ？
なにを!?
どこから!?
グッ
グッ

参考書や問題集を活用して，苦手分野の**重点対策**をしていきます。**過去問を指針**に，合格へ向けた具体的な学習計画を立てましょう！

STEP 1 ▶ 2 ▶ 3

サイクルが大事!

実践を繰り返す

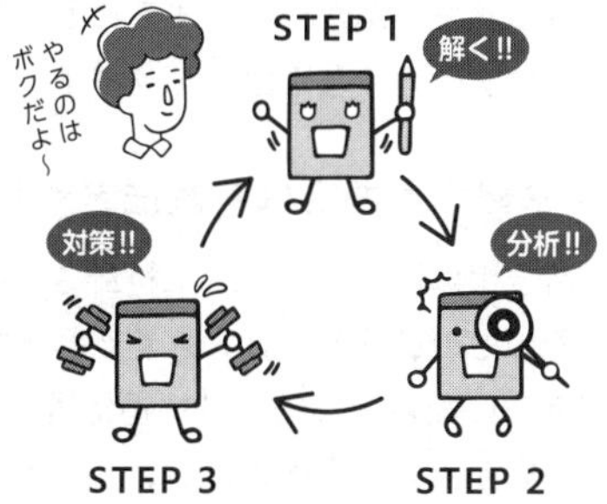
やるのはボクだよ～
STEP 1
解く!!
分析!!
対策!!
STEP 3
STEP 2

STEP 1～3を繰り返し，実力アップにつなげましょう！**出題形式に慣れること**や，**時間配分を考えること**も大切です。

目標点を決める

（Yさん／私立大合格）

赤本によっては合格者最低点が載っているので，それを見て目標点を決めるのもよいです。

時間配分を確認

（Kさん／私立大学合格）

赤本は時間配分や解く順番を決めるために使いました。

添削してもらう

（Sさん／私立大学合格）

記述式の問題は先生に添削してもらうことで自分の弱点に気づけると思います。

新課程入試 Q&A

2022年度から新しい学習指導要領（新課程）での授業が始まり，2025年度の入試は，新課程に基づいて行われる最初の入試となります。ここでは，赤本での新課程入試の対策について，よくある疑問にお答えします。

Q1. 赤本は新課程入試の対策に使えますか？

A. もちろん使えます！

旧課程入試の過去問が新課程入試の対策に役に立つのか疑問に思う人もいるかもしれませんが，心配することはありません。旧課程入試の過去問が役立つのには次のような理由があります。

● 学習する内容はそれほど変わらない

新課程は旧課程と比べて科目名を中心とした変更はありますが，学習する内容そのものはそれほど大きく変わっていません。また，多くの大学で，既卒生が不利にならないよう「経過措置」がとられます（Q３参照）。したがって，出題内容が大きく変更されることは少ないとみられます。

● 大学ごとに出題の特徴がある

これまでに課程が変わったときも，各大学の出題の特徴は大きく変わらないことがほとんどでした。入試問題は各大学のアドミッション・ポリシーに沿って出題されており，過去問にはその特徴がよく表れています。過去問を研究してその大学に特有の傾向をつかめば，最適な対策をとることができます。

出題の特徴の例	・英作文問題の出題の有無 ・論述問題の出題（字数制限の有無や長さ） ・計算過程の記述の有無

新課程入試の対策も，赤本で過去問に取り組むところから始めましょう。

Q2. 赤本を使う上での注意点はありますか？

A. 志望大学の入試科目を確認しましょう。

過去問を解く前に，過去の出題科目（問題編冒頭の表）と 2025 年度の募集要項とを比べて，課される内容に変更がないかを確認しましょう。ポイントは以下のとおりです。科目名が変わっていても，実際は旧課程の内容とほとんど同様のものもあります。

英語・国語	科目名は変更されているが，実質的には変更なし。 ▶▶ **ただし，リスニングや古文・漢文の有無は要確認。**
地歴	科目名が変更され，「歴史総合」「地理総合」が新設。 ▶▶ **新設科目の有無に注意。ただし，「経過措置」(Q3参照) により内容は大きく変わらないことも多い。**
公民	「現代社会」が廃止され，「公共」が新設。 ▶▶ **「公共」は実質的には「現代社会」と大きく変わらない。**
数学	科目が再編され，「数学 C」が新設。 ▶▶ **「数学」全体としての内容は大きく変わらないが，出題科目と単元の変更に注意。**
理科	科目名も学習内容も大きな変更なし。

数学については，科目名だけでなく，どの単元が含まれているかも確認が必要です。例えば，出題科目が次のように変わったとします。

旧課程	「数学Ⅰ・数学Ⅱ・数学 A・数学 B（数列・ベクトル）」
新課程	「数学Ⅰ・数学Ⅱ・数学 A・**数学 B（数列）**・**数学 C（ベクトル）**」

この場合，新課程では「数学C」が増えていますが，単元は「ベクトル」のみのため，実質的には旧課程とほぼ同じであり，過去問をそのまま役立てることができます。

Q3. 「経過措置」とは何ですか？

A. 既卒の旧課程履修者への対応です。

多くの大学では，既卒の旧課程履修者が不利にならないように，出題において「経過措置」が実施されます。措置の有無や内容は大学によって異なるので，募集要項や大学のウェブサイトなどで確認しておきましょう。

○旧課程履修者への経過措置の例

- 旧課程履修者にも配慮した出題を行う。
- 新・旧課程の共通の範囲から出題する。
- 新課程と旧課程の共通の内容を出題し，共通範囲のみでの出題が困難な場合は，旧課程の範囲からの問題を用意し，選択解答とする。

例えば，地歴の出題科目が次のように変わったとします。

旧課程	「日本史 B」「世界史 B」から１科目選択
新課程	**「歴史総合**，日本史探究」「**歴史総合**，世界史探究」から１科目選択※ ※旧課程履修者に不利益が生じることのないように配慮する。

「歴史総合」は新課程で新設された科目で，旧課程履修者には見慣れないものですが，上記のような経過措置がとられた場合，新課程入試でも旧課程と同様の学習内容で受験することができます。

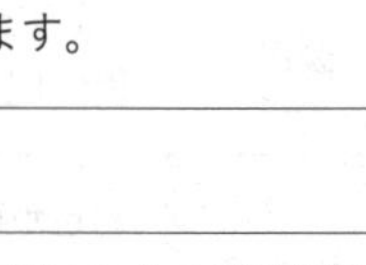

新課程の情報は WEB もチェック！
より詳しい解説が赤本ウェブサイトで見られます。
https://akahon.net/shinkatei/

科目名が変更される教科・科目

	旧課程	新課程
国語	国語総合 国語表現 現代文A 現代文B 古典A 古典B	現代の国語 言語文化 論理国語 文学国語 国語表現 古典探究
地歴	日本史A 日本史B 世界史A 世界史B 地理A 地理B	歴史総合 日本史探究 世界史探究 地理総合 地理探究
公民	現代社会 倫理 政治・経済	公共 倫理 政治・経済
数学	数学Ⅰ 数学Ⅱ 数学Ⅲ 数学A 数学B 数学活用	数学Ⅰ 数学Ⅱ 数学Ⅲ 数学A 数学B 数学C
外国語	コミュニケーション英語基礎 コミュニケーション英語Ⅰ コミュニケーション英語Ⅱ コミュニケーション英語Ⅲ 英語表現Ⅰ 英語表現Ⅱ 英語会話	英語コミュニケーションⅠ 英語コミュニケーションⅡ 英語コミュニケーションⅢ 論理・表現Ⅰ 論理・表現Ⅱ 論理・表現Ⅲ
情報	社会と情報 情報の科学	情報Ⅰ 情報Ⅱ

目　次

2022年度 問題と解答

●学部別入試

解答用紙は，赤本オンラインに掲載しています。

https://akahon.net/kkm/mej/index.html

※掲載内容は，予告なしに変更・中止する場合があります。

UNIVERSITY GUIDE

大学情報

基本情報

沿革

1881（明治 14）	明治法律学校開校
1903（明治 36）	専門学校令により明治大学と改称
1904（明治 37）	学則改正により法学部・政学部・文学部・商学部を設置
1920（大正　9）	大学令により明治大学設立認可
1949（昭和 24）	新制明治大学設置認可。法学部・商学部・政治経済学部・文学部・工学部・農学部を置く
1953（昭和 28）	経営学部設置
1989（平成元年）	工学部を理工学部に改組
2004（平成 16）	情報コミュニケーション学部設置
2008（平成 20）	国際日本学部設置
2013（平成 25）	総合数理学部設置
2021（令和　3）	創立 140 周年

大学マーク

明治大学には，「伝統を受け継ぎ，新世紀に向けて大きく飛躍・上昇する明治大学」をイメージした大学マークがあります。この大学マークのコンセプトは，明治大学の「M」をモチーフとして，21 世紀に向けて明治大学が「限りなく飛翔する」イメージ，シンプルなデザインによる「親しみやすさ」，斬新な切り口による「未来へのメッセージ」を伝えています。

学部・学科の構成

大　学

●**法学部**　1・2 年：和泉キャンパス／3・4 年：駿河台キャンパス

法律学科（ビジネスローコース，国際関係法コース，法と情報コース，公共法務コース，法曹コース）

●**商学部**　1・2 年：和泉キャンパス／3・4 年：駿河台キャンパス

商学科（アプライド・エコノミクスコース，マーケティングコース，ファイナンス＆インシュアランスコース，グローバル・ビジネスコース，マネジメントコース，アカウンティングコース，クリエイティブ・ビジネスコース）

●**政治経済学部**　1・2 年：和泉キャンパス／3・4 年：駿河台キャンパス

政治学科

経済学科

地域行政学科

●**文学部**　1・2 年：和泉キャンパス／3・4 年：駿河台キャンパス

文学科（日本文学専攻，英米文学専攻，ドイツ文学専攻，フランス文学専攻，演劇学専攻，文芸メディア専攻）

史学地理学科（日本史学専攻，アジア史専攻，西洋史学専攻，考古学専攻，地理学専攻）

心理社会学科（臨床心理学専攻，現代社会学専攻，哲学専攻）

●理工学部　生田キャンパス
電気電子生命学科（電気電子工学専攻，生命理工学専攻）
機械工学科
機械情報工学科
建築学科
応用化学科
情報科学科
数学科
物理学科

●農学部　生田キャンパス
農学科
農芸化学科
生命科学科
食料環境政策学科

●経営学部　1・2年：和泉キャンパス／3・4年：駿河台キャンパス
経営学科
会計学科
公共経営学科
（備考）学部一括入試により，2年次から学科に所属となる。

●情報コミュニケーション学部　1・2年：和泉キャンパス／3・4年：駿河台キャンパス
情報コミュニケーション学科

●国際日本学部　中野キャンパス
国際日本学科

●総合数理学部　中野キャンパス
現象数理学科
先端メディアサイエンス学科
ネットワークデザイン学科

大学院

法学研究科 / 商学研究科 / 政治経済学研究科 / 経営学研究科 / 文学研究科 / 理工学研究科 / 農学研究科 / 情報コミュニケーション研究科 / 教養デザイン研究科 / 先端数理科学研究科 / 国際日本学研究科 / グローバル・ガバナンス研究科 / 法務研究科（法科大学院）/ ガバナンス研究科（公共政策大学院）/ グローバル・ビジネス研究科（ビジネススクール）/ 会計専門職研究科（会計大学院）

（注）学部・学科・専攻および大学院に関する情報は 2024 年 4 月時点のものです。

大学所在地

中野キャンパス

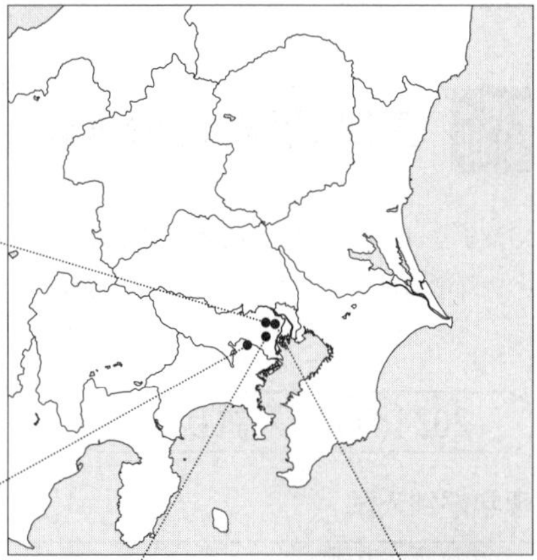

生田キャンパス

和泉キャンパス

駿河台キャンパス

駿河台キャンパス	〒101-8301	東京都千代田区神田駿河台 1-1
和泉キャンパス	〒168-8555	東京都杉並区永福 1-9-1
生田キャンパス	〒214-8571	神奈川県川崎市多摩区東三田 1-1-1
中野キャンパス	〒164-8525	東京都中野区中野 4-21-1

入試データ

入試状況（志願者数・競争率など）

○競争率は受験者数÷合格者数で算出。

○個別学力試験を課さない大学入学共通テスト利用入試は１カ年分のみ掲載。

2024 年度 入試状況

●学部別入試

（ ）内は女子内数

学部・学科等			募集人員	志願者数	受験者数	合格者数	競争率
法	法律		315	3,971(1,498)	3,283(1,229)	771(256)	4.3
商	学部別		485	8,289(2,589)	7,251(2,278)	1,301(346)	5.6
商	英語4技能試験利用		15	950(402)	834(351)	173(62)	4.8
政治経済	政治		105	1,132(346)	1,057(321)	453(130)	2.3
政治経済	経済		290	3,779(785)	3,564(740)	1,137(234)	3.1
政治経済	地域行政		70	769(249)	730(240)	223(71)	3.3
文	文	日本文学	70	1,018(587)	896(520)	180(107)	5.0
文	文	英米文学	68	912(440)	833(402)	182(79)	4.6
文	文	ドイツ文学	23	393(177)	359(166)	67(30)	5.4
文	文	フランス文学	24	297(151)	270(139)	62(31)	4.4
文	文	演劇学	29	245(191)	213(167)	44(35)	4.8
文	文	文芸メディア	43	617(388)	547(347)	105(58)	5.2
文	史学地理	日本史学	51	760(250)	683(229)	138(42)	4.9
文	史学地理	アジア史	20	282(115)	249(103)	51(22)	4.9
文	史学地理	西洋史学	32	452(163)	392(143)	69(23)	5.7
文	史学地理	考古学	24	358(133)	321(115)	57(13)	5.6
文	史学地理	地理学	27	318(72)	279(63)	55(13)	5.1
文	心理社会	臨床心理学	24	524(337)	460(288)	58(38)	7.9
文	心理社会	現代社会学	26	606(361)	534(318)	96(53)	5.6
文	心理社会	哲学	20	279(110)	239(94)	48(17)	5.0

（表つづく）

学部・学科等		募集人員	志願者数	受験者数	合格者数	競争率
理工	電気電子生命 電気電子工学	80	835(62)	795(59)	308(28)	2.6
	電気電子生命 生命理工学	27	406(131)	382(125)	123(37)	3.1
	機械工	75	1,784(137)	1,715(128)	413(37)	4.2
	機械情報工	66	754(76)	719(73)	276(27)	2.6
	建築	88	1,542(465)	1,473(448)	340(105)	4.3
	応用化	60	1,509(465)	1,442(442)	472(126)	3.1
	情報科	65	1,853(238)	1,745(222)	418(43)	4.2
	数	32	556(56)	529(52)	192(11)	2.8
	物理	35	908(111)	867(103)	273(22)	3.2
農	農	90	1,240(426)	1,049(351)	266(98)	3.9
	農芸化	84	1,037(647)	860(527)	201(116)	4.3
	生命科	92	1,316(630)	1,060(494)	257(113)	4.1
	食料環境政策	79	1,158(470)	1,037(414)	186(89)	5.6
経営	3科目	342	7,211(2,169)	6,938(2,088)	1,457(404)	4.8
	英語4技能試験活用	40	248(105)	240(100)	64(27)	3.8
情報コミュニケーション	情報コミュニケーション	357	5,014(2,249)	4,855(2,189)	971(422)	5.0
国際日本	3科目	130	2,182(1,389)	2,105(1,347)	554(341)	3.8
	英語4技能試験活用	100	1,079(687)	1,051(669)	536(346)	2.0
総合数理	現象数理	35	678(103)	579(95)	99(11)	5.8
	先端メディアサイエンス	51	931(269)	792(232)	128(36)	6.2
	ネットワークデザイン	27	359(58)	292(47)	62(10)	4.7
合計		3,716	58,551(20,287)	53,519(18,458)	12,866(4,109)	—

（備考）数値には追加合格・補欠合格（農学部のみ）を含む。

●全学部統一入試

（　）内は女子内数

学部	学科等		募集人員	志願者数	受験者数	合格者数	競争率
法	法律		115	2,343(894)	2,237(849)	570(208)	3.9
商	商		80	2,310(832)	2,232(808)	349(113)	6.4
政治経済	政治		20	523(172)	502(162)	117(32)	4.3
	経済		50	1,517(335)	1,447(319)	316(59)	4.6
	地域行政		20	495(157)	480(154)	82(23)	5.9
文	文	日本文学	16	409(234)	387(221)	77(46)	5.0
		英米文学	18	441(236)	430(229)	92(37)	4.7
		ドイツ文学	7	125(56)	122(55)	22(10)	5.5
		フランス文学	8	181(85)	169(82)	37(20)	4.6
		演劇学	8	155(124)	150(120)	26(18)	5.8
		文芸メディア	7	268(170)	254(161)	45(25)	5.6
	史学地理	日本史学	15	318(102)	310(99)	66(18)	4.7
		アジア史	6	129(60)	121(58)	24(9)	5.0
		西洋史学	8	232(89)	220(84)	52(17)	4.2
		考古学	7	162(63)	159(63)	29(12)	5.5
		地理学	11	191(48)	186(45)	49(8)	3.8
	心理社会	臨床心理学	11	285(199)	275(193)	42(28)	6.5
		現代社会学	10	371(241)	356(233)	57(32)	6.2
		哲学	8	144(56)	131(53)	35(12)	3.7
理工	電気電子生命	電気電子工学	20	283(28)	263(27)	104(13)	2.5
		生命理工学	10	174(61)	165(59)	67(22)	2.5
	機械工		12	514(35)	451(31)	100(5)	4.5
	機械情報工		17	302(32)	278(28)	99(9)	2.8
	建築		19	513(161)	477(147)	108(35)	4.4
	応用化		12	314(96)	280(84)	92(15)	3.0
	情報科		12	543(84)	495(79)	93(10)	5.3
	数		10	181(26)	172(23)	49(3)	3.5
	物理		5	185(25)	165(22)	51(6)	3.2

（表つづく）

学部・学科等			募集人員	志願者数	受験者数	合格者数	競争率
農	3科目	農	15	501(　174)	464(　165)	95(　38)	4.9
		農芸化	15	399(　269)	384(　260)	78(　49)	4.9
		生命科	10	423(　209)	398(　196)	74(　35)	5.4
		食料環境政策	5	254(　106)	241(　104)	56(　23)	4.3
	英語4技能3科目	農	5	148(　67)	140(　65)	29(　14)	4.8
		農芸化	5	172(　121)	167(　118)	27(　18)	6.2
		生命科	5	171(　93)	164(　88)	32(　17)	5.1
		食料環境政策	3	178(　95)	173(　93)	28(　12)	6.2
経営	3科目		27	1,505(　521)	1,454(　503)	134(　40)	10.9
	英語4技能3科目		3	517(　234)	506(　228)	55(　19)	9.2
情報コミュニケーション	情報コミュニケーション		25	1,469(　706)	1,424(　684)	166(　70)	8.6
国際日本	3科目		10	680(　415)	662(　401)	59(　29)	11.2
	英語4技能3科目		18	774(　494)	759(　482)	117(　64)	6.5
総合数理	3科目	現象数理	4	78(　13)	73(　12)	8(　1)	9.1
		先端メディアサイエンス	2	65(　24)	54(　22)	2(　0)	27.0
	4科目	現象数理	12	207(　38)	201(　37)	43(　4)	4.7
		先端メディアサイエンス	15	326(　107)	308(　102)	63(　10)	4.9
		ネットワークデザイン	26	293(　51)	277(　46)	82(　5)	3.4
	英語4技能4科目	現象数理	1	79(　17)	76(　16)	12(　1)	6.3
		先端メディアサイエンス	2	101(　37)	95(　35)	18(　6)	5.3
		ネットワークデザイン	1	90(　15)	87(　15)	14(　1)	6.2
合計			751	22,038(8,507)	21,021(8,160)	4,042(1,301)	—

●大学入学共通テスト利用入試

（　）内は女子内数

学部・方式・学科等					募集人員	志願者数	受験者数	合格者数	競争率
前期日程	法	3科目	法律		60	2,367(1,017)	2,364(1,016)	927(445)	2.6
		4科目	法律		40	582(251)	581(250)	318(155)	1.8
		5科目	法律		40	1,776(631)	1,774(630)	990(365)	1.8
	商	4科目	商		50	542(203)	539(203)	193(70)	2.8
		5科目	商		45	371(124)	370(123)	147(59)	2.5
		6科目	商		30	1,041(319)	1,037(317)	412(140)	2.5
	政治経済	3科目	政治		8	343(121)	342(121)	80(33)	4.3
			経済		15	640(164)	638(163)	103(28)	6.2
		7科目	政治		15	295(93)	293(92)	165(62)	1.8
			経済		50	1,487(284)	1,469(282)	720(145)	2.0
			地域行政		12	201(68)	199(68)	78(28)	2.6
	文	3科目	文	日本文学	7	434(279)	433(278)	72(49)	6.0
				英米文学	6	235(121)	234(120)	49(24)	4.8
				ドイツ文学	3	78(46)	77(45)	18(10)	4.3
				フランス文学	2	53(26)	52(26)	12(5)	4.3
				演劇学	3	133(101)	133(101)	28(20)	4.8
				文芸メディア	5	250(162)	250(162)	54(37)	4.6
			史学地理	日本史学	6	281(94)	281(94)	54(16)	5.2
				アジア史	3	134(53)	131(52)	27(17)	4.9
				西洋史学	4	213(88)	213(88)	53(18)	4.0
				考古学	4	164(81)	164(81)	32(20)	5.1
				地理学	4	150(39)	150(39)	34(12)	4.4
			心理社会	臨床心理学	4	194(138)	192(136)	36(31)	5.3
				現代社会学	3	246(147)	245(147)	35(25)	7.0
				哲学	4	153(74)	153(74)	37(18)	4.1
		5科目	文	日本文学	3	57(24)	57(24)	20(5)	2.9
				英米文学	3	28(12)	28(12)	14(6)	2.0
				ドイツ文学	2	25(13)	25(13)	6(2)	4.2
				フランス文学	1	6(2)	6(2)	3(0)	2.0
				演劇学	1	15(13)	15(13)	2(2)	7.5
				文芸メディア	2	26(17)	26(17)	11(7)	2.4
			史学地理	日本史学	4	74(18)	74(18)	21(2)	3.5
				アジア史	2	27(7)	26(7)	10(1)	2.6
				西洋史学	1	51(14)	51(14)	10(2)	5.1
				考古学	1	22(6)	22(6)	6(2)	3.7
				地理学	1	55(13)	54(12)	10(3)	5.4

（表つづく）

学部・方式・学科等					募集人員	志願者数	受験者数	合格者数	競争率
前期日程	文	5科目	心理社会	臨床心理学	2	72(　42)	71(　42)	10(　8)	7.1
				現代社会学	2	81(　53)	81(　53)	20(　16)	4.1
				哲　学	2	46(　18)	46(　18)	15(　6)	3.1
	理　工	3教科	電気電子生命	電気電子工学	9	297(　25)	297(　25)	122(　10)	2.4
				生命理工学	3	259(　74)	258(　73)	78(　21)	3.3
			機　械　工		5	804(　70)	802(　70)	221(　22)	3.6
			機械情報工		6	460(　61)	460(　61)	168(　20)	2.7
			情　報　科		7	784(　100)	783(　100)	211(　21)	3.7
		4教科	電気電子生命	電気電子工学	5	163(　28)	163(　28)	69(　11)	2.4
				生命理工学	2	200(　89)	200(　89)	71(　35)	2.8
			機　械　工		7	639(　109)	636(　109)	219(　46)	2.9
			建　築		12	793(　292)	792(　292)	175(　66)	4.5
			応　用　化		7	762(　250)	759(　249)	203(　76)	3.7
			情　報　科		7	589(　115)	586(　115)	171(　27)	3.4
			数		6	294(　44)	293(　44)	136(　19)	2.2
			物　理		6	573(　93)	571(　91)	210(　35)	2.7
	農		農		12	644(　248)	631(　245)	192(　70)	3.3
			農　芸　化		12	529(　359)	526(　357)	186(　131)	2.8
			生　命　科		15	851(　427)	839(　425)	331(　184)	2.5
			食料環境政策		16	446(　199)	442(　198)	157(　78)	2.8
	経　営	3科目			25	1,468(　540)	1,460(　539)	300(　128)	4.9
		4科目			25	531(　187)	531(　187)	171(　61)	3.1
	情報コミュニケーション	3科目	情報コミュニケーション		30	1,362(　648)	1,344(　638)	244(　127)	5.5
		6科目	情報コミュニケーション		10	449(　177)	449(　177)	161(　65)	2.8
	国際日本	3科目	国際日本		20	1,277(　813)	1,275(　812)	350(　217)	3.6
		5科目	国際日本		10	313(　195)	312(　195)	184(　119)	1.7
	総　合　数　理		現象数理		7	167(　31)	167(　31)	55(　8)	3.0
			先端メディアサイエンス		10	278(　95)	273(　92)	68(　21)	4.0
			ネットワークデザイン		4	183(　48)	180(　47)	54(　18)	3.3

(表つづく)

学部・方式・学科等			募集人員	志願者数	受験者数	合格者数	競争率
後期日程	商	商	30	138(46)	134(45)	43(13)	3.1
	理工	電気電子生命 電気電子工学	3	72(11)	72(11)	32(4)	2.3
		電気電子生命 生命理工学	2	30(12)	29(12)	14(6)	2.1
		機械情報工	3	45(7)	45(7)	23(4)	2.0
		建築	2	46(18)	46(18)	17(4)	2.7
		応用化	2	23(12)	23(12)	5(2)	4.6
		情報科	2	55(6)	55(6)	23(2)	2.4
		数	2	22(6)	22(6)	4(2)	5.5
		物理	2	22(1)	22(1)	3(0)	7.3
	総合数理	現象数理	1	15(4)	14(4)	3(1)	4.7
		先端メディアサイエンス	1	20(5)	20(5)	5(0)	4.0
		ネットワークデザイン	1	19(9)	19(9)	3(2)	6.3
合計			779	28,570(10,430)	28,426(10,384)	9,514(3,570)	—

2023年度　入試状況

●学部別入試

（　）内は女子内数

学部・学科等			募集人員	志願者数	受験者数	合格者数	競争率
法		法律	375	4,325(1,510)	3,637(1,254)	1,027(342)	3.5
商		学部別	485	8,504(2,660)	7,481(2,322)	1,513(433)	4.9
		英語4技能試験利用	15	936(409)	808(352)	151(64)	5.4
政治経済		政治	105	1,642(498)	1,540(466)	450(138)	3.4
		経済	290	4,418(927)	4,204(879)	1,204(225)	3.5
		地域行政	70	534(174)	511(170)	160(49)	3.2
文	文	日本文学	70	1,062(591)	947(515)	203(111)	4.7
		英米文学	68	822(400)	721(360)	220(100)	3.3
		ドイツ文学	23	305(139)	283(127)	87(35)	3.3
		フランス文学	24	291(163)	268(149)	55(32)	4.9
		演劇学	29	275(214)	245(189)	54(40)	4.5
		文芸メディア	43	719(428)	639(382)	123(73)	5.2
	史学地理	日本史学	51	679(225)	610(191)	154(45)	4.0
		アジア史	20	201(77)	171(65)	55(21)	3.1
		西洋史学	32	479(174)	409(148)	93(37)	4.4
		考古学	24	254(89)	220(78)	64(21)	3.4
		地理学	27	268(62)	229(48)	68(14)	3.4
	心理社会	臨床心理学	24	592(373)	528(337)	61(40)	8.7
		現代社会学	26	594(352)	518(308)	111(69)	4.7
		哲学	20	312(122)	266(103)	67(21)	4.0
理工	電気電子生命	電気電子工学	80	817(59)	772(54)	289(23)	2.7
		生命理工学	27	360(96)	331(85)	120(37)	2.8
		機械工	75	1,291(81)	1,239(76)	463(26)	2.7
		機械情報工	66	847(91)	799(83)	250(29)	3.2
		建築	88	1,521(437)	1,447(421)	332(104)	4.4
		応用化	60	1,350(399)	1,293(381)	495(167)	2.6
		情報科	65	1,853(172)	1,752(161)	374(32)	4.7
		数	32	519(67)	484(62)	178(21)	2.7
		物理	35	789(95)	740(85)	276(29)	2.7

（表つづく）

学部・学科等			募集人員	志願者数	受験者数	合格者数	競争率
農	農		90	1,136(425)	912(334)	275(120)	3.3
	農芸化		84	929(580)	773(482)	232(157)	3.3
	生命科		92	1,381(655)	1,123(531)	304(154)	3.7
	食料環境政策		79	1,106(425)	1,008(378)	217(76)	4.6
経営	3科目	経営	342	7,428(2,264)	7,165(2,191)	1,772(526)	4.0
		会計					
		公共経営					
	英語4技能試験活用	経営	40	320(146)	309(139)	68(34)	4.5
		会計					
		公共経営					
情報コミュニケーション	情報コミュニケーション		372	4,878(2,129)	4,741(2,075)	1,005(441)	4.7
国際日本	3科目		130	2,418(1,503)	2,332(1,449)	589(372)	4.0
	英語4技能試験活用		100	1,225(795)	1,198(778)	592(387)	2.0
総合数理	現象数理		35	690(115)	554(91)	95(18)	5.8
	先端メディアサイエンス		51	952(245)	813(214)	108(23)	7.5
	ネットワークデザイン		28	521(80)	416(59)	31(4)	13.4
合計			3,792	59,543(20,446)	54,436(18,572)	13,985(4,690)	—

（備考）数値には追加合格・補欠合格（農学部のみ）・特別措置を含む。

●全学部統一入試

（　）内は女子内数

学部・学科等			募集人員	志願者数	受験者数	合格者数	競争率
法*	法律		115	2,620(1,011)	2,489(966)	577(217)	4.3
商*	商		80	1,834(632)	1,764(661)	348(116)	5.1
政治経済*	政治		20	467(156)	445(148)	109(36)	4.1
	経済		50	1,281(320)	1,204(303)	263(77)	4.6
	地域行政		20	251(76)	244(73)	60(18)	4.1
文	文	日本文学	16	346(185)	328(172)	71(44)	4.6
		英米文学	18	458(257)	440(248)	108(57)	4.1
		ドイツ文学	7	109(58)	108(58)	30(17)	3.6
		フランス文学	8	138(72)	134(70)	36(19)	3.7
		演劇学	8	180(144)	176(140)	32(23)	5.5
		文芸メディア	7	334(212)	320(204)	58(36)	5.5
	史学地理	日本史学	15	300(102)	292(98)	68(29)	4.3
		アジア史	6	110(49)	109(48)	28(14)	3.9
		西洋史学	8	206(69)	200(67)	64(17)	3.1
		考古学	7	97(37)	93(37)	19(6)	4.9
		地理学	11	141(42)	136(40)	40(11)	3.4
	心理社会	臨床心理学	11	333(210)	324(203)	41(25)	7.9
		現代社会学	10	309(201)	300(196)	75(56)	4.0
		哲学	8	151(57)	147(57)	39(13)	3.8
理工*	電気電子生命	電気電子工学	20	307(22)	281(18)	109(10)	2.6
		生命理工学	10	201(59)	188(56)	71(20)	2.6
	機械工		12	418(35)	362(29)	130(13)	2.8
	機械情報工		17	344(34)	320(29)	113(10)	2.8
	建築		19	489(163)	447(147)	110(39)	4.1
	応用化		12	374(126)	350(119)	110(46)	3.2
	情報科		12	636(90)	585(85)	107(21)	5.5
	数		10	161(19)	151(19)	60(7)	2.5
	物理		5	138(9)	118(6)	41(0)	2.9

（表つづく）

学部・学科等			募集人員	志願者数	受験者数	合格者数	競争率
農	3科目	農	15	378(157)	346(146)	86(35)	4.0
		農芸化	15	290(195)	274(183)	63(41)	4.3
		生命科	10	387(172)	358(162)	69(35)	5.2
		食料環境政策	5	218(110)	210(107)	32(17)	6.6
	英語4技能3科目	農	5	166(83)	159(80)	22(10)	7.2
		農芸化	5	164(115)	161(115)	28(21)	5.8
		生命科	5	162(81)	153(76)	21(9)	7.3
		食料環境政策	3	166(82)	163(81)	24(13)	6.8
経営*	3科目	経営	27	1,388(471)	1,343(459)	134(34)	10.0
		会計					
		公共経営					
	英語4技能3科目	経営	3	623(271)	605(265)	48(17)	12.6
		会計					
		公共経営					
情報コミュニケーション	情報コミュニケーション		25	1,298(652)	1,260(640)	170(91)	7.4
国際日本	3科目		10	679(433)	661(420)	62(39)	10.7
	英語4技能3科目		18	815(530)	798(520)	123(73)	6.5
総合数理*	3科目	現象数理	4	71(15)	68(15)	12(1)	5.7
		先端メディアサイエンス	3	64(16)	55(15)	4(1)	13.8
	4科目	現象数理	12	199(29)	194(28)	58(9)	3.3
		先端メディアサイエンス	20	400(113)	385(110)	53(9)	7.3
		ネットワークデザイン	27	282(54)	267(51)	85(17)	3.1
	英語4技能4科目	現象数理	1	63(8)	61(8)	15(3)	4.1
		先端メディアサイエンス	2	122(37)	117(36)	13(2)	9.0
		ネットワークデザイン	1	47(9)	45(8)	15(0)	3.0
合計			758	20,715(8,080)	19,738(7,772)	4,054(1,474)	—

（備考）

- ＊印の学部の数値には，追加合格・特別措置を含む。
- 農学部は補欠合格を含む。

2022 年度 入試状況

●学部別入試

( )内は女子内数

学部・学科等			募集人員	志願者数	受験者数	合格者数	競争率
法	法律		375	4,739(1,582)	3,996(1,312)	844(303)	4.7
商	学部別		485	7,568(2,246)	6,664(1,954)	1,628(468)	4.1
商	英語4技能試験利用		15	910(425)	798(365)	150(60)	5.3
政治経済	政治		105	1,377(427)	1,284(391)	508(172)	2.5
政治経済	経済		290	3,685(685)	3,490(648)	1,329(252)	2.6
政治経済	地域行政		70	632(201)	598(189)	189(56)	3.2
文	文	日本文学	70	994(550)	889(492)	216(126)	4.1
文	文	英米文学	68	736(355)	660(317)	210(105)	3.1
文	文	ドイツ文学	23	355(160)	319(146)	85(44)	3.8
文	文	フランス文学	24	325(183)	295(167)	76(45)	3.9
文	文	演劇学	29	317(238)	270(201)	56(40)	4.8
文	文	文芸メディア	43	694(435)	621(394)	138(96)	4.5
文	史学地理	日本史学	51	753(232)	672(205)	134(32)	5.0
文	史学地理	アジア史	20	218(81)	187(66)	63(14)	3.0
文	史学地理	西洋史学	32	458(138)	384(108)	98(27)	3.9
文	史学地理	考古学	24	277(100)	242(84)	63(16)	3.8
文	史学地理	地理学	27	312(77)	273(63)	71(15)	3.8
文	心理社会	臨床心理学	24	588(363)	512(315)	90(56)	5.7
文	心理社会	現代社会学	26	588(337)	517(298)	108(64)	4.8
文	心理社会	哲学	20	288(114)	251(97)	62(21)	4.0
理工	電気電子生命	電気電子工学	80	1,079(74)	1,028(69)	320(18)	3.2
理工	電気電子生命	生命理工学	27	316(83)	295(77)	131(36)	2.3
理工	機械工		75	1,377(109)	1,305(103)	480(44)	2.7
理工	機械情報工		66	706(50)	671(48)	274(19)	2.4
理工	建築		88	1,669(501)	1,597(482)	326(105)	4.9
理工	応用化		60	1,259(330)	1,204(316)	472(129)	2.6
理工	情報科		65	1,706(175)	1,621(168)	375(28)	4.3
理工	数		32	394(42)	373(39)	155(14)	2.4
理工	物理		35	673(64)	637(58)	253(18)	2.5

(表つづく)

学部・学科等			募集人員	志願者数	受験者数	合格者数	競争率
農	農		90	1,132(406)	942(323)	297(110)	3.2
	農芸化		90	852(524)	698(420)	250(166)	2.8
	生命科		92	1,081(467)	916(404)	306(133)	3.0
	食料環境政策		79	1,108(430)	996(376)	211(91)	4.7
経営	3科目	経営	342	6,316(1,781)	6,041(1,693)	1,638(435)	3.7
		会計					
		公共経営					
	英語4技能試験活用	経営	40	337(135)	327(129)	96(34)	3.4
		会計					
		公共経営					
情報コミュニケーション	情報コミュニケーション		392	4,887(2,143)	4,741(2,100)	1,078(460)	4.4
国際日本	3科目		130	2,420(1,525)	2,335(1,475)	681(441)	3.4
	英語4技能試験活用		100	1,516(992)	1,476(962)	664(421)	2.2
総合数理	現象数理		35	717(132)	574(107)	97(13)	5.9
	先端メディアサイエンス		51	889(216)	749(173)	101(14)	7.4
	ネットワークデザイン		28	494(74)	414(62)	55(5)	7.5
合計			3,818	56,742(19,182)	51,862(17,396)	14,378(4,746)	—

（備考）数値には追加合格・補欠合格・特別措置を含む。

●全学部統一入試

(　)内は女子内数

学部・学科等			募集人員	志願者数	受験者数	合格者数	競争率
法	法律		115	2,348(818)	2,224(772)	687(215)	3.2
商	商		80	1,674(569)	1,607(546)	332(109)	4.8
政治経済	政治		20	427(134)	407(128)	101(33)	4.0
	経済		50	1,399(316)	1,330(291)	253(55)	5.3
	地域行政		20	458(154)	443(149)	68(29)	6.5
文	文	日本文学	16	356(196)	343(190)	70(42)	4.9
		英米文学	18	281(165)	272(158)	93(55)	2.9
		ドイツ文学	7	118(56)	113(54)	24(12)	4.7
		フランス文学	8	201(113)	191(104)	39(17)	4.9
		演劇学	8	152(115)	145(109)	40(29)	3.6
		文芸メディア	7	279(187)	265(180)	61(38)	4.3
	史学地理	日本史学	15	325(102)	314(98)	78(27)	4.0
		アジア史	6	82(30)	78(29)	30(17)	2.6
		西洋史学	8	176(62)	171(60)	43(15)	4.0
		考古学	6	133(51)	128(50)	30(10)	4.3
		地理学	11	236(58)	231(56)	40(12)	5.8
	心理社会	臨床心理学	11	313(200)	302(192)	63(39)	4.8
		現代社会学	10	296(184)	287(181)	55(29)	5.2
		哲学	8	140(50)	133(47)	30(8)	4.4
理工	電気電子生命	電気電子工学	20	404(24)	366(24)	120(13)	3.1
		生命理工学	10	153(55)	141(50)	55(19)	2.6
	機械工		12	347(28)	318(23)	109(11)	2.9
	機械情報工		17	289(26)	270(24)	96(9)	2.8
	建築		19	514(152)	473(144)	99(33)	4.8
	応用化		12	327(103)	306(97)	105(44)	2.9
	情報科		12	532(69)	482(63)	76(11)	6.3
	数		10	158(20)	149(19)	52(6)	2.9
	物理		5	189(18)	177(17)	52(1)	3.4

(表つづく)

学部・学科等			募集人員	志願者数	受験者数	合格者数	競争率
農	3科目	農	15	411(163)	385(149)	90(41)	4.3
		農芸化	15	336(222)	314(211)	62(44)	5.1
		生命科	10	341(133)	311(127)	58(23)	5.4
		食料環境政策	5	245(103)	239(98)	34(15)	7.0
	英語4技能3科目	農	5	119(52)	114(50)	25(9)	4.6
		農芸化	5	163(116)	156(110)	31(23)	5.0
		生命科	5	142(76)	135(75)	21(16)	6.4
		食料環境政策	3	196(106)	190(103)	22(14)	8.6
経営	3科目	経営	27	833(282)	792(265)	158(54)	5.0
		会計					
		公共経営					
	英語4技能3科目	経営	3	480(202)	461(194)	59(20)	7.8
		会計					
		公共経営					
情報コミュニケーション	情報コミュニケーション		25	1,204(615)	1,154(595)	151(83)	7.6
国際日本	3科目		10	750(474)	722(454)	60(29)	12.0
	英語4技能3科目		18	940(596)	915(578)	120(71)	7.6
総合数理	3科目	現象数理	4	63(19)	57(17)	13(1)	4.4
		先端メディアサイエンス	4	58(29)	53(28)	5(3)	10.6
	4科目	現象数理	12	174(37)	166(36)	56(12)	3.0
		先端メディアサイエンス	20	332(92)	313(89)	57(14)	5.5
		ネットワークデザイン	27	265(44)	249(42)	77(21)	3.2
	英語4技能4科目	現象数理	1	52(11)	51(11)	14(5)	3.6
		先端メディアサイエンス	2	99(32)	96(31)	11(3)	8.7
		ネットワークデザイン	1	76(20)	72(18)	5(1)	14.4
合計			758	19,586(7,479)	18,611(7,136)	4,030(1,440)	—

（備考）数値には特別措置を含む。

合格最低点（学部別・全学部統一入試）

2024年度　合格最低点

●学部別入試

学部・学科等			満点	合格最低点	合格最低得点率
法	法律		350	241	68.9
商	学部別		350	241	68.9
	英語4技能試験利用		550	378	68.7
政治経済	政治		350	237	67.7
	経済		350	242	69.1
	地域行政		350	235	67.1
文	文	日本文学	300	209	69.7
		英米文学	300	207	69.0
		ドイツ文学	300	196	65.3
		フランス文学	300	195	65.0
		演劇学	300	201	67.0
		文芸メディア	300	212	70.7
	史学地理	日本史学	300	216	72.0
		アジア史	300	207	69.0
		西洋史学	300	214	71.3
		考古学	300	211	70.3
		地理学	300	208	69.3
	心理社会	臨床心理学	300	216	72.0
		現代社会学	300	214	71.3
		哲学	300	205	68.3

（表つづく）

学部・学科等			満点	合格最低点	合格最低得点率
理工	電気電子生命	電気電子工学	360	243	67.5
		生命理工学	360	257	71.4
	機械工		360	269	74.7
	機械情報工		360	252	70.0
	建築		360	274	76.1
	応用化		360	266	73.9
	情報科		360	275	76.4
	数		360	255	70.8
	物理		360	276	76.7
農	農		450	317	70.4
	農芸化		450	318	70.7
	生命科		450	320	71.1
	食料環境政策		450	328	72.9
経営	3科目	経営	350	231	66.0
		会計			
		公共経営			
	英語4技能試験活用	経営	230	128	55.7
		会計			
		公共経営			
情報コミュニケーション	情報コミュニケーション		300	189	63.0
国際日本	3科目		450	332	73.8
	英語4技能試験活用		250	170	68.0
総合数理	現象数理		320	192	60.0
	先端メディアサイエンス		320	190	59.4
	ネットワークデザイン		320	173	54.1

●全学部統一入試

学部・学科等			満点	合格最低点	合格最低得点率
法	法律		300	197	65.7
商	商		450	304	67.6
政治経済	政治		350	238	68.0
	経済		350	232	66.3
	地域行政		350	232	66.3
文	文	日本文学	300	202	67.3
		英米文学	300	195	65.0
		ドイツ文学	300	191	63.7
		フランス文学	300	192	64.0
		演劇学	300	196	65.3
		文芸メディア	300	210	70.0
	史学地理	日本史学	300	205	68.3
		アジア史	300	199	66.3
		西洋史学	300	207	69.0
		考古学	300	201	67.0
		地理学	300	197	65.7
	心理社会	臨床心理学	300	201	67.0
		現代社会学	300	206	68.7
		哲学	300	200	66.7
理工	電気電子生命	電気電子工学	400	234	58.5
		生命理工学	400	247	61.8
	機械工		400	260	65.0
	機械情報工		400	243	60.8
	建築		400	264	66.0
	応用化		400	257	64.3
	情報科		400	280	70.0
	数		400	243	60.8
	物理		400	255	63.8

（表つづく）

学部・学科等			満点	合格最低点	合格最低得点率
農	3科目	農	300	184	61.3
		農芸化	300	187	62.3
		生命科	300	195	65.0
		食料環境政策	300	192	64.0
	英語4技能3科目	農	300	231	77.0
		農芸化	300	227	75.7
		生命科	300	225	75.0
		食料環境政策	300	231	77.0
経営	3科目	経営	350	244	69.7
		会計			
		公共経営			
	英語4技能3科目	経営	350	292	83.4
		会計			
		公共経営			
情報コミュニケーション		情報コミュニケーション	350	240	68.6
国際日本	3科目		400	285	71.3
	英語4技能3科目		400	343	85.8
総合数理	3科目	現象数理	400	266	66.5
		先端メディアサイエンス	400	274	68.5
	4科目	現象数理	500	317	63.4
		先端メディアサイエンス	500	333	66.6
		ネットワークデザイン	500	297	59.4
	英語4技能4科目	現象数理	400	297	74.3
		先端メディアサイエンス	400	305	76.3
		ネットワークデザイン	400	294	73.5

2023 年度　合格最低点

●学部別入試

学部・学科等			満点	合格最低点	合格最低得点率
法	法律		350	222	63.4
商	学部別		350	238	68.0
	英語4技能試験利用		550	388	70.5
政治経済	政治		350	240	68.6
	経済		350	233	66.6
	地域行政		350	227	64.9
文	文	日本文学	300	209	69.7
		英米文学	300	201	67.0
		ドイツ文学	300	196	65.3
		フランス文学	300	198	66.0
		演劇学	300	204	68.0
		文芸メディア	300	213	71.0
	史学地理	日本史学	300	211	70.3
		アジア史	300	202	67.3
		西洋史学	300	211	70.3
		考古学	300	200	66.7
		地理学	300	200	66.7
	心理社会	臨床心理学	300	216	72.0
		現代社会学	300	214	71.3
		哲学	300	211	70.3
理工	電気電子生命	電気電子工学	360	233	64.7
		生命理工学	360	243	67.5
	機械工		360	236	65.6
	機械情報工		360	245	68.1
	建築		360	257	71.4
	応用化		360	244	67.8
	情報科		360	259	71.9
	数		360	235	65.3
	物理		360	247	68.6

（表つづく）

学部・学科等			満点	合格最低点	合格最低得点率
農		農	450	263	58.4
		農芸化	450	263	58.4
		生命科	450	268	59.6
		食料環境政策	450	300	66.7
経営	3科目	経営	350	211	60.3
		会計			
		公共経営			
	英語4技能試験活用	経営	230	128	55.7
		会計			
		公共経営			
情報コミュニケーション		情報コミュニケーション	300	203	67.7
国際日本		3科目	450	354	78.7
		英語4技能試験活用	250	186	74.4
総合数理		現象数理	320	228	71.3
		先端メディアサイエンス	320	238	74.4
		ネットワークデザイン	320	235	73.4

●全学部統一入試

学部・学科等			満点	合格最低点	合格最低得点率
法	法律		300	211	70.3
商	商		450	312	69.3
政治経済	政治		350	251	71.7
	経済		350	243	69.4
	地域行政		350	234	66.9
文	文	日本文学	300	212	70.7
		英米文学	300	206	68.7
		ドイツ文学	300	209	69.7
		フランス文学	300	202	67.3
		演劇学	300	207	69.0
		文芸メディア	300	218	72.7
	史学地理	日本史学	300	211	70.3
		アジア史	300	209	69.7
		西洋史学	300	214	71.3
		考古学	300	205	68.3
		地理学	300	205	68.3
	心理社会	臨床心理学	300	218	72.7
		現代社会学	300	207	69.0
		哲学	300	215	71.7
理工	電気電子生命	電気電子工学	400	237	59.3
		生命理工学	400	249	62.3
	機械工		400	246	61.5
	機械情報工		400	250	62.5
	建築		400	269	67.3
	応用化		400	270	67.5
	情報科		400	284	71.0
	数		400	234	58.5
	物理		400	248	62.0

（表つづく）

学部・学科等			満点	合格最低点	合格最低得点率
農	3科目	農	300	190	63.3
農	3科目	農芸化	300	198	66.0
農	3科目	生命科	300	196	65.3
農	3科目	食料環境政策	300	208	69.3
農	英語4技能3科目	農	300	241	80.3
農	英語4技能3科目	農芸化	300	233	77.7
農	英語4技能3科目	生命科	300	241	80.3
農	英語4技能3科目	食料環境政策	300	241	80.3
経営	3科目	経営	350	258	73.7
経営	3科目	会計			
経営	3科目	公共経営			
経営	英語4技能3科目	経営	350	310	88.6
経営	英語4技能3科目	会計			
経営	英語4技能3科目	公共経営			
情報コミュニケーション		情報コミュニケーション	350	250	71.4
国際日本		3科目	400	300	75.0
国際日本		英語4技能3科目	400	353	88.3
総合数理	3科目	現象数理	400	250	62.5
総合数理	3科目	先端メディアサイエンス	400	287	71.8
総合数理	4科目	現象数理	500	303	60.6
総合数理	4科目	先端メディアサイエンス	500	350	70.0
総合数理	4科目	ネットワークデザイン	500	301	60.2
総合数理	英語4技能4科目	現象数理	400	291	72.8
総合数理	英語4技能4科目	先端メディアサイエンス	400	314	78.5
総合数理	英語4技能4科目	ネットワークデザイン	400	275	68.8

2022 年度　合格最低点

●学部別入試

学部・学科等			満点	合格最低点	合格最低得点率
法	法律		350	238	68.0
商	学部別		350	243	69.4
	英語4技能試験利用		550	401	72.9
政治経済	政治		350	221	63.1
	経済		350	216	61.7
	地域行政		350	217	62.0
文	文	日本文学	300	183	61.0
		英米文学	300	177	59.0
		ドイツ文学	300	176	58.7
		フランス文学	300	174	58.0
		演劇学	300	182	60.7
		文芸メディア	300	187	62.3
	史学地理	日本史学	300	190	63.3
		アジア史	300	184	61.3
		西洋史学	300	194	64.7
		考古学	300	178	59.3
		地理学	300	183	61.0
	心理社会	臨床心理学	300	184	61.3
		現代社会学	300	192	64.0
		哲学	300	186	62.0
理工	電気電子生命	電気電子工学	360	246	68.3
		生命理工学	360	236	65.6
	機械工		360	248	68.9
	機械情報工		360	241	66.9
	建築		360	265	73.6
	応用化		360	240	66.7
	情報科		360	261	72.5
	数		360	239	66.4
	物理		360	255	70.8

（表つづく）

学部・学科等			満点	合格最低点	合格最低得点率
農		農	450	257	57.1
		農芸化	450	257	57.1
		生命科	450	262	58.2
		食料環境政策	450	295	65.6
経営	3科目	経営	350	225	64.3
		会計			
		公共経営			
	英語4技能試験活用	経営	230	132	57.4
		会計			
		公共経営			
情報コミュニケーション		情報コミュニケーション	300	187	62.3
国際日本		3科目	450	338	75.1
		英語4技能試験活用	250	173	69.2
総合数理		現象数理	320	191	59.7
		先端メディアサイエンス	320	195	60.9
		ネットワークデザイン	320	181	56.6

●全学部統一入試

学部・学科等			満点	合格最低点	合格最低得点率
法	法律		300	222	74.0
商	商		450	350	77.8
政治経済	政治		350	275	78.6
	経済		350	274	78.3
	地域行政		350	268	76.6
文	文	日本文学	300	226	75.3
		英米文学	300	216	72.0
		ドイツ文学	300	221	73.7
		フランス文学	300	218	72.7
		演劇学	300	219	73.0
		文芸メディア	300	230	76.7
	史学地理	日本史学	300	231	77.0
		アジア史	300	222	74.0
		西洋史学	300	227	75.7
		考古学	300	224	74.7
		地理学	300	225	75.0
	心理社会	臨床心理学	300	224	74.7
		現代社会学	300	230	76.7
		哲学	300	224	74.7
理工	電気電子生命	電気電子工学	400	280	70.0
		生命理工学	400	276	69.0
	機械工		400	286	71.5
	機械情報工		400	286	71.5
	建築		400	302	75.5
	応用化		400	290	72.5
	情報科		400	321	80.3
	数		400	293	73.3
	物理		400	299	74.8

（表つづく）

学部・学科等			満点	合格最低点	合格最低得点率
農	3科目	農	300	219	73.0
		農芸化	300	225	75.0
		生命科	300	228	76.0
		食料環境政策	300	230	76.7
	英語4技能3科目	農	300	232	77.3
		農芸化	300	243	81.0
		生命科	300	250	83.3
		食料環境政策	300	250	83.3
経営	3科目	経営	350	264	75.4
		会計			
		公共経営			
	英語4技能3科目	経営	350	303	86.6
		会計			
		公共経営			
情報コミュニケーション	情報コミュニケーション		350	274	78.3
国際日本	3科目		400	326	81.5
	英語4技能3科目		400	353	88.3
総合数理	3科目	現象数理	400	270	67.5
		先端メディアサイエンス	400	300	75.0
	4科目	現象数理	500	363	72.6
		先端メディアサイエンス	500	383	76.6
		ネットワークデザイン	500	344	68.8
	英語4技能4科目	現象数理	400	318	79.5
		先端メディアサイエンス	400	330	82.5
		ネットワークデザイン	400	324	81.0

募集要項（出願書類）の入手方法

一般選抜（学部別入試・全学部統一入試・大学入学共通テスト利用入試）はWeb出願となっており，パソコン・スマートフォン・タブレットから出願できます。詳細は一般選抜要項（大学ホームページにて11月上旬公開予定）をご確認ください。

問い合わせ先

明治大学　入学センター事務室
〒101-8301　東京都千代田区神田駿河台1-1
月曜～金曜：9：00～11：30，12：30～17：00
土　　　曜：9：00～12：00
日曜・祝日：休　業
TEL　03-3296-4138
https://www.meiji.ac.jp/

明治大学のテレメールによる資料請求方法

スマートフォンから　QRコードからアクセスしガイダンスに従ってご請求ください。
パソコンから　教学社 赤本ウェブサイト(akahon.net)から請求できます。

合格体験記 募集

2025 年春に入学される方を対象に，本大学の「合格体験記」を募集します。お寄せいただいた合格体験記は，編集部で選考の上，小社刊行物やウェブサイト等に掲載いたします。お寄せいただいた方には小社規定の謝礼を進呈いたしますので，ふるってご応募ください。

応募方法

下記 URL または QR コードより応募サイトにアクセスできます。
ウェブフォームに必要事項をご記入の上，ご応募ください。
折り返し執筆要領をメールにてお送りします。

※入学が決まっている一大学のみ応募できます。

☞ http://akahon.net/exp/

応募の締め切り

総合型選抜・学校推薦型選抜	2025年 2 月 23日
私立大学の一般選抜	2025年 3 月 10日
国公立大学の一般選抜	2025年 3 月 24日

受験にまつわる川柳を募集します。
入選者には賞品を進呈！
ふるってご応募ください。

応募方法　http://akahon.net/senryu/　にアクセス！☞

気になること、聞いてみました！

在学生メッセージ

大学ってどんなところ？ 大学生活ってどんな感じ？
ちょっと気になることを，在学生に聞いてみました。

以下の内容は 2020〜2023 年度入学生のアンケート回答に基づくものです。ここで触れられている内容は今後変更となる場合もありますのでご注意ください。

メッセージを書いてくれた先輩　［商学部］N.S. さん　A.N. さん　［政治経済学部］R.S. さん
［文学部］R.Y. さん　［経営学部］M.H. さん
［情報コミュニケーション学部］I.M. さん

大学生になったと実感！

自由になったのと引き換えに，負わなければならない責任が重くなりました。例えば，大学では高校のように決められた時間割をこなすということはなくなり，自分が受けたい授業を選んで時間割を組むことができるようになります。時間割は細かいルールに従って各々で組むため，さまざまなトラブルが発生することもありますが，その責任は学生個人にあり，大学が助けてくれることはありません。大学に入ってから，高校までの手厚い支援のありがたみに気づきました。（N.S. さん／商）

自由な時間が増えたことです。それによって遊びに行ったりバイトをしたりとやりたいことができるようになりました。その反面，自由なので生活が堕落してしまう人もちらほら見られます。やるべきことはしっかりやるという自制心が必要になると思います。（R.S. さん／政治経済）

自分から行動しないと友達ができにくいことです。高校まではクラスが存在したので自然と友達はできましたが，私の所属する学部に存在するのは便宜上のクラスのみで，クラス単位で何かをするということがなく，それぞれの授業でメンバーが大幅に変わります。そのため，自分から積極的に話しかけたり，サークルに入るなど，自分から何かアクションを起こさないとなかなか友達ができないなということを実感しました。（I.M. さん／情報コミュニケーション）

大学生活に必要なもの

持ち運び可能なパソコンです。パソコンが必須の授業は基本的にありませんが，課題でパソコンを使わない授業はほとんどありません。大学には借りられるパソコンもありますが，使用できる場所や時間が決まっていたり，データの管理が難しくなったりするので，自分のパソコンは必要です。私の場合はもともとタブレットをパソコン代わりにして使っていたので，大学では大学のパソコン，自宅では家族と共用しているパソコン，外出先では自分のタブレットとキーボードというふうに使い分けています。（N.S. さん／商）

パソコンは必要だと思います。また，私は授業のノートを取ったり，教科書に書き込む用の iPad を買いました。パソコンを持ち歩くより楽だし，勉強のモチベ－ションも上がるのでおすすめです！（M.H. さん／経営）

この授業がおもしろい！

演劇学という授業です。グループのなかで台本，演出，演者の役割に分かれて，演劇を作成し発表します。自分たちで演劇を作り上げるのは難しいですが，ああでもない，こうでもない，と意見を交換しながら作り上げる作業はやりがいを感じられて楽しいです。また，1，2 年生合同のグループワーク形式で行うため，同級生はもちろん，先輩や後輩とも仲良くなれます。（I.M. さん／情報コミュニケーション）

ビジネス・インサイトという，ビジネスを立案する商学部ならではの授業です。この授業の最大の特徴は，大学の教授だけでなく，皆さんも知っているような大企業の方も授業を担当されるということです。金融や保険，不動産，鉄道など，クラスによって分野が異なり，各クラスで決められた分野について学んだ後，与えられた課題についてビジネスを立案し，その内容を競うというアクティブな授業です。準備は大変でしたが，グループの人と仲良くなれたり，プレゼンのスキルが上がったりと，非常に充実した授業でした。（N.S. さん／商）

ネイティブスピーカーによる英語の授業です。発音などを教えてくれるので，高校まででではあまり学べなかった，実際に「話す」ということにつながる内容だと思います。また，授業中にゲームや話し合いをすることも多いので，友達もたくさん作れます!!（M.H. さん／経営）

大学の学びで困ったこと＆対処法

時間の使い方が難しいことです。私は，大学の授業と並行して資格試験の勉強に力を入れているのですが，正直，今のところうまくいっていません。特に空きコマの時間の使い方が難しいです。やっと大学の仕組みがわかってきたので，これからは課題や自習も時間割化して，勉強のペースを整えたいと思います。（N.S. さん／商）

「大学のテストはどのように勉強すればよいのだろうか？　高校と同じような方法でよいのか？」 ということです。サークルに入るなどして，同じ授業を履修していた先輩から過去問をゲットしたり，アドバイスをもらったりするのが最も効果的だと思います。（I.M. さん／情報コミュニケーション）

困ったのは，履修登録の勝手がわからず，1年生はほとんど受けていない授業などを取ってしまったことです。周りは2年生だし，友達同士で受講している人が多かったので課題やテストで苦しみました。しかし，違う学年でも話しかければ「最初，履修全然わかんないよね～」と言って教えてくれました。何事も自分から動くことが大切だと思います。（M.H. さん／経営）

部活・サークル活動

マーケティング研究会という，マーケティングを学ぶサークルに入っています。基本的には週１回１コマの活動なので，他のサークルを掛け持ちしたり，勉強やバイトに打ち込んだりしながら，サークル活動を続けることができます。他大学との合同勉強会やビジネスコンテストもあり，とても刺激を受けます。（N.S. さん／商）

バドミントンサークルに所属しています。土日や長期休みに，長野や山梨などに合宿に行くこともあります！（R.Y. さん／文）

運動系のサークルに入っています。週１，２回活動しています。サークルなので行けるときに行けばよく，それでも皆が歓迎してくれるし，高校の部活のように厳しくなくてマイペースに活動できているので，とても楽しいです。友達も増えるので何かしらのサークルに入るのはとてもおススメです。（I.M. さん／情報コミュニケーション）

交友関係は？

自分の所属するコミュニティはそこまで広くなく，クラスとしか関わりはありません。クラスは高校のときとほとんど変わりありません。先輩と交友関係をもちたいのであれば，やはりサークルに入ることをおススメします。入学して２カ月ほどは新入生歓迎会をやっているサークルがほとんどなので，ぜひ参加してみてください。（R.S. さん／政治経済）

SNS で「＃春から明治」を検索して同じ専攻の人と仲良くなりました。

また，専攻ごとに交流会があるので，そこでも仲良くなれます。先輩とはサークルや部活で知り合いました。（R.Y. さん／文）

経営学部にはクラスがあり，特に週に 2 回ある語学の授業で毎回会う友達とはかなり仲が良くて，遊びに行ったり，空きコマでご飯に行ったりします。なお，サークルは男女関係なく集団で仲良くなれるので，高校までの友達の感覚とはちょっと違う気がします。サークルの先輩は高校の部活の先輩よりラフな感じです。気楽に話しかけることが大切だと思います！（M.H. さん／経営）

いま「これ」を頑張っています

英語の勉強です。やりたい職業は決まっているのですが，少しでも夢に近づきたいのと，やりたいことが現在所属している学部系統から少し離れるので，進路選択に柔軟性をもたせたいという意味でも，英語の勉強に力を入れています。（N.S. さん／商）

高校野球の指導です。自分は少しですが野球が得意なので現在母校で学生コーチをやらせてもらっています。大学生になると本気で何かに打ち込むということは少なくなるので，選手が必死に球を追いかけている姿を見るととても刺激になります。（R.S. さん／政治経済）

普段の生活で気をつけていることや心掛けていること

授業にしっかり出席するということです。高校生からすると当たり前と思うかもしれませんが，大学は欠席連絡をする必要もないし，大学から確認の電話がかかってくることも基本的にはありません。どうしても夜寝る時間が遅くなってしまう日もあると思いますが，そんなときでも授業には絶対に出席するようにして生活が乱れないようにしています。（R.S. さん／政治経済）

提出物の期限やテストの日程などを忘れないようにすることです。一人ひとり時間割が違うので，自分で気をつけていないと，忘れてしまって単位を落としてしまうということにもなりかねません。また，バイトやサークルなどの予定も増えるので，時間をうまく使うためにもスケジュール管理が大切です。（M.H. さん／経営）

おススメ・お気に入りスポット

ラーニングスクエアという施設です。とてもきれいで近未来的なデザインなので，気に入っています。（R.Y. さん／文）

明治大学周辺には，美味しいご飯屋さんが数多く存在し，大抵のものは食べることができます。特に，「きび」という中華そば屋さんがとても美味しいです。こってり系からあっさり系まで自分好みの中華そばを食べることができます。（I.M. さん／情報コミュニケーション）

食堂がお気に入りです。お昼休みの時間に友達と話をするためによく使っています。3 階建てで席数も多く，綺麗なので快適です。Wi-Fi もあるので，パソコン作業をすることもできます。また，隣にコンビニがあるので食べたいものが基本的に何でもあり便利です。（A.N. さん／商）

入学してよかった！

施設が全体的に新しく，充実していることです。快適に過ごせるので，大学に行くモチベーションになったり，勉強が捗ったりしています。また，各キャンパスが大きすぎないのも，移動時間の観点から効率が良くて気に入っています。（N.S. さん／商）

厳しい受験を乗り越えてきた人たちばかりなので，「やるときはちゃんとやる」人が多いように感じます。テスト前に「一緒に勉強しよう！」と誘ってきてくれたり，わからないところを教え合ったりできるので，「真面目なことが恥ずかしいことではない」と感じることができ，毎日とても楽しいです。(I.M. さん／情報コミュニケーション)

たくさんの友達と出会えることです。明治大学では，自分でチャンスを探せばたくさんの人と出会えるし，コミュニティも広がると思います。また，図書館が綺麗で空きコマや放課後に作業するにも快適で気に入っています。ソファ席もたくさんあるので，仮眠も取れてとてもいいと思います。(M.H. さん／経営)

高校生のときに「これ」をやっておけばよかった

写真や動画をたくさん撮っておきましょう。文化祭や体育祭など，行事の際はもちろんですが，休み時間や，皆で集まって試験勉強をしているときなど，高校での日常の１コマを残しておくことも，後で見返したときにとても良い思い出になります。今になってそれらを見返して，ああ制服って愛おしかったな，とノスタルジーをおぼえます。(I.M. さん／情報コミュニケーション)

英語の勉強をもっとしておけばと思いました。英語は大学生になっても，社会人になっても必要です。大学では英語の授業だけでなく，他の授業でも英語を読まなければならないときがあるので，とても大事です。高校生のときにちゃんと勉強しておくだけでだいぶ変わってくると思います。(A.N. さん／商)

合格体験記

みごと合格を手にした先輩に，入試突破のためのカギを伺いました。入試までの限られた時間を有効に活用するために，ぜひ役立ててください。

（注）ここでの内容は，先輩方が受験された当時のものです。2025 年度入試では当てはまらないこともありますのでご注意ください。

・アドバイスをお寄せいただいた先輩・

Message

M.O. さん　文学部（文学科文芸メディア専攻）
全学部統一入試 2024 年度合格，栃木県出身

合格のポイントは，反復を行うこと。単語であっても問題集であっても，繰り返し解くことで身につき，長期記憶にも定着するので，反復を「無意味」と切り捨てず，根気よく続けることが大切です。

その他の合格大学　法政大（文〈日本文〉），日本大（文理〈国文〉共通テスト利用）

N.S. さん　商学部
学部別入試 2023 年度合格，東京都出身

合格のポイントは，どんなことがあっても常にいつもの自分でいたことです。受験生だからといって，特別何かを我慢するということはしませんでした。また，自分を責めたり過信したりすることもせず，ありのままの自分を受け入れました。精神的に不安定になると，体調を崩したり勉強に手がつかなくなったりしたので，勉強すること以上に精神の安定を大切にして，勉強の効率を上げることを意識していました。模試や入試の結果がどうであれ，その結果を次にどう活かすかが一番大切です。結果に一喜一憂せず，次につなげるものを一つでも多く探して，それを積み重ねていった先に合格があります。

何があるかわからない受験ですが，意外とどうにかなります。だから，多少の緊張感は持っていても，受験を恐れる必要はありません！

その他の合格大学　東京女子大（現代教養）

R.K. さん　文学部（史学地理学科地理学専攻）
全学部統一入試 2023 年度合格，埼玉県出身

自分の限界まで勉強したことがポイントだと思います。浪人が決まり受験勉強を始めた頃は，何度も勉強が嫌になってスマホに逃げてしまいそうになりましたが，「ここでスマホをいじったせいで不合格になったら一生後悔する」と自分に言い聞かせているうちに，だんだん受験勉強のみに専念できるようになりました。また，1 日の生活を見直して無駄にしている時間はないかを考えて，勉強に充てられる時間を作り出しました。次第に参考書がボロボロになり，ペンがよく当たる指は皮が剝けたりペンだこになったりしました。自分で努力した証こそ試験会場で一番のお守りになると思うので，皆さんも頑張ってください！　応援しています！

その他の合格大学　明治大（政治経済，農），法政大（文），日本大（文理），駒澤大（文〈共通テスト利用〉）

R.S. さん 政治経済学部（地域行政学科）
学部別入試 2023 年度合格，東京都出身

合格した先輩や先生の意見を取り入れることが合格のポイントです。スポーツや楽器のように，勉強も初めから上手くできる人などいません。受験を経験した先輩や先生の意見は，失敗談も含めて合格への正しい道を教えてくれると思います。全てを取り入れる必要はなく，多様な意見をまずは聞いてみて，試しながら取捨選択をしていくと，自ずと自分にとって最適な勉強法が確立できると思います。

その他の合格大学 明治大（文・経営），法政大（人間環境），東洋大（福祉社会デザイン〈共通テスト利用〉）

S.O. さん 情報コミュニケーション学部
一般入試 2023 年度合格，埼玉県出身

この大学に絶対受かるぞ！という強い意志が合格のポイントだと思います。私は最後の模試がE判定でした。「このままだと受からないかもしれない」と何度も不安に思いました。しかし他の大学に行くことが考えられなかったので，必死で勉強しました。試験当日は緊張しすぎて一睡もできないまま本番を迎えることになったのですが，「自分が一番ここに行きたい気持ちが強いし，誰よりも過去問も解いた！」と自分に言い聞かせて，何とか緊張を乗り越えることができました。受験は先が見えず不安ばかりだと思いますが，それは周りの受験生も同じです。今までやってきたことを信じて，最大限の結果が出せるように頑張ってください！　応援しています。

その他の合格大学 明治大（文），中央大（文），武蔵大（社会〈共通テスト利用〉），東洋大（社会〈共通テスト利用〉），東京女子大（現代教養〈共通テスト利用〉）

入試なんでもQ&A

受験生のみなさんからよく寄せられる，
入試に関する疑問・質問に答えていただきました。

Q 「赤本」の効果的な使い方を教えてください。

A 過去問対策として使っていました。過去の赤本にも遡って，合計6年分の問題を解きました。一度解いてから丸付けをして，その後すぐにもう一度解き，時間が経った頃に3回目を解くようにしていました。すぐにもう一度解くことで定着を図り，また時間が経った後に解くことで定着度の確認ができます。入試本番の前日にも解いて，最後の仕上げにしました。また，入試データを見ながら，どのくらいの得点率が必要なのかを計算し，その得点率のプラス5～10%を目標に定めて解くようにしていました。（M.O. さん／文）

A 私は科目によって赤本の使い方を変えていました。英語は，単語・文法がある程度固まったら，どんどん赤本を解いていきました。具体的なやり方としては，初めは時間を意識せずに何分かかってもいいから100点を取るんだという意識で解いていきました。最初は思ってる以上に時間がかかって苦しいと思うかもしれませんが，これを続けていくうちに時間を意識していないにもかかわらず，自然と速く正確に読むことが可能になっていきます。社会と国語は参考書を中心におき，その確認として赤本を使用していました。（R.S. さん／政治経済）

Q どのように学習計画を立て，受験勉強を進めていましたか？

A 計画は2週間単位で立てていました。内訳は，前半1週間で，できればやりたいという優先順位の低いことまで詰め込んでできる限り消化し，残った分は後半1週間に持ち越して，時間が余ればまた別の課題を入れました。私は達成できそうもない計画を立てる割には，計画を少しでも守れないと何もやる気が出なくなってしまうタイプだったので，計画には余裕をもたせることを強く意識しました。また，精神の安定のために，まとまった休憩時間を積極的に取るようにして，効率重視の勉強をしていました。 (N.S. さん／商)

Q 明治大学を攻略する上で，特に重要な科目は何ですか？ また，どのように勉強しましたか？

A 圧倒的に英語だと思います。とにかく英文が長く難しいので，まずは長文に慣れておくことが必要不可欠です。そのため日頃から，「受験本番では3ページ程度の長文を2つ読むことになるんだ」と意識しながら，英語の学習を行うとよいと思います。また，速読力はもちろん大切ですが，表面を大まかに理解するだけでなく，隅々まで読まないと解答できないという選択肢も多いので，精読力も必要になります。『速読英単語』（Z会）や音読を通して速読力と英文理解力を高めておくことが重要です。 (M.O. さん／文)

A 世界史などの暗記科目だと思います。特に私が受けた情報コミュニケーション学部は，国語が独特な問題が多く点数が安定しなかったので，世界史で安定した点数を取れるように対策しました。具体的には一問一答の答えをただ覚えるのではなく，問題文をそのまま頭に入れるつもりで覚えました。MARCHレベルになると，ただ用語を答えるのではなく思考力を問う問題が多いので，日頃から出来事や人物の結びつきを意識して覚えました。 (S.O. さん／情報コミュニケーション)

Q 学校外での学習はどのようにしていましたか？

A 個別指導塾に週一で通って英語の授業を受けていたのと，季節ごとの特別講習と受験直前期は週二で授業を受けていました。また，学校の授業が早く終わる水曜日は塾の自習室で赤本を解くと決めていました。個人的に苦手な範囲のプリントや，授業ではやらなかったものの「欲しい人は言ってください」と先生に言われたプリントなどは絶対にもらうようにして，解かないということがないようにしました。

（M.O. さん／文）

Q 時間をうまく使うためにしていた工夫を教えてください。

A 1日のうちのどのタイミングでどの勉強をするか，ルーティン化して決めてしまうといいと思います。私の場合，朝起きたら音読，登校中は古典単語と文学史，食事中は地図帳，下校中は英単語をやることにしていました。本番ではできるだけ解答用紙から情報を集めることが大切です。問題の詳細はわからなくても，大問の数や記述の型が過去問と違っていたとき，試験開始までに心を落ち着かせ，解くスピードや順番を考えておけば焦らなくてすみます。 （R.K. さん／文）

Q 苦手な科目はどのように克服しましたか？

A 私は国語がとても苦手でした。自分の実力より少し上の大学の問題を解いて，間違えた原因や，どうすれば解けたのかを徹底的に復習して克服しました。国語は，面倒ではあるけれど復習が一番大事だと思います。ただダラダラたくさん問題を解くよりも，一つの問題を徹底的に復習するほうが合格への近道になると思います。私は復習することを怠っていたので，ずっと現代文の成績が伸びませんでした。けれど1月末に復習方法を理解してから，私大入試直前の2月になって正答率が一気に上がったので，面倒だとは思うけれどしっかり復習することをオススメします。
（S.O. さん／情報コミュニケーション）

Q　スランプに陥ったとき，どのように抜け出しましたか？

A　焦らないことです。誰にでもくるもので自分だけだと思わないようにして，焦って方法を変えると逆効果だと言い聞かせました。あまり気にしすぎないほうがよいです。気にせずに同じように勉強を続けていたら，そのうち元通りになっていました。ただ，あまりにも点数の落ち方がひどいときや期間が長いときは，塾の先生に相談をしました。問題は何なのか，どこで躓いているのかを一緒に考えてもらうことで，安心感を得られたり，不安が解消されたりしました。　（M.O. さん／文）

Q　模試の上手な活用法を教えてください。

A　模試ごとに試験範囲が設定されている場合には，その試験範囲に合わせて勉強するとペースがつかみやすいです。また，模試は復習が命です。模試の問題以上にその解説が大切です。間違えた問題は必ず，できれば曖昧な問題も解説を確認して，１冊のノートにポイントとして簡単に書き留めておくと，直前期に非常に役立ちます。特に社会系科目はその時の情勢などによって出題のトレンドがあるので，それの把握と演習に役立ちます。判定に関しては，単純に判定だけを見るのではなく，志望校内での順位を重視してください。特にＥ判定は幅があるので，Ｄ判定に近いのか，そうでないのかは必ず確認するべきです。　（N.S. さん／商）

Q　併願をする上で重視したことは何ですか？
また，注意すべき点があれば教えてください。

A　自分の興味のある分野を学べる大学であること，第一志望の選択科目で受験できること，３日以上連続にならないことの３点を重視して選びました。私は地理選択で，大学では地理を勉強したいと思っていたので，明治大学以外で併願校を選ぶ時に選択肢が少ない分，割と簡単に決められました。あと，第一志望の大学・学部の前に，他の大学や学部で試験会場の雰囲気を感じておくと，とてもいい練習になると思います。明治大学の全学部統一入試は2月の初旬に行われますが，その前に他の大学を受験したことで新たに作戦を立てることができました。

（R.K. さん／文）

Q 試験当日の試験会場の雰囲気はどのようなものでしたか？緊張のほぐし方，交通事情，注意点等があれば教えてください。

A 試験会場は，とても静かで心地良かったです。荷物は座席の下に置くように指示があったので，それを見越した荷物の量やバッグにするとよいでしょう。また，携帯電話を身につけていると不正行為になるので（上着のポケットに入っているのもだめです），しまえるようにしておきましょう。また，新宿行きの電車はすごく混むので，ホテルなどを取る場合はなるべく新宿寄りの場所にして，当日は新宿と逆方向の電車に乗るようにするほうが賢明です。電車内では身動きが取れないので，参考書などはホームで待っている間に手に持っておくほうがよいです。

（M.O. さん／文）

Q 受験生のときの失敗談や後悔していることを教えてください。

A 基礎を疎かにしてしまったことです。単語・文法など基礎の勉強は私にとっては楽しくなく，演習のほうをやりがちになっていました。しかし，基礎が固まっているからこそ演習の意義が高まるのであり，基礎を疎かにすることは成績が伸びづらくなる要因になっていました。12月頃に学校の先生にこのことを言われて，もう一度基礎を徹底させ，なんとか受験までには間に合わせることができましたが，勉強をし始めた時期にもっと徹底的に固めていれば，と後悔しています。

（R.S. さん／政治経済）

Q 受験生へアドバイスをお願いします。

A 受験報告会などで先輩たちはたくさんの勉強をしていたと聞いて,「自分には無理だ」と思ってしまうかもしれません。しかし，そのハードワークも毎日続けてルーティンにすると辛くなくなります。習慣化するまでがしんどいと思いますが，せいぜい1，2カ月で習慣は出来上がります。辛いのは最初だけなので，少しだけ歯を食いしばってください。きっと，少ししたらハードワークに慣れている自分に気づくと思います。計画を立て，目の前のことに全力で取り組んでがむしゃらに進めば，1年はあっという間なので，あまり悲観せずに頑張ってください。

（M.O. さん／文）

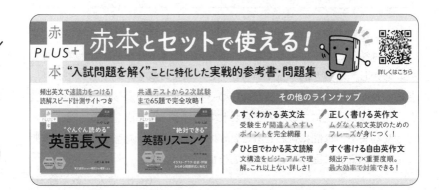

科目別攻略アドバイス

みごと入試を突破された先輩に，独自の攻略法や
おすすめの参考書・問題集を，科目ごとに紹介していただきました。

英　語

ポイントは長文に慣れること。速読力と英文理解力を高めておかないと，問題を解き終わらないうちに試験時間が終了してしまった，なんてこともあり得るので，早くから長文対策をするべきです。　(M.O. さん／文)

おすすめ参考書　『UPGRADE 英文法・語法問題』（数研出版）
『イチから鍛える英語長文』シリーズ（Gakken）
『英文法・語法 良問 500＋4技能』シリーズ（河合出版）

日本史

ポイントは，まんべんなく問題が出されるので，ヤマをはらないこと。本番では「誰も解けないだろ，これ」という難問が２，３問あるので，そのつもりで臨むとよい。　(M.O. さん／文)

おすすめ参考書　『時代と流れで覚える！日本史 B 用語』（文英堂）
『入試に出る 日本史 B 一問一答』（Z 会）

世界史

単語力と思考力がポイントです。用語は，教科書レベルの用語はもちろん，一問一答の星１レベルまで幅広く出題されているので，しっかり対策をする必要があると思います。あとは正誤問題などで細かいひっかけが多いので，物事の結び付きをいかに理解しているかがカギになると思います。

(S.O. さん／情報コミュニケーション)

おすすめ参考書 『時代と流れで覚える！ 世界史B用語』（文英堂）

地　理

自分の知識として足りなかったことは全て地図帳に書き込みました。毎日決まった時間（私の場合は昼食中）と，新たに書き込みをするときに，前に書いたメモを見ると何度も復習でき，知識が定着します。また，地図帳に掲載されている表やグラフはかなり厳選された大事なものなので，丁寧に目を通しておくことをおすすめします！ (R.K. さん／文)

おすすめ参考書 『新詳高等地図』（帝国書院）

国　語

近年は明治大学に絡んだ人物が問われているので，明治大学に関係する文学者，特に教壇に立った経験がある人物などは知っておいたほうがよいかもしれません。問題としてはそこまで難しくはないので，落ち着いて解くことが一番大切でしょう。 (M.O. さん／文)

おすすめ参考書 『古文単語 FORMULA600』（ナガセ）
『漢文早覚え速答法』（Gakken）

現代文は，どの文にも共通した論理展開をつかむことが重要になってきます。場当たり的な解法ではなく，文章の本質をつかむ勉強を多くすべきだと思います。 (R.S. さん／政治経済)

おすすめ参考書 『現代文読解力の開発講座』（駿台文庫）

TREND & STEPS

傾向と対策

科目ごとに問題の「傾向」を分析し，具体的にどのような「対策」をすればよいか紹介しています。まずは出題内容をまとめた分析表を見て，試験の概要を把握しましょう。

注　意

「傾向と対策」で示している，出題科目・出題範囲・試験時間等については，2024 年度までに実施された入試の内容に基づいています。2025 年度入試の選抜方法については，各大学が発表する学生募集要項を必ずご確認ください。

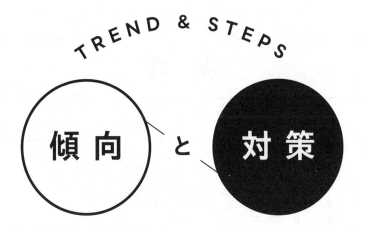

英 語

年 度	番号	項 目	内 容
2024 ◑	〔1〕	読 解	選択：空所補充，語句整序，内容真偽 記述：空所補充（語形変化を含む）
	〔2〕	読 解	選択：同意表現，空所補充，内容真偽 記述：内容説明（30 字）
	〔3〕	会 話 文	選択：空所補充
2023 ◑	〔1〕	読 解	選択：同意表現，空所補充，語句整序，内容説明，内容真偽，主題
	〔2〕	読 解	選択：空所補充，同意表現，内容真偽 記述：空所補充（語形変化を含む），内容説明
	〔3〕	会 話 文	選択：空所補充
2022 ◑	〔1〕	読 解	選択：空所補充，同意表現，内容真偽 記述：空所補充（語形変化を含む），内容説明
	〔2〕	読 解	選択：同意表現，空所補充，語句整序，内容真偽，主題
	〔3〕	会 話 文	選択：空所補充

（注） ●印は全問，◑印は一部マークシート方式採用であることを表す。

読解英文の主題

年 度	番号	主 題
2024	〔1〕	ウイルスの異種間伝播を防ぐには
	〔2〕	性格は変えられるか
	〔3〕	大学生活について話す大学生同士の会話
2023	〔1〕	家事の分割ではなく，家事の分担が幸福な関係をもたらす
	〔2〕	環境活動家の抗議活動の正当性
	〔3〕	映画「ボーイフッド」より父親と子供の会話
2022	〔1〕	写真の共有が経験に及ぼす影響
	〔2〕	なぜ人はロボットの物語を語り続けるか
	〔3〕	アマンダ=ゴーマンへのインタビュー

傾向　長文読解問題が中心　大意把握と素早い文法判断が必要

01　出題形式は？

例年，大問３題の出題で，読解問題２題と会話文問題１題という構成となっている。大部分がマークシート方式による選択式だが，一部に記述式問題もある。試験時間は 60 分。

02　出題内容はどうか？

〔１〕〔２〕の長文読解問題は，内容が多岐にわたり，英文量も多めであるため，速読力が要求される。空所補充では，動詞や名詞の意味の区別，副詞や前置詞の用法，関係詞や接続詞などを問う問題が出題されており，文法力と語彙力が試されている。同意表現は，語彙の知識で解けるものもあるが，本文中での意味を問うものが出題されることもあり，文脈をよく理解した上で解答する必要がある。内容真偽は，選択肢が本文の順に並んでいないこともあるので，注意が必要である。記述式では，内容説明，語形変化を含む空所補充がよく出題されている。字数制限がある内容説明では，解答を制限字数内にまとめる力が求められる。

〔３〕は会話文問題で，ここ数年は空所補充のみの出題である。内容把握能力だけでなく文法力も問う問題となっている。

03　難易度は？

個々の設問は標準的なものばかりであるが，60 分という試験時間を考えると，総合的にはやや難しいといえる。全体から見ると，〔１〕〔２〕の長文読解問題の比重が大きい。

対策

01 語彙力

語彙力養成は読解問題対策や速読対策の基本である。早い時期から少しずつ着実に覚えていく必要がある。市販の単語集や熟語集を利用したり，自分で単語帳を作り新出単語を整理して覚えることで，語彙力アップに取り組みたい。過去に出題された問題から各テーマに固有の単語をリストアップして整理しておくと，類似したテーマの英文を読むときに役立つ。『速読英単語 必修編』（Z会）なども利用するとよい。読解問題を解くときに，知らない単語の意味を前後関係から類推する訓練をしておくことも有効であろう。イディオムや慣用句まで幅広く知識を増やしておきたい。

02 文法力

文法力は読解の基礎でもある。構文を的確に把握し，長文をスピードをつけて読むためにも文法力は必要である。読解問題の中でも文法力を問う小問が出題されている。標準レベルの文法問題集・参考書を中心としたオーソドックスな学習をしておこう。特に，動詞の変化は頻出である。動詞の自動詞・他動詞を含めた語法や時制，準動詞，助動詞などをおさえておきたい。また，受験生が間違えやすいポイントを完全網羅した総合文法書『大学入試 すぐわかる英文法』（教学社）などを手元に置いて調べながら学習すると効果的だろう。

03 読解力

60分の試験時間の中でかなりの長文に対処しなければならないので，速く読み進められる能力が要求される。精読の力とともに速読力を身につける必要がある。

速読力を養成するためには，英文を読むときに最初は辞書を使わずに全体を速読して大雑把に内容を把握する練習をしよう。多少わからないところがあってもあわてずに，大意をつかむことを心がけて読み進めていけば，より速く対処できるようになる。まずは，易しい構文を使った英文から始め，徐々にレベルを上げていこう。1回速読をしたあとで段落ごとに精読し，内容をまとめたり論理展開を正確に把握する習慣をつけるとよいだろう。記述式の内容説明に対しては，構文の難しいところや難解な部分をきちんと理解することが必要である。長文問題集や参考書は『大学入試 ぐんぐん読める英語長文』（教学社），『やっておきたい英語長文』シリーズ（河合出版）などのできるだけ解説の詳しいもの，そして内容説明や内容真偽の問題を数多く含んだものを選び，早い時期から取り組んでおこう。

04 総合力

語彙力，文法力，読解力のアップは当然だが，さらに時間内に問題をすべて解く力も非常に重要な要素である。特に試験時間が60分と短いのでなおさらである。英文の内容が十分に把握できなくても解答できる設問もあるので，まず設問部分に目を通して手際よく取り組むことが大切である。もてる力を十分に発揮できるように，時間配分の研究は早い時期から始めるべきであろう。『明治大の英語』（教学社）などを用いて，出題傾向を知り，慣れておくとよい。英文のテーマは多岐にわたるので，いろいろな分野の知識を蓄えることも役に立つ。日頃から，テレビ・新聞などで幅広い教養を身につけておきたい。

明治大「英語」におすすめの参考書

Check!

- ✓『速読英単語 必修編』（Z会）
- ✓『大学入試 すぐわかる英文法』（教学社）
- ✓『大学入試 ぐんぐん読める英語長文』（教学社）
- ✓『やっておきたい英語長文』シリーズ（河合出版）
- ✓『明治大の英語』（教学社）

日本史

年 度	番号	内 容	形 式
2024 ◑	〔1〕	「解放」「水平月報」「水平新聞」－大正時代の日本社会に内在していたさまざまな差別（150字） ✓史料	記述・論述
	〔2〕	古代～近代のジェンダー史	選 択
	〔3〕	近代国家体制の整備	選 択
	〔4〕	戦後の日本経済 ✓グラフ	選択・配列
2023 ◑	〔1〕	「独楽吟」「明六雑誌」－近世後期～近代初期の言語と思想（150字） ✓史料	記述・論述
	〔2〕	江戸時代の幕政改革と社会の変容	選 択
	〔3〕	大正～昭和初期の日本の外交	選 択
	〔4〕	明治維新期と高度経済成長期の社会変動	選 択
2022 ◑	〔1〕	「憲法義解」「憲法講話」「普通選挙論」「婦選運動十三年」－近代の選挙制度と政治制度（180字1問，12字1問） ✓史料	論述・記述
	〔2〕	鎌倉時代の政治・社会経済・文化	選 択
	〔3〕	近世～現代の貨幣史・金融史	選 択
	〔4〕	戦後日本の経済・社会発展	配列・選択

（注） ●印は全問，◑印は一部マークシート方式採用であることを表す。

傾向 近現代史からの出題が頻出 論述を含む史料問題が必出

01 出題形式は？

出題数は大問4題，解答個数は約40個である。試験時間は60分。例年，〔1〕の史料問題が記述式で，それ以外の大問が選択式（マークシート方式採用）となっている。選択問題では用語などの選択のほか，文章選択の問題もよく出題されている。文章選択問題は，すべて正文選択問題である。〔1〕での論述問題はここ数年連続して出題されており，論述字数は150～180字となっている。

なお，2025 年度は出題科目が「歴史総合，日本史探究」となる予定である（本書編集時点）。

02 出題内容はどうか？

時代別では，古代～近現代まで幅広く出題されているが，2022・2023 年度は古代からの出題はみられなかった。また，出題された時代範囲からもわかるように，近現代の割合が大きいのが特徴で，2022・2023 年度は大問 4 題中 2 題以上，2024 年度は大問 4 題中 3 題以上というように，近現代に関する出題が多い傾向が続いている。

分野別では，政治史，外交史，社会経済史，文化史から幅広く出題されており，外交史と社会経済史がやや多めである。文化史は，特定のテーマを掘り下げた形での出題が多い。

史料問題は，毎年必ず大問で 1 題は出題されている。2022 年度の「憲法義解」「憲法講話」「普通選挙論」「婦選運動十三年」，2024 年度の「解放」「水平月報」「水平新聞」のように近代の史料が多めであるが，2023 年度は江戸時代末期の「独楽吟」と明治時代初期の「明六雑誌」が出題された。教科書や史料集には掲載されていない史料を引用した出題もみられる。史料の内容についての難度の高い論述問題も出題されており，史料読解力が試されている。

03 難易度は？

歴史用語の選択・記述問題については教科書レベルの標準的な内容が多いものの，一部の選択問題では細かい内容が問われる場合がある。特に近現代史において，日本史の知識だけでは解けないような，やや踏み込んだ知識を問う設問がみられ，なかには教科書や用語集に記載されていない用語が出題される場合もある。また，史料問題のレベルも高いため，丁寧かつ深い学習が求められる。試験本番では標準的な問題に手早く解答し，文章選択問題や史料問題に十分な検討時間をかけられるよう，時間配分を工夫しよう。

対策

01 教科書学習の徹底

史料問題や文章選択問題，論述問題の攻略ポイントとして，歴史的な流れや背景を理解する学習を心がけることが前提となる。一部に難問もみられるが，基本的には教科書レベルの標準的な問題である。したがって，難問以外の標準的な問題に確実に正解することが合格につながる。そのためには，まず教科書の精読が最も有効な学習方法である。その際，図表や脚注もおろそかにしないこと。人名や重要な歴史用語は『日本史用語集』（山川出版社）などを併用して，他の分野や時代とも関連づけながら，より深い理解を伴った知識を定着させることが必要である。

02 史料問題対策

史料問題は例年出題されており，しかも初見の史料もあり，設問内容も難度が高いので，『詳説日本史史料集』（山川出版社），『最新 詳述日本史史料集』（実教出版）などの史料集を用いた学習を心がけてほしい。その際，知識分野の暗記だけではなく，原文の語意を読み取る練習をすること。そうすれば，初見の史料であっても文中のキーワードを見逃すことなく対応できるようになる。

03 文章選択問題対策

文章選択問題は歴史用語の暗記だけでは解けない問題が多い。特に細かい内容にまで言及されている場合，時代背景を知っていないと選択肢を絞り込むのが難しい。演習の際には各文の内容確認を丁寧に行い，どこが誤っているのか，どこが正しいのかをチェックし，知識の精度を上げていきたい。

04 論述問題対策

ここ数年，150～180 字の論述問題が出題されている。字数にかかわらず，論述問題で大切なのは，設問の題意を的確にとらえることである。題意を正しく読み取り，字数内に簡潔にまとめる練習をしておこう。当然のことではあるが，誤字・脱字は減点になるので，歴史用語や人名を正しい漢字で書く練習も必要である。

05 過去問の研究

ここ数年，出題傾向や出題内容に一貫した特徴があるので，過去問を十分にこなしておきたい。難関校過去問シリーズの『明治大の日本史』（教学社）などを利用して，多くの過去問にあたることで難易度を実感し，出題内容や傾向をつかんでおくことができる。

世界史

年　度	番号	内　容	形　式
2024 ◑	〔1〕	アレクサンドロス大王関連史	正　誤
	〔2〕	漢～宋代の中国	選択・記述
	〔3〕	ヨーロッパの宮廷画家	記述・選択
	〔4〕	20世紀初頭におけるアメリカ合衆国の外交政策（260字）	論　述
2023 ◑	〔1〕	帝国への野望と挫折の歴史	記述・選択
	〔2〕	中世の地中海世界	記述・選択
	〔3〕	東南アジアの歴史	記述・選択
	〔4〕	イギリス・ドイツ・トルコにおける女性参政権の成立（260字）	論　述
2022 ◑	〔1〕	ゲルマン人の移動とフランク王国	記述・選択
	〔2〕	アフリカの歴史　⊘地図	記述・選択
	〔3〕	産業革命とフランス革命	記述・選択・配列
	〔4〕	絶対王政期の経済政策（260字）	論　述

（注）●印は全問，◑印は一部マークシート方式採用であることを表す。

傾向　正文選択問題に注意　論述問題対策をしっかりと

01　出題形式は？

例年，マークシート方式による選択式と記述式の併用で，大問数は4題である。試験時間は60分。選択・記述・論述法が中心であるが，年度によっては配列法も出題されている。また，2024年度は正誤法が出題された。2022・2023年度は240字以上260字以内，2024年度は220字以上260字以内の本格的な論述問題が出題されている。2023・2024年度はみられなかったが，2022年度は地図が出題された。

なお，2025年度は出題科目が「歴史総合，世界史探究」となる予定である（本書編集時点）。

02 出題内容はどうか？

地域別では，年度によってアジア地域からの出題が多いときもあるが，近年は欧米地域の比重がやや大きくなっている。**アジア地域**は，2023 年度は東南アジア史，2024 年度は中国史が大問として出題された。また，過去には朝鮮史が大問で出題されたこともある。ほかにも西アジアなど，広い地域から出題されている。**欧米地域**についても同様で，西ヨーロッパ史を中心としながらも，東ヨーロッパ史やアメリカ大陸からも多く出題されている。その他，2022 年度はアフリカ地域，2023 年度はアジア地域と欧米地域をまとめて問う大問も出題された。

時代別では，古代から現代までまんべんなく出題されているものの，年度によっては偏ることがある。特に近現代史は要注意で，過去には近現代からの出題が大きなウエートを占める年度もあった。

分野別では，政治・外交史を中心として，経済・文化史からも出題されており，2024 年度は大問 1 題が文化史であった。また，過去には宗教史が大問として出題されたこともある。

03 難易度は？

記述・語句選択問題は教科書レベルの知識で対応できるものがほとんどであるが，詳細な内容や教科書以外の事項が含まれていることがあり，特に正文選択問題の選択肢の中に惑わされやすく判断に時間がかかる内容が散見される。近年は 220～260 字の本格的な論述問題も出題され，全体的にやや難しい傾向が続いている。論述問題で時間をとられやすいので，効率的な時間配分が望まれる。解けるものから解いていき，確実に得点できるものを取りこぼさないようにしたい。

対策

01 教科書中心の学習

地域的・時代的に広範囲からの出題ではあるが，基本はやはり教科書である。いたずらに多くの参考書を使わず，まず教科書を1冊しっかりと精読することが重要である。ただし，教科書は各社から何種類も出版されており，自分の使用している教科書では言及されていない歴史事項もあるだろう。こうした歴史事項を確認・理解するためにも『世界史用語集』（山川出版社）などの用語集は必ず利用したい。特に正文選択問題を攻略するのに役立つはずである。

02 歴史地図・史料集の利用を

2022年度には地図を使った問題が出題されており，地理的知識が必要な問題もある。地名，領域などが出てきた際は，副教材として使う歴史地図帳などを利用して位置を確認するなどしておきたい。また，選択肢として史料が出されたこともあるので，教科書はもちろん，図説などに掲載されている史料の原文には必ず目を通しておこう。

03 現代史の重点的学習を

時間的制約から現代史は学習量が不足しがちであるが，年度によっては現代史が大きなウエートを占めることもある。過去には，第二次世界大戦後の欧米史，19世紀から20世紀にかけてのアメリカ合衆国やラテンアメリカ，また，2023年度は論述で20世紀の女性参政権成立，2024年度も論述で20世紀初頭におけるアメリカ合衆国の外交政策について問われている。第二次世界大戦前後はもちろん，21世紀に入ってからの動きにも注意して，早めに教科書をまとめあげておきたい。

04 平素から論述対策を

頻出の近現代史を中心に，自分なりにテーマを決めて，250 字程度で説明できるよう，日頃から練習しておきたい（ただし，書くのが苦手な人は 100 字程度から始めるとよい)。大切なのは，何を答えることが要求されているのか，また，答える上でどのような条件が付されているのかを問題文中から正確に読み取ることである。政治経済学部の場合，政治・外交・経済史に関する論述が主であるが，宗教史，文化史からも出題されているので，こうした分野での練習も怠らないようにしたい。

05 文化史学習を

文化史を文化史としてのみ覚えるのではなく，その書物や芸術作品が作られた背景を十分理解しながら覚えていく必要があるだろう。『タテヨコ 世界史 総整理　文化史』（旺文社）などを利用して，効果的な学習をめざすとよい。

06 過去問の研究を

それぞれの大学ごとに出題形式はもちろんのこと，出題内容にも必ず傾向がある。明治大学では文系学部においてはほぼ同様の形式で出題されているので，他学部の過去問も参照しておくとよい。本シリーズを十分に活用して過去問の研究を早めに行い，問題の特徴・レベルなどを身をもって理解してほしい。自分に不足しているものを発見し，その対策を行える時期に過去問演習に取り組むことが大事である。

地　理

年　度	番号	内　容	形　式
2024 ◑	〔1〕	USMCA 3 カ国の地誌	選　択
	〔2〕	世界と日本の農業（60 字）　**✓統計表**	選択・論述
	〔3〕	北前船寄港地と日本地誌　**✓地図・統計表・グラフ**	選　択
	〔4〕	自然保護と観光（80 字）　**✓地図・地形図**	選択・記述・論述・計算
2023 ◑	〔1〕	農耕文化	選　択
	〔2〕	災害　**✓グラフ・統計表・地形図**	選　択
	〔3〕	環境問題	選　択
	〔4〕	大地形（50 字）	記述・選択・論述
2022 ◑	〔1〕	地理情報と地図　**✓地図・表**	選択・計算
	〔2〕	中央アジアの地誌　**✓地図・統計表**	選　択
	〔3〕	人口問題と食料問題	選　択
	〔4〕	人口問題（200 字）　**✓グラフ・人口ピラミッド**	選択・論述

（注）　●印は全問，◑印は一部マークシート方式採用であることを表す。

傾向　詳細な地名・用語・統計数値も問われる　現代的な関心事と地誌問題に注意

01　出題形式は？

大問 4 題で，解答個数は 35～40 個前後の出題構成が続いている。例年，そのうち大半はマークシート方式による選択式，一部に記述式（論述を含む）があるが，2022 年度は，論述問題以外はすべて選択式であった。選択式は用語や空所補充が中心であるが，文章の正誤選択問題の出題も増えている。記述式の大半は語句を答えるものであるが，論述問題も毎年出題されている。字数は例年，50～80 字程度であるが，2022 年度は 200 字の論述が出題されており，注意が必要である。統計表やグラフを用いた問題もよく出されている。試験時間は 60 分。

なお，2025 年度は出題科目が「地理総合，地理探究」となる予定である（本書編集時点）。

02 出題内容はどうか？

系統分野からの出題をみると，人口に関する大問がよく出題されている。さらに，農業，鉱工業や観光・貿易といった産業関係も多いが，自然環境，災害，都市などの問題もあり，どの分野からもまんべんなく出題されている。近年は，教科書の記述内容の変化を背景に，環境問題，遺伝子組み換え作物，男性の育児休暇取得，パレスチナ問題，イギリスの EU 離脱など現代の地理的課題の出題が増えており，経済や社会の動向に焦点を当てた時事的な問題も散見される。地誌分野からの出題は，例年 1，2 題で，系統分野に比べやや少ない。2023 年度は大問としては出題されなかったが，2024 年度は北アメリカ，日本の地誌分野からの出題があった。

どちらの分野でも，地理用語，国名や都市名，河川や島などの自然地形名など知識を問う問題が中心であるが，地名の場合，詳細な知識を必要とするものも一部にある。地図やグラフ，統計表を用いた問題も多いが，統計判定で用いられるデータのなかには，市販の統計集には記載されていないものもある。これは，統計順位の暗記にとどまらず，分析能力を試そうとするための工夫であろう。

03 難易度は？

全体的には標準レベルの問題である。ただ，設問ごとの難易度の差が大きく，基礎的事項を問うものがある一方で，詳細な知識を必要とする設問，高い分析力や判断力を必要とする設問，解答に相当な時間を必要とする設問などを含むものもある。論述問題は，比較的短い 50～80 字程度の場合は，設問の意図を読み取るのが難しかったり，解答文の組み立てに工夫を要したりする問題があり，これらの難度は高い。2022 年度の 200 字の問題では，基本的事項が問われていた。いずれにせよ，時間配分を工夫し，まず基本的な設問で取りこぼさないよう確実に得点を重ねることが大切である。その上で，難度の高い問題にも余裕をもって取り組み，合格点に達するようにしたい。

対策

01 基本事項の確実な理解を

基本的な事項では確実に得点できるように，地理の基礎をしっかりと固めておくことが大切である。かなり細かい内容が問われることもあるので，教科書の内容を完全に自分のものにし，さらに，『地理用語集』（山川出版社）などを活用して地理用語の知識を確実なものにしておこう。その上で，資料集などの副読本を用いて知識の幅を広げたい。

02 地誌のまとめは必須

地誌学習は必須である。出題頻度の低い地域も含め，各地域の基本事項は確実に理解しておくことが欠かせない。この場合，国や地方，都市などの特色とともに，経済や社会の動向，国家間の結びつきにも気をつけておくことが望まれる。

03 地図帳の利用と地名の知識を

地図上の位置がわからないと答えられない設問も多い。平素から地図帳を手元に置き，国や都市の位置，国境や河川，経緯線などの位置関係を確認するよう心がけてほしい。地理事象の分布範囲を知ることも大切である。地名については，教科書に出てくるものはもちろん，できるだけ範囲を広げて豊かな知識を身につけるようにしたい。

04 統計数値に強くなる

統計数値によって地域の特色を考えるほか，数値そのものや統計に関係する地名が問われることもある。平素から統計書に親しみ，統計数値から地理事象を読み取れるようにしておこう。『データブック オブ・ザ・ワールド』（二宮書店）の活用は必須，ほかにも『日本国勢図会』『世界国勢図会』（ともに矢野恒太記念会）をぜひ参考にしてほしい。特に近年産出量の変化の大きい生産物などについては，常に最新のデータに目を通すようにしたい。

05 現代の地理的関心事に注目

防災，地球環境問題，民族問題をはじめ，国際関係，エネルギーや食料問題，人口の変化や都市構造などの現代的なトピックや時事問題に注意を払っておきたい。平素からニュースや新聞の解説記事に関心をもつほか，「公共」や「政治・経済」の教科書に目を通しておくのもよいだろう。

06 過去問に取り組む

明治大学特有の出題形式への対策として，また，出題内容の類似性からも，過去問を解いてみるのは有効な学習となる。特に，論述問題の練習にはこれが欠かせない。他学部を含めた過年度の問題に取り組んで，実戦力を身につけておきたい。

政治・経済

2025年度は「政治・経済」に代えて「公共，政治・経済」が課される予定である（本書編集時点)。

年度	番号	内容	形式
2024 ◑	〔1〕	G7サミットをめぐる国際情勢の変化と日本 ⊘統計表	記述・選択
	〔2〕	環境問題と日本の税制 ⊘グラフ	記述・選択
	〔3〕	物価の安定と日本銀行 ⊘グラフ	記述・選択
	〔4〕	地球温暖化対策 ⊘グラフ	記述・選択
2023 ◑	〔1〕	日本の司法制度	記述・選択
	〔2〕	社会保障制度 ⊘グラフ	記述・選択
	〔3〕	為替レート ⊘グラフ	記述・選択・計算
	〔4〕	日本国憲法	記述・選択
2022 ◑	〔1〕	日本の政治制度 ⊘統計表・グラフ	計算・記述・選択
	〔2〕	資本主義経済の発展と市場の失敗 ⊘グラフ	記述・選択・計算
	〔3〕	現代の国際貿易 ⊘グラフ・地図	記述・計算・選択
	〔4〕	世界の人口問題 ⊘グラフ	記述・選択

（注） ●印は全問，◑印は一部マークシート方式採用であることを表す。

傾向　政治・経済両分野ともに幅広い学習が必要！ 時事問題対策が不可欠！

01 出題形式は？

例年，大問4題の出題である。出題形式は記述式と選択式の併用で，選択式ではマークシート方式が採用されている。記述式と選択式の解答個数はそれぞれ20個ずつ，全体で40個出題されている。また，2022・2023年度と計算の要素を含む選択式の問題が出題されている。さらに，2022

年度以降，グラフ解読の選択式の問題が毎年数問以上出題されている。試験時間は60分。

02 出題内容はどうか？

例年，やや経済分野に比重を置いた出題であるものの，2023年度は政治分野2題，経済分野2題と均等に出題された。政治分野においては，2022年度〔1〕では日本の選挙制度，2023年度〔1〕では日本の司法制度について出題されており，制度について比較的多く問われる傾向にある。また，2024年度〔1〕ではG7サミットをテーマとして国際政治分野からも出題されている。経済分野においては，2022年度は〔2〕資本主義経済の歴史および〔3〕国際貿易，2023年度は〔2〕社会保障制度および〔3〕為替レート，2024年度は〔2〕環境問題と日本の税制，〔3〕物価の安定と日本銀行，〔4〕地球温暖化対策といったように，さまざまなテーマから出題されている。2022年度〔1〕～〔3〕，2023年度〔3〕のように，計算問題が出題されることも留意しておきたい。

いずれの分野についても，基本事項に加えて，歴史的な経緯や時事問題の知識が問われることが多い。

03 難易度は？

標準レベルか，標準レベルからやや難の問題が多い。一部の問題では幅広い学力と時事的な知識が求められている。問題量は標準的であるものの，グラフの解読や計算問題など時間を要する設問が出されることもある。限られた試験時間内に実力相応の成果を出すには時間配分の工夫が必要であろう。

対策

01 教科書を利用して基本的事項を確実に

基本的事項を確実に理解するために，まずはオーソドックスな学習を大切にしたい。教科書の通読を数回繰り返すとともに，『用語集 公共＋政治・経済』（清水書院），『山川 一問一答　政治・経済』（山川出版社）などを活用して，基礎的用語をしっかり理解しよう。その際，記述式の出題に備えて正確な漢字を書いて覚えることを意識的に実行しよう。

02 問題集と資料集などを併用しよう

用語を理解することと並行しながら，『実力をつける政治・経済 80 題』（Z 会）など解説が比較的詳細な問題集を活用して用語の整理と事項の流れをつかんでおきたい。その際，『政治・経済資料』（とうほう）などの資料集や『日本国勢図会』『世界国勢図会』（ともに矢野恒太記念会）などを手元に置いて問題集に取り組み，正答を得るために可能なかぎり調べることをすすめる。

03 時事問題に目を向けよう

リード文や問題の選択肢などに，教科書や資料集に載っていない難解な用語や表現がみられることがある。また，時事的な出題や時事的傾向の強い設問が多い。そのため，日常的に，『ニュース検定公式テキスト「時事力」発展編（1・2・準 2 級対応)』（毎日新聞出版）のようなテキスト，インターネットなどを通じて，ニュースに関心を持つようにしたい。そうすれば，政治・経済的な語句の意味や表現に慣れるとともに，時事問題への関心を深め，現代の政治・経済の動向に絶えず目を配るようになり，自然に「政治・経済」の知識や学力が身につくはずである。

04 過去問に取り組もう

他学部も含めて過去問に取り組んで傾向をつかんでおきたい。学習の仕上げとしても有効である。

数　学

年　度	番号	項　目	内　容
2024 ◑	〔1〕	小問5問	⑴解と係数の関係　⑵三角関数の最大値　⑶外分点，ベクトルの内積計算　⑷数列の最大値と桁数　⑸不等式で表される領域の面積
	〔2〕	微分法	接線の方程式，関数の増減，接線の本数
2023 ◑	〔1〕	小問6問	⑴ベクトル　⑵図形と方程式　⑶整数の性質　⑷指数・対数関数　⑸整数の性質　⑹微・積分法
	〔2〕	三角関数，式と証明	座標平面における直線のなす角の大きさ，分数関数の最小値
2022 ◑	〔1〕	小問6問	⑴場合の数　⑵三角関数　⑶空間座標　⑷積分法　⑸図形と方程式，微分法　⑹指数関数，2次関数
	〔2〕	確率，数列	確率漸化式，0以上の整数 n で表された不等式を満たす最小の n の値

(注)　●印は全問，◑印は一部マークシート方式採用であることを表す。

出題範囲の変更

2025年度入試より，数学は新教育課程での実施となります。詳細については，大学から発表される募集要項等で必ずご確認ください（以下は本書編集時点の情報）。

2024年度（旧教育課程）	2025年度（新教育課程）
数学Ⅰ・Ⅱ・A・B（数列，ベクトル）	数学Ⅰ・Ⅱ・A（図形の性質，場合の数と確率）・B（数列）・C（ベクトル）

旧教育課程履修者への経過措置

2025年度においては，旧教育課程履修者に配慮して出題する。

傾向　基本～標準レベルの問題　頻出の微・積分法に注意！

01　出題形式は？

大問2題の出題。試験時間は60分。解答形式は，マークシート方式と記述式の併用となっている。マークシート方式は，空所に当てはまる数値をマークする形式で，例年〔1〕の小問集合で出題されている。記述式は，計算の結果のみを答えるものに加え，2023年度の〔2〕(5)では導出の過程を記述させる問いが出題された。

02 出題内容はどうか？

幅広い分野から出題されているが，特に面積計算など，微・積分法の出題が多い点が目を引く。また，ベクトル，場合の数と確率，数列も頻出である。

03 難易度は？

ここ数年，難易度に大きな変化はみられず，基本～標準的な内容の問題が多い。一部に，やや複雑な計算を要することがあるので注意したい。試験時間が短いため，1つの問題に多くの時間を費やすと時間が不足する。いくつかの問いは，解法の手順を知っていないと難しく感じることもあるだろう。解きやすい問題から手をつけ，複雑な内容のものは後回しにするなどの工夫も必要である。

対策

01 まずは基礎・基本の理解から

数学は基礎・基本の理解が最も大切である。教科書の内容を理解していないと，入試問題は解けない。まずは，教科書の復習を徹底的に行うこと。例題は必ず解き直し，節末・章末問題はすべて解答できるようにしよう。

02 数学全般の幅広い学習

小問集合とあわせて，出題範囲全般から出題されている。また，分野を横断した問題や，さまざまな解き方が可能な問題も出されている。そのため，すべての単元・分野において，基本的な事項に穴がないようにし，苦手な分野をつくらないよう準備しておきたい。

03 時間配分に注意しよう

試験時間は 60 分である。問題の分量に対して余裕のある時間ではない。取り組みやすそうな問題から解いていこう。本書を活用し，本番と同様の時間設定で，掲載されているすべての過去問に挑戦しよう。

04 計算をおろそかにしない

ここ数年，難問は出題されておらず，難易度は標準的である。ただし，試験時間が短く，焦りや緊張感から，計算ミスや勘違いを起こしやすい。日頃の学習から，計算は決しておろそかにせず，注意深く慎重に解くことが大切である。また，問題を解き終わったら必ず検算，見直しをする習慣をつけよう。

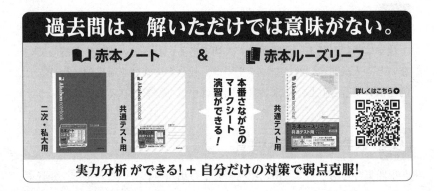

国　語

年　度	番号	種類	類別	内　容	出　典
2024 ◑	〔1〕	現代文	評論	選択：空所補充，内容説明，主旨 記述：欠文挿入箇所，内容説明（50字）	「地図の想像力」 若林幹夫
	〔2〕	現代文	随筆	選択：空所補充，内容説明，内容真偽 記述：箇所指摘	「狩りの思考法」 角幡唯介
	〔3〕	古　文	歴史物語	選択：内容説明，口語訳，古典常識，文学史 記述：空所補充，人物指摘	「増鏡」
	〔4〕	国　語 常　識	漢字	選択：書き取り，読み	
2023 ◑	〔1〕	現代文	評論	選択：空所補充，内容説明，内容真偽 記述：欠文挿入箇所，内容説明（50字）	「新世紀のコミュニズムへ」 大澤真幸
	〔2〕	現代文	随筆	選択：内容説明，空所補充，文学史，内容真偽 記述：空所補充，欠文挿入箇所	「日本語で読むということ」 水村美苗
	〔3〕	古　文	日記	選択：口語訳，内容説明，空所補充，文法，文学史 記述：読み，文法	「紫式部日記」
	〔4〕	国　語 常　識	漢字	選択：書き取り，読み	
2022 ◑	〔1〕	現代文	評論	選択：空所補充，内容説明，内容真偽 記述：欠文挿入箇所，内容説明（50字）	「観光客の哲学」 東浩紀
	〔2〕	現代文	随筆	選択：慣用表現，空所補充，文学史，内容説明，内容真偽 記述：空所補充，欠文挿入箇所	「わが一期一会」 井上靖
	〔3〕	古　文	説話	選択：語意，内容説明，文法，口語訳，文学史 記述：文法，文学史	「宇治拾遺物語」
	〔4〕	国　語 常　識	漢字	選択：書き取り，読み	

（注）●印は全問，◑印は一部マークシート方式採用であることを表す。

傾向　現代文は文脈把握力を　古文は解釈のための文法力を

01　出題形式は？

例年，現代文 2 題，古文 1 題，漢字 1 題で計 4 題の出題となっている。試験時間は 60 分。解答方式はマークシート方式による選択式と記述式の併用である。選択式は，接続語やキーワードを問う空所補充と，内容把握を問う内容説明問題などが中心である。記述式は，欠文挿入箇所や要点を抜き出す問題のほか，50 字程度の字数制限つきの内容説明問題も出題されている。

02　出題内容はどうか？

現代文は，例年，〔 1 〕では比較的長文でやや硬質な文化・哲学に関する評論が，〔 2 〕では比較的短めの随筆か評論が出題されている。設問の内容は，文脈把握に関わる内容説明，空所補充，欠文挿入箇所などが中心で，全体の内容把握をみる内容真偽問題も出題されている。また，本文の内容・表現と関連づけた文学史や四字熟語，慣用表現について出題される年度もある。

古文は中古または中世のさまざまなジャンルの作品が出題されている。設問は，語意や文法に関する基本的知識を問う問題や，口語訳，内容説明など読解力や内容展開を確認する問題など幅広く出題されている。助動詞・助詞・敬語法などの文法や基本古語の語意，和歌や文学史に関する知識，古典常識を問うものも出題されている。2024 年度は問題文に作品名が記されず，本文の内容から作品名を推測させる設問があった。

03　難易度は？

現代文の評論は，論理的な思考力を必要とする硬質な文章である。専門用語も多く，細部にわたる内容の読み取りは難しい場合がある。また，空所補充や欠文挿入箇所の設問が多く，文脈をたどりづらい面もある。選択式の内容把握や内容真偽の問題は，選択肢の微妙な違いを見きわめる必要がある。字数制限つきの記述式問題も要点をまとめる力を試される。漢字，語句などの知識・国語常識問題をきちんとおさえることも大切。全体として標準レベルである。

古文は，選択式の口語訳は文法事項をおさえた上での解釈が求められており，標準レベル。そのほか，語意の問題は基本単語をおさえておけば対処できる。人物関係を問う設問や指示語の問題も，全体の文脈を意識して対応すればさほど難しいものはない。全体としては標準のレベル。時間配分は，国語常識を5分で解き，現代文・古文は大問1題を15分ずつで解き，余った時間を見直しにあてるとよいだろう。

対策

01 現代文

社会・文化・哲学など幅広い分野を扱った評論中心の問題集を徹底的に解き慣れること。さらに，文章の論理展開に注意しながら，語句の意味，副詞や接続詞の用い方，指示語の内容など細部に注意を払い，全体の内容や主旨を把握できる総合的な読解力を養いたい。文章中の接続詞やキーワードを塗りつぶして自分で埋めてみるのも文脈把握のよい練習である。例年，欠文挿入箇所や空所補充問題が出題されているので，苦手意識があれば，『大学入試 全レベル問題集 現代文 4 私大上位レベル』（旺文社）などを利用して，対策しておきたい。また，現代的なテーマに対応できるように新聞の社説や文化・学術欄，新書などを読む習慣を身につけよう。

02 古文

さまざまなジャンルの作品が採録されている問題集を選んで，人物関係や主語の把握，文脈理解，全体の内容の理解など基本的な読解力を養うこと。その基礎になるのは，まず文法力である。文法の教科書や参考書を用いて，助動詞・助詞・敬語法を中心に解釈・口語訳のための文法事項に習熟しておこう。もう一つの基本は古文単語である。本義・語源を踏まえて文脈の中で意味を派生させる訓練をしておきたい。さらには，国語便覧や古語辞典の巻末付録などを用いて古典常識や文学史などの知識を身につけると同時に，代表的な和歌をいくつか覚えたり，和歌の修辞について確認したりしておくとよい。『大学入試 知らなきゃ解けない古文常識・和歌』（教学社）を利用して，古文常識や和歌を含む問題を集中的に解いておくのも効果的である。

03 その他

漢字は必出なので，四字熟語や慣用表現とあわせて問題集は必ず１冊きちんと仕上げておくこと。

現代文の空所補充や欠文挿入箇所などの問題の作問の仕方には，大学によって特徴がある。難関校過去問シリーズの『明治大の国語』（教学社）を利用して，他学部で出題されたものも含め，過去問の傾向をつかんでおこう。

明治大「国語」におすすめの参考書

Check!

- ✓『大学入試 全レベル問題集 現代文 4 私大上位レベル』（旺文社）
- ✓『大学入試 知らなきゃ解けない古文常識・和歌』（教学社）
- ✓『明治大の国語』（教学社）

2024年度

問題と解答

学部別入試

問題編

▶試験科目・配点

教　科	科　　　目	配　点
外国語	「コミュニケーション英語Ⅰ・Ⅱ・Ⅲ，英語表現Ⅰ・Ⅱ」，ドイツ語（省略），フランス語（省略）から１科目選択	150 点
選　択	日本史Ｂ，世界史Ｂ，地理Ｂ，政治・経済，「数学Ⅰ・Ⅱ・Ａ・Ｂ」から１科目選択	100 点
国　語	国語総合（漢文の独立問題は出題しない）	100 点

▶備　考

「数学Ｂ」は「数列，ベクトル」から出題する。

英　語

（60 分）

〔Ⅰ〕 以下の英文を読んで、1～6の問いに答えなさい。

COVID-19 is just one example of a disease that has jumped from a wild animal to people. In hopes of preventing future outbreaks, scientists are working to understand what led to the jump, also known as a spillover event. A group working in Australia thinks it may have one solution: Keep wildlife well-fed. The team shared its findings in a pair of papers in January.

All animals carry germs. （　あ　）viruses don't harm the animals in which they are typically found. That's because the host species has encountered this virus so often that its immune system has evolved a way to keep the germ in check. But if this virus later finds its way [　a　] a new species, it may trigger serious disease.

"It's helpful to be able to understand why, when and where viruses can pass, or spill over, from wildlife species to humans or（　い　）animals," says Alison Peel. She's an ecologist at Griffith University in Brisbane, Australia. Peel（　ア　）in wildlife diseases. It's not easy to track when viruses jump from their wild host to a new one, she says. But doing so can reveal the conditions that allow spillovers to happen.

Peel studies Hendra virus in Australia, which often is found in fruit-eating bats called flying foxes. This virus sometimes spills over into horses. In three out [　b　] four such cases, the horse will die. The virus also can jump from horses to people, where it's deadly more than half the time. Peel is part of a team that wanted to understand what causes the virus to spill over, so they might help（　A　）future outbreaks.

From 1996 to 2020, Peel and her group tracked where bats（　イ　）their time. The team also noted features of the sites at which spillovers occurred, such as climate and habitat. And since these bats eat nectar, the researchers recorded the location of blooming flowers.

For the first six years, there were no spillover events. But starting in 2003, the team noticed the bats' ecosystem was changing. Soon after, spillovers started to show [c]. Peel's group linked these events to periods when the bats couldn't find enough food.

This happened in years that followed strong El Niño events. This (B) event causes Australia to become hotter and drier. Trees that normally flower in spring may now fail to do so. Hungry bats will then leave their forests in search of food. Some may wind up near farms where they can infect horses. And they may stay near these farms until the following winter.

But some spillovers happened even during non-El Niño years. The researchers suspect this might be due to changes in tree cover.

Over the course of the study, large sections of forest were cut down for farming and (C). This reduced the number of trees that flower in winter, such as **Eucalyptus*. [d] their main food source, hungry flying foxes shifted their behavior. Just as they did after El Niño years, they now spent more time near farms in search of food. It was after this shift that spillover events occurred. The group reported its findings in the Jan. 12 issue of *Nature*.

Finding enough food can help prevent spillovers for two reasons, says team member Raina Plowright. She is an infectious-disease ecologist at Cornell University in Ithaca, N.Y. "If food is in native forests and it is abundant, then animals are likely to be in those forests," she says. That keeps them away from horses and people who might otherwise be exposed to the virus. Second, good nutrition boosts the immune system, which "requires a lot of energy," Plowright notes. "We think that the animals can't keep viruses in check as easily if they are hungry."

Her team found evidence for that second factor as well. In a study published in the January *Ecology Letters*, they report the *urine of well-fed bats contained no Hendra virus. But levels of the virus were quite high in hungry bats foraging on farmland. That makes Hendra even more likely to spill over into horses — and people.

Australia is just (う) place where people are destroying natural areas that provide essential habitat for wildlife. As people intrude into these areas, Peel says, “(X)動物は生き残るために、我々が想像しないようなやり方で、自分達の行動を変えるかもしれない。” That can expose people to the germs those animals carry. And if these animals struggle with hunger, they may carry more of those germs.

“This study offers an important conservation lesson,” says Cara Brook. She works at the University of Chicago in Illinois. She, too, has been studying the role of the (D) in spillover events. Bats are a common source of diseases that spill over into people. “Bats [e] poor nutritional condition with access only to farming landscapes,” Brook says, “pose a higher threat as sources of disease.”

But there’s also hope, adds Peggy Eby in Sydney, Australia. She’s a behavioral ecologist at the University of New South Wales. She led one of the two new studies. “By replacing critical habitat that has been (ウ),” Eby says, “we can ensure that abundant winter flowering occurs more reliably.”

Her team now recommends that critical habitat for bats be restored to prevent future pandemics. Such nurturing of ecosystems, they say, should reduce the need for these animals to spend time near people and livestock, (エ) their risk of spreading disease.

*Eucalyptus ... ユーカリ

*urine ... 尿

1. 空欄（あ）～（う）に入れるのに、最も適切な語を、それぞれ（1）～（3）から1つ選び、その番号をマークしなさい。ただし文頭に入る語も小文字にしてある。

(1) one　　(2) other　　(3) some

出典追記：Protecting forests may help head off future pandemics, ScienceNewsExplores on February 13, 2023 by Alison Pearce Stevens

2. 空欄（ア）～（エ）に入れるのに、最も適切な語を選び、必要な場合には適切な形に変えて解答欄に記入しなさい。但し、解答はそれぞれ1語に限る。

destroy / happen / limit / specialize / spend

3. 空欄（A）～（D）に入れるのに最も適切な語を、それぞれ（1）～（4）から1つ選び、その番号をマークしなさい。

（A）	(1) invite	(2) prevent	(3) repeat	(4) replace
（B）	(1) biology	(2) catastrophe	(3) climate	(4) desert
（C）	(1) drawing	(2) fishing	(3) housing	(4) sewing
（D）	(1) ecology	(2) economy	(3) household	(4) philosophy

4. 空欄［a］～［e］に入れるのに最も適切な語を選び、それぞれ（1）～（5）から1つ選び、その番号をマークしなさい。なお、文頭にくるものも、小文字にしてある。

(1) in　(2) into　(3) of　(4) up　(5) without

5. 下線部（X）の日本語の文（動物は生き残るために、我々が想像しないようなやり方で、自分達の行動を変えるかもしれない。）を英訳するために、以下のように文頭をanimals、文末をexpectとして残りの部分の語句を並べ替えて英文をつくるとき、前から7番目のカッコに入る語句を1～9から1つ選び、その番号をマークしなさい。

"animals (　　) (　　) (　　) (　　) (　　) (　　) (____) (　　) (　　) expect."

1. change	2. don't	3. in
4. may	5. survive	6. their behavior
7. to	8. ways	9. we

6. 以下の（1）～（8）の英文について、本文の内容と合致する場合にはTを、合致していない場合にはFを、それぞれマークしなさい。

(1) Scientists cannot find a way to reduce the number of spillover events in

the future.

(2) Providing enough food to animals in the forest can lead to a spillover effect.

(3) Horses are protected from other animal viruses because of their strong immune systems.

(4) The spillover virus from flying foxes is more deadly to horses than humans.

(5) Alison Peel researches the spillover effects of COVID from bats to humans.

(6) El Niño can produce a chain reaction that leads to the spread of a deadly virus to humans.

(7) A decrease in the number of trees can prevent a spillover event.

(8) Researchers tested the urine of bats and confirmed that undernourished bats carried more virus.

〔Ⅱ〕 以下の英文を読んで、１〜６の問いに答えなさい。

There are many ways of measuring personality, but much of the research has centred on five specific traits that are thought to comprise our most fundamental(a) characteristics. Known as the "big five", they are: extroversion — how outgoing and sociable you are; conscientiousness — how organised and disciplined you are; agreeableness — how concerned you are with social harmony; neuroticism — how nervous and sensitive you are; and openness to experience — how imaginative and curious you are.

In thousands of studies, psychologists have shown that people's scores for the big five can predict(b) important outcomes in a range of areas. People who score highly on conscientiousness, for example, get better grades at school and earn more. Those who score highly on neuroticism, meanwhile, are more likely to experience stress, which has knock-on effects for their health.

Our *genes almost certainly play a role: it's [　A　] people's personalities often reflect their biological parents' traits, and [A] identical twins are more similar than non-identical sisters or brothers. The influence of our social environment was thought to end in early adulthood, as the brain reached maturity. If this were true, you would not expect adults' personalities to change naturally over time, and it wouldn't be possible to shape personality at will. Yet that(X) is exactly what psychology professor Nathan Hudson and his colleagues have shown with a series of groundbreaking studies.

Their experiments typically involve prescribing regular activities that reflect the personality traits people wish to adopt. An introvert who wished to be more extroverted, for example, might have the goal of introducing themselves to a stranger once a week, or making small talk with the cashier at their local supermarket. Someone who wished to be more conscientious might be asked to [ア] check an email before sending it, or to write a to-do list before going to bed. A neurotic person might be given exercises to improve emotional regulation(c), such as writing down feelings when they threaten to become overwhelming.

[B] these tasks may seem insignificant, the aim is for the thinking patterns and behaviours they generate to become habitual. And the evidence so far suggests it works remarkably well. In one 15-week trial of nearly 400 people, participants accepted an average of two challenges each week. Provided they actually completed those tasks, their traits shifted in the desired direction, according to a standard big five questionnaire.

Similarly exciting results could be seen in a later experiment, [C] used a smartphone app to coach participants in their desired big five traits. Crucially(d), this study involved a much larger sample — 1,500 people.

And in addition to the typical self-report questionnaires, it asked participants' friends and family to rate their personalities before and after the experiment. The differences were still apparent three months after the experiment had ended. As *Aristotle argued more than 2,300 years ago, we become what we [イ] do.

The unexpected (Y) of our minds should be good news for anyone who wishes they were a bit more sociable, organised, or happy-go-lucky. Another potential benefit is that awareness of this research could help improve mental health.

Conditions such as depression and anxiety are often characterised by feelings of helplessness: people believe negative feelings are just part of who they are, and there is little they can do to change them. This can compound the sadness and worry they face, and may also make them more resistant to treatment or making lifestyle changes that could speed their recovery.

[D] if educating people about their potential for personality change placed them on a more positive trajectory? To test this idea, Jessica Schleider, assistant professor of clinical psychology at Stony Brook University, New York, and John R Weisz, professor of psychology at Harvard, selected a group of around 100 adolescents who had previously shown signs of anxiety or depression. They took a (e)brief computerised course that explained the science of brain plasticity, alongside statements from older students, who described the ways they had grown over their school years. They were then given worksheets to consolidate what they had learned.

When Schleider and Weisz checked in on the teens' mental health nine months later, the students reported a significant decrease in their anxiety and depression compared with those who had instead taken part in a course on "emotional expression". The same strategy has since been tested in other settings, with larger numbers of participants, that have produced equally positive outcomes. Teaching people about personality growth is not a cure-all, but these results suggest that it may be a useful tool to help build greater psychological strength.

Whether you are wrestling with serious issues or simply want to polish off your rougher edges, it is reassuring to know that character is ultimately (Z). DNA and our upbringing may have strong influences on our traits, but we also have the power to shape our future selves.

*genes ... 遺伝子

*Aristotle ... アリストテレス(古代ギリシャの哲学者)

1. 下線部(a)〜(e)の単語の意味に最も近い単語を(1)〜(4)より1つ選び、その番号をマークしなさい。

(a) fundamental

(1) basic (2) fixed

(3) hidden (4) unchanging

(b) predict

(1) determine (2) forecast

(3) promote (4) widen

(c) regulation

(1) control (2) limitation

(3) ruling (4) tolerance

(d) Crucially

(1) Additionally (2) Largely

(3) Significantly (4) Totally

(e) brief

(1) documented (2) easy

(3) enjoyable (4) short

2. 空欄[A]〜[D]に入る単語として、最も適切なものを(1)〜(4)から1つ選び、その番号をマークしなさい。

[A] (1) what (2) when (3) who (4) why

[B] (1) Because (2) But (3) While (4) Whoever

[C] (1) when (2) which (3) who (4) whose

[D] (1) What (2) When (3) Which (4) Who

3. 空欄 ア ・ イ に入るべき最も適切な語を(1)〜(4)から1つ選び、その番号をマークしなさい。

ア　(1) carefully　(2) casually
(3) relatively　(4) willingly

イ　(1) hesitantly　(2) rarely
(3) repeatedly　(4) unwillingly

4. 下線部（Ｘ）の具体的な内容を、日本語30文字以内で説明しなさい。ただし、句読点も一字に数える。

5. 空欄（Ｙ）（Ｚ）の中に入るべき語句として、最も適切なものをそれぞれ（１）～（５）から１つ選び、その番号をマークしなさい。

（Ｙ）

(1) adaptability　(2) expansiveness
(3) instability　(4) readiness
(5) toughness

（Ｚ）

(1) keeping your hands tied　(2) out of your hands
(3) staying your hands　(4) with your hands off
(5) within your own hands

6. 以下の（１）～（８）の英文について、本文の内容と合致している場合はＴを、合致していない場合にはＦを、それぞれマークしなさい。

(1) A person's career success can be attributed to the combination of their "big five" personality traits.

(2) Our genetic makeup is somewhat responsible for our personality characteristics.

(3) It is not possible to change our personalities once we enter adulthood.

(4) Psychology professor Nathan Hudson and his colleagues found that some adults' personalities can change naturally over time.

(5) To become more outgoing, you might consider speaking to your close

friends more often.

(6) The study conducted by Jessica Schleider and John R Weisz involved young people who had not suffered from anxiety or depression.

(7) Teaching adolescents about brain plasticity and personality growth led to a considerable drop in their anxiety and depression.

(8) Teaching people about personality growth can solve most psychological issues.

〔Ⅲ〕 This conversation is between two university students after finishing classes for the day. They talk about a recent test and their results. They also talk about their plans for joining various club activities.

For each question (1) to (15) choose the best answer from A to D to complete each sentence in this conversation.

Kelsey: Hey Max. How's it going?

Max: (1)__________ good, thanks!

Kelsey: Oh, so, I heard that you got a perfect score (2)__________ the test. Is that true?

Max: Yeah. I was so surprised.

Kelsey: Wow, I can't believe you didn't get (3)__________ wrong. That was a hard test.

Max: Well, I studied (4)__________ it every night for the last two weeks.

Kelsey: You're a show-off! But yeah, I guess that's (5)__________ I didn't do as well as you.

Max: What do you mean?

Kelsey: I mean I didn't study much before the test.

Max: Ah, I see. What was your score?

Kelsey: I only got 88%.

Max: That's (6)__________ an A!

Kelsey: Yeah, true. But I (7)__________ be happier if the score was higher.

Max: Well, you know what to do next time now, don't you?!

Kelsey: OK, OK, don't (8)__________ me.

Max: Anyway, changing the subject, what are your plans for club activities next year?

Kelsey: I was thinking of joining the triathlon club.

Max: Whoa! For (9)__________? Have you seen students in that club?

Kelsey: Erm, no. But I enjoy cycling and running. The swimming might be a bit tough because I'm not good at that, but I still want to give it a (10)__________.

Max: I would reconsider your plans if I were you. There's no way you'll be able to (11)__________ up with them.

Kelsey: You've never seen me swim!

Max: I don't need to see you swim to know you'll struggle in the triathlon club!

Kelsey: How about you? What're your plans?

Max: I'm not sure. Perhaps I'll join the triathlon club with you!

Kelsey: Go for it! I can't wait to (12)__________ you on the track!

Max: Haha, I'm just joking. I'm planning on joining the tennis club.

Kelsey: But you don't play tennis.

Max: I know I don't, now. But when I join the team I will. That's the (13)__________ of joining!

Kelsey: OK, I see.

Max: Right, I better be going soon. I'm working after classes today.

Kelsey: Where are you working?

Max: At the convenience store near the station.

Kelsey: (14)__________ when?

Max: Recently. I started a few months ago.

Kelsey: Gotcha. Well, have fun! I'm going to go check out some road bikes downtown.

Max: Sounds fun. I'd love to come with you but, you know, the part-time job and all...

Kelsey: Yep. Anyway, (15) ________ it easy!

Max: Yeah, see you at school tomorrow!

(1) A. Cute B. Fair
C. Lovely D. Pretty

(2) A. at B. in
C. on D. with

(3) A. anything B. everything
C. it D. them

(4) A. for B. from
C. take D. with

(5) A. because B. so
C. what D. why

(6) A. but B. still
C. though D. yet

(7) A. can B. could
C. will D. would

(8) A. hit B. joke
C. laugh D. tease

(9) A. real B. right
C. serious D. true

(10) A. challenge B. lift
C. top D. try

(11) A. keep B. pace
C. stay D. throw

(12) A. beat B. score
C. take D. win

(13) A. cause B. plan
C. point D. result

(14) A. Because B. By
C. For D. Since

(15) A. catch B. give
C. run D. take

日本史

（60分）

〔Ⅰ〕 次に示す史料Ａ～Ｃを読み、以下の設問に答えなさい。なお、史料には、適宜、表記を改めた箇所がある。

史料Ａ

特殊部落といふ名称は甚《はなはだ》不当の名称であつて（中略）明治大帝が<u>天地の公道に基づくべし</u>(ア)と宣せられ、穢多の賤称を廃し［ 1 ］たるべしと仰せられたる聖断によつて新に平民となつた旧穢多に属する国民を指した名称である。（中略）

特殊部落の問題は法制上に於ては疾《とう》に解決せられた問題であつて然《し》かも多年の因襲感情の為めに依然未解決である点に於て重大なる社会問題である、国家内に於ける斯《か》くの如き差別問題を閑却《かんきゃく》(注1)しながら<u>国際人種無差別問題を平和会議に持出した我政府</u>(イ)が列国の黙殺を被つて恥を中外に曝《さら》したのは当然の次第である（中略）

我々の尊敬する<u>原首相</u>(ウ)は口癖のやうに日本が五大国とか四大国とかの一になつたことを繰返して国民の慢心増長を奨励するに力《つと》められるが、（中略）国民は原氏の慢心増長の奨励に無関心であるべきが当然である、これを内面より見て<u>日本は朝鮮台湾の新附の国民を如何に待遇して居るか</u>(エ)、（中略）斯くの如き国内の状態を放擲《ほうてき》(注2)して置いて人種の国際的差別撤廃を唱へて見た所で一笑に附し去られるのが寧《むし》ろ当然である。

（出典：正親町季董「特殊部落より見たる社会」『解放』第3巻第4号、1921年4月）

史料Ｂ

労働の社会にふみこんで見るにそこには貪婪《どんらん》(注3)飽《あく》なき搾取［ 2 ］のために汗と血と肉と、そして遂には生命までも吸ひつくさうとされてゐる特殊な女性がある、紡績<u>女工</u>(オ)の労働賃金のやすいこと、人もいやがる肺病患者の統計にあらはれた惨状、（中略）このあはれむべき姉妹を国家はどんな方法で救済してゐるであらうか。産業立国などいふ金看板の下に国家は資本家に少からぬ補助金を出して搾取の元手を貸しはするが直接生産に従事して傷害、疾病のために悲惨な境遇に泣く女は見殺し同然である(中略)

次に特殊部落婦人の立場を見るに以上の如き迫害、圧迫の上に今一層の迫害圧迫をうけてをるのである、女工として女事務員として血と汗と膏《あぶら》とを搾取されつつある同じ無産 [2] の女からさへ衆人の中で辱しめられ苦しめられてゐる(後略)

(出典：「フジンノページ　女性の解放」『水平月報』第13号、1925年9月)

史料C

とりわけ、私共部落の婦人は今の社会に於て、実に(カ)三重の苦しみを受てゐる事を忘れてはなりませぬ。(中略)

そこで私は、先づ第一に私共部落の男性の方に対して反省を求めたいと思ひます。(中略)人間は生れ乍《なが》らにして人格や知識を持つて生れる者ではなく、教養によつて、智識を得るものですのに、女性にも男性と同様の教育を授け、機会を与へましても、やはり男性より低能な者なのでせうか。(中略)さすれば女の知識の低いのは女自身の卑下する罪ばかりではなく、寧ろその原因は男ばかりで作られたる現在の社会のしくみの罪であると思ひます。(中略)

次に一般婦人の反省と、我々の姉妹達婦人の自覚を促したいと思ひます。今の世の中の一般婦人、特にブルジョア [2] の方々の、生活内容は、(中略)女は男の力で生き、女の務めは子を産む事と其の身を飾る事と、古い型にはまつた礼儀作法をサモ心得顔に、只《ただ》淑《しと》やかに三ツ指ついて、夫の気《き》嫌《げん》を取る事(中略)そんな人々が貴婦人とか云つて尊敬されて居るのです。その婦人達に、私共姉妹の激しい働きを見せてやり度《た》いと思ひます。

(出典：「婦人欄　部落婦人の立場から」『水平新聞』第3号、1924年8月、第5号、1924年10月)

(注1)閑却：なおざりにすること。いい加減にほうっておくこと。

(注2)放擲：投げ出すこと。捨ててかえりみないこと。

(注3)貪婪：ひどく欲が深いこと。

問 1　史料Aの下線部(ア)の表現は、どの文書で用いられたものか。文書名を解答欄に書きなさい。

問 2　史料Aの空欄 1 に当てはまる語句を、漢字4字で解答欄に書きなさい。

問 3　史料Aの下線部(イ)に関連して、当時の日本政府が人種差別撤廃を訴えた会議名は何か。解答欄に書きなさい。

問 4　史料Aの下線部(ウ)に関連して、三・一独立運動後、朝鮮総督府は、それまでの武断的な統治方針を緩めた。この変更後の朝鮮支配政策を何と呼ぶか。解答欄に書きなさい。

問 5　史料Aの下線部(エ)に関連して、朝鮮総督府が実施し、朝鮮農民の土地を奪うことにもつながった、地税賦課の基礎となる土地の測量や所有権の確認を行った政策を何というか。解答欄に書きなさい。

問 6　史料Bと史料Cの空欄 2 に入る語句は何か。適切な語句を解答欄に書きなさい。

問 7　史料Bの下線部(オ)に関連して、日本において、記録上、最初のストライキとされているものは何か。解答欄に書きなさい。

問 8　史料Cの下線部(カ)に関連して、当時の日本社会に内在していたさまざまな差別あるいは搾取にはどのようなものがあったのか。史料AからCの論点を踏まえた上で解答欄に150字以内で書きなさい。

〔Ⅱ〕 次の文章を読み、以下の設問に答えなさい。

男女のあり方や規範は、昔から今日の姿であったわけではない。長い歴史の中で、政治体制、結婚や家族の形態などに大きく影響を受けながら変化してきた。

古代は、男性が家長として女性や子どもを支配するような仕組みはまだ成立していない。邪馬台国についての「魏志」倭人伝の記述で知られるように、男女は共に政治に参加していたようだ。５世紀後半からヤマト政権(ア)が支配体制を拡大した後、７世紀後半以降、律令体制(イ)が整備され身分制度が確立していく過程で、男女は制度的に区別され、その関係性も変化した。平安時代になると、藤原氏(ウ)が勢力を拡大し、男性中心の政治が行われるようになり、女性が政治の表舞台に出ることはなくなった。その一方で、女房として宮廷に仕えたすぐれた才能を持つ女性の手になる多くの文学作品(エ)が誕生した。また、古代の一般民衆の生活では、結婚しても夫婦は別姓のままで、各自の財産を持っていた。男女の役割分担は現在ほど明確ではなく、むしろ女性の発言権は強かった時代だといわれる。

中世になると、家の観念が強まったことで、こうした状況は変化していく。鎌倉時代の武士は、血縁的統制をもとに惣領を頂点としてその下に庶子の家が結びついた一族を構成した。鎌倉時代の初期までは、武士の社会における女性の地位は比較的高かった(オ)。ところが、鎌倉時代後期から室町時代(カ)にかけて、女性の経済力は弱まり社会的地位の低下が始まった。やがて、戦国時代には、女性は政略結婚の道具となったり、戦時の乱妨の対象となったりした。豊臣秀吉(キ)の時代に内戦状況に一応の終止符が打たれ、男性中心の社会制度ができると、女性は従属的な存在となっていく。

近世の幕藩体制(ク)においては、支配身分の武士と、被支配身分としての百姓(ケ)、町人などの身分秩序を基礎として社会が成り立った。家における身分秩序は、家長の権限が強く、女性は相続からも基本的に排除された。また、人身売買は禁じられたが、女性の「身売り奉公」は黙認されるなど、男尊女卑がはげしい社会だった。こうした状況に女性自身が声を上げ始めるのは、明治時代(コ)に入ってからのことである。

こうして見てみると、男女のあり方は時代の中で作られてきたものであり、男と女という生物学的な属性に内在しているものではないことがわかる。

問１　下線部(ア)に関して、氏姓制度を基礎とした支配体制についての記述として正しいものはどれか。Ａ～Ｅから一つ選び、解答欄にマークしなさい。

Ａ　有力豪族は、居住地名を表した姓を自ら名乗った。

Ｂ　氏とは、地縁を中心に構成された豪族たちの集団のことをいう。

Ｃ　大臣には、大伴氏や物部氏などがいた。

Ｄ　氏を構成する家々には、ヤツコと呼ばれる家内奴隷がいた。

Ｅ　ヤマト政権の首長は、５世紀頃から天皇と呼ばれ始めた。

問２　下線部(イ)に関連する記述として正しいものはどれか。Ａ～Ｅから一つ選び、解答欄にマークしなさい。

Ａ　律令では民衆は良民と賤民に分けられたが、賤民は良民との婚姻を禁じられておらず、身分制度は流動的であった。

Ｂ　班田収授を実施するために持統天皇のもとで作られた庚午年籍が、現存する日本最古の戸籍である。

Ｃ　戸籍の性別を女性と偽って申告し、課役を逃れようとする行為が横行した。

Ｄ　口分田は、戸籍に基づいて良民の６歳以上のすべての男女に班給され、家人や賤民には班給されなかった。

Ｅ　戸籍は、租・調・庸の徴収のための基本台帳として６年ごとに作成され、戸口の氏名・年齢・性別・課不課の別が登録された。

問３　下線部(ウ)は外戚政策で権力を拡大していった。そのことに関連する記述として正しいものはどれか。Ａ～Ｅから一つ選び、解答欄にマークしなさい。

Ａ　外戚とは母親の親戚のことを指し、藤原氏は娘と天皇を婚姻させることで、天皇の義父となって権力をふるった。

Ｂ　藤原冬嗣の息子である藤原良房は、幼少の清和天皇を即位させ、天皇家以外の人臣として初めての摂政となった。

Ｃ　藤原氏は娘と天皇を婚姻させることで外戚となり、天皇の幼少期に院政を敷いて権力をふるった。

Ｄ　藤原頼通は自身の娘の子どもを天皇にさせたが、摂関家の内部の争いにより摂関政治が衰えていった。

E　藤原基経の死後、藤原氏を外戚としない宇多天皇は菅原道真を重用することで、摂関政治が終焉を迎えた。

問 4　下線部(エ)に関連して、藤原道綱の母が結婚生活の中での夫への不満や嫉妬、憎しみを書き綴った日記として正しいものはどれか。A～Eから一つ選び、解答欄にマークしなさい。

A　蜻蛉日記

B　更級日記

C　栄花(華)物語

D　和泉式部日記

E　十六夜日記

問 5　下線部(オ)に関連する記述として正しいものはどれか。A～Eから一つ選び、解答欄にマークしなさい。

A　女性が御家人や地頭となる例も見られた。

B　相続では、女性にも一期分という本人一代限りの単独相続が認められた。

C　結婚形態は妻問婚が一般的で、女性が結婚を断ることもできた。

D　結婚後の居住形態は、夫が妻の家に住む妻方居住婚であった。

E　元軍の撃退に対する幕府からの恩賞は、武士の妻にも分配された。

問 6　下線部(カ)の幕府の8代将軍の妻で、応仁・文明の乱の終結交渉に尽力したり、明応の政変を起こしたとして、近年、その政治的な力についての歴史的評価が変わってきた人物として正しいものはどれか。A～Eから一つ選び、解答欄にマークしなさい。

A　藤原薬子

B　巴御前

C　光明子

D　日野富子

E　寿桂尼

問 7　下線部(キ)が導入した土地改革に関連する記述として正しいものはどれか。A～Eから一つ選び、解答欄にマークしなさい。

A　土地の生産力を銭に換算し年貢を決める貫高制を採用した。

B　太閤検地の結果、荘園制度は完全に崩壊した。

C　太閤検地により、武士に仕えた武家奉公人の百姓への転換が促された。

D　年貢は、百姓として登録された名請人が個人の責任において納めた。

E　太閤検地では、農民の自己申告に基づいて全国の土地の面積を把握した。

問 8　下線部(ク)に関連して、この時代の身分・家族・制度に関する記述として正しいものはどれか。A～Eから一つ選び、解答欄にマークしなさい。

A　本百姓と隷属関係にあった名子・被官・譜代を総称して非人と呼んだ。

B　武士は町の上下水道の整備や城郭や堀の清掃、防火など都市機能維持の夫役を担った。

C　村は、村方三役を中心に、検地帳に登録された本百姓と水呑百姓によって運営された。

D　城下町は、身分ごとに居住地域が分かれ、武家地と寺社地がその面積の大半を占めた。

E　女性の心構えとして、家では父に、嫁としては夫に、夫亡き後は子に従うべきとした三従の教があった。

問 9　下線部(ケ)に関連して、近世の農村についての記述として正しいものはどれか。A～Eから一つ選び、解答欄にマークしなさい。

A　近世の農業は、一組の夫婦を中心とする家族による小経営が行われたため、生産力が低かった。

B　耕地を増やすために、海浜の浅瀬・湖沼・荒蕪地の干拓や開墾が行われたが、多くは農地には適さなかった。

C　村では、隣組で用水や入会地の維持・管理、田植えや稲刈り、収穫、屋根葺きなどの共同労働をすることが義務付けられた。

D　農業作物は、年貢のための米と百姓の主食である麦・粟・稗などの生産で手一杯で、商品作物などはほとんど作られなかった。

E　村の石高に税率を乗じて、その村の年貢高が定められ、村全体の責任で年貢を納めなければならなかった。

問10　下線部(コ)に関連して、1889年に起こった民法典論争とその後の出来事に関する記述として正しいものはどれか。A～Eから一つ選び、解答欄にマークしなさい。

A　ボアソナードが起草した民法が、1890年に公布、翌年に施行された。

B　梅謙次郎は、旧民法は日本の家族道徳を破壊するとして、激しく批判した。

C　旧民法は、個人主義に基づくアメリカ法をモデルとして起草された。

D　旧民法を修正した新民法(明治民法)では、一夫一婦制が定められた。

E　新民法(明治民法)は、自由民権運動がきっかけとなって男女同権の民法へと改正された。

〔Ⅲ〕 次の文章を読み、以下の設問に答えなさい。

江戸幕府を倒した明治新政府は、欧米列強に対抗できる近代国家をつくるため、天皇を中心とする(ア)中央集権体制の確立を急いだ。その過程で、(イ)中央政府の組織整備が進められるとともに、(ウ)徴兵制による近代的軍隊も創設された。さらに、近代化を推し進めるために多額の経費を必要とする新政府は、(エ)国家財政の基盤を固めるべく近代的土地制度・租税制度を確立していった。

しかしながら、新政府によって進められたこれらの政策は、それまでの封建的諸特権を奪われた士族や、兵役・租税などの重い負担を強いられた農民の大きな不満を生むこととなり、(オ)新政府への反乱が全国で起こった。その後、立憲政治を求める自由民権運動が展開された。新政府はそれらの運動を取り締まる一方で、自ら主導して立憲政治の実現を図った。1885年に(カ)内閣制度が創設され、1889年には(キ)大日本帝国憲法が発布された。

こうして国家体制の整備が進むことによって、日本は、江戸幕府が欧米諸国と結んだ不平等条約の改正をすることや日清・日露戦争などの対外的な諸問題を乗り越えることができるようになっていった。その背景には、国民の知識水準を高める(ク)教育の普及と発展、(ケ)海外の進んだ技術や科学的研究成果の導入、(コ)産業基盤整備と近代的産業育成による経済力の強化が存在していた。

問1　下線部(ア)についての記述として正しいものはどれか。A～Eから一つ選び、解答欄にマークしなさい。

A　戊辰戦争に勝利した新政府は、没収した旧幕府領や幕府側に味方した諸藩の領地を直轄地とし、府と県をおいた。

B　1869年、新政府はすべての藩に対して領地と領民を天皇へ返上させる版籍奉還を命じた。

C　新政府は、薩摩・長州・土佐・肥前の4藩からの献兵による御親兵を設置し、軍事力を固めた後で廃藩置県を断行した。

D　廃藩置県後、新政府は旧藩主を県知事に任命して地方行政を委任した。

E　廃藩置県によって初めは3府72県であった府県は、同じ年のうちに整理・統合されて3府43県となった。

問 2　下線部(イ)についての記述として正しいものはどれか。A～Eから一つ選び、解答欄にマークしなさい。

A　王政復古の大号令によって、天皇のもとに総裁・議定・参議の三職が創設された。

B　政体書発布後の新政府の組織では、国家権力が太政官に集められたため、立法・行政・司法の三権は分立していなかった。

C　版籍奉還の直後、神祇官と太政官が置かれ、中央官制は祭政一致の形式をとるように改められた。

D　廃藩置県の後、太政官に正院・左院・右院が置かれて三院制となり、神祇官とともに中央官制が組織された。

E　正院・左院・右院からなる三院制は、内閣制度の創設まで維持された。

問 3　下線部(ウ)に関連して、新政府の初代兵部大輔となって徴兵制度の採用などの軍制改革を提案した人物として正しいものはどれか。A～Eから一つ選び、解答欄にマークしなさい。

A　西郷隆盛

B　大村益次郎

C　陸奥宗光

D　黒田清隆

E　山県有朋

問 4　下線部(エ)に関連して、明治期の財政についての記述として正しいものはどれか。A～Eから一つ選び、解答欄にマークしなさい。

A　地租改正により、地租は物納(米納)から金納へ変更されたが、米価変動によって歳入は不安定であった。

B　1870年代末にはデフレーションが進行したため、政府の歳入は実質的に増加した。

C　政府は、大隈財政のもとで、財政整理のため官営事業を民間に払い下げる方針を決め、1880年に工場払下げ概則を制定した。

D　1890年以降、国税収入における地租の割合は次第に低下したのに対し、関税の割合が増加して、1910年には地租よりも大きな割合を占めるようになった。

E　日露戦争の戦費は、増税をせずに、国内外で多額の国債を発行することでまかなわれた。

問5　下線部(オ)に関連して、不平士族が前原一誠を擁して起こした反乱として正しいものはどれか。A～Eから一つ選び、解答欄にマークしなさい。

A　天狗党の乱

B　秋月の乱

C　佐賀の乱

D　神風連(敬神党)の乱

E　萩の乱

問6　下線部(カ)に関連して、初代内閣の官職とその大臣となった人物についての組み合わせとして**誤っているもの**はどれか。A～Eから一つ選び、解答欄にマークしなさい。

A　逓信大臣　―　榎本武揚

B　海軍大臣　―　西郷従道

C　農商務大臣　―　谷干城

D　司法大臣　―　江藤新平

E　大蔵大臣　―　松方正義

問7　下線部(キ)についての記述として正しいものはどれか。A～Eから一つ選び、解答欄にマークしなさい。

A　帝国議会は貴族院と衆議院の両院からなり、衆議院の解散や条約締結などの権限を有していた。

B　天皇は国の元首として統治権を総攬するものと定められ、憲法の条規にしたがってその統治権を行使することとされた。

C　国務大臣は天皇を輔弼しその責任を負うものとされ、議院内閣制が規定された。

D　国民は臣民と呼ばれ、兵役・納税の義務を負うとともに、基本的人権が保障された。

E　伊藤博文を中心として、ドイツ人の政府法律顧問ベルツの助言を得て起草された。

問 8　下線部(ク)についての記述として正しいものはどれか。A～Eから一つ選び、解答欄にマークしなさい。

A　学制のもとで学校教育が広まっていったが、1875年の時点では、男子の小学校就学率は20％程度にすぎなかった。

B　1879年に公布された教育令により、最低就学期間が16か月に延長され、学校の授業料は廃止された。

C　1886年には、文部大臣の大木喬任のもとで、帝国大学令・師範学校令・中学校令・小学校令など一連の学校令が制定され、体系的な学校教育制度が確立された。

D　教育勅語では、儒教的道徳思想を脱却して、政府の国家主義的な教育理念が示された。

E　明治末期には、児童の平均就学率は98％に達し、男女間の就学率の格差もほとんどなくなった。

問 9　下線部(ケ)に関連して、1890年代以降の独創的研究成果とその研究を行った日本人研究者の組み合わせとして**誤っているもの**はどれか。A～Eから一つ選び、解答欄にマークしなさい。

A　原子模型の発表 — 長岡半太郎

B　ビタミンB_1の抽出　— 鈴木梅太郎

C　赤痢菌の発見　— 志賀潔

D　地磁気の測定　— 木村栄

E　アドレナリンの抽出 — 高峰譲吉

問10　下線部(コ)についての記述として正しいものはどれか。A～Eから一つ選び、解答欄にマークしなさい。

A　欧米諸国の技術や機械設備を導入して近代産業を育成する殖産興業政策は、大蔵省と兵部省を中心に進められた。

B　郵便制度は、渋沢栄一の努力によって導入され、1873年には全国均一料金制度が実現し、全国の主要な郵便網がほぼ完成した。

C　1877年、政府は第1回内国勧業博覧会を東京の上野公園で開催し、民間の産業技術の発達を促した。

D　華族の金禄公債を資金に設立された日本最初の私鉄会社である日本鉄道会社が、1891年に東京－神戸間の全線を開通させた。

E　工業の発展に伴い、日清戦争後の1899年になると、輸出品では綿糸が生糸を抜いて首位となった。

〔Ⅳ〕次の文章を読み、以下の設問に答えなさい。

第二次世界大戦によって甚大な損害を受けた日本経済は(ア)ＧＨＱによる経済・財政改革、戦時下に拡充された重化学工業の民生転換などを通じ、1955年前後にはさまざまな経済指標において戦前の最盛期の水準にまで回復をとげる。並行して、国際社会への復帰も進み、1951年には(イ)サンフランシスコ平和条約が調印されたことで、日本は独立国としての主権を回復した。(ウ)終戦後の復興期には学術・芸術・文学において多様な業績が発表された。

復興期の終了とともに、経済成長率の低下が懸念されていたが、日本経済の成長はむしろその後に加速した。1950年代後半から1970年代はじめ頃までの日本経済は(エ)高度成長期と呼ばれる。急速な経済成長によって所得水準は大きく向上し、人々の消費生活は豊かになり、(オ)各分野で大衆文化が花開いた。

1970年代になるとしだいに経済成長は落ち着きをみせるようになり、1970年を最後に実質経済成長率が10％を超えることはなくなる。その要因としては、同時期の(カ)国際情勢の変化によって、高度成長を支えた円安ドル高、安価な原油といった諸条件が失われたことがあげられる。石油危機によって1974年には戦後初めてのマイナス成長に陥ったが、その後の日本経済は省エネ化や技術革新を進め、主要先進国の中では相対的に高い経済成長率を維持した。(キ)1970年代半ばから1980年代前半にかけての日本経済は安定成長期と呼ばれる。

1980年代にはいると日本経済・日本企業の国際的な存在感はさらに高まって

いく。そのなかで日本の対欧米貿易黒字は拡大し、その対策が各国の大きな外交課題(ク)となった。日本では、当時の内需拡大政策がバブル経済の原因となったとの指摘もある。なかでも、経済対策のための財政の膨張は行財政改革の必要性(ケ)を浮かび上がらせた。

地価・株価の高騰に特徴づけられるバブル景気であったが、1991 年に入ると景気は後退をはじめる。土地を担保とした融資の一部が不良債権化し、その解決には 10 年以上の時がかかった。

戦後の日本経済(コ)は復興期から高度成長、安定成長を経て世界経済に確固たる地位を占めるに至った。その一方で、バブル崩壊以降の長期停滞は政治・経済・社会に大きな影を落とし続けている。これからの日本経済がどのような成長ビジョンを描いていくのか、現在、私たちはその岐路に立っている。

問 1　下線部(ア)に関連して、復興期の経済政策に関する記述として正しいものはどれか。A～Eから一つを選び、解答欄にマークしなさい。

A　日本社会党の片山哲を首相とする連立内閣では、党内左派との連携のもと、炭鉱の国家管理などをすすめた。

B　シャウプは、戦前の所得税を中心とした税制にかえて、間接税中心の税制を勧告し、税収の増加による均衡予算が達成された。

C　1ドル＝360 円の単一為替レートが設定され、第1次石油危機の発生まで同水準での固定相場制が維持された。

D　ドッジは当時の日本経済を支えていたアメリカからの経済援助と日本政府の補助金を「竹馬の二本の足」に例えた。

E　吉田茂内閣は繊維・造船産業に資材・資源を集中的に配分する傾斜生産方式を推進することで、インフレを沈静化させた。

問 2　下線部(イ)に関連して、日本の国際社会への復帰と安全保障体制に関する記述として正しいものはどれか。A～Eから一つを選び、解答欄にマークしなさい。

A　サンフランシスコ講和会議には中国の代表として中華民国がまねかれ、これを理由にソ連・チェコスロバキア・ポーランドが会議参加を見送った。

B　鳩山一郎内閣は日ソ共同宣言に調印し、ソ連との国交回復を実現させたが、国際連合への加盟は次の石橋湛山内閣に引き継がれた。

C　岸信介内閣は、警察官職務執行法を改正して警察官の捜査能力を高め、治安の向上を達成した。

D　日米相互協力および安全保障条約(日米新安全保障条約)では、米国の日本防衛義務が明確化され、これを契機に自衛隊の縮小が進んだ。

E　日米新安全保障条約への反対運動の激化によって、アイゼンハワー大統領の日本本土への来訪は中止された。

問 3　下線部(ウ)に関連して、占領期の日本の学術・文化・芸術に関する記述として正しいものはどれか。A～Eから一つを選び、解答欄にマークしなさい。

A　生物学者の朝永振一郎は日本人初のノーベル生理学・医学賞受賞者となった。

B　岩宿遺跡の発掘調査により、日本に新石器時代の存在が確認された。

C　法隆寺の壁画が焼損したことをきっかけに文化財保護法が制定された。

D　経済学者の丸山真男は経済史の分野で大きな業績をあげた。

E　溝口健二監督作品の「羅生門」がカンヌ映画祭でグランプリを受賞した。

問 4　下線部(エ)に関連して、高度成長期の日本経済に関する記述として正しいものはどれか。A～Eから一つを選び、解答欄にマークしなさい。

A　朝鮮戦争の開始により、国連軍の出動する基地となった日本では重化学工業や航空機産業を中心とした特需景気が生じ、経済成長は加速した。

B　神武景気、岩戸景気、いざなぎ景気とつづいた景気拡大を通じて、日本のＧＮＰは資本主義諸国の中で米国に次ぐ2番目の規模に達した。

C　池田勇人内閣は「国民所得倍増計画」を掲げ、10年後までに勤労者の平均所得を2倍に上昇させることをうたった。

D　農業基本法を制定し、経営規模の拡大、自立経営の育成を目指した結果、米以外の穀物の増産や果樹・畜産価格の上昇が達成された。

E　国際通貨基金(ＩＭＦ)8条国に移行したことで、国際収支の不均衡以外を理由とする為替管理ができない国となった。

問５　下線部(オ)に関連して、高度成長期の文学作品とその筆者の組み合わせとして正しいものはどれか。A～Eから一つを選び、解答欄にマークしなさい。

A　『沈黙』　　　　—　遠藤周作

B　『太陽のない街』—　石原慎太郎

C　『親鸞』　　　　—　司馬遼太郎

D　『大菩薩峠』　　—　松本清張

E　『黒い雨』　　　—　大江健三郎

問６　下線部(カ)に関連して、1970年代におきた国際情勢の変化に関する記述として正しいものはどれか。A～Eから一つを選び、解答欄にマークしなさい。

A　アメリカのニクソン大統領は米ソ関係の改善を通じてベトナム戦争の早期解決をはかり、訪ソ計画を発表した。

B　アメリカはドルと金の交換停止を行うことで国際収支を改善させたが、西ドイツなどヨーロッパ各国では国際収支黒字が大幅に縮小して世界的な不況に突入した。

C　インドシナ半島ではベトナム和平協定が結ばれて、アメリカ・ソ連の双方が同地域から撤兵し、ベトナム共和国が成立した。

D　第４次中東戦争によって第１次石油危機が、イラン革命をきっかけに第２次石油危機が発生した。

E　中華人民共和国は日中平和友好条約による日本との関係改善の後に、アメリカとも国交正常化交渉をはじめた。

問７　下線部(キ)の時期の首相について、その就任の順序として正しいものはどれか。A～Eから一つを選び、解答欄にマークしなさい。

A　三木武夫 — 福田赳夫 — 鈴木善幸 — 大平正芳

B　三木武夫 — 福田赳夫 — 大平正芳 — 鈴木善幸

C　三木武夫 — 大平正芳 — 福田赳夫 — 鈴木善幸

D　福田赳夫 ― 三木武夫 ― 大平正芳 ― 鈴木善幸

E　福田赳夫 ― 三木武夫 ― 鈴木善幸 ― 大平正芳

問 8　下線部(ク)に関連して、1980年代後半から1990年代前半における国際的な経済交渉やそれに対する日本の対応に関する記述として正しいものはどれか。A～Eから一つを選び、解答欄にマークしなさい。

A　国際通貨基金(ＩＭＦ)はニューヨークのプラザホテルでドル高是正の介入を決定し、以降、急速な円高が進行した。

B　ＧＡＴＴのウルグアイ＝ラウンドでは日米欧各国間で関税の引き下げを巡る議論が交わされ、日本はコメ市場の完全開放に踏み切った。

C　日米構造協議では畜産品・果実類の高関税が問題視され、牛肉・オレンジの関税は大幅に引き下げられることになった。

D　東南アジア諸国連合(ＡＳＥＡＮ)加盟国を含む環太平洋諸国によるアジア・太平洋経済協力(ＡＰＥＣ)閣僚会議が発足した。

E　急速な円高に対応するため、日本企業は生産拠点を国内に回帰させるようになり、日本の対外直接投資額は伸び悩んだ。

問 9　下線部(ケ)に関連して、1980年以降の行政・財政改革に関する以下の記述として正しいものはどれか。A～Eから一つを選び、解答欄にマークしなさい。

A　鈴木善幸内閣で設置された、土光敏夫らを中心とする第2次臨時行政調査会は「増税なき財政再建」を掲げて、公社の民営化や行政の効率化を提言した。

B　中曽根康弘内閣では日本専売公社・日本電信電話公社に続いて、日本国有鉄道が民営化され、ＪＲ旅客3社とＪＲ貨物に分割された。

C　大平正芳内閣が掲げた大型間接税(売上税)構想は、後の内閣に受け継がれ、宮澤喜一内閣において消費税が導入された。

D　非自民8党派の連立内閣である細川護熙内閣は中央省庁等改革基本法を成立させ、省庁の統廃合を進めた。

E　橋本龍太郎内閣は「聖域なき構造改革」を掲げ、自民党内の派閥解消や道路公団・日本郵政公社の民営化を実現した。

問10　下線部(コ)に関する以下の記述として正しいものはどれか。下図を参考にA～Eから一つを選び、解答欄にマークしなさい。

図：経済成長率（実質ＧＤＰ変化率）の推移

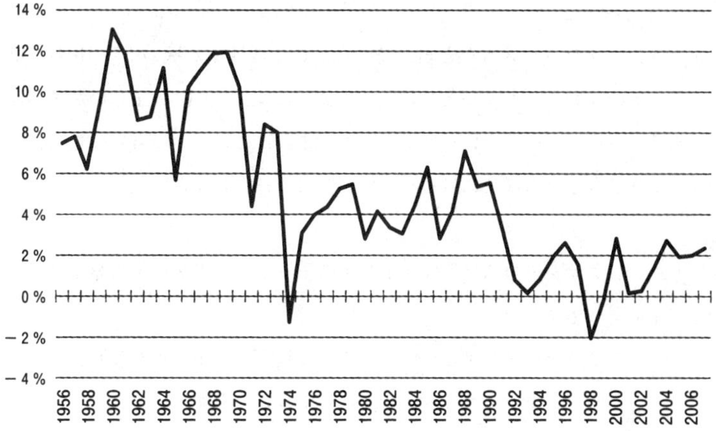

内閣府 web page「国民経済計算年次推計」より作成
（暦年・実質、1956－80 年：1990 年基準、1981－2007 年：2000 年基準）

A　東京オリンピック後には反動不況としてマイナス成長を経験したが、翌年にはプラス成長を回復した。

B　日本においては第１次石油危機にくらべ、第２次石油危機による経済成長率の低下は軽微なものにとどまった。

C　プラザ合意後に進んだ円高ドル安によって製造業を中心とした生産の拡大が進み、経済成長は加速した。

D　バブル崩壊直後に日本経済はマイナス成長を経験するが、大胆な金融緩和や機動的な財政出動により翌年にはプラス成長を回復した。

E　金融機関への公的資金注入により、2000 年代以降の経済成長率は安定成長期と同じ水準までに改善した。

世界史

(60分)

〔Ⅰ〕 アレクサンドロス大王と彼が遺したものに関連する次の1～10の文章群を読み、そのなかの(ア)と(イ)がともに正しい場合にはAを、(ア)は正しいが(イ)には誤りが含まれる場合にはBを、(ア)には誤りが含まれ(イ)は正しい場合にはCを、(ア)(イ)ともに誤りが含まれる場合にはDを、解答欄にマークしなさい。

1．アレクサンドロスは、マケドニアの王フィリッポス2世の息子として紀元前4世紀に生まれた。

(ア) フィリッポス2世は、サラミスの海戦でスパルタ軍を破り、コリントス同盟の盟主となってギリシアの大半のポリスを支配下にいれた。

(イ) フィリッポス2世に息子アレクサンドロスの教師として招かれたアリストテレスは、イスラーム世界や西洋中世の学問に大きな影響を与えた。

2．ギリシアの地に覇権を打ち立てた父の後を継いだアレクサンドロスは、東方遠征に乗り出した。

(ア) アレクサンドロスは、東方遠征の手始めとして、エジプト新王国の都テーベを大軍で囲み陥落させた。

(イ) アレクサンドロスの前に立ちはだかったのはペルシア帝国(アケメネス朝)で、両者の軍はイッソスで激突した。

3．アレクサンドロスが戦いに勝利して支配下に置いたペルシア帝国(アケメネス朝)は、サトラップとよばれる知事を任命するシステムで広大な領土を治めていた。

(ア) ペルシア帝国のダレイオス1世は、「王(の)道」とよばれる公道を整備し、各地の情報を効率よく収集するシステムを作った。

(イ) 海運を強化することで帝国のさらなる繁栄がはかれるとみたペルシア帝国

は、優れた航海術を持っていたフェニキア人を厚遇した。

4.

（設問省略）

5. アレクサンドロスは支配地に都市を建設することに熱心で、アレクサンドリアという名の多くの都市が遺された。そのなかでも大王が生前からその都市の整備と発展に力をいれ、現在にいたるまで重要都市と認められているのは、ナイル川の河口に位置するアレクサンドリアである。

(ア) この地を支配したセレウコス朝の女王クレオパトラは、この町でカエサルと過ごし、この町で死んだ。

(イ) アレクサンドリア沖に停泊していたアメリカの艦隊は、イギリスおよびフランスとの密約に従って、スエズ運河国有化を阻止する作戦に参加した。

6. アレクサンドロスの都市建設に由来するといわれる都市の多くは、戦略的に重要なところに位置している。ムガル帝国とサファヴィー朝の勢力争いの舞台となったカンダハールもその一例で、現在でもアフガニスタンとインド世界をつなぐ交通の要衝とされている。

(ア) 中央アジア生まれのバーブルは、今日のアフガニスタンにあたる地域から北インド一帯に軍を進め、ムガル帝国の基礎を築いた。

(イ) カンダハール生まれのビン＝ラーディンは、ソ連によるアフガニスタン侵攻を機にターリバーンを組織し、アメリカ打倒をよびかけた。

7．アレクサンドロスが占領して軍営都市とし、「最果てのアレクサンドリア」といわれた都市は、20世紀にソ連領に組み込まれ、1936年にはソ連の指導者レーニンの名を冠してレニナーバードと改名された。

(ア)　レーニンは、ペテルブルクで血の日曜日事件が起こると、社会革命党の武装蜂起を指揮し、ロマノフ朝の皇帝を退位させた。

(イ)　レーニンは、従属地域における民族自決権を求める運動の意義について考察を深め、第3インターナショナルを組織した。

8．アレクサンドロスは、西アジア世界ではイスカンダルとよばれ、「二つの角を持つ(ズ＝ル＝カルナイン)」スーパースターとして多くの伝説を残すことになった。その伝説は多くの文学作品にとりいれられ、セルジューク朝下でニザーミーが作った叙事詩「イスカンダル＝ナーメ」は高く評価されている。

(ア)　セルジューク朝は中央アジアからバグダードに進軍し、アッバース朝のカリフからスルタンの称号を得た。

(イ)　セルジューク朝はさらに地中海東岸にまで勢力圏を広げ、この勢力を危惧したビザンツ皇帝が神聖ローマ皇帝に助けを求めたことが十字軍の発端となった。

9．ナポレオン＝ボナパルトはアレクサンドロス大王に憧れており、アレクサンドロス大王のようにエジプトを自らの版図に組み入れるために、オリエント号と名付けた船でトゥーロンから出航した。

(ア)　ナポレオンの遠征軍は、アレクサンドリア近郊で発見されたロゼッタ石を持ち帰り、シャンポリオンはそこに刻まれた神聖文字を解読することに成功した。

(イ)　アレクサンドリアからカイロに入ったナポレオンは、現地のマムルーク勢力の一人であったムハンマド＝アリーにオスマン帝国からの離反を促した。

10．ナポレオン1世はロシアにも遠征し、そこで戦った相手はロシア皇帝アレクサンドル1世であった。

(ア)　ナポレオン1世がロシアから引き揚げたのち、アレクサンドル1世は国際関係の再建をはかり、イギリス・スウェーデン・オーストリアと四国同盟を結んだ。

(イ) アレクサンドル1世は軍事的な南進政策もとり、カージャール朝(ペルシア)と戦い、トルコマンチャーイ条約でコーカサス支配を確立させた。

〔Ⅱ〕 次の文章を読み、下線部(1～10)に関する設問(1～10)に答えなさい。

外戚の王莽(1)によって一時帝位を奪われた後、漢王朝は都を洛陽に移転させて復興した。しかし、その後も政争は絶えず、2世紀末の黄巾の乱(2)を契機に各地に割拠した地方勢力の抗争が漢王朝を滅亡に導いた。前後四百年にわたる漢王朝の後、それに匹敵する安定した王朝としては、唐王朝の登場を待たなければならない。それに至る四百年ほどの期間中にも、時代の変化に対応したさまざまな改革が実施されている。人材登用法としての九品中正(3)、土地制度としての均田制はその代表的なものである。また、後漢の時代に伝わった仏教(4)が社会的な影響力を拡大していったのもこの時期であり、仏教の影響の下に、道教(4)が教団化したのもこの時期であった。そして、この期間の最終局面では、四百年の間に本格的な開発が進んでいた江南(長江下流域)と華北を結ぶ大運河も開通することになる。唐王朝の登場は、南北朝時代の終焉というだけではなく、南北に分裂した中国経済の新たな形での再統一も意味していたのである。

唐王朝時代には、三省・六部を中心とする中央官制(5)が整備され、土地制度としては均田制が継承された(6)。唐王朝の盛期とも称される玄宗時代には、徴兵制度(府兵制)に代わる新たな軍制として募兵制(7)が導入されてもいる。さらに、それに続く新税制(両税法)の導入などによって、王朝は命脈を保っていった。しかし、黄巣の乱に続く混乱期を経て、10世紀初めに唐王朝が滅亡した後に訪れたのは、再度の南北分裂状況(五代十国)であった。

ただし、再度の南北分裂状況は、比較的短期間で収束した。宋王朝の登場によってである。宋王朝は、それ以前の長期王朝にはない独自の特色をもっていた。たとえば、華北を統治した五代王朝の経験を継承して、都(開封)の選定の際に、経済的な面での立地条件のよさ(長江水運と連結した大運河と黄河の接点であること)を重視したこと、(8)海上交易の振興を政府主導で推進したこと、(9)通貨としての紙幣を公認したことなどである。(10)日宋間の貿易が活性化したのも、そのような変化の中においてだった。

設問１　帝位についた王莽は儒教的な理想政治の実現をめざしたことで知られる。その際に、主たるよりどころとなった儒教経典として、正しいものをひとつ選び、その記号を解答欄にマークしなさい。

A．五経正義

B．周礼

C．大学

D．資治通鑑

設問２　中国史上では、王朝末期にくりかえし大規模な民衆反乱が勃発した。黄巾の乱は、そのような民衆反乱が宗教勢力(太平道)に率いられた最初の例である。後には、仏教系の宗教結社を中心とする反乱がやはり王朝末期に王朝の打倒をめざしている。その反乱名を解答欄に記入しなさい。

設問３　人材登用法としては、漢代に始まった郷挙里選が、この時期に九品中正に改められ、後には科挙が導入されるに至る。歴代の人材登用法に関する説明として、正しいものをひとつ選び、その記号を解答欄にマークしなさい。

A．郷挙里選では、中央政府から派遣された人事担当官が、各地で有為の人材を発掘することをめざした。

B．九品中正では、中央政府に任命された地方長官が、九等級に分かれた公正な尺度で、官僚候補生を推薦することを命じられた。

C．隋代に始まった科挙は、武則天が帝位についた際には、科挙官僚の登用を通じて、その権力基盤固めに利用された。

D．科挙が高級官僚のほぼ唯一の登竜門となった宋代では、受験資格が男性には広く開かれていたため、特定の社会階層が優位を占める状況は解消された。

設問4　中国史上における仏教や道教に関する説明として、正しいものをひとつ選び、その記号を解答欄にマークしなさい。

A．西域からやってきた僧侶たちの布教活動を通じて、貴族の間に仏教信仰の広がった南朝では、各地に石窟寺院が造営された。

B．仏教の影響を受けながら、理論的には旧来の神仙思想と道家思想を集成して成立した道教教団は、成立当初の時期には、仏教教団との対立を避け、共存する道を選んでいた。

C．仏教が中国社会に定着した唐代には、禅宗と浄土宗がしだいに多くの信者を獲得するようになっていったが、この二つの宗派は明代以降には影響力を衰退させた。

D．清朝の時代には、仏教は、藩部とされたモンゴルやチベットでも広く信仰を集め、皇帝はチベット仏教の庇護者でもあった。

設問5　唐代の中央官制は、その後の王朝にとっても範例となったが、随時改編も加えられていった。唐代以降の中央官制に関する説明として、正しいものをひとつ選び、その記号を解答欄にマークしなさい。

A．唐代の三省は、詔勅の起草部門、詔勅内容の審議部門、決定された詔勅の執行部門で構成されていた。

B．唐代では、詔勅の執行部門である尚書省配下の六部は、吏部・戸部・礼部・兵部・刑部・農部で構成されていた。

C．明代では、六部の機能を内閣大学士に直属させることで、皇帝の専制権力に一定の制度的歯止めをかけていた。

D．清代中期には、内閣大学士を首班とする諮問機関である軍機処が設立され、政治上の重要事項の決定権をゆだねられた。

設問6　土地制度としての均田制とそれに対応した税制(租調庸)・兵制(府兵制)は表裏一体の関係にあった。土地所有をめぐる状況が変化した結果、そのような関係が維持できなくなった唐代後期以降には、新たな税制が順次導入されていくことになる。歴代の税制に関する説明として、正しいものをひとつ選び、その記号を解答欄にマークしなさい。

A. 唐代前期には、国家から成人男性になされる土地の支給に対し、穀物や布を税として納め、労役や軍役に従事する義務は、成人男性全員に課せられていた。

B. 唐代後期に導入された両税法では、実際に所有している土地を基準に納税額が定められ、春と秋の二回に分割して納入することが求められた。

C. 明代後期に導入された一条鞭法では、従来までの税の物納や労役の提供に代わって、それに相当する額を銀で納入することが求められた。

D. 18世紀初めに導入された地丁銀制では、それまで個別に課せられていた人頭税が土地税に一本化され、新規の人頭税はその後に生まれた者に限られることになった。

設問7　唐代中期になされた徴兵制度の撤廃は、その後の王朝時代の軍制にも大きな影響を及ぼした。募兵制以降の歴代の軍制に関する説明として、正しいものをひとつ選び、その記号を解答欄にマークしなさい。

A. 民間人を徴兵するのではなく、傭兵を配備する制度である募兵制の下で、辺境地帯の防衛指揮官である節度使の権力が増大していった。

B. 宋代には、地方勢力の増大を未然に防止するために、皇帝の親衛軍を全国各地に配置して、中央集権の確立につとめた。

C. 明代には、辺境地帯の防備を固めるため、軍役を輪番で里甲に割りあてる衛所制が導入された。

D. 清代には、職業軍人がその地位を世襲することを前提に、民族別の八旗組織が整備され、漢人で当初組織された緑営も漢軍八旗に編入された。

設問8　海上交易の管理をになう官庁である市舶司は、唐代にすでに広州に設置されていたが、宋代には海上交易の振興がより積極的にめざされ、各地に新規に市舶司が設置された。その中に、明州が含まれる。明州は、1842年の南京条約で開港された都市の、宋代の名称でもある。該当する都市名として正しいものをひとつ選び、その記号を解答欄にマークしなさい。

A．上海

B．寧波

C．福州

D．厦門

設問9　宋代以降、中国国内には都市から地方までを広域に結ぶ商業ネットワークが形成されていく。紙幣の公認も、そのような社会の変化を反映したものであった。宋代以降の通貨制度に関する説明として、正しいものをひとつ選び、その記号を解答欄にマークしなさい。

A．宋代における紙幣の流通は、商業活動の広域的な展開の過程で発行されるようになっていた送金手形が紙幣に転用されたことに始まる。

B．モンゴル帝国内における銀の流通を補完する目的で、元王朝下では、民間金融機関の一部に紙幣の発行が認められた。

C．明代後期には、通貨としての銀の国内流通量が増大していたこともあり、明朝政府は国初からの海禁政策の枠組の中で、日本から大量の銀を輸入した。

D．清代初期の危機をのりきった清朝は、積極的な海外交易にのりだしたものの、慢性的な輸入超過に悩み、国内の主要通貨である銀の確保に苦慮した。

設問10　日宋貿易も、宋王朝側から見れば、朝貢体制の基盤の上に展開される交易活動の一環にほかならなかった。朝貢体制がより広範に展開された明清期に関する説明として、正しいものをひとつ選び、その記号を解答欄にマークしなさい。

A．明朝との朝貢関係の下に貿易拠点として成長した琉球は、17 世紀に島津氏に服属した後、明朝に代わった清朝との交易ルートを失った。

B．明の滅亡に先立って清に服属した朝鮮では、清に対して朝貢を続けながらも、中国からの文化的自立をめざす動きが強まり、独自の民族文字である「訓民正音」が制定された。

C．ベトナムとの朝貢関係を理由に、フランスの進出を排除しようとした清朝は、清仏戦争の結果、ベトナム北部に対するフランスの保護権を承認した。

D．朝貢体制の下では、他国との交渉自体が清朝側からの恩恵であるとみなされたが、アロー戦争後に設立された総理各国事務衙門は、他国との対等な関係を前提に外交を担った。

〔Ⅲ〕　以下の文章を読み、空欄(ア～エ)に当てはまる人名を解答用紙に記入しなさい。また、下線部(1～6)に関する設問(1～6)に答えなさい。

ヨーロッパでは中世末期以降、宮廷画家と呼ばれるような人たちの活躍がみられるようになる。勢力をのばす王侯貴族は自分たちの壮麗さを競い合い、自らの品格を、宮廷の在り方に反映させようとしたのだ。そして、宮廷画家たちは王侯貴族に仕える、近侍と同等の高い身分を得たのだった。

近世になると、宮廷画家の地位は画家にとって非常に名誉のある職となった。この職に伴う身分は、芸術家としての社会的地位を変貌させる上で、重要な役割を果たしたと言えるだろう。

その当時の画家として例えば、ヤン＝ファン＝アイクをあげることができる。フランドル人であった彼は、主にブリュージュ(ブルッヘ)で活動し、バイエルン公ヨハン３世に仕え、のちにブルゴーニュ公フィリップ３世の宮廷に迎えられる。フィリップ３世からは寵愛をうけ、並外れた報酬を得ていたアイクは、画家たちの中でも特別な存在であった。また、アイクの作品群からは、古代ローマで『博物誌』を著した［　ア　］の美術論や［　イ　］の『恋の技法』、『転身譜』などの古典に精通していたことが読み取れる。

神聖ローマ帝国のアウクスブルクに生まれ、のちイングランドで活躍したホルバインも国際的に名の知れた肖像画家で、私たちがよく目にするエラスムスやトマス＝モア(1)の肖像画の作者として知られている。ロンドンへ渡ったホルバインは、当時宗教改革を推し進めていたテューダー朝(2)のイングランド王ヘンリ８世の宮廷画家となり、王のみならず、宮廷関係者の肖像画を数多く制作した。宮廷画家のつとめとして、王の妃候補の肖像画も制作し、王の４度目の妻となったアン

＝オブ＝クレーヴズに関しては、ホルバインの描いた絵が実際の本人と違っていたことから王を激怒させたとも言われている。

フィレンツェ共和国に生まれた［ウ］は画家のみならず、彫刻家、建築家として活躍した。メディチ家(3)に仕えるようになると、プラトン＝アカデミーに集うフィチーノなど人文主義者たちと交流するようになった。フィレンツェからメディチ家が追放される直前、ボローニャへと逃れたが、その後ローマへ向かうと、教皇庁、教皇自身からその才能を認められ、霊廟や彫刻の制作依頼を受ける。システィナ礼拝堂の天上画は［ウ］の代表作のひとつである。

ヴェネツィア(4)共和国に生まれたティツィアーノは、風景画、宗教画、神話画、肖像画などの様々な絵画ジャンルにおいて秀逸で、数々の名画の作者として現在でも知られている。肖像画では、カトリック改革(対抗宗教改革)(5)を推し進めローマに宗教裁判所を設置したローマ教皇パウルス３世、神聖ローマ皇帝カール５世、その息子でスペイン国王となったフェリペ２世などを描いた。とりわけフェリペ２世とは親交が深く、肖像画のみならず、数多くの宗教画や神話画の制作依頼を受けた。

フェリペ２世の三度目の妃の女官として起用されたイタリアの女性画家ソフォニスバ＝アングイッソラは、宮廷で王族の肖像画を描いた。絵を描く才能がないと考えられていた女性にとって、絵画の世界は非常に狭き門であった。父親が彼女の才能を［ウ］に書簡で伝えたことを機にそこに足を踏み入れることができたアングイッソラは、のちに登場する女性画家たちの先駆者となる。だが、アングイッソラを含む女性画家たちの功績はほとんど知られていない。

バロック美術の代表的画家で、外交官でもあったルーベンスは、ティツィアーノ同様、様々なジャンルの絵画作品を残した。スペインのネーデルラント総督に仕え、自身はアントウェルペン(アントワープ)に工房をかまえ、国際的にも評価の高かったルーベンスは、様々な顧客から制作依頼を受けた。ヨーロッパ諸国の王侯貴族から依頼された作品の中でよく知られているのは、ブルボン朝(6)の初代フランス国王［エ］の妃を描いた連作『マリ＝ド＝メディシスの生涯』であろう。ルーベンスが、宗教や神話の要素を取り入れ繊細な筆致で寓意的に描いた本作品は、ルーヴル美術館に所蔵されている。

現在私たちが目にすることのできる肖像画や名作といわれる作品の数々は、以上のような芸術家たちによってうみだされた。作品や依頼主との関係を追うことで、芸術のみならず歴史がどう動いたのか、そして芸術家たちがどのように世界と向き合っていたのかが浮かび上がってくるのではないだろうか。

設問１　エラスムスとトマス＝モアの代表作を解答欄(a)と(b)にそれぞれ記入しなさい。

設問２　テューダー朝に関する説明として正しいものをひとつ選び、その記号を解答欄にマークしなさい。

A．テューダー朝の初代王として即位したヘンリ７世は、マルティン＝ルターが発表した「九十五カ条の論題」を支持した。

B．ヘンリ８世は国内の修道院を解散させ、国王の財政の強化を狙い、その土地を王領として没収した。

C．メアリ１世が制定した一般祈祷書により、国教会の教義・制度がととのえられた。

D．エリザベス１世の特許状により成立した東インド会社は、ケープ植民地を築き、イギリスの繁栄を支えた。

設問３

（設問省略）

設問４　ヴェネツィアに関する説明として正しいものをひとつ選び、その記号を解答欄にマークしなさい。

A. 中世のヴェネツィアは、富裕な商人・銀行家によって政治が掌握され繁栄するが、ジェノヴァとの覇権争いに敗れた。

B. 中世のヴェネツィアは、毛織物取引、とりわけその輸出によって栄え、ロンバルディア同盟に加盟した。

C. ヴェネツィアはナポレオンの侵攻により独立を喪失し、ウィーン会議後はオーストリア領となった。

D. イタリアは、ヴェネツィアを含む「未回収のイタリア」と呼ばれた領土問題をきっかけに、第一次世界大戦に参戦した。

設問5　カトリック改革(対抗宗教改革)に関する説明として正しいものをひとつ選び、その記号を解答欄にマークしなさい。

A. この改革運動はトリエント公会議を機に始まり、そこでは聖像の使用、贖宥状の販売が再確認された。

B. この改革において、教義では聖書が重視され、予定説が唱えられた。

C. この改革を機に制定された禁書目録は、20世紀半ばに廃止されるまで版を重ねた。

D. この改革を背景に、スペインでは厳格な形式上の制約のもと、理性的で躍動的な表現を特徴とする古典主義演劇が開花した。

設問6　ブルボン朝に関する説明として正しいものをひとつ選び、その記号を解答欄にマークしなさい。

A. ルイ13世の治世には、ナントの王令が廃止され、数多くのユグノーが国外に移住した。

B. ハプスブルク朝が途絶えたスペインでは、ルイ14世の孫であるフェリペ5世が即位した。

C. ルイ18世は、1830年のアルジェリア遠征によって国民の批判をそらそうとしたが、同年パリで7月革命が起きると亡命した。

D. ルイ14世が造営させたヴェルサイユ宮殿では、ヴェルサイユ条約が1919年に締結され、ラインラントのフランスへの帰属が取り決められた。

〔Ⅳ〕 アメリカ合衆国のモンロー主義的な外交政策は、20世紀に入って変容し始める。セオドア＝ローズヴェルト大統領からウィルソン大統領へと続く時期におけるアメリカ合衆国の外交政策の特徴について、干渉・不干渉の両面に言及しながら論じなさい。記述にあたっては、以下の3つの語句に触れ、220字以上260字以内で書きなさい。なお、算用数字は1マスに2字、カッコや句読点は1マスに1字と数える。解答は箇条書きにせず、横書きとすること。

棍棒外交、ドル外交、第一次世界大戦

地　理

（60分）

〔Ⅰ〕 次の文章を読み、以下の問いに答えなさい。

アメリカ合衆国、カナダ、メキシコの3カ国は北アメリカ大陸に位置し、地理的に近接しているだけでなく、米国・メキシコ・カナダ協定(USMCA)を締結しており、経済的な結びつきも強い。それぞれの国や3カ国の関係性、そのほかの国や地域とのつながりに関する以下の問いに答えよ。

問1 現在、アメリカ合衆国はハワイ、アラスカを含む50州で構成される連邦国家であるが、1776年に英国から独立したときは13州からなる国家であった。独立時の13州に含まれる州の組合せとして正しいものを以下の選択肢から1つ選び、解答欄にマークせよ。

A　ニューハンプシャー、ニューヨーク、フロリダ

B　ジョージア、ペンシルヴェニア、マサチューセッツ

C　コネティカット、テキサス、ノースカロライナ

D　ミシガン、ニュージャージー、ヴァージニア

問2 アメリカ合衆国の人種や民族、移民に関する説明として**適当でないもの**を以下の選択肢から1つ選び、解答欄にマークせよ。

A　アメリカ合衆国は「人種・民族のサラダボウル」と呼ばれ、多数の人種・民族が共存するが、ネイティブアメリカンは2016年の総人口の1％未満である。

B　1920年代にアメリカ合衆国に流入した移民はヨーロッパ諸国の出身者が半数を超えていたが、2000年代(2000年からの10年間)に流入した移民も半数以上がヨーロッパ諸国の出身者である。

C　アジア系の人々は、かつて日本や中国などから太平洋を渡って移住した

ことを反映して、サンフランシスコやロサンゼルスでは2019年の人口の10％以上を占める。

D　ヒスパニックの人々は、テキサス州以西のメキシコ国境に接する州と旧スペイン領のフロリダ州の各州では、2019年の人口の20％以上を占める。

問 3　アメリカ合衆国の経済格差や労働に関する状況の説明として**適当でないもの**を以下の選択肢から１つ選び、解答欄にマークせよ。

A　１人あたりの年間所得が高い州は、金融業や先端技術産業、行政機関などが集中する北東部に集中するとともに、西海岸のカリフォルニア州やワシントン州でも6.5万ドルを超えていた(2020年)。

B　石炭や天然ガス、ウランなどの資源が豊富な内陸のワイオミング州、油田や金鉱山を有するアラスカ州では１人あたりの年間所得は相対的に高い水準にあり、６万ドルを超えていた(2020年)。

C　失業率は白人よりもアフリカ系で高く、アフリカ系男性の失業率は6.6％、アフリカ系女性の失業率は5.6％であった(2019年)。

D　ヒスパニックの人たちは、アフリカ系とアジア系よりも農林水産業で働く人の割合が低く、農林水産業で働く人に占めるヒスパニックの割合は20％未満である(2019年)。

問 4　アメリカ合衆国の社会の特徴を説明した文として**適当でないもの**を以下の選択肢から１つ選び、解答欄にマークせよ。

A　アメリカ合衆国は、先進国の中でもモータリゼーション(車社会化)が進行している国の１つで、2017年の人口100人当たりの自動車保有台数は86台を超えていた。

B　2017年のアメリカ合衆国の16歳以上の人口におけるスマートフォン利用者の割合は70％を超え、2019年には、AndroidとiOSが携帯端末のOS(基本ソフト)の99％以上を占めた。

C　世界保健機関の基準では、肥満の判定はBMI(ボディ・マス指標)が30以上の人とされているが、2016年のアメリカ合衆国の肥満人口の割合は他の先進国と比べて高い水準にあった。

D　民主党への支持が強い州をレッドステートと呼ぶが、2020年の大統領選では共和党のトランプ氏がラストベルトに位置するミシガン、ウィスコンシン両州を制した。

問5　アメリカ合衆国の地域または都市圏を説明した文として**適当でないもの**を以下の選択肢から1つ選び、解答欄にマークせよ。

A　集積回路、航空宇宙産業などの先端技術産業が集積しているアリゾナ州にある地域はシリコンプレーンと呼ばれ、代表的な都市はフェニックスやツーソンなどである。

B　カリフォルニア州サンノゼ付近の地域はシリコンヴァレーと呼ばれ、半導体などの先端技術産業が集積し、IT産業の拠点となっている。

C　シアトルを中心とした都市圏は太平洋岸北部に位置し、豊かな森林資源を背景に、製材・製紙・パルプなどの工業が発達し、木材などの輸出港となっているとともに、航空機工業・電子工業も発達している。

D　サンディエゴは、メキシコとの国境近くに位置する港湾都市で、漁港・貿易港・軍港としての役割を果たすとともに、造船・化学・食品などの工業や航空機・電子などの先端技術産業が発達している。

問6　（設問省略）

問7　カナダに関する説明文として最も適当なものを以下の選択肢から1つ選び、解答欄にマークせよ。

A　カナダでは英語とフランス語が公用語であるが、カナダで最も人口の多いオンタリオ州ではフランス語系住民が多い。

B　カナダの首都は国の東側に位置するトロントで、英語圏とフランス語圏の境界付近に立地している。

C　カナダの州のうち人口が2番目に多いケベック州では、カナダから分離独立を求める運動がたびたび起こったが、これはケベック問題と呼ばれる。

D　カナダの都市の多くは気候が温暖な太平洋沿岸に立地し、人口も国の西側に集中している。

問 8　(設問省略)

問 9　アメリカ合衆国、メキシコ、カナダの経済的関係を説明した文として**適当でないもの**を以下の選択肢から１つ選び、解答欄にマークせよ。

A　カナダ、メキシコの両国は、国境を接しているアメリカ合衆国との経済的関係が強く、2016年の両国の貿易総額が最も大きい相手国は、ともにアメリカ合衆国であった。

B　アメリカ合衆国は中国とも経済的な関係が強く、2016年のアメリカ合衆国の輸入額は、中国が最も大きく、メキシコが２番目、カナダが３番目に大きい。

C　2018年に発効した環太平洋パートナーシップに関する包括的および先進的な協定(TPP 11 協定)は、貿易や投資、人的移動のさらなる自由化を目指す経済連携協定(EPA)の一種で、アメリカ合衆国、カナダ、メキシコの３カ国も加盟している。

D　カナダでは、多くの産業においてアメリカ資本の企業が多く、カナダの自動車産業にはGMカナダ、フォード・カナダなど複数のアメリカ資本の企業がある。

問10　日本と、アメリカ合衆国、カナダ、メキシコとの貿易を説明した文として最も適当なものを以下の選択肢から１つ選び、解答欄にマークせよ。

A　日本は工業製品の原料や燃料の多くを海外からの輸入に依存しているが、日本が2016年に鉄鉱石を最も多く輸入した国はカナダであった。

B　近年でも日米貿易は拡大を続けており、2000年から2015年にかけて日本の対米輸出額は４倍以上に増大した。

C　日本では、2020年代に入ってから、農林水産物の輸入金額が最も高い国は中国で、アメリカ合衆国は２番目に、メキシコは３番目に高い国となっている。

D　2015年には、日本からカナダへの輸出は自動車や一般機械など工業製品が中心で、カナダから日本への輸出は菜種や肉類・肉加工品、木材・石炭・銅鉱などが中心であった。

〔Ⅱ〕 農業に関する以下の問いについて答えなさい。

1．表Ⅱ－1は各国の品目別農産物自給率(2018年)を、表Ⅱ－2は各農産物の生産量上位3か国(2019年)を示したものである。表Ⅱ－1および表Ⅱ－2の番号①～⑤は、アメリカ合衆国、インド、中国、ナイジェリア、ブラジルのいずれかに該当する。

表Ⅱ－1　各国の農産物自給率(2018年)(%)

国	小麦	米	とうもろこし	いも類	大豆
①	104	121	119	96	130
②	105	104	94	86	13
③	152	184	124	101	195
④	1	85	98	101	81
⑤	43	96	128	99	248

資料：『世界国勢図会 2021/22』より作成。

表Ⅱ－2　生産量の上位3か国(2019年)

順位	小麦	米	とうもろこし	いも類	大豆
1	②	②	③	②	⑤
2	①	①	②	④	③
3	ロシア	インドネシア	⑤	①	アルゼンチン

資料：『世界国勢図会 2021/22』より作成。

問1　②に当てはまる国を1つ選べ。

A　アメリカ合衆国　　B　インド　　C　中国

D　ナイジェリア　　E　ブラジル

問2　⑤に当てはまる国を1つ選べ。

A　アメリカ合衆国　　B　インド　　C　中国

D　ナイジェリア　　E　ブラジル

問 3　①～⑤の国々の農業生産性を比較した記述として、**間違っているもの**を1つ選べ。

A　①国は、②国よりも1ヘクタールあたりの穀物生産量(土地生産性)は低い。

B　②国は、④国よりも1ヘクタールあたりの穀物生産量(土地生産性)は高い。

C　①国は、③国よりも農業従事者1人あたりの穀物生産量(労働生産性)は低い。

D　④国は、⑤国よりも農業従事者1人あたりの穀物生産量(労働生産性)は高い。

問 4　④に当てはまる国の説明として正しいものを1つ選べ。

A　輸出額第1位の品目(2018年)は原油である。

B　コーヒー豆の輸出量(2018年)は世界第1位である。

C　カカオ豆の生産量(2018年)は世界第1位である。

D　国内にカッパーベルトと呼ばれる世界的な銅鉱山地帯がある。

問 5　遺伝子組換え作物の栽培面積(2019年)に関して、世界第1位および第2位の国の組み合わせとして正しいものを1つ選べ。

A　①と③　　B　②と③　　C　②と⑤　　D　③と⑤

2．日本では、食料自給率として品目別自給率と総合食料自給率を算出している。品目別自給率は特定の品目について重量ベースで計算したものである。2020年の品目別自給率をみると、米ア は97％、小麦は [　あ　] ％、野菜は80％、果実は [　い　] ％、大豆は [　う　] ％である。一方、総合食料自給率は食料全体について品目ごとに単位を揃えて計算したもので、供給熱量(カロリー)ベース、生産額ベースでそれぞれ表示される。2020年の総合食料自給率は供給熱量(カロリー)ベースで37％、生産額ベースで [　え　] ％であった。

問 6　下線部アに関して、日本における水稲の作付面積は1969年の3,173,000へクタールから2020年には1,462,000ヘクタールへと減少した。その要因について、政策および社会の変化の観点から60字以内で解答欄に記述しなさい。

問 7　文中の空欄 あ ～ え に当てはまる値として最も適切な組み合わせを、表Ⅱ－3のAからDの選択肢から1つ選べ。

表Ⅱ－3

	あ	い	う	え
A	6	15	67	38
B	15	38	6	67
C	38	67	15	6
D	67	6	38	15

問 8　都道府県別食料自給率(2019年)の記述として、最も適切なものを1つ選べ。

A　宮崎県は、カロリーベースよりも生産額ベースの方が食料自給率は高い。

B　カロリーベースでみると、山形県は長野県よりも食料自給率は低い。

C　青森県は、生産額ベースよりもカロリーベースの方が食料自給率は高い。

D　生産額ベースをみると、千葉県は山口県よりも食料自給率は低い。

問 9　近年、日本は農業分野も含めた幅広い経済関係の強化をめざして各国とさまざまな協定を結んできた。環太平洋パートナーシップに関する包括的及び先進的な協定(TPP 11 協定)や、地域的な包括的経済連携(RCEP)協定はその代表例である。2023年10月1日時点で、TPP 11 協定に**加盟していない**が、RCEP協定には加盟している国として、当てはまるものを1つ選べ。

A　韓国　　　　B　ベトナム

C　ニュージーランド　　　　D　マレーシア

〔Ⅲ〕 日本海や瀬戸内海などには、豪壮な建物や蔵が建ち並ぶ歴史的な町並みを持つ地域がある。その中には、北前船の寄港地であったところも多い。北前船の定義は諸説あるが、本問では、江戸時代中期から明治時代中期にかけて、寄港地で多種多様な物品を売り買いしながら、主に北海道と大阪の間を往来していた商船群の総称とする。図表Ⅲ－1に示した北前船寄港地・船主集落は、問1～問4に関連した自治体の概ねの位置を示している。

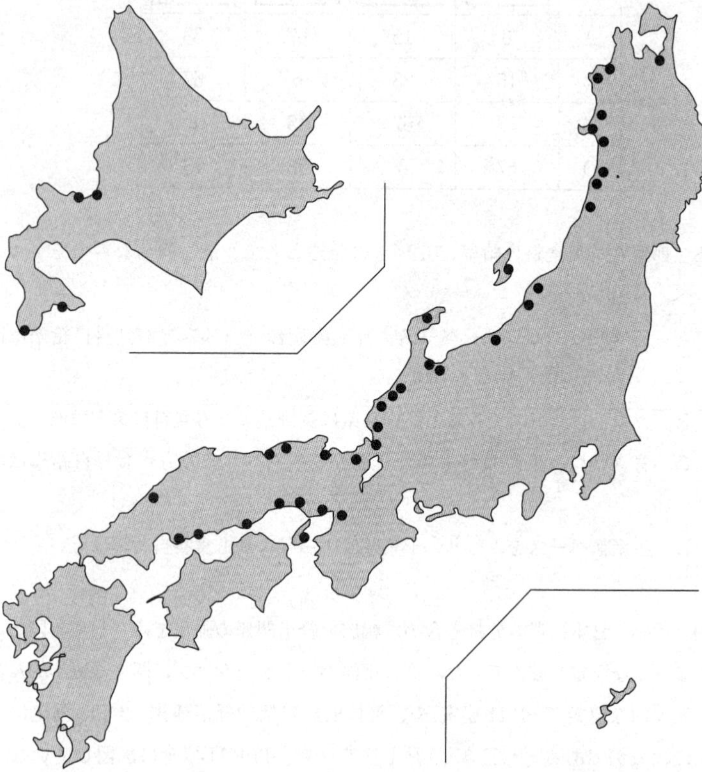

図表Ⅲ－1　日本遺産に認定された主な北前船寄港地・船主集落

（出典：文化庁・日本遺産ポータルサイト「荒波を越えた男たちの夢が紡いだ異空間（北前船寄港地・船主集落）」をもとに作成）

問１　下記の文章に該当する寄港地として最も適切な自治体をそれぞれの選択肢から１つ選び、解答欄にマークせよ。

(1)　花崗岩層を中心とする山脈によって季節風や荒波の影響をうけにくい地形であることから、古くは大輪田泊と呼ばれ、日宋貿易の拠点として栄えた港でもあった。

A　秋田市　　B　にかほ市　　C　敦賀市　　D　神戸市

(2)　半島に位置し、北西にある真山などの山地が季節風を防ぐ恵まれた地形であることから、船が避難する風待ち港として利用されていた。

A　男鹿市　　B　酒田市　　C　長岡市　　D　輪島市

(3)　北方の水産資源や広大な森林資源を活用した交易で繁栄し、江戸時代、北方警備の重要性から、幕府の命を受けて築城された福山城の跡が観光資源の１つとなっている。

A　小樽市　　B　松前町　　C　深浦町　　D　能代市

(4)　東側と西側を半島に囲まれ、沿岸はリアス海岸が続いていることから、古くから波の穏やかな天然の良港であった。

A　鰺ヶ沢町　　B　小浜市　　C　尾道市　　D　洲本市

(5)　陸繋砂州上にあり、北前船の船乗りたちが出港前に日和をみた山地の両側には海が広がっており、現在、代表的な観光スポットの１つとなっている。

A　函館市　　B　由利本荘市　　C　新潟市　　D　高砂市

(6)　綿花やい草の栽培などが江戸時代にさかんになり、今も「繊維のまち」として知られ、2019年の工業統計の市区町村別の繊維工業の製造品出荷額等においても国内第１位となっている。

A　加賀市　　B　倉敷市　　C　赤穂市　　D　浜田市

問 2　歴史的な町並みが残る寄港地の記述として**誤りを含むもの**を下記の選択肢から1つ選び、解答欄にマークせよ。

A　小樽市に石造りの大規模な倉庫がたち並んだ歴史的な町並みは、北海道の開拓のための多くの移民の生活を支える物資を運ぶという役割があったことと関係している。

B　酒田市の巨大な三角の屋根がある倉庫が小川沿いに並んだ歴史的な町並みは、阿賀野川を利用した水運による物流の拠点となっていたことが関係している。

C　坂井市の「かぐら建て」と呼ばれる独特の建築様式の建造物が残る町並みは、古来より九頭竜川を利用した水運による物流の拠点となっていたことが関係している。

D　竹原市の豪商の面影が残る情緒ある町並みは、江戸時代、製塩地として飛躍的に発展したことと関係しており、今でも北前船の入港の目印となった常夜灯群が残っている。

問 3　北前船で繁栄した港町があった自治体の中には、日本を支える貿易港へと発展したところも見られる。図表Ⅲ－2は、函館港、新潟港、金沢港、浜田港の2019年の積卸港(貨物が積み卸された港)別の貿易額を示している。図表Ⅲ－2の①～④にあてはまる積卸港の組み合わせとして最も適切なものを図表Ⅲ－3の選択肢の中から1つ選び、解答欄にマークせよ。

なお、貿易統計は、税関に提出された輸出入申告書等を基礎資料として作成されたものである。

図表Ⅲ－2　2019年の積卸港(貨物が積み卸された港)別の貿易額

積卸港	輸出額(億円)	輸入額(億円)
①	1484	1035
②	909	5108
③	31	102
④	204	77

出典：財務省の貿易統計「積卸港別貿易額(2019年)」

図表Ⅲ－3

選択肢	積卸港			
	①	②	③	④
A	新潟港	金沢港	浜田港	函館港
B	金沢港	新潟港	函館港	浜田港
C	新潟港	金沢港	函館港	浜田港
D	金沢港	新潟港	浜田港	函館港

問 4　北前船の寄港地となっていた小樽市、鳥取市、神戸市、大阪市の近年の特徴を調べるために、国勢調査などをもとに、人口増減率、居住世帯のある住宅に占める持ち家の比率、1住宅当たり延べ面積、当該市区町村の就業者数に占める他市区町村への通勤者比率、当該市区町村の就業者数に占める他市区町村からの通勤者比率に関するレーダーチャート(全国の市区町村を比較対象とした偏差値)と各データを図表Ⅲ－4に示す。このレーダーチャートは、単位が異なる項目を比較しやすいように、比較対象範囲内のデータの平均値が50、標準偏差が10となるように変換した偏差値を表示している。

図表Ⅲ－4の①～④の自治体の組み合わせとして最も適切なものを図表Ⅲ－5の選択肢の中から1つ選び、解答欄にマークせよ。

なお、人口増減率は2010－2015年度のデータ、居住世帯のある住宅に占める持ち家の比率は2018年度のデータ、1住宅当たり延べ面積は2018年のデータ、当該市区町村の就業者数に占める他市区町村への通勤者比率は2015年度のデータ、当該市区町村の就業者数に占める他市区町村からの通勤者比率は2015年度のデータである。

①

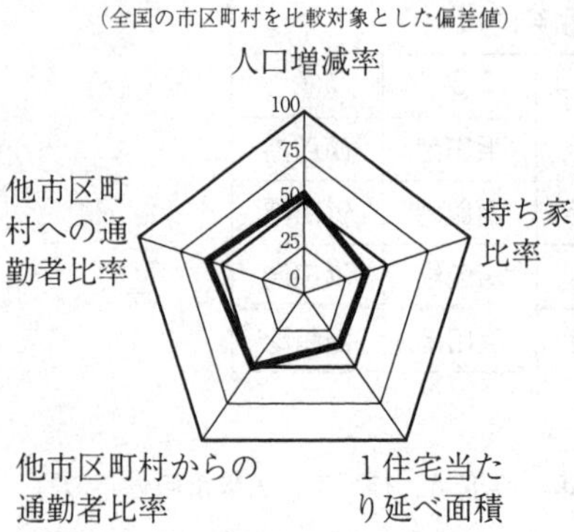

②

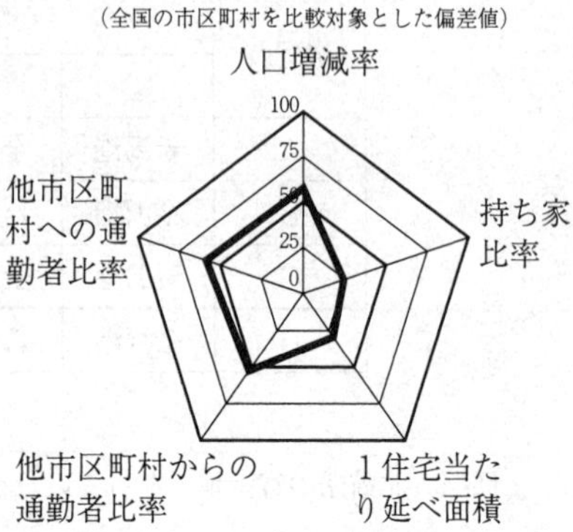

③

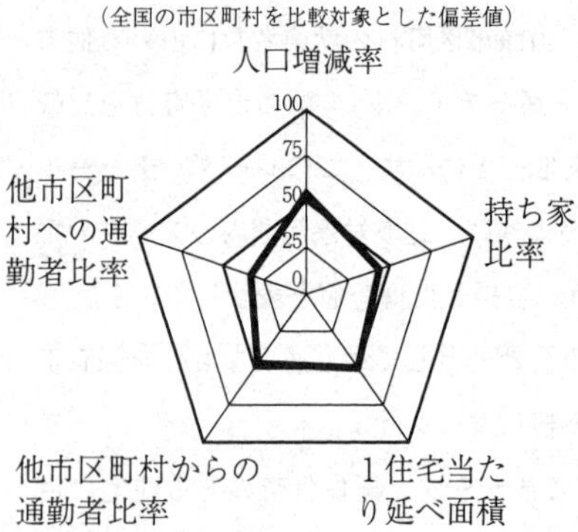

④

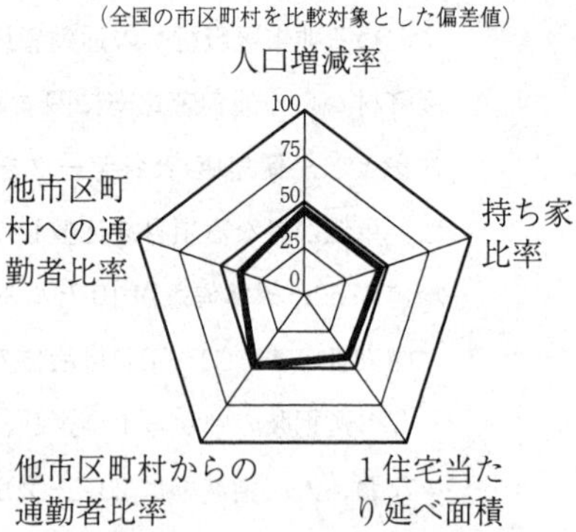

項目名	時点	①	②	③	④
人口増減率(%)	2015年度	−0.45	0.97	−1.89	−7.58
持ち家比率(%)	2018年度	58.2	40.5	64.3	67.7
1住宅当たり延べ面積(m^2)	2018年	77.86	62.05	111.77	95.76
他市区町村からの通勤者比率(%)	2015年度	58.7	126.1	12.1	20.3
他市区町村への通勤者比率(%)	2015年度	56.1	53.8	5.9	16.8

図表Ⅲ－4　小樽市・鳥取市・神戸市・大阪市のレーダーチャート(全国の市区町村を比較対象とした偏差値)とデータ

(出典：統計ダッシュボード(https://dashboard.e-stat.go.jp/)のデータ(2023年5月1日にアクセス)を加工して作成)

図表Ⅲ－5

選択肢	自治体			
	①	②	③	④
A	大阪市	神戸市	鳥取市	小樽市
B	神戸市	大阪市	小樽市	鳥取市
C	大阪市	神戸市	小樽市	鳥取市
D	神戸市	大阪市	鳥取市	小樽市

問 5　北前船の寄港地のある都市の中には、豊かな自然や歴史、食文化を活かした多くの観光資源を有しているところも多い。図表Ⅲ－6の①～④は、北陸各県(新潟県・富山県・石川県・福井県)における外国人の延べ宿泊者数の推移を示している。なお、この調査における外国人とは、日本国内に住所を有しない者である。この図表Ⅲ－6の②に該当する県として最も適切なものを選択肢の中から1つ選び、解答欄にマークせよ。

A　新潟県　　B　富山県　　C　石川県　　D　福井県

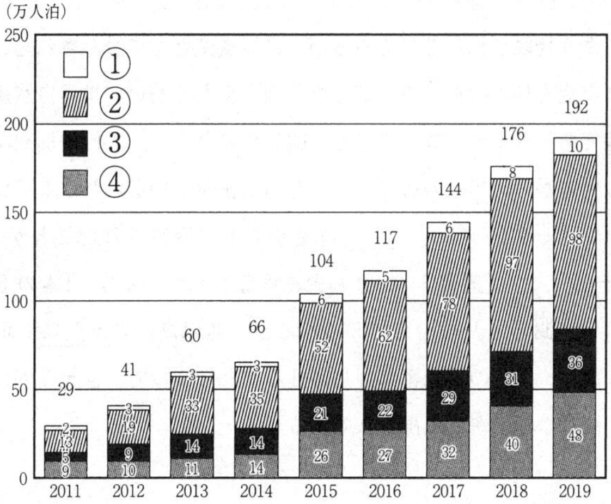

図表Ⅲ－6　北陸における外国人延べ宿泊者数の推移
(出典：観光庁による各年の「宿泊旅行統計調査報告」をもとに作成)

〔Ⅳ〕 次の文章を読み、以下の設問に答えなさい。

人類の歴史において自然は長らく脅威の対象であり、征服の対象でもあった。そうした中で、1872年にアメリカ合衆国の最初の国立公園としてイエローストーン国立公園アが指定されたことは、現代につながる自然保護の幕開けとして、画期的な出来事であったと言ってよいだろう。ただし、イエローストーン国立公園は、その地域の特異な景観が莫大な利益をもたらす極めて有望な観光資源になると考えた複数の事業者が、互いに他の事業者が独占的な使用の権利者になることをけん制し合った結果、国家による管理下に置かれることになったとも言われている。これに対して1890年に指定されたヨセミテ国立公園イは、純然たる自然保護を目的として、ジョン・ミューアらの活動により実現したものであるところから、ミューアは「米国自然保護の父」と呼ばれている。なお、イエローストーン国立公園は、ガラパゴス諸島ウなどと共に、1978年に世界自然遺産の第1号として登録され、ヨセミテ国立公園は、1984年に世界自然遺産に登録されている。

世界自然遺産は、顕著な普遍的価値を有する世界の自然を人類全体のための世界遺産として、損傷、破壊等の脅威から保護し保存していくことを目的として[　1　]により登録されるものであるが、世界遺産として登録されたことに起因して、過剰な観光利用の地となってしまう例も少なくない。世界自然遺産の象徴的な登録地であったガラパゴス諸島も、観光化にともなう人口増加や環境汚染、密漁などの問題から、当地の自然がもつ普遍的価値が損なわれるような深刻な状態にあるとして、2007年に[　2　]遺産リストに登録されたことがある(その後、2010年に[　2　]遺産リストから登録解除されている)。日本の世界自然遺産登録地は、2023年4月の時点で5つあるが、鹿児島県の屋久島エや北海道の知床半島オなどでも、大量の観光客が押し寄せることによって引き起こされる登山道の劣化や、植生の荒廃が問題視されている。

問1　下線部アのイエローストーン国立公園は、アメリカ合衆国の3つの州にまたがる国立公園である。この3つの州に**含まれない州**を以下の選択肢から1つ選び、解答欄にマークしなさい。

A　アイダホ州　　　　B　ワイオミング州

C　インディアナ州　　D　モンタナ州

問 2　下線部イのヨセミテ国立公園が位置する山脈の名称を解答欄に記入しなさい。

問 3　下線部ウのガラパゴス諸島を領有する国の首都名として、最も適切なものを以下の選択肢から 1 つ選び、解答欄にマークしなさい。

A　ボゴタ　　B　サンティアゴ

C　リマ　　D　キト

問 4　空欄[　1　]に入る名称(略称)として、最も適切なものを以下の選択肢から 1 つ選び、解答欄にマークしなさい。

A　UNDP　　B　UNEP　　C　UNESCO　　D　UNICEF

問 5　空欄[　2　]に入る語句として、最も適切なものを以下の選択肢から 1 つ選び、解答欄にマークしなさい。

A　管理　　B　危機　　C　保護　　D　保全

問 6　下線部エの屋久島の年間降水量の平均は約 4,600 mm であるのに対し、島間洋上最短距離で 18 km ほどしか離れていない種子島の年間降水量の平均は、約 2,500 mm である。種子島と比較して、屋久島の年間降水量の平均が多い理由を、自然環境の観点から考えて 80 字以内で解答欄に記述しなさい。

なお、降水量のデータは気象庁の発表に基づくものであり、統計期間はいずれも 1991 年～2020 年である。また、ここでは数値を 100 mm 未満切り捨てとして示している。

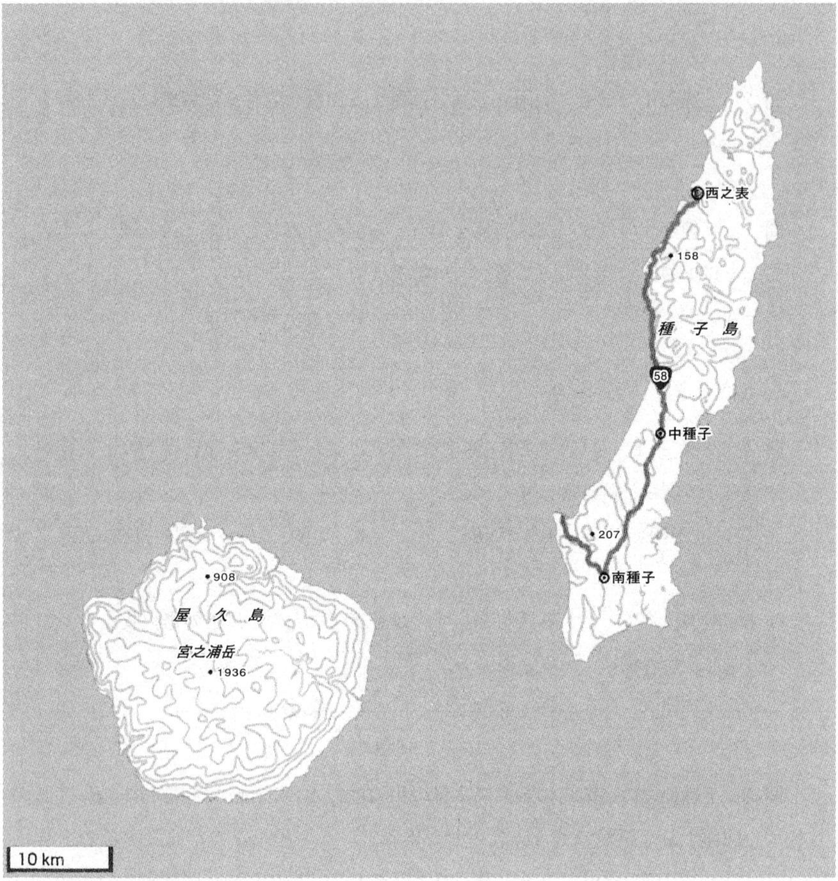

図Ⅳ－1　屋久島と種子島(国土地理院 GSI Maps に基づき作成)

問 7　下線部オの知床半島と国後島の間にある海峡の名称を解答欄に漢字で記入しなさい。

問 8　図Ⅳ－2は、知床半島の羅臼岳周辺を表した地形図である。この図の元となる紙の地形図を用いて、羅臼岳の山頂から地図上の真北を基準にして見ると、東に 42 度の方角に三ツ峰がある。しかし、北緯 44 度 04 分 33 秒・東経 145 度 07 分 20 秒の位置にある羅臼岳山頂の偏角(注1)は、8 度 56 分(国土地理院 2020 年値)であるため、これを 9 度と考えて、磁北を基準にして東に

42 度の角度で羅臼岳の山頂から北方に直線を引き、この線上に、羅臼岳山頂から三ツ峰山頂までの距離と同じ距離となる地点を定めて、これをＡ点としたとき、Ａ点と三ツ峰山頂を直線で結ぶと、この直線の地図上の長さは約 8 mm であった。この長さを 8 mm としたとき、Ａ点と三ツ峰山頂との実際の距離は、およそ何メートルであると考えられるか。その値に最も近いものを下記の選択肢から１つ選び、解答欄にマークしなさい。ただし、ここで用いられている地図の縮尺は、図Ⅳ－２に表されている地図上の情報から判断すること。

注１：偏角とは、子午線が示す北(真北)と、方位磁石が示す北(磁北)との差を表す角度である。方位磁石は、地球の地磁気に反応して方位を示すが、地磁気は複雑な分布をしているため、方位磁石を用いる地点ごとに、偏角も異なった値となる。磁北が真北より東側にある場合を東偏、西側にある場合を西偏と呼ぶ。現在日本では南鳥島(偏角０度)を除く全ての地域で西偏となっている。

Ａ　80 メートル　　　　Ｂ　200 メートル

Ｃ　400 メートル　　　　Ｄ　640 メートル

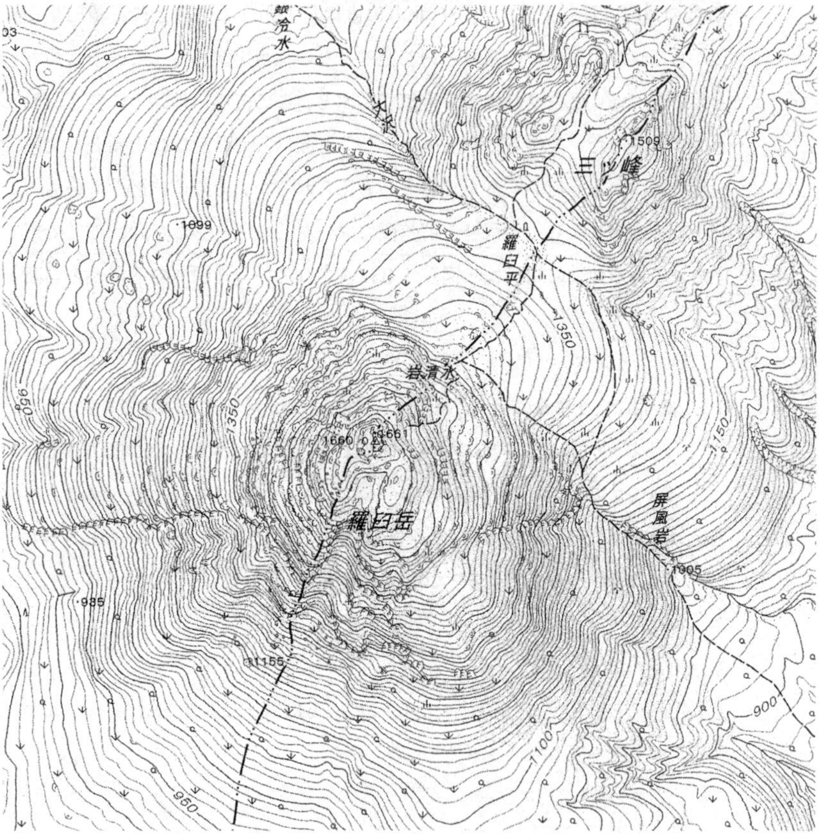

図Ⅳ－２　羅臼岳周辺

（この図は、国土地理院発行の地形図を拡大したものである。ただし、地図上の情報は元図のままである。）

編集部注：編集の都合上，80％に縮小

問９　図Ⅳ－２の元となる紙の地形図上で、視点の原点（緯経度原点）を三ツ峰山頂におき、真北を北としたとき、問８で定めたＡ点は、どちらの方角に位置するか。最も適切なものを以下の選択肢から１つ選び、解答欄にマークしなさい。

Ａ　北東　　Ｂ　南東　　Ｃ　南西　　Ｄ　北西

政治・経済

（60分）

〔Ⅰ〕 次の文章を読み、下記の設問1～6に答えよ。

2023年5月、広島においてG7サミットが開催された。主要国の首脳が一堂に会して国際社会における重要課題について意見交換をするこの会議の始まりは、半世紀前に遡る。1975年、フランスの呼びかけで始まり、その後毎年開催されることとなるこの会議は、当初先進国首脳会議と呼ばれたが、冷戦終結後、[1]をメンバーに加えて主要国首脳会議と呼ばれるようになった。しかし現在では[1]を除外して再びG7として実施されるようになっている。

発足後まもなく50年となるこの会議の歴史を振り返ったとき、世界も、G7の位置づけも、そして日本の役割も大きく変化した。第一回会合が行われた1970年代は、冷戦下における東西の対立が一部緩和された時期であったが、その一方で、第四次中東戦争に端を発する第一次オイル・ショックなどもあり、世界のあちこちで[2]ナショナリズムが盛り上がり、先進国と途上国との対立が表面化する。しかし、この時代は、G7の首脳が集って話し合うことで、国際政治・経済の行方を左右する協調が可能であると考えられた時代であった。戦後の高度経済成長期を経て先進国の仲間入りを果たし、第一回サミットからそのメンバーとなった日本は、世界第二の経済大国・平和国家として、そしてまたアジアから唯一のメンバーとして、その大きな責任を果たそうとした。その姿勢は、たとえば1970年代後半からの累次にわたるODA倍増計画などに見ることができよう。

1990年代になると国際情勢は大きく変化する。冷戦の終焉は、旧社会主義諸国のみならず、多くの途上国を巻きこんで世界規模の民主化・市場経済化とグローバリゼーションを急速に進め、あたかも世界は一つの方向に向かうかのようにも見えたが、他方、あちこちで民族紛争が頻発することになる。そのような中、1992年の国連[3]に象徴されるように、環境問題が世界中で協力して取(1)

り組むべきグローバル・イシューとして認識される一方で、その対応をめぐって先進国と途上国の間の対立が目立つようになった。また、WTO の設立により、世界規模の貿易の自由化に弾みがつく一方で、EU や NAFTA(のちに USMCA)、MERCOSUR といった地域経済統合も進み、特に EU にあっては政治統合も進んだことで、国際政治・外交においても大きな意味を持つようになる。

こうした中で、世界第二の経済大国・平和国家の国際貢献の手段として ODA を増大させてきた日本は、1989 年、初めてアメリカを抜いて世界最大の ODA 供与国となった。その後、1990 年代初めのバブル崩壊、政治においては 55 年体制(2)崩壊という大きな転機を経ながらも、日本は 90 年代を通してほぼ一貫して「トップ・ドナー」(最大の援助国)の地位に留まり、開発援助の世界で大きな役割を果たした。しかしこの 90 年代には、その後の日本の国際貢献のあり方を大きく変えていくいくつかの重要な出来事も起こっている。湾岸戦争とその後の PKO 協力法の成立(3)や、90 年代後半に実施された財政改革がそれにあたる。1997 年の財政改革では、70 年代以来続けられてきた ODA 倍増計画の終了に加えて、ODA 予算は当面の間削減することが決定された。

しかしながら 20 世紀に開発問題を解決できなかった国際社会は、2000 年の国連総会で採択された宣言に基づき [4] を設定し、2015 年までに世界における極度の貧困を半分にすること、そのために先進国は途上国への協力、特に ODA を増大させることなどを共通の目標として掲げることになった。さらに 2001 年のアメリカにおける同時多発テロ後の「テロとの戦争」の中で、貧困はテロの温床となるという指摘がされたこともあり、主要国は貧困問題解決のために軒並み ODA を増加させていった。しかしこの流れの中で、日本の ODA は 20 世紀末以降減少し続け、昨今では最大期の約半分のレベルで停滞している。

この頃になると世界の様相はさらに異なってくる。途上国の中でも新興国といわれる国々が台頭し、ダイナミックな経済成長を背景として国際政治・経済に影響力を及ぼすようになった。特に 21 世紀に入ってからの中国の台頭は目覚ましく、国際社会の力関係は大きく変化した。グローバリゼーションがますます深化する中で、もはや G7 の首脳による政策協調が世界を動かしうる時代ではなくなっている。2022 年末現在、国連加盟国数は 193 であるが、G7、7 カ国の GDP 合計は、1980年には世界の60％以上を占めていたが、2022年には43％余りとなっている(IMF World Economic Outlook Database)。こうした流れの中、2008年には新興国も含めた20カ国によるG20の首脳会議が行われるようになった。G20は世界経済の85％、人口の3分の2以上を占める国々の集まりであるが、参加国数が多いこと、所得レベルや歴史・文化的多様性が大きいことなどもあって、合意形成は容易ではない。

[4]の目標年とされた2015年には、より広範な各種目標を掲げた新たな国際目標としてSDGsが設定されたが、環境問題も含め、各種課題解決への道はいまだ厳しい。国際社会全体で協力して取り組むべき課題は多いが、その実現にはいまだ大きな困難が立ちはだかっている。

最後に、そのような状況下の日本の国際貢献について、再度考えておこう。G7広島サミットから間もない2023年6月9日、日本政府は、開発協力大綱(4)の改定を閣議決定した。この文書は冒頭、「国際社会は歴史的な転換期にあり」という文言で始まり、「我が国の外交の最も重要なツールの一つである開発協力を一層効果的・戦略的に活用する」としている。また、日本の国際貢献という観点からは、同日、[5]改正案が参議院で可決成立したことも注目に値するだろう。この法改正は、従来、認定審査が極めて厳格でほとんど受入れをしてこなかった日本の難民受入れ状況が、今後変化する可能性を広げたものとして国際社会から歓迎する声もある。現在までの日本の難民受入れ数は、G7の他の国々と比べるとはるかに少ないレベルにとどまっており、これは島国であり海外との交流が限られてきた歴史や、それゆえに移民や異文化への受容性が高くないという文化的事情で説明できるものではないといわざるを得ない。

少子高齢化や経済の停滞など、国内に多くの課題を抱える日本であるが、多くの問題が山積する国際社会に背を向けることはできないのではないだろうか。

設問 1　文中の[1]～[5]に入る、もっとも適当と思われる語句を解答欄に記入せよ。

設問 2　下線部(1)に関連して、国際社会における環境問題への取り組みに関する記述としてもっとも適当なものを次のなかから一つ選び、解答欄の記号

(A～D)をマークせよ。

A. 国連環境計画(UNEP)が設立されたのは、日本をはじめとした先進工業国において当時公害と言われた環境汚染問題が深刻となった1960年代後半のことである。

B. 国連が主催した初めての大規模な環境に関する国際会議は、「宇宙船地球号」というスローガンを打ち出した1972年の国連人間居住環境会議である。

C. 2002年の持続可能な開発に関する世界首脳会議(ヨハネスブルクサミット)では、初めて「持続可能な開発」という概念が提示され、「持続可能性」(sustainability)という言葉は、その後のSDGsなどにもつながる重要な言葉となった。

D. 環境問題をめぐる一連の会議において先進国と途上国が対立する要因の背景には、問題を引き起こす原因をつくってきたのは先進国であり、そのコストは先進国が担うべきであるという途上国側の主張がある。

設問 3 下線部(2)に関連する記述のうちもっとも適当なものを次のなかから一つ選び、解答欄の記号(A～D)をマークせよ。

A. 1955年、日本民主党と自由党という二大保守政党の合同により、自由民主党が結成された。

B. 55年体制下では、保守・革新の二大政党間の政権交代がもたらす政治的安定の下、「日本の奇跡」とも呼ばれた高度経済成長が実現され、日本はアジア唯一の先進国としてG7のメンバーとなった。

C. 1993年、民主党の細川護熙を首班とした連立政権の成立により、55年体制は終焉を迎えた。その後、日本の政治は連立政権の時代となる。

D. 1994年には、公職選挙法や政治資金規正法改正などに加えて中央省庁改革基本法が成立し、様々な政治改革が行われて新しい政治と行政の形が目指された。

設問 4 下線部(3)に関連する記述のうちもっとも適当なものを次のなかから一つ選び、解答欄の記号(A～D)をマークせよ。

A．湾岸戦争時の莫大な支出は、日本の財政を悪化させ、これによって初めて政府は「新たな貢献の形」を模索せざるをえないことになった。

B．湾岸戦争時の日本の対応は「小切手外交」と批判され、「人的貢献」が急務であるとして検討されることになった。

C．1992年、国連の平和維持軍への協力に限定して自衛隊の派遣を可能とするPKO協力法が成立した。

D．PKOへの自衛隊初派遣は1992年のことであり、派遣先はイラクであった。

設問 5　下線部(4)に関する記述のうちもっとも適当なものを次のなかから一つ選び、解答欄の記号(A～D)をマークせよ。

A．政府開発援助大綱が初めて閣議決定され、日本のODAの基本理念が定められたのは、1992年、日本がトップ・ドナーとなって間もない年であった。

B．2003年に初めて見直しされた「大綱」は、9.11後のアメリカの「テロとの戦争」への協力を重視した。

C．2015年、「大綱」の3度目の改定が行われたが、この時、名称が「開発協力大綱」に改められるとともに、開発協力は「国益の確保」に貢献すべきことが改めて明記された。

D．2023年の「大綱」の改定は、G7議長国としてのリーダーシップを強く打ち出したものとなっている。

設問 6　以下の図表1は、2020年のDAC(OECD開発援助委員会)主要国のODA実績を示した表である。この表からわかることとして適当でない記述を次のなかから一つ選び、解答欄の記号(A～D)をマークせよ。

図表1　主要DAC諸国の政府開発援助

	日本	米国	英国	フランス	ドイツ	イタリア	カナダ	DAC計
政府開発援助実績総額(億ドル)　2020年	162.6	355.8	185.7	141.2	286.8	42.5	50.5	1,621.7
対GNI比(%)　2020年	0.31	0.17	0.70	0.53	0.73	0.22	0.31	0.33
DAC諸国全体に占める割合(%)　2020年	10.0	21.9	11.4	8.7	17.7	2.6	3.1	100.0
政府開発援助全体のグラント・エレメント(%) 2019年～2020年平均(債務救済を除く)	81.0	100.0	99.2	75.8	88.8	96.5	96.3	92.1
政府開発援助全体の贈与比率(%) 2019年～2020年平均(債務救済を除く)	39.2	100.0	98.8	56.4	81.7	93.3	96.2	82.6

出典：外務省「2021年版開発協力参考資料」図表51(一部改変)

A．米国はODA供与総額(実績総額)が主要国の中でも最大で、DAC全体の20％余りを占める文字通りのトップ・ドナーであるが、その供与額は、同国の経済規模に照らして考えても十分に大きいものである。

B．DAC加盟国は31カ国(およびEU)であるが、その4分の1に満たないG7の7カ国が、DAC全体の援助供与総額の4分の3以上を占めている。

C．ODAの対GNI比とは、その国の供与額を国の経済規模に照らして考える指標であって、長い間その国際目標は0.7％に設定されてきたが、それを満たしているのはG7では2カ国にとどまっている。

D．ODAの贈与比率とは、供与額全体の中で贈与が占める割合のことである。日本の贈与比率は際立って低いが、グラント・エレメントにおける他国との差はそれほどでもない。

〔Ⅱ〕 次の文章を読み、下記の設問1～6に答えよ。

神田さんと和泉さんはゼミで環境問題に関してディベートの準備をしている。以下はその会話文である。

神田さん：環境問題について昔から関心はあるけれど、[1] 製のレジ袋が有料になったり、ストローが紙になったり、日常生活に不便があるのは正直嫌だな。

和泉さん：そんな意識の持ち方では環境問題は解決しないよ。政府は2015年に採択されたパリ協定を受けて、2050年までに [2] ニュートラル、いわゆる脱炭素の実現を目指している。脱炭素社会の実現のためには、太陽光や風力発電のような再生可能エネルギー(1)の普及や燃やすと二酸化炭素を発生し海洋汚染をもたらす [1] の削減が欠かせない。

神田さん：しかし、[2] ニュートラルへの取り組み、例えば環境税(2)は経済成長を阻害することがあるのではないか。

和泉さん：

(和泉さんの発言および [3] は省略)

神田さん：そんなウィンウィンみたいな話はあるのかな。近い将来、環境政策によって技術革新や産業構造の転換が起こって、取り残される人たちが出てくるのではないか。貧富の差も広がったりしないだろうか。その人たちへの支援の財源はどのように確保すべきだろうか。

和泉さん：確かに、脱炭素社会への移行には負担の公平性やセーフティネット(3)など考慮しなければならないことが沢山ある。脱炭素社会の実現のためには、国際的な合意だけでなく国内の政治的合意を目指していく必要があるね。

その後、ゼミの卒業論文発表会で中野さんが環境税をテーマに発表を行い、生田先生とゼミ生とで質疑応答を行なった。

中野さん：以下の図表が示す通り、日本の税制(4)には多くの課題があります。(・・・中略・・・)以上のように、環境税だけでなく所得税や消費税などの税制のあり方も包括的に見直していく必要があります。ご清聴ありがとうございました。

図表2　一般会計税収の推移

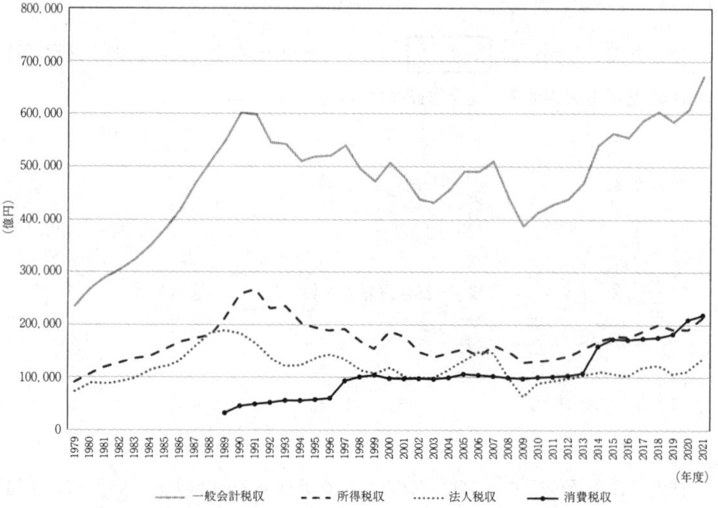

出典：財務省 HP より作成

図表3　環境関連税収の対 GDP 比と対租税収入比(2020 年)

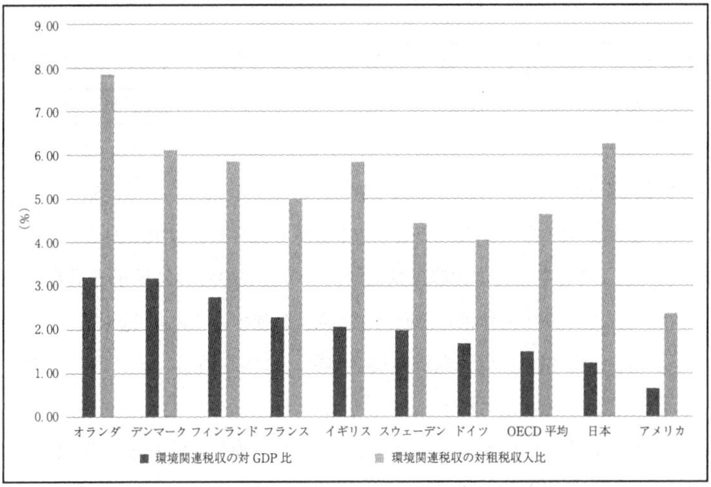

出典：OECD Stat Environmentally related tax revenue より作成

神田さん：発表ありがとうございました。発表では森林環境税の意義について述べられていました。近年、地方自治体が新しい地方税(5)として森林環境税を導入する事例が増えています。これについてはどう考えますか？

中野さん：日本の地方財政は依存財源に多くを頼っているため、[4] 割自治と言われます。そのため、地方自治体が自主財源を増やす取り組みとして、新たな地方税の導入は重要です。そのような観点から、近年様々な地方自治体で導入されている地方環境税は注目に値します。

神田さん：確かに 1999 年に [5] 法が成立してから、新たな地方税の導入が進みました。ですが、地方環境税が必ずしも環境改善目的に使われていないのではないかという批判もあります。だからこそ税収がどのように使われるか、チェックしていく必要があるのではないでしょうか。

生田先生：そうですね。森林環境やそれを支える仕組みを持続可能なものにしていくためにも、税収の使い道をよく議論する必要がありますね。

設問 1　[1] ～ [5] に入る、もっとも適当と思われる語句・数字を解答欄に記入せよ。　（[3] は設問省略）

設問 2　下線部(1)に関して、再生可能エネルギーの説明として、もっとも適当なものを次のなかから一つ選び、解答欄の記号（A～D）をマークせよ。

A．2022年に日本政府は脱炭素社会の実現のために原子力発電の廃止を掲げ、原子力政策の方向性が大きく転換することになった。

B．全世界の太陽光発電の設備容量における国別シェアは、2020年時点では中国が最も高い。

C．日本は火山が多い国であることから、地熱発電の普及率は国際的に最も高い割合を維持している。

D．再生可能エネルギーとは太陽光、風力、地熱、潮力による発電エネルギーのことであり、農産物の残留物などの廃棄物による発電エネルギーは含まれない。

設問 3　下線部(2)に関して、環境税の説明として、もっとも適当なものを次のなかから一つ選び、解答欄の記号（A～D）をマークせよ。

A．エネルギー消費に対する課税としての環境税は、ある経済主体の活動が取引とは関係のない経済主体に不利益を与える効果（例えば公害や環境破壊）を内部化する機能を持たない。

B．エネルギー消費に対する課税としての環境税は、低所得者もエネルギー消費をすることから負担構造が累進的である。

C．エネルギー消費に対する課税としての環境税は、消費税と同じく間接税である。

D．ガソリンの需要と供給を考える時、エネルギー消費に対する課税としての環境税の増税は供給曲線を右にシフトさせる効果を持つ。

設問 4　下線部(3)に関連して、社会保障制度の説明として、もっとも適当なものを次のなかから一つ選び、解答欄の記号（A～D）をマークせよ。

A. 2015年の生活困窮者自立支援法によって、生活保護に至る前の自立支援を目的に、その人に合わせた支援プランを作成し、支援を行う窓口体制が設置された。

B. 日本の生活保護被保護者世帯の世帯類型（2019年度）の割合は、「高齢者世帯」が最も低い。

C. 政策分野別社会支出の構成割合（2018年度）では、日本における高齢者向けの支出が国際的な平均よりも低い。

D. 日本の社会保険の種類には医療、年金、雇用、労災、介護、生活保護がある。

設問 5　下線部(4)に関して、中野さんが発表の中で使った2つの図表から、日本の税制の説明としてもっとも適当なものを次のなかから一つ選び、解答欄の記号（A～D）をマークせよ。

A. 1989年の消費税導入時と2021年の日本の直間比率を比較すると、国税の間接税の割合は低下している。

B. 近年一般会計税収が増加してきているが、バブル経済崩壊前の水準を超えるまでには至っていない。

C. 日本では「地球温暖化対策のための税」が2012年度から段階的に施行されたが、環境関連税収の対GDP比は国際的にみて低い水準にある。

D. 日本の環境関連税収の対租税収入の比率は国際的にみて低く、対照的にフランスのそれは高い。

設問 6　下線部(5)に関して、地方財政の説明としてもっとも適当なものを次のなかから一つ選び、解答欄の記号（A～D）をマークせよ。

A. 地方税には法定普通税として住民税、固定資産税、相続税などがあり、法定外目的税としては入湯税や宿泊税などがある。

B. 地方消費税は消費税率の引き上げに合わせて1997年に導入された。

C. 2023年時点で地方債の資金として用いられている財政投融資の資金は、郵便貯金と年金積立金の預託によって運用されている。

D．2023年時点においてマイナンバーカードを返納すると、住民税の申告の必要がなくなる。

〔Ⅲ〕 次の文章を読み、下記の設問１〜７に答えよ。

わたしたちは、日常生活の中で、様々な財(モノ)を購入し、サービスを利用している。これらの財やサービスの価格を集計し、全体としての動きをとらえたものを物価と呼んでいる。

物価の安定とは、個々の財やサービスの価格が全く動かないことを意味している訳ではない。市場経済にとって、財やサービスの価格が需要と供給を反映(1)して弾力的に動くことは、不可欠なメカニズムである。例えば、新しいスマートフォンの値段が安くなれば買ってみようと思うように、わたしたちは、財やサービスの価格の動きを見ながら、何をどれだけ買うかを判断している。また、企業は、これらの財やサービスの価格の動きを見ながら、消費者のニーズがどれだけ強いのかあるいは弱いのかを見極め、何をどれだけ生産するかを決めている。以上を踏まえると、物価の安定とは世の中にある様々な財やサービスの価格をすべて合わせた一般物価の安定と言い換えることができる。

一般に、物価が継続的に上昇する現象をインフレーションと呼び、継続的に下落する現象をデフレーション(2)と呼ぶ。これらの現象が起きると、家計や企業は個々の財やサービスの価格変動が、果たして消費者等のニーズが変化したことによるものか、それとも一般物価という尺度の変動によるものかを見分けることが困難になる。その結果、家計は何を買えばよいのか、企業も何をどれだけ生産すればよいのかといった判断を下すことが難しくなってしまう。このように考えると、物価の安定とは、家計や企業が一般物価の変動に、わずらわされることなく、消費や投資などの意思決定ができる状況と整理することができる。

物価を表す統計には、様々なものがある。これは、①どのような財やサービスを対象として調査を行うか、②どの流通段階の価格を調査するかによって、異なる統計を作成することができるからである。例えば、企業間で取引される財を対象として取りまとめたものに企業物価指数(3)がある。また、企業間で取引されるサービスを対象として取りまとめたものに［　1　］がある。さらに、消費者が購入する財やサービスの価格を加重平均して価格動向を取りまとめたものに消費者物価指数がある。

消費者物価指数は、家計が消費する財やサービスを包括的にカバーし、わたしたちの実感に即していることから、物価情勢の点検にあたって重要な役割を果たす。このため日本銀行(4)では、金融政策の運営にあたって「物価安定の目標」を消費者物価の前年比上昇率［　2　］パーセントと定め、これをできるだけ早く実現するという約束をしてきた。

また、日本銀行は、物価の安定を図ることに加え、［　3　］の安定に貢献することも目的としている。これは信用秩序の維持とも呼ばれる。この目的を達成する上で日本銀行は、一時的に資金不足に陥った金融機関に対して、家計や企業に対する預金(5)等を払い戻す際に必要となる資金を供給する［　4　］としての機能を適切に発揮している。新型コロナウイルス感染症の世界的な拡大に伴う不確実性の高まりに対して各国の中央銀行は、潤沢な資金を供給し、グローバルな［　4　］としての機能を発揮した。今後とも、こうした世界的な危機の経験から得られる教訓を活かしながら、各国が政策対応の面で協力していくことが重要である。

設問 1　文中の［　1　］～［　4　］に入る、もっとも適当と思われる語句・数値を解答欄に記入せよ。

設問 2　下線部(1)に関して、以下の選択肢の中から、価格が変動するメカニズムを正しく表しているものを一つ選び、解答欄の記号（A～D）をマークせよ。

A．ある財に対する需要が供給を上回る時、価格は下落する。

B．ある財に対する供給が需要を上回る時、価格は下落する。

C．ある財に対する需要が供給を下回る時、価格は上昇する。

D．ある財に対する供給が需要を下回る時、価格は下落する。

設問 3　下線部(2)に関して、物価の持続的な下落と景気の悪化が同時に進行し、経済の規模が急激に縮小するような悪循環に陥る現象を何というか。もっとも適当と思われる語句を解答欄に記入せよ。

設問 4　下線部(3)に関して、企業物価指数を作成している機関として、もっとも適当なものを選択肢の中から一つ選び、解答欄の記号（A～D）をマークせよ。

A．経済産業省

B．総務省

C．日本銀行

D．内閣府

設問 5　図表 4 は、日本の 1971 年から 2022 年までの消費者物価（総合指数：年平均、前年比）を幾つかの階層に分け、それぞれの階層に含まれるデータの数を度数分布図（ヒストグラム）として表したものである。例えば、図表の【例】は、1971 年から 2022 年までの間に消費者物価（前年比）がマイナス２％からマイナス１％の階層に当てはまる年が１回あったことを表している。この図表に関する記述のうち、適当でないものを一つ選び、解答欄の記号（A～D）をマークせよ。

図表4　消費者物価(前年比)の度数分布図

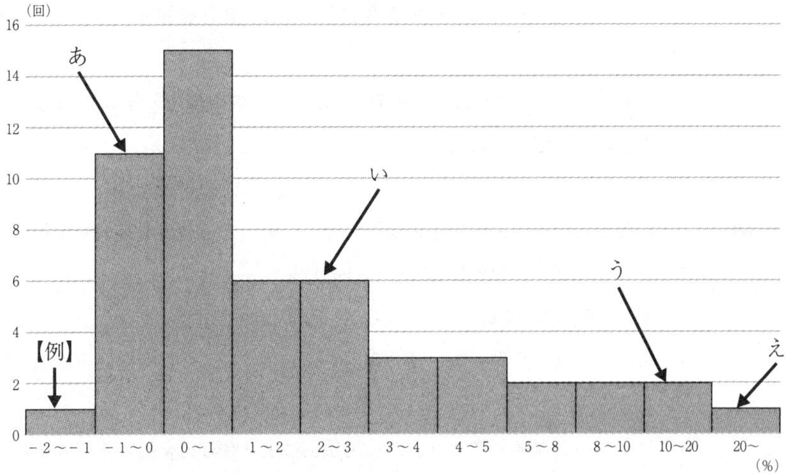

出典：総務省「消費者物価指数」より作成

A．「あ」には、日本の金融危機が深刻化し、消費者物価(前年比)がゼロパーセントを下回る水準で推移した1990年代末から2000年代前半までの複数の年が含まれる。

B．「い」には、ロシアによるウクライナ侵攻等に伴うエネルギー価格上昇や食料品の値上げによって、消費者物価(前年比)が2パーセントを超える水準となった2022年が含まれる。

C．「う」は、第一次石油ショックが起き、消費者物価(前年比)が10パーセントを超えた1970年半ばの複数の年を指す。

D．「え」は、バブル経済の下で日経平均株価がピークとなり、消費者物価(前年比)が20パーセントを超えた1989年を指す。

設問6　下線部(4)に関して、以下の記述のうち、もっとも適当なものを選択肢の中から一つ選び、解答欄の記号(A〜D)をマークせよ。

A．日本銀行は、日本銀行法に基づいて1868年に設立された認可法人で、日本の中央銀行である。

B．日本銀行の資本金は1億円と定められており、そのうち55パーセントは政府出資であり、残りは民間等の出資となっている。

C．日本銀行の出資者は、役員を選任するなど、経営参加権が認められている。

D．1998年には、「独立性」と「安定性」という2つの理念の下に、新しい日本銀行法が施行された。

設問 7　下線部(5)に関連して、以下の記述のうち、もっとも適当なものを選択肢の中から一つ選び、解答欄の記号（A～D）をマークせよ。

A．紙幣や硬貨は「通貨」と呼ばれるが、預金は「通貨」ではない。

B．家計や企業が金融機関に預金を保有するように、金融機関は日本銀行に預金を保有している。これを「日本銀行普通預金」と呼ぶ。

C．日本の預金保険制度では、決済用預金は1,000万円を超える部分を含めた全額が保護の対象である。

D．一般に、預け入れる期間をあらかじめ決めて利用する預金を定期性預金と呼び、普通預金に比べて金利が低く設定されている。

〔Ⅳ〕 次の教師と生徒たち(A～C)との会話を読み、下記の設問1～6に答えよ。

教師：前回の授業では、地球温暖化(1)の仕組みや世界各国の対応について話をしたわけだけど、簡単に振り返ってみよう。まず、地球温暖化の原因は何だったっけ。

A：それは大気中の温室効果ガスの影響だと教わりました。温室効果ガスは地表から放出される［ 1 ］線を吸収、地表に再放出することで、地表を温めるんでしたよね。それから、温室効果ガスの中でも二酸化炭素は地球温暖化への影響が大きいんでしたね。

教師：そうだね。じゃあ、こうした地球温暖化に対して、どのような取り組みが行われてきたんだっけ。

B：まず、大気中の温室効果ガスの濃度を安定化させることを目指して、1992年に［ 2 ］条約が採択、1994年に発効しましたが、具体的な削減目標が決められていませんでした。そのため、翌1995年から［ 2 ］条約締約国会議(COP)を開催し、話し合いがなされています。

教師：よく覚えているね。じゃあ、その後、COPではどのようなことが決まったのかな。

C：1997年のCOP3では京都議定書(2)が採択され、アメリカやEU、日本といった先進国に具体的な削減目標が設定されました。しかし、2001年にアメリカの［ 3 ］大統領が離脱を表明するなど、京都議定書にも限界はあったんですよね。

教師：そのとおり。ここで次の図表5を見て欲しい。この図表は、アメリカ、EU、中国、インドと、それ以外の国々の化石燃料由来の二酸化炭素排出量を表しているんだ。この図表から、どんなことがわかるかな。

図表5　化石燃料由来の二酸化炭素排出量（1990〜2022年）

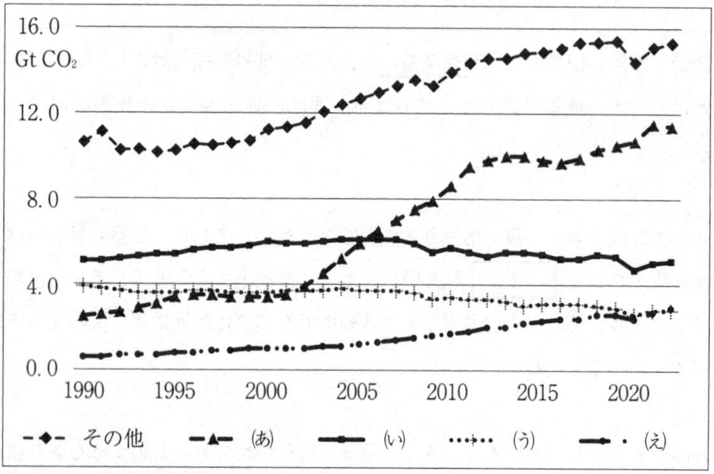

出典：Global Carbon Project 2022より作成

A：1990年以降、世界的にみて二酸化炭素排出量は増加傾向にあるということですかね。年々暑くなっている気がしていたんですが、大気中の二酸化炭素濃度と相関しているのかなって思っちゃいますね。

B：それから、(3)二酸化炭素排出量は国ごとに大きく異なっていますね。たとえば、2020年の二酸化炭素排出量は、アメリカ、中国、インドの3カ国だけで世界の約半分を占めていますね。そっか、二酸化炭素の排出量が多い国々が削減の枠組みに参加しないなら、枠組みを作ってもその効果は限定的になってしまいますね。

教師：そう。アメリカは、中国をはじめ途上国に削減義務がないのは不公平であることなどを理由に京都議定書から離脱したんだったね。しかも、第二約束期間には日本なども、アメリカや中国などの不参加を理由に参加しなかったんだ。やはり途上国も含めた枠組みが必要なわけだ。そして、それが実現したのが、2015年のCOP21で採択された(4)パリ協定というわけだね。ところで、さっきの図表から他にわかることはないかな。

C：グラフ一番上の「その他」の国々をみると、2009年頃と2020年頃に二酸化炭素排出量が世界的にみて減っていそうですね。

教師：よく気づいたね。なぜだと思う。

C：時期的に前の方が［ 4 ］危機が起こっていた時期で、後ろの方が新型コロナの感染が拡大していた時期ですね。ということは、経済活動と二酸化炭素の排出量は関係していて、経済活動が停滞するほど二酸化炭素排出量が減少するということですね。

教師：そういうことになるね。その他に何か気づくことはないかな。

A：2022年の二酸化炭素排出量は過去最高になっているように見えますね。新型コロナの影響が収束に向かう中で経済活動が再開されたためですかね。

教師：鋭いね。それもあるんだけど、他の原因も指摘されているんだ。何だろう。

A：最近の出来事となると、(5)ロシアがウクライナに侵攻したことなどと関係あるのでしょうか。

教師：実はそうなんだ。COP27で紹介された分析によると、この侵攻に関連した軍事行動、攻撃で発生する都市や森林の火災、インフラの再建、［ 5 ］などにより大量の二酸化炭素が排出されたと考えられているんだ。それ以外にも、旅客便の中にはルート変更を余儀なくされ、従来よりも距離の長いルートを飛行することになったものもあって、それも二酸化炭素の排出量増加につながっているんだ。

B：戦争は貴重な人命を簡単に奪ってしまうだけではなく、地球温暖化にも大きな負の影響をもたらしているということですね。

設問１　空欄 [1] ～ [5] に入る、もっとも適当と思われる語句または人名を解答欄に記入せよ。

設問２　下線部(1)の地球温暖化について、2022年時点で地球の平均気温は産業革命以前と比べて、どのくらい上昇したと考えられているか。もっとも適当なものを下記のなかから一つ選び、解答欄の記号（A～D）をマークせよ。

A．1℃

B．2℃

C．3℃

D．4℃

設問３　下線部(2)の京都議定書についてもっとも適当な記述を下記のなかから一つ選び、解答欄の記号（A～D）をマークせよ。

A．日本は第一約束期間に1990年比で７％の削減義務を負っていた。

B．日本は東日本大震災の影響もあり、第一約束期間の削減目標を達成できなかった。

C．先進国と途上国が共同で事業を実施し、その削減分を自国の目標達成に利用できる「共同実施」という制度が設けられた。

D．数値目標が設定された先進国間で、排出枠等の売買が認められる「排出量取引」という制度が設けられた。

設問４　下線部(3)に関連して、図表５の(あ)～(え)に該当する組み合わせとして、もっとも適当なものを下記のなかから一つ選び、解答欄の記号（A～D）をマークせよ。

	(あ)	(い)	(う)	(え)
A.	アメリカ	中国	EU	インド
B.	アメリカ	中国	インド	EU
C.	中国	アメリカ	EU	インド
D.	中国	アメリカ	インド	EU

設問 5　下線部(4)のパリ協定についてもっとも適当な記述を下記のなかから一つ選び、解答欄の記号（A～D）をマークせよ。

A．国ごとに削減目標が定められ、目標達成ができなかった場合の罰則が設けられた。

B．目標達成ができなかった場合の罰則が厳しく、参加は 55 カ国にとどまった。

C．気温上昇を産業革命前から 5 ℃未満に抑えるという目標が定められた。

D．アメリカはパリ協定から離脱したが、その後復帰した。

設問 6　下線部(5)のウクライナ侵攻についてもっとも適当な記述を下記のなかから一つ選び、解答欄の記号（A～D）をマークせよ。

A．2022 年ロシアはウクライナに侵攻し、クリミア半島を占領、同地域をロシア領に編入した。

B．ロシアは侵攻の際、ウクライナにあるスリーマイル島原子力発電所を砲撃した。

C．2022 年のロシアのウクライナ侵攻に対し、G7 は制裁措置としてロシア産原油の輸入を禁止する方針を決定した。

D．日本はロシアに対する独自制裁として、ロシア産天然ガスの輸入を全面禁止した。

数　学

（60 分）

〔 I 〕　次の各問の $\boxed{}$ にあてはまる 0 から 9 までの数字を解答用紙の所定の欄にマークせよ。根号を含む形で解答する場合、根号の中に現れる自然数が最小となる形で答えよ。分数形で解答する場合、それ以上約分できない形で答えよ。

(1)　2 次方程式

$$2x^2-7x+9=0$$

の解を α, β とする。

①　$\dfrac{1}{\alpha}+\dfrac{1}{\beta}=\dfrac{\boxed{\text{ア}}}{\boxed{\text{イ}}}$ である。

②　$\alpha-4, \beta-4$ を解とし、x^2 の係数が 2 であるような 2 次方程式を

$$2x^2+sx+t=0$$

と表すとき、実数 s, t の値はそれぞれ

$$s=\boxed{\text{ウ}},\quad t=\boxed{\text{エオ}}$$

である。

(2)　座標平面において、単位円上の点 $(x, y)=(\cos\theta, \sin\theta)$ を考える。ただし、円周率を π とし、$0 \leqq \theta \leqq \dfrac{\pi}{2}$ とする。

①　xy は、$\theta=\dfrac{\boxed{\text{ア}}}{\boxed{\text{イ}}}\pi$ のとき最大となる。

②　$x+\sqrt{3}y$ は、$\theta=\dfrac{\boxed{\text{ウ}}}{\boxed{\text{エ}}}\pi$ のとき最大となる。

③　$x^2+xy+2y^2$ は、$\theta=\dfrac{\boxed{\text{オ}}}{\boxed{\text{カ}}}\pi$ のとき、最大値 $\dfrac{\boxed{\text{キ}}+\sqrt{\boxed{\text{ク}}}}{\boxed{\text{ケ}}}$

をとる。

(3)　座標平面上の 3 点 $\mathrm{A}(-1,1)$, $\mathrm{B}(0,2)$, $\mathrm{C}(1,-3)$ を考える。

①　線分 AB を 3 : 2 に外分する点の座標は $\left(\boxed{\text{ア}}, \boxed{\text{イ}}\right)$ である。

②　点 $\mathrm{P}(x,y)$ が条件

$$\overrightarrow{\mathrm{CP}}\cdot(2\overrightarrow{\mathrm{AP}}-3\overrightarrow{\mathrm{BP}})=0$$

を満たすとき

$$\left(x-\frac{\boxed{\text{ウ}}}{2}\right)^2+\left(y-\frac{\boxed{\text{エ}}}{2}\right)^2=\frac{\boxed{\text{オカ}}}{2}$$

が成り立つ。

(4)　一般項が

$$a_n=2^n(-n^2+44n-51)$$

である数列 $\{a_n\}$ を考える。ただし、n を自然数とする。

①　$a_2=\boxed{\text{アイウ}}$ である。

②　$a_{n+1}-a_n=2^n\left(-n^2+\boxed{\text{エオ}}\,n+\boxed{\text{カキ}}\right)$ である。

③　a_n は、$n=\boxed{\text{クケ}}$ のとき最大となる。この最大値は $\boxed{\text{コサ}}$ 桁である。

ただし、$\log_{10}2=0.30$, $\log_{10}3=0.48$ とする。

(5)　実数 a は $0<a<1$ を満たす。以下の不等式

$$y\geqq x^2,\quad y\leqq x,\quad y\leqq a^2$$

を満たす座標平面上の点 (x,y) 全体からなる領域を R とする。また、以下の不等式

$$x\leqq a,\quad y\leqq x,\quad y\geqq a^2$$

を満たす座標平面上の点 (x, y) 全体からなる領域を S とする。

① $a = \dfrac{1}{2}$ のとき、S の面積は $\dfrac{1}{\boxed{\text{アイ}}}$ である。

② 領域 R の面積は

$$\frac{\boxed{\text{ウ}}}{\boxed{\text{エ}}}a^3 - \frac{\boxed{\text{オ}}}{\boxed{\text{カ}}}a^4$$

である。

③ 領域 R と領域 S の面積が等しくなるような a の値は

$$a = \frac{\boxed{\text{キ}} - \sqrt{\boxed{\text{ク}}}}{\boxed{\text{ケ}}}$$

である。

〔Ⅱ〕 座標平面上の曲線 $C : y = x^3 - x^2$ を考える。

(1) t を実数とする。曲線 C 上の点 $(t, t^3 - t^2)$ における C の接線の方程式を

$$y = px + q$$

としたとき、p, q をそれぞれ t の式で表せ。

(2) (1) で求めた q を t の関数とみなし、$q = f(t)$ と表すとき、関数 $f(t)$ の増減表を書け。

〔解答欄〕

t	
$f'(t)$	
$f(t)$	

(3)　a を実数とする。点 $(0, a)$ から曲線 C に接線を引くとき、少なくとも 1 本の接線に対して接点の x 座標が正となるような実数 a の範囲を求めよ。

① へいさ

② へいさく

③ へいそく

④ とさく

⑤ とそく

④　事案を議会でショウ認する。

⑤　王のショウ像画を描く。

C　コッ稽な姿をした道化師。

①　一部をカツ愛する。

②　体内にカツ力がみなぎる。

③　だらしない態度を一カツする。

④　飛行機がカッ走路から飛び立つ。

⑤　所カツする官庁はどこだ。

D　本が堆く積み上げられている。

①　たかく

②　うずたかく

③　くまなく

④　とめどなく

⑤　さいげんなく

E　時代が閉塞している。

④ 吾妻鏡

⑤ 大鏡

(四)

次のA～Cのカタカナを漢字に改めた場合、それと同じ漢字を用いるもの、またDEの漢字の読みとして最も適切なものをそれぞれの群から一つ選び、その番号をマークせよ。

A　ユウ福な少年時代を過ごす。

① 刑の執行をユウ予する。

② ユウ長に構えている。

③ ユウ拐事件が起きる。

④ 事態をユウ慮する。

⑤ 余ユウのある表情を見せた。

B　今年は不ショウ事が相次いだ。

① 今日は先生のショウ月命日だ。

② 他国の干ショウは受けない。

③ オリンピックをショウ致する。

問7　傍線6「心ゆるびなきにや」の解釈として最も適切なものを次の中から一つ選んで、番号をマークせよ。

① 心を許す間柄ではないのだろうか
② 心を奮い立たせるべきなのだろうか
③ 思ったこととはちがうのだろうか
④ 心を落ちつかせられる場所はないのだろうか
⑤ 油断なく用心するのがよいのだろうか

問8　傍線7「上達部」に含まれないものを次の中から一つ選んで、番号をマークせよ。

① 摂政
② 少納言
③ 参議
④ 太政大臣
⑤ 右大臣

問9　右の文章の出典はなにか。作品名を次の中から一つ選んで、番号をマークせよ。

① 水鏡
② 今鏡
③ 増鏡

② 比叡山にも使者をのぼらせなさった
③ 比叡山も敵として認定された
④ 比叡山からも宣旨が出た
⑤ 比叡山にもおのぼりになった

問5　傍線4「いとむくつけく思されつれど」の解釈として最も適切なものを次の中から一つ選んで、番号をマークせよ。

① 隠岐の前の守がやってくるなんて、大変に無骨な連中だと思われたが
② 自軍の援護に隠岐の前の守が加わると噂になり、大変気味悪く思われたが
③ 追討軍として隠岐の前の守がくると聞いて、とても不気味に思われたが
④ 隠岐の前の守は無風流なひとだと思われたが
⑤ 隠岐の前の守の登場が唐突で、驚きあきれ果てたが

問6　傍線5「にはかに世の中いみじうののしる」の解釈として最も適切なものを次の中から一つ選んで、番号をマークせよ。

① 急に世間の治安が悪くなる
② 唐突に世間のひとが不安のため疑心暗鬼になる
③ 天皇の容態が急変したため、世間のひとが心配する
④ 突然、世間のひとが大騒ぎする
⑤ 出し抜けに世間の不満が爆発する

＊源氏の大将……『源氏物語』の主人公、光源氏。
＊新発意……新しく出家したばかりの僧侶。『源氏物語』に登場する明石入道を指す。
＊廿……「二十」に同じ。
＊臂も折りぬべき……自ら片腕を折った老人のように徴兵のがれをする。『白氏文集』を出典とする表現。

問1　空欄［A］に入れるべき語を次に示すもののなかから一つ選び、適切な活用形で記せ。
【あさまし　おほけなし　しるし　とし　なめし　めでたし　らうたし】

問2　傍線1「試みさせ給へ」の主語を文中から抜き出して記せ。

問3　傍線2「さるべき」の解釈として最も適切なものを次の中から一つ選んで、番号をマークせよ。
①　春になったにもかかわらず世間のひとの気持ちがとけないと憂う気持ちを共有するひと
②　島を抜け出すにあたり、付き従う気持ちをもつひと
③　源氏の大将が須磨の地で立身出世を願ったように、己を頼みとする気持ちをもつひと
④　警護の兵が油断するのを批判し、与えられた任務を果たすという強い意志をもつひと
⑤　夢枕に立った後宇多院との語らいに名残惜しさを感じずにはいられないひと

問4　傍線3「比叡の山へものぼせられけり」の解釈として最も適切なものを次の中から一つ選んで、番号をマークせよ。
①　比叡山でも祈祷を行わせられた

あへず五百余騎の勢ひにて御迎へに参れり。又の日賀茂の社といふ所にたち入らせ給ふ。都の御社思し出でられていと頼もし。

それより船上寺といふ所へおはしまさせて、九重の宮になずらふ。これよりぞ国々の兵どもに、御かたきを亡ぼすべきよしの宣旨遣しける。3比叡の山へものぼせられけり。

かくて隠岐には、出でさせ給ひにし昼つ方より騒ぎあひて、隠岐の前の守追ひて参るよし聞ゆれば、4いとむくつけく思されつれど、ここにもその心していみじう戦ひければ、引返しにけり。京にも東にも驚き騒ぐ様、思ひやるべし。正成が城の囲みに、そこらの武士どもかしこに集ひをるに、かかることさへ添ひにたれば、いよいよ東よりも上り集ふめり。

三月にもなりぬ。十日余りの程、5にはかに世の中いみじうののしる。何ぞと聞けば、播磨の国より赤松なにがし入道円心とかやいふ者、先帝の勅に従ひて攻め来るなり、とて都の中慌て惑ふ。例の六波羅へ行幸なり、両院も御幸とて上下たち騒ぐ。馬・車走り違ひ、武士どものうち込みののしりたる様、いと恐ろし。

されど六波羅の軍強くて、その夜はかの者ども引返しぬとて少ししづまれるやうなれど、かやうにいひたちぬれば、なほ6心ゆるびなきにや、そのまま院も御門もおはしませば、春宮も離れ給へる、よろしからぬ事とて、廿六日六波羅へ行啓なる。内の大臣御車に参り給ふ。傅《ふ》は久我の右の大臣にいますれど、大方の儀式ばかりにて、万づこの内大臣殿、御後ろ見仕まつり給へば、未だきびはなる御程を、後ろめたがりて、殿居にもやがてさぶらひ給ふ。御修法のために法親王達もさぶらはせ給へり。

ここもかしこも軍とのみ聞えて日数ふるに、院よりの仰せとて、7上達部・殿上人までも、ほどほどに従ひて、兵を召せば、弓引く道もおぼおぼしき若侍などをさへぞ奉りける。げに*臂《ひぢ》も折りぬべき世の中なり。かやうにいひしろふ程に、弥生も暮れぬ。

注

*かの島……隠岐島を指す。

*さめざらましを……古今集巻十二・五五二番「思ひつつ寝ればや人の見えつらん夢と知りせばさめざらましを」を引く。

（三）　次の文章を読んで、後の問に答えよ。

＊かの島には、春来てもなほ浦風さえて浪荒く、渚の氷もとけがたき世の気色に、いとど思しむすぼる事つきせず。かすかに心細き御住ひに、年さへ隔たりぬるよ、と[A]思さる。さぶらふ人々も、しばしこそあれ、いみじく屈じにたり。

今年は正慶二年といふ。閏二月あり。後の如月の初めつかたより、とりわきて密教の秘法を[1]試みさせ給へば、夜も大殿籠らぬ日数へて、さすがいたう困じ給ひにけり。心ならずまどろませ給へる暁がた、夢現とも分かぬ程に、後宇多院ありしながらの御面影さやかに見え給ひて、聞え知らせ給ふ事多かりけり。うちおどろきて夢なりけり、と思す程、いはんかたなく名残かなし。御涙もせきあへず、「＊さめざらましを」と思すもかひなし。

＊源氏の大将、須磨の浦にて父御門見奉りけん夢の心地し給ふも、いとあはれに頼もしう、いよいよ御心強さまさりて、かの＊新《し》発《ぼ》意《ち》が御迎へのやうなる釣舟も、便り出で来なんや、と待たるる心地し給ふに、大塔の宮よりも、あま人の便りにつけて聞え給ふ事絶えず。

都にも、なほ世の中静まりかねたるさまに聞ゆれば、万づに思し慰めて関守のうち寝るひまをのみうかがひ給ふに、然るべき時の至れるにや、御垣守にさぶらふ兵《つはもの》どもも、御気色をほの心えて、なびき仕うまつらんと思ふ心つきにければ、[2]さるべき限り語らひ合はせて、同じ月の＊廿四日の曙に、いみじくたばかりてかくろへ率て奉る。いとあやしげなるあまの釣舟のさまに見せて、夜深き空の暗きまぎれに押し出す。折しも霧いみじうふりて、行く先も見えず、いかさまならんとあやふけれど、御心をしづめて念じ給ふに、思ふ方の風さへ吹き進みて、その日の申の時に出雲の国に着かせ給ひぬ。ここにてぞ人々心地しづめける。

同じ廿五日伯耆の国稲津の浦といふ所へ移らせ給へり。この国に名和の又太郎長年といひて、あやしき民なれど、いと猛に富めるが、類広く、心もさかさかしく、むねむねしき者あり。かれがもとへ宣旨を遣したるに、いとかたじけなしと思ひて、とり

③　人間の側の一方的な言い分なのである。
④　適者生存を是とする社会進化論的な思考法なのである。
⑤　利潤のみを追求する共同体的発想なのである。

問7　本文の内容と最も合致するものを次の中から一つ選んで、番号をマークせよ。
①　食料資源の確保とはいえ、初めのうちは殺し行為は狩猟者に罪悪感を覚えさせるが、やがて慣れるにしたがい払拭されるので、さほど気をもむ必要はない。
②　日常的に海豹や海象を殺生しているシオラパルクの猟師でさえ、心の奥底に解消されることのない負い目を抱えているのだから、私のような冒険家にとってそれが不可避的であるのは当然のことだ。
③　仔牛の側に視点を転換させてみれば、理不尽な暴力によって母牛を奪われた無念さはあまりに深く、人間の狩猟行為のなかに正当な理由などは到底見出しようもない。
④　食肉を得るための屠殺作業に直接的には関与しない都市生活者は、自らも自然の摂理に組み込まれた動物であるという事実から目を背けている。
⑤　机上の論理のとどかないところで、自分の狩猟行為により死んだ動物の眼をのぞきこむことで生じる負い目は、殺生することの正当性を問い返させる。

③ このとき狩猟の緊張感は解け殺しの負い目が払拭された。

④ このとき麝香牛の目に映る醜悪な自分の姿が脳裏に浮かんだ。

⑤ このとき自分の狩猟行為を正当化する論理が成立した。

問4　傍線3「しかし、殺戮者である私の側にもこの暴力を正当化する理屈がないわけではない」とあるが、冒険の旅をする「私」にとって「狩り」とはどのような行為か。本文中から一一字で抜き出し、その初めと終わりの三字をそれぞれ記せ。（句読点・記号等は字数に含まない）

問5　空欄 Y に入る最も適切な語を次の中から一つ選んで、番号をマークせよ。

① 不遜

② 撞着

③ 非礼

④ 背馳

⑤ 欺瞞

問6　空欄 Z に入る最も適切なものを次の中から一つ選んで、番号をマークせよ。

① 狩猟される動物に寄りそった考え方なのである。

② 人情味の薄い人間関係を反映した見方なのである。

注

＊シオラパルク……グリーンランド最北端の集落。

問1 傍線1「眼をみたときに私は自分が殺した動物から、その自分の殺し行為の正当性をつよく問われている気持ちになり」とあるが、殺された動物が「私」に発する「問」いかけの言葉とはどのようなものか。本文中から一六字で抜き出し、その初めと終わりの三字をそれぞれ記せ。（句読点・記号等も字数に含む）

問2 空欄 X に入る最も適切なものを次の中から一つ選んで、番号をマークせよ。

① 天を仰いで咆哮した
② 雄たけびをあげた
③ 千秋万歳を祈った
④ かそけく呻吟した
⑤ 地をたたいて慟哭した

問3 傍線2「私の意識には、この麝香牛たちは仲間の死体を切り刻む自分をどのように見ているのだろうか、との疑問がうかぶ」とあるが、このときの「私」に生じた事態として最も適切なものを次の中から一つ選んで、番号をマークせよ。

① このとき私の視点は動物の視点に転換された。
② このとき私は仲間を失った群れの切実な感情に動揺した。

得力を有していない。はねかえされる。一方、狩りによって生じる負い目は、人間にむけたこの正当化論理のとどかない、殺された動物の側からひびく声によってもたらされるものなのである。

つまるところ、この負い目は次のような負い目だ。

生きるために必要だという理由で自分はこの動物を殺した。だが、この動物を殺してまで自分は生きるに値する存在なのだろうか？

そしてさらに考究すれば、負い目が生じるということは、自分の視点が動物の視点に転換しているということでもある。たしかに客観的には私の眼は死んだ動物の眼を見ている。このことにまちがいはない。しかし、負い目が意味するこのような疑問が、動物の視点からなげかけられたものである以上、同時に私は、死んだ動物の眼でおのれの行為を客体視してながめている、という位相にもたっているはずである。つまり負い目を感じているとき、私は狩猟者の立場だけでなく、死んだ動物の立場にたち、おのれの行為を外から俯瞰しているのである。

負い目をもたらすのは、獲物としてねらわれた動物たちの目である。動物の目をのぞきこむことで、私の視点は動物の視点に転換され、逆に動物の目で自分の行為を凝視する。視点が転換することにより、そこからおのずと生じてくる動物の側からのおのれの行為の告発。虚ろになった眼《まなこ》から消えてしまった魂が発する、お前にはそれをやる権利があるのか、との問いかけ。殺しの負い目が意味するのは、これだ。死んだ動物の眼は、私自身の眼となり、私の内側をのぞきこみ、私の生の正当性そのものをぐらぐらゆさぶるのだ。

肉を食すという行為の傍らには、本来、このような、自分が生きているのは正当なのか、殺した動物に見合った存在であれているのか、という実存の根底にかかわる緊張感が横たわっている。

（角幡唯介『狩りの思考法』による）

どちらにせよ人は他の生き物を殺生しないと生きていけず、それは揺るがない。狩りが残酷だというのは、殺生という嫌悪すべき作業をむき出しにされたことからくる単なる感情論にすぎない。動物の肉を食べておきながら、そのために必要な殺しの作業を他者の手にまかせることは、食の裏に不可避的にひそむ殺生という事実から目を背けているぶん、むしろ[Y]である。筋論でいえば、肉を食すという行為は本来、殺しを引きうけ、その動物が生きていたことを想起したうえでなければやってはならないことなのである。そうでなければ食べられる動物にたいして失礼ではないだろうか。と、簡単にまとめれば、これが私にかぎらず狩猟者が動物を殺すことを正当化するオーソドックスな論理だろう。私もこれは基本的に筋がとおっていると思うので、世間向けにはこの理屈で自分の狩猟行為を正当化することにしている。

しかし、現実の狩猟の現場では、このような平板な机上の論理はいとも簡単に破綻してしまうのである。

なぜ破綻するのかというと、それは狩りをするとかならず負い目をかかえるからである。そしてその負い目をもたらすのが、その私の殺しを見つめる死んだ動物の眼なのである。

動物を狩猟し、その死んだ眼とむきあったとき、あるいは私の殺しを見ている群れの他の個体の視線にさらされたとき、私は負い目をかかえる。もし今書いた論理が完璧で、矛盾のないものであれば、こんな負い目を感じる道理はないはずである。なのに現実には負い目は生じる。ということはこの論理は、狩りの現場においては論理として成り立っていないということだ。

少なくとも今私が書いた狩りの正当化論理は、眼が突きつける負い目により無効化される。では負い目が意味するものは何なのか。

ちょっと考えればわかることだが、生きるために必要だという、この狩りの正当化論は、じつは自分と同じ人間社会にむけて組みたてられた理屈にすぎない。人が生きるために動物を殺生するのは仕方がない、というのはあきらかに人間中心主義の産物であり、その意味では都市の論理であって野生の論理ではない。[Z]。だから目の前で殺された動物にたいしては何ら説かならずしも表面化するものではなく、蝋燭《ろうそく》の炎のように心の内部でほんのりと灯るだけである。だとすれば、彼らも意識の内部で日々、この見えない負い目を引きうけているかもしれない。

そんなことをじくじくと考えているうちに、私は、ふとあることに気づいた。

この負い目の落ち着かなさの淵源は何なのか。というと、それはもしかしたら動物の側からの私にたいする生への問いかけなのではないだろうか。

動物を殺生する狩りという行為は端的に暴力そのものである。3しかし、殺戮者である私の側にもこの暴力を正当化する理屈がないわけではない。

たしかに私は麝香牛を撃ち殺した。でもこの殺しは不当な殺しではない。なぜなら、私は旅を続行するために食料が必要であり、その意味でこの狩りは生きるのに必要な最低限の資源を手にいれるための殺しだからである。密猟して金儲けしようとか、大きな枝角《えだづの》を手にいれてレコードブックに記載して他人に自慢しようとか、そういうあさましい理由でやっているわけではなく、純然たる生命の保持活動である。その証拠に私は殺したこの麝香牛の肉を可能なかぎり採集して、無駄なく消費しようとつとめている。

旅のため、という理由がそもそも不届き千万なのだ、と反論する人もいるかもしれないが、それは的外れである。なぜなら旅に出ようと出まいと、日本の日常やシオラパルクでの生活でも、私は豚なり牛なり海豹なり、何らかの動物の肉を食べるからだ。私が肉を食べる以上、そのために殺されている動物がいるわけで、そう考えると私の食のために殺される動物の総量はかわらない。つまり旅に出ようと出まいと、私の食のために殺される動物がかならずどこかにいる。となると、スーパーで買った肉を食べることと、自分で狩猟した肉を食べることとのちがいは、結局のところ殺しの作業を誰が引きうけるのかという点に収斂する。

あのときは深雪にあえぎ、食料が不足する不安があったなかで仕留めた麝香牛であったし、そもそもこの旅は狩りを前提としていたものだったわけだから、実際に狙った個体に弾が命中し倒れたときは、神の恩寵を逃さなかった安堵と、旅がつながった喜びで私は［ X ］。でも矛盾しているようだが、狩りに成功したときに胸につきあげてくる感情は肯定的なものだけでなく、殺しの負い目もやはりある。そしてこの負い目は動物の眼をみて、気持ちが厳粛になったときにかならずわきあがるものなのである。

私のことを見つめる眼、それは殺した獲物の眼だけではない。麝香牛の場合は群れで移動していることが多く、大抵の場合、銃声が轟くと群れの他の個体はいっせいに雪煙をまきあげ、逃走を開始して、私とのあいだに距離をとる。はるか遠くに姿を消すこともあれば、百メートルほどで遁走をやめ、そこでたたずんでいる場合もある。このときは後者のケースだった。逃げた麝香牛たちは百メートルほどで走るのをやめ、そしてこちらをふりむき、一斉に私のほうを凝視した。私は、麝香牛たちが見つめる状況のなかで撃った個体の解体をつづけたのだった。

そうなると当然のことながら私の意識には、2この麝香牛たちは仲間の死体を切り刻む自分をどのように見ているのだろうか、との疑問がうかぶわけだ。

殺してしまったという負い目があったので、解体をおえてテントにはいったあと、私はそのことについて考えた。

なぜこのような負い目が生じるのか。狩猟するかぎり、この負い目は永久に消えないのか。べつに負い目を払拭したいわけではないが、ただ、いつまでも心の襞《ひだ》にこびりつく、この落ち着かない感情の正体が気になる。*シオラパルクの猟師は毎日のように海豹や海象《セイウチ》を殺生しているが、狩りや解体の現場を見るかぎり、彼らが同じような負い目を感じているふうには見えない。昔はどうか知らないが、今は儀式などものこっていない。一角や白熊などの大物の狩りに成功したときなどは記念撮影などすることもあり、その意味ではわりと無邪気だ。しかし自分のケースで考えても、慣れによって希釈され、薄められたこの負い目は、

(二) 次の文章を読んで、後の問に答えよ。

自分で獲物を撃ちとめたときも、私の心は眼によってつよく打たれる。自分で殺しておいて心が打たれるも何もあったものではないが、でもたしかに、[1]眼をみたときに私は自分が殺した動物から、その自分の殺し行為の正当性をつよく問われている気持ちになり、心が揺さぶられるのである。

狩りで動物の命をうばい、死んだ眼をみたときにわきおこる感情が何なのかと考えると、それは負い目以外の何物でもない。

だが、殺しの負い目は慣れることにより次第にうすらいでゆくものでもある。

私が北極の旅ではじめて狩猟した動物は、二〇一一年の長期にわたる極北カナダの徒歩旅行中における麝香牛《ジャコウウシ》だ。この麝香牛は母牛だったようで、死んだ後も仔牛が傍に寄りそいメーメーと山羊のような鳴き声をあげていた。その鳴き声は母を失った子の切実な感情にあふれていて、声や動きの一つひとつが私をひどく動揺させた。さらに解体をおえてその場を立ち去ろうとすると、仔牛はまるで私たちの殺しを糾弾するように、非難めいた絶叫をあげて突進してきた。その行動に私はつよく狼狽《うろた》え、混乱し、罪の意識を刺激された。

だがそれほどの大きな負い目を感じたのは、このときだけである。

それからも私は幾度となく兎や海豹《アザラシ》、ときには狼といった動物を狙撃し、それを旅の食料資源にしたが、回数をかさねるほど殺しにともなう罪悪感は希釈され、しだいに殺しに慣れていった。しかし、それでもやはり嫌な感じは完全に払拭されることはない。引き金をひく瞬間までは、絶対に獲ってやる決意というか、口から生唾がにじむ緊張感に支配されるが、狩りに成功して緊張が解除されてホッと安堵した後に、冷静に自分の行為を反芻する瞬間がやってきて、殺しの負い目がわきあがる。

たとえば前章で触れた麝香牛狩りのときも、そのような負い目が生じた。

① 盲人の歩行訓練は、局所的空間における方向ではなく、全域的空間における方位を枠組みとして、そこから得られる情報を統合していく。

② 個々の局所的空間は、地図によって示された全域的空間の中に定位されることによってはじめて理解可能な手掛かりに満ちた場所になりうる。

③ 地図における空間は個人の局所的空間を内包し、人々の共通の土台となっており、視点の不在化と遍在化によって全域化されたものと考えられる。

④ 地図の根源性は、全域的空間像が超越性を獲得していることに由来し、全域的空間像は不特定な他者へ伝達される社会的な空間像である。

⑤ 幼い子供は鳥瞰した眺めを想定することはできないが、成長するにしたがって、全域的空間を了解することが可能になっていく。

問7　傍線2「これは一つの逆説である」とはどういうことか。その説明として最も適切なものを次の中から一つ選んで、番号をマークせよ。

① 本来ならば見知らぬ街は自分自身にとって疎遠な風景であるにもかかわらず、空間における定位に成功した途端に理解できる空間へと変貌を遂げ、世界に確固たる安定した場所を得るということ。

② 本来ならば知ることのできない全域的空間であるが、地図で確認することで局所的空間をよりよく理解できるということ。

③ 本来ならば局所的空間の「見え」は個々の人間の経験として捉えられるにもかかわらず、逆に全域的空間を代補する共通の台座となっていること。

④ 本来ならば個体的な経験に基づいた局所的空間に安定が見出されるはずであるにもかかわらず、実際は相対的な経験に代補された全域的空間に安定が見出されてしまうということ。

⑤ 本来ならば身近な環境において地図は不要であるにもかかわらず、その場所を他者に伝えるときには地図が必要となるということ。

問8　傍線3「地図的空間像のこの社会性、伝達可能性は、この空間像の存立を可能にする特異な視点に支えられている」とあるが、「特異な視点」とはどのような「視点」なのか。本文中の言葉を用いて五〇字以内で述べよ。（句読点・記号等も字数に含む）

問9　本文の趣旨と最も合致するものを次の中から一つ選んで、番号をマークせよ。

問5　右の文章には、次の一文が脱落している。どこに入るのが最も適切か。入るべき箇所の直前の七字を抜き出せ。（句読点・記号等も字数に含む）

【脱落文】地図とは、「点」として存在する視点から見られた世界の像ではなく、「面」としての地図平面へと投影された世界の像なのだ。

問6　傍線1「人びとが直接見ることができない空間の全域的な像を提示することによって、人びとの空間的な経験に新しい次元を付け加える」とはどういうことか。その説明として最も適切なものを次の中から一つ選んで、番号をマークせよ。

①　地図が提示する空間像は単なる空間の代替ではなく、あたかも世界経験の根源的な像として取って代わったかのように機能していること。

②　全域的空間像は局所的空間像の連続を根源としつつ、人間の理解を補足し、それに代わるものを新たに提示しているということ。

③　全域的空間像に新たな局所的空間像という次元を加えることは、人間にとって根源的な代補としての経験を提示しているということ。

④　人間にとって世界を鳥瞰的に捉える認識は、人間の空間認識という視点から考えてみたとき、世界認識の根源的なものそれ自体をわかりやすく提示しているということ。

⑤　全域的空間を局所的空間の代替として認識することは、通常可視化して了解する空間を補足し、人間の世界認識における根源的なものを提示しているということ。

①	a　全域	b　局所	c　全域	d　局所	e　局所
②	a　局所	b　全域	c　全域	d　局所	e　全域
③	a　全域	b　局所	c　局所	d　全域	e　全域
④	a　全域	b　局所	c　全域	d　局所	e　全域
⑤	a　局所	b　全域	c　局所	d　全域	e　全域

問3　空欄 X に入る最も適切なものを次の中から一つ選んで、番号をマークせよ。

① 対話から引き出された情報によって全域的空間の想像を促す
② 利用可能な情報によって局所的空間像の創作を促す
③ 個人の視点を超える全域的空間像の制作を促す
④ 局所的空間の中における自己の定位を促す
⑤ 他者とのコミュニケーションによって局所的空間からの脱却を促す

問4　空欄 Y に入る語として、最も適切なものを次の中から一つ選んで、番号をマークせよ。

① 積分
② 視点
③ 鳥瞰
④ 分散
⑤ 経験

注

＊イーフー・トゥアン（一九三〇〜二〇二二）……アメリカの地理学者。人文地理学の発展に貢献した。『空間の経験―身体から都市へ』（一九七七）では人間にとっての「現れ」として地理的世界を理解しようとした。

＊モーリス・メルロー＝ポンティ（一九〇八〜一九六一）……フランスの哲学者。人間的主体としての身体をありのままに記述する独自の現象学を展開した。『知覚の現象学』（一九四五）など。

＊ジャック・デリダ（一九三〇〜二〇〇四）……フランスの哲学者。ポスト構造主義の思想家。ロゴス中心主義を批判し、脱構築理論を唱えた。「代補」をめぐる思考は『グラマトロジーについて』（一九六七）で展開されている。

問1 空欄 A 〜 D に入る語の組み合わせとして、最も適切なものを次の中から一つ選んで、番号をマークせよ。

①	A むしろ	B たとえば	C しかし	D そして
②	A けれども	B たとえば	C したがって	D また
③	A けれども	B つまり	C したがって	D そのうえ
④	A また	B つまり	C しかし	D そして
⑤	A また	B つまり	C したがって	D そのうえ

問2 空欄 a 〜 e に入る語の組み合わせとして、最も適切なものを次の中から一つ選んで、番号をマークせよ。

るそうした点から見た無数の像のいわば「 Y 」として存在しているということである。

特定の「点」としての視点から見られた像は、その点からの角度に応じて歪んでゆくが、地図にはそのような歪みは存在しない。世界地図のような小縮尺の地図に存在する歪みは曲面を水平面に投影する際に生じる歪みなのであって、視点が一点であることによって生じる歪みではない。また、大縮尺の地図にはそのような投影による歪みもほとんど存在しない。航空写真を元にした地図作製では歪みを除去するため、図化機の二つの写真架台に六〇パーセント重複して撮られた一対の隣接する写真を載せ、これらを投影機で投影して立体模像を作る。

このことはなにも、厳密な投影法を用いた現代の地図にのみ当てはまることではない。逆に、現代の地図作製における厳密な投影法の使用が、地図という表現一般に当てはまる視点の不在化＝遍在化による空間像の全域化を、科学的に厳密な形で行ったものだと考えるべきなのである。

地図において空間を鳥瞰的に見下ろしている視点は、特定の「だれか」に帰属する視点ではない。それは、だれのものでもない視点であり、したがってだれもがそこに自らの視点を重ね合わせることができるような視点である。「だれのものでもなく、それゆえだれのものでもありうる」ということは、その視点が社会の内部の特定の成員の視点（＝局所的空間を見る視点）から超越しており、その超越性のゆえに普遍的な視点（＝全域的空間を見る視点）たりうるということだ。そのような視点の不在＝遍在によって地図が表現する全域的空間は、文字通りだれのものでもなく、だれの視点に対しても開かれた空間たりえているのである。

（若林幹夫『地図の想像力』による）

とっている。佐々木も指摘しているように、この時盲人が心的に取る「見おろす視点」と「縮小」とは、人が地図を使用する時に取る姿勢である。この事例は、共通した風景の局所的な「見え」を利用できないということ、にもかかわらず環境に関する情報を他者とコミュニケートし、利用可能な形で統合しなくてはならないということが、［　X　］契機なのではないかということを示唆している。

ロビンソンとペチュニクが指摘していたように、地図を作ることは環境に関する知識を記号として伝達する象徴化の形式である。盲人の歩行訓練の事例は、全域的空間という地図が表現する空間のあり方それ自体が他者とのコミュニケーションを可能にする表現であること、それによって地図的空間が、つねに・すでに他者の了解に対して開かれた表現であることを意味している。地図的空間はその存在自体の内に、環境に関する情報の他者との共有と伝達の可能性を内包しており、したがってそこで表現される空間像は、他者と共有され、他者へと伝達される「社会的」な空間像なのである。

3 地図的空間像のこの社会性、伝達可能性は、この空間像の存立を可能にする特異な視点に支えられている。

地図的空間は、はるか天空から地上を鳥瞰した時に開ける展望のように見える。だが、地図的空間の全域性を可視化する視点は、厳密には鳥瞰図の視点とは異なっている。鳥瞰図とは、上空のある特定の一点から見た局所的空間の像にすぎないからだ。では、地図における全域的空間の像を可能にする視点とはどのような視点なのか。それは不在の、それゆえに遍在する視点なのだ。

実のところ、地図においては通常言う意味での「視点」なるものは存在しない。写真であればカメラのレンズに位置し、透視図法の絵画においては消失点の対極に位置しているはずの視点が、地図には存在しないのである。地図に表現される空間が「点」から見た像ではなく「面」に投影された像であるということは、言いかえれば地図を見る視点は、地図の平面全体の上にいわば遍在しているということだ。あるいは、地図上の個々の点はすべてその点の真上から見られた像であり、地図の全体は無数に存在すけれども、[2]これは一つの逆説である。というのもそこでは人は、個体的な経験に即して言えばより本来的であるはずの局所的空間よりも、後から代補された全域的空間の方に経験の安定した土台を見出しているからだ。考えるべきことは、この逆説の意味である。

人間は身近のよく知った環境の中にいる時には、地図の助けを借りなくとも不安を感じることはない。人が地図を必要とするのは、右の思考実験のように見知らぬ場所にいる時か、見知った環境を、それを内部にふくむもっと大きな空間の全域上に位置づけようとする時、あるいは道を教える時のように、場所に関する情報を他者に伝達しようとする場合である。言いかえれば、環境に対して自身が疎遠な「他者」であったり、ある環境に関する情報をその環境を知らない「他者」に伝達しようとする時に、地図的空間は現れるのである。佐々木正人はこのことを、盲人の歩行訓練に触れながら指摘している。

言うまでもないことだが、ある場所から他の場所に進む時、盲人は周囲の空間の「見え」を利用することができない。また、目の見える他者から聞いた情報にしたがって未知の場所に向かうような場合にも、盲人が実際に利用することができる情報は極端に限られる。

そのため盲人の歩行訓練では、他者との「対話」によって空間に関する情報を自身に利用可能な形で統合することが目指される。具体的には、行ったことのない喫茶店への道筋を電話で聞き出し、相手との対話の中から利用可能な情報を取り出して、再構成するといった訓練が行われるのだが、こうした訓練で盲人は、私たちが道を教える時によく使う「右」や「左」といった局所的空間における方向によってではなく、「東西南北」という全域的空間における方位を枠組みとして、得られた情報を統合してゆく。

そうすることによって盲人は、その枠組みの内部に環境の全域的な像を制作し、実際に歩く時にはその像の上に自己を定位させてゆくのである。この時、盲人は心的には、得られた情報を統合して作られた「縮小」された環境を、上から「見おろす姿勢」をではなく、通常の空間経験とは異なる空間像を、あたかもそれが局所的な空間像よりも根源的なものであるかのようにして、人間の了解と経験に代補するのである。

この代補は、地図をもつ人間やその集団になにをもたらし、いかなる変容を経験させるのだろうか。このことを考えるために、見知らぬ街で地図を片手に目的地まで行こうとする場合のことを考えてみよう。

そのような場合、人は街角に立って周囲の風景（＝［ c ］的空間の展望）を見回し、それを地図上の空間像（＝［ d ］的空間）の特定の地点に同定し、その地点と目的地との位置関係を地図上で確認した上で、周囲の風景の中から自分の進むべき方向や、目標とすべき建築物を発見しようとする。そこでは人は、局所的空間の見えと全域的空間の像とを重ね合わせ、局所的空間の方向性を全域的空間の方向性と一致させ、それによって自己の振る舞いを［ e ］的空間の中に位置づけようとする。

こうした定位がうまくいかない時、周囲の環境は疎遠なものに見えるだろう。建物や街路などが見えてはいるが、それらは今立っている場所に関する情報も、これから進むべき方向に関する情報も与えてはくれない。だが、一旦この定位がうまくいくと、周囲の環境の相貌は一変する。それまで疎遠に見えた周囲の環境は、突然、理解可能な手掛かりに満ちた場所になる。と同時に、それまで不安に満ちていた人の意識は、確実な志向性によって力づけられる。それまで周囲の環境はまるで霧の中にあるようで、自分自身の世界のなかでの位置づけも不安定であったのに、定位が成功した途端に周囲の環境は「見える」ものになり、自身が立つ場所も同時に分かる＝見える場所になるはずである。

右の思考実験が示すように、人は、個々の人間が経験する局所的な空間の「見え」を、全域的空間の内部に位置づけることによって安定した空間定位を得、世界の中に確固とした場所を得ることができる。全域的空間は、人間が世界に存在する時の、存在の土台をなしているのだ。個々の人間の立つ場所や、そこから開ける視点が局所的で、したがって相対的であるのに対して、全域的空間は、そうした局所的・相対的な経験が位置付けられる共通の台座をなしている。

「潜勢的身体」として捉えている。私はその空間の全域を一つの像としては、かならずしも想起していない。だがその一方で、その空間の全域が、私の局所的空間の記憶のいわば「土台」をなしていることを確信している。［ C ］また、その共通の土台の上では、私以外の他の人間もまた、私と同じルートを、私と同じ局所的空間の連続として経験するであろうことも、私は確信している。

トゥアンによれば、きわめて幼い子供は風景を鳥瞰した時の眺めを想定することはまずないが、五、六歳になると明らかに、上空から見ると風景がどのように見えるかを理解できるという。［ D ］、子供にとっても大人にとっても、ある風景が飛行機の上からどう見えるかを想像する方が、同じ風景が丘の反対側からどう見えるかを想像するよりも簡単であるという。これらのことは、全域的空間像を了解する能力が、人間の脳にあらかじめ具えられた生体的な空間モデルを土台にして人間の成長と共に開発されること、したがって地図的な空間像を制作し、了解する能力は人間にとって普遍的な基本的能力であろうことを示唆している。

こうした能力によって、人間は通常了解してはいても経験することのできない［ a ］的空間を、地図的な空間像として可視的な形で把握する。この時、地図的な空間像は人びとが日常的に経験する空間（＝［ b ］的空間）の像に取って代わるのではない。一見するとそれは、人びとが実際に経験する空間に取って代わるように見えるが、実際にはそれは、1人びとが直接見ることができない空間の全域的な像を提示することによって、人びとの空間的な経験に新しい次元を付け加えるのである。

重要なことは、ロビンソンとペチュニクが図らずも用いた「根源的」という言葉が示しているように、それがかならずしも代替ではなく、むしろ新しい次元の付加であるにもかかわらず、そのようにして付加された空間像が人間にとっての世界経験の根源的なものを、それ自体に代わって示しているかのように機能しているということだ。この意味で、地図的空間像が果たすこの機能は、＊ジャック・デリダが用いる「代補 supplément」という言葉で表現する方が適切であろう。地図は「空間の代わりをする」の

国語

（六〇分）

㈠　次の文章を読んで、後の問に答えよ。

＊イーフー・トゥアンやジェイムズ・J・ギブソンらが指摘していることによれば、人間が自己の行動の空間的なパターンを記憶する場合、通常は地図のような空間の全域的な形態を表したものによって覚えるのではなく、運動によってそのつど開ける景観の連続的な動きや風景の継起的な変化を覚えることが知られている。ここで空間認知を支えているのは、局所的空間における世界の見えだということになる。［A］このことは、人間がそこで全域的空間の存在を知らないということではない。空間のこのような記憶において、私たちは局所的空間経験の連続を記憶するのだが、同時にその局所的空間経験が、ある全域的空間の内部における身体の動きによって生じていることを知っている。

［B］私が自分の家から公園までの道筋を記憶する場合、私は道々の風景の連続や曲がり角などによってそれを記憶するが、その道筋が私の個々の視点を超えたある空間の全域の内部にあり、私が記憶したものがその全域内の道筋の個々の地点からの空間の「見え」の記憶であることを知っている。

＊モーリス・メルロー＝ポンティの表現を使えば、この時私は、自己の周囲に広がる空間を自身の「可能な活動の系」、自身の

解答編

英語

I　解答

1．(あ)—(3)　(い)—(2)　(う)—(1)

2．(ア) specializes　(イ) spent　(ウ) destroyed　(エ) limiting

3．(A)—(2)　(B)—(3)　(C)—(3)　(D)—(1)

4．[a]—(2)　[b]—(3)　[c]—(4)　[d]—(5)　[e]—(1)

5．8

6．(1)—F　(2)—F　(3)—F　(4)—T　(5)—F　(6)—T　(7)—F　(8)—T

全訳

《ウイルスの異種間伝播を防ぐには》

1　新型コロナウイルスは，野生動物から人間に伝播した病気のほんの一例に過ぎない。将来の大流行を防ぐことを期待して，科学者たちは異種間伝播（スピルオーバー）事象としても知られるこの飛び移りを，何が導いたのか解明しようと取り組んでいる。オーストラリアで活動しているあるグループは，一つの解決策があるかもしれないと考えている。つまり，野生動物に十分な栄養を与えておくことだ。チームは1月に2本の研究結果を公表した。

2　すべての動物は病原菌を保有している。ウイルスの中には，そのウイルスが一般的に見られる（宿主の）動物に害を与えないものもある。それは，宿主となる種がこのウイルスに非常に頻繁に遭遇してきたため，その免疫システムがその病原菌を抑える方法を進化させてきたからである。しかし，このウイルスが後に新しい種に入り込むと，深刻な病気を引き起こす可能性がある。

3　「ウイルスが野生生物から人間や他の動物に感染する，つまり異種間伝播するのはなぜか，いつなのか，どこでなのかを理解できれば有益なのです」とアリソン=ピールは言う。彼女はオーストラリアのブリスベンにあるグリフィス大学の生態学者である。ピールの専門は野生動物の病気である。ウイルスが野生の宿主から新たな宿主に移るのはいつかを追跡するのは容易ではないと彼女は言う。しかし，そうすることで異種間伝播が起こりうる条件を明らかにすることができる。

[4]　ピールはオーストラリアでヘンドラ・ウイルスを研究しており，ヘンドラ・ウイルスはオオコウモリと呼ばれる果実を食べるコウモリによく見られる。このウイルスは時に馬にも伝播する。そのような場合の4分の3の割合で，その馬は死亡するだろう。また，このウイルスは馬から人間に移ることもあり，その場合は半数超の割合で死に至る。ピールは，ウイルスの異種間伝播を引き起こすのは何かを解明することで，将来の大流行を防止するのに役立てようとするチームの一員である。

[5]　1996年から2020年まで，ピールと彼女のグループはコウモリがどこで時を過ごすかを追跡した。チームはまた，気候や生息地など，異種間伝播が起こった立地の特徴も記録した。さらに，こうしたコウモリは蜜を吸うので，研究者たちは花が咲いている場所も記録した。

[6]　最初の6年間は，異種間伝播の事象はなかった。しかし2003年から，研究チームはコウモリの生態系が変化していることに気づいた。それから間もなく，異種間伝播が現れ始めた。ピールのグループは，これらの発生は，コウモリが十分なえさを見つけられなかった時期と関連があると考えた。

[7]　これは強いエルニーニョ現象の後の年に起こった。この気候事象によって，オーストラリアはより暑くなり，より乾燥する。通常は春に花を咲かせる木々も，今やそうしなくなるかもしれない。そうなれば，空腹のコウモリはえさを求めて森を離れるだろう。馬に感染する可能性のある牧場の近くにたどり着くものもいるかもしれない。そして次の冬までこうした農場の近くにとどまるかもしれない。

[8]　しかし，エルニーニョが発生しなかった年でも，異種間伝播が起こることがあった。これは森林に覆われた地帯の変化によるためかもしれないと研究者たちは疑っている。

[9]　調査期間中，農業や住宅のために森林の大部分が伐採された。このため，

ユーカリのような冬に花を咲かせる樹木の数が減少した。主食源を失って，空腹のオオコウモリは行動を変えた。エルニーニョの年の後と全く同じように，えさを求めて農場の近くで今度はより長い時間を過ごすようになったのだ。異種間伝播事象が発生したのは，この変化の後だった。研究グループは，1月12日発行の『ネイチャー』誌にこの研究結果を報告した。

10　十分なえさを見つけることが異種間伝播を防ぐのに役立ちうる2つの理由があるとチームメンバーのレイナ=プラウライトが述べている。彼女はニューヨーク州イサカにあるコーネル大学の感染症生態学者である。「もしえさが自生林にあり，それが豊富であれば，動物はそうした森林にいる可能性が高くなります」と彼女は言う。そうすることで，そうしなければウイルスにさらされるかもしれない馬や人間からそれらを遠ざけておける。第二に，良質な栄養は，「多くのエネルギーを必要とする」免疫系を強化してくれる，とプラウライトは指摘する。「動物は，空腹だと，ウイルスをそれほど簡単に抑えこむことができないと私たちは考えているのです」

11　彼女の研究チームは，この2番目の要因についても証拠を発見した。1月の『エコロジー・レターズ』誌に発表された研究では，栄養の十分なコウモリの尿にはヘンドラ・ウイルスが含まれていなかったと報告している。しかし，農地でえさを探す空腹のコウモリでは，ウイルスレベルは極めて高かった。そのことは，ヘンドラ・ウイルスが馬，そして人間に異種間伝播する可能性をさらに高めることになる。

12　オーストラリアは，野生動物にとって不可欠な生息地を提供する自然の地域を人々が破壊している場所のうちの一つに過ぎない。人々がこうした地域に侵入すると，「動物は生き残るために，我々が想像しないようなやり方で，自分達の行動を変えるかもしれない」とピールは言う。そのことで，人々はこうした動物たちが運ぶ病原菌にさらされる可能性がある。そして，これらの動物が飢えと闘うなら，動物はそうした病原菌をより多く運んでくるかもしれない。

13　「この研究は重要な自然保護の教訓を与えてくれます」とカラ=ブルックは言う。彼女はイリノイ州のシカゴ大学に勤務している。彼女もまた，異種間伝播事象における生態系の役割を研究し続けてきた。コウモリは人に異種間伝播する病気の一般的な発生源である。「栄養状態が悪く，農耕地にしか出入りできないコウモリは，病気の発生源としてより高い脅威をもたらすのです」とブルックは言う。

14　しかし，希望もある，とオーストラリア，シドニーのペギー=イビーは付け加える。彼女はニューサウスウェールズ大学の行動生態学者である。彼女は2つの新しい研究のうちの一つを率いた。「破壊された重要な生息地を元に戻すことで，冬の豊富な開花をより確実に生じさせることができるのです」とイビーは言う。

15　彼女の研究チームは現在，将来のパンデミックを防ぐために，コウモリにとって重要な生息地を復元することを推奨している。このような生態系の育成は，彼女たちによると，こうした動物が人や家畜の近くで時を過ごす必要性を減らし，病気を蔓延させる危険性を減らすはずである。

解説

1．(あ)　まず空欄直後に名詞の複数形 viruses があるので，(1) one は除外。空欄直前の第2段第1文（All animals …）で「すべての動物は病原菌を保有している」と前置きを述べて，空欄以降で「ウイルスは，それら（=ウイルス）が一般的に見られる（宿主の）動物に害を与えない」と具体的に説明を始めているので，(3) some を入れて「中には…なウイルスもある」という文にすればよい。(2) other は何に対して「他のウイルス」と述べているか不明なのでここでは不適。

(い)　第3段第1文（“It's helpful to …）の引用符“　”の中は，It's ～ to *do*. の形式主語構文である。「ウイルスが野生生物から人間や（　い　）動物に感染する，つまり異種間伝播するのはなぜか，いつなのか，どこでなのかを理解できれば有益なのです」において，（　い　）animals は humans と or で結ばれて並列の関係なので，(2) other を入れて「人間や他の動物」とする。(1) one は複数形 animals とつながらない。(3) some は「一部の動物」となり，ウイルスが伝播しない動物もいることを示唆することになるが，そのような内容は本文になく，不適。

(う)　空欄直後に単数形 place があるので，合うのは(1) one。「オーストラリアは，野生動物にとって不可欠な生息地を提供する自然の地域を人々が破壊している場所の一つに過ぎない」という文になり，意味も通る。

2．(ア)　主語の Peel は前の2文から生態学者であることがわかる。空欄の後の wildlife diseases は「野生動物の病気」なので，specialize in ～「～を専門とする」の表現を用い，主語が3人称単数なので specializes とする。

(イ)　目的語の their time「それら（＝コウモリ）の時間」に着目して spend を選び，tracked と時制を一致させて過去形 spent とする。第9段第4文（Just as they …）の they now spent more time などの箇所もヒントになる。

(ウ)　空欄を含む第14段最終文（“By replacing critical …）の引用符内は「(　ウ　) された重要な生息地を元に戻すことで，冬の豊富な開花をより確実に生じさせることができるのです」という意味である。次の第15段第1文（Her team now …）でも，コウモリにとって重要な生息地を復元させることについて述べているので，人間が破壊してきたコウモリの生息地を元に戻すという内容になるように，destroy を選び，現在完了の受動態になるように過去分詞 destroyed とする。

(エ)　空欄の前までは「このような生態系の育成は，彼女たちによると，こうした動物が人や家畜の近くで時を過ごす必要性を減らすはずである」という意味である。こうすることで，their risk of spreading disease「病気を蔓延させる危険性」は減るはずなので，limit「～を制限する，抑える」を選び，分詞構文となるように現在分詞 limiting とする。

3． (A)　先行する部分のコンマの前の Peel is part of … to spill over は「ピールは，ウイルスの異種間伝播を引き起こすのは何かを解明するチームの一員である」という意味である。so S might *do* は「それでSは～するかもしれない」〈結果〉とも「Sが～するために」〈目的〉とも解せるが，その解明により将来の大流行を「防ぐ」のに役立つと考えるのが自然なので，(2) prevent「～を防ぐ」を入れる。(1) invite は「～を招く」，(3) repeat は「～を繰り返す」，(4) replace は「～に取って代わる」で，いずれも前の部分とつながらない。

(B)　直前の文が「これは強いエルニーニョ現象の後の年に起こった」という意味であり，This (　B　) event はエルニーニョ現象を指すので，(3) climate「気候，気象」を選ぶ。(1) biology「生物学」，(2) catastrophe「大災害，災難」，(4) desert「砂漠」はいずれもエルニーニョ現象の説明にならない。

(C)　空欄を含む文は「調査期間中，農業や（　C　）のために森林の大部分が伐採された」となる。森林伐採の理由で「農業」と並列関係にあるので，(3) housing「住宅，住宅供給」が正解。(1) drawing「線を引くこと，線画」，(2) fishing「釣り」，(4) sewing「裁縫」はいずれも森林伐採の理由として不適。

(D)　空欄を含む文は「彼女（＝カラ＝ブルック）もまた，異種間伝播事象における（　D　）の役割を研究し続けてきた」という意味である。第10段第2文（She is an infectious-disease …）にレイナ＝プラウライトが感染症生態学者だと書かれていること，および空欄の後でブルックがコウモリの生態について述べていることから，(1) ecology「生態学」を選ぶ。(2) economy「経済」，(3) household「家族，家庭」，(4) philosophy「哲学」はブルックの研究内容に合わないので不適。

4．[a]　空欄を含む if 節の this virus は直前の「免疫システムにより宿主に害を与えないでいるウイルス」を指す。主節 it may trigger serious disease「深刻な病気を引き起こす可能性がある」の条件として，if 節は「ウイルスが後に新しい種に侵入する道を見つけた場合」とするのが適当である。したがって，「～の中に」を表す(2) into が適切。

[b]　ヘンドラ・ウイルスについて説明する箇所である。先行する2文（Peel studies Hendra … over into horses.）より，このウイルスはコウモリから馬に感染することがあるとわかる。空欄を含む文の主節 the horse will die「その馬は死ぬだろう」より，割合を表すように，(3) of を入れて In three out of four such cases「そのような場合の4分の3の割合で」とする。

[c]　空欄を含む文の前2文（For the first … ecosystem was changing.）から，コウモリには最初の6年間異種間伝播の事象がなかったが，2003年にコウモリの生態系の変化に気づいたことがわかる。「それからまもなく，異種間伝播が現れ始めた」という意味になるように，(4) up を入れて show up「現れる，出現する」とする。

[d]　空欄を含む文の hungry flying foxes shifted their behavior は「空腹のオオコウモリは行動を変えた」という意味である。前の2文（Over the course … such as *Eucalyptus*.）では森林伐採で樹木数が減少したことが述べられ，また，後の文（Just as they …）ではえさを求めて農場近くでより長く過ごすようになったと述べられているので，「主食源がなくなったので」という内容になるように，(5) without「～なしに」を入れる。

[e]　後に poor nutritional condition が続いていることに着目し，(1) in を入れて in ～ condition「～な状況で」という表現にする。

5.「動物は自分達の行動を変えるかもしれない」は（animals）may change their behavior と続けることができる。「生き残るために」は to survive，「我々が想像しないようなやり方で」は in ways S V「SがVするやり方で」を用いて in ways we don't（expect）とする。最後に expect が与えられているので，to survive は behavior の後に置くと完成する。

6. **(1)**「科学者たちは，将来，異種間伝播の事象数を減らす方法を見つけることができない」

第1段第3文（A group working …）に「オーストラリアで活動しているあるグループは，一つの解決策があるかもしれないと考えている：野生動物に十分な栄養を与えておくことだ」とあり，本文全体を通してコウモリの生態を例に研究結果が説明され，また，最終2段（But there's also … of spreading disease.）では生息地の復元，生態系の育成という手段があることを述べているので，本文の内容に一致しない。

(2)「森にすむ動物に十分なえさを与えることは，異種間伝播効果をもたらす可能性がある」

(1)で確認したように，第1段第3文（A group working …）より，動物に十分なえさを与えることは異種間伝播を防ぐ可能性につながるので，本文の内容に一致しない。

(3)「馬は免疫系が強いので，他の動物のウイルスから守られている」

本文で述べられていない。馬に関しては，第4段（Peel studies Hendra …）でコウモリから馬，馬から人間に感染するヘンドラ・ウイルスの説明で出てくるのみである。

(4)「オオコウモリから異種間伝播したウイルスは，人間よりも馬にとって致命的である」

第4段第3・4文（In three out … half the time.）に「そのような場合の4分の3の割合で，その馬は死亡するだろう。また，このウイルスは馬から人間に感染することもあり，その場合は半数超の割合で死に至る」とあるのに一致する。

(5)「アリソン=ピールはコウモリから人間へのコロナウイルス感染症の異

種間伝播効果を研究している」

第4段第1文（Peel studies Hendra …）に「ピールはオーストラリアでヘンドラ・ウイルスを研究している」とある。他の部分でもコロナウイルス感染症について研究しているとは述べられていないので，本文の内容に一致しない。

(6) 「エルニーニョは致命的なウイルスを人間に拡散することにつながる連鎖反応を引き起こしうる」

(6)はエルニーニョ現象がウイルス拡散の発端になりうるという趣旨である。第7段（This happened in …）より，強いエルニーニョ現象により，暑く乾燥した気候の後でえさを見つけづらくなったコウモリが移動して牧場の近くにとどまり，馬にウイルスが伝播する可能性が高まることが述べられている。(4)で確認したように，コウモリから馬，馬から人へと，結果的に致死的なウイルスが波及する危険性が高まるということなので，この一連の内容に一致する。

(7) 「樹木の数を減らせば，異種間伝播事象を防ぐことができる」

第9段（Over the course …）で，森林伐採によりコウモリが行動を変えて牧場の近くで長い時間を過ごすようになり，その結果，異種間伝播が発生したと述べられているので，本文の内容と一致しない。

(8) 「研究者たちはコウモリの尿を検査し，栄養不足のコウモリがより多くのウイルスを保有していることを確認した」

第11段第2・3文（In a study … foraging on farmland.）の「栄養の十分なコウモリの尿にはヘンドラ・ウイルスが含まれていなかったと報告している。しかし，農地でえさを探す空腹のコウモリでは，ウイルスレベルは極めて高かった」に一致する。

Ⅱ ― 解答

1. **(a)**―(1)　**(b)**―(2)　**(c)**―(1)　**(d)**―(3)　**(e)**―(4)

2. **[A]**―(4)　**[B]**―(3)　**[C]**―(2)　**[D]**―(1)

3. **ア**―(1)　**イ**―(3)

4. 大人になっても，望むように性格を変えられるということ。(30字以内)

5. **(Y)**―(1)　**(Z)**―(5)

6. **(1)**―T　**(2)**―T　**(3)**―F　**(4)**―F　**(5)**―F　**(6)**―F　**(7)**―T　**(8)**―F

全訳

《性格は変えられるか》

1　性格を測定する方法はたくさんあるが，研究の多くは，私たちの最も基本的な特性を構成すると考えられている5つの特定の特徴に焦点を当てている。「ビッグファイブ」として知られる以下の特徴だ：外向性——どのくらい外向的で社交的か，誠実性——どのくらいきちんとしていて自制心があるか，同調性——どのくらい社会的調和に関心があるか，神経性傾向——どのくらい神経質で敏感か，そして経験に対する開放性——どのくらい独創的で好奇心が強いかである。

2　心理学者は何千もの研究で，この5大要素の点数が，様々な分野において重要な結果を予測できることを示してきた。例えば，誠実性の点数が高い人々は，学校の成績がよりよく，収入も多い。一方，神経性傾向の点数が高い人々は，ストレスを経験しやすく，それが健康に連鎖反応を起こす。

3　私たちの遺伝子が，ほぼ確実に役割を果たしている：人々の性格が生物学的な親の特徴をしばしば反映しているのはそのためであり，一卵性双生児が一卵性でない姉妹や兄弟よりも似ているのもそのためである。私たちの社会的環境の影響は，脳が成熟に達する成人期早期に終わると考えられていた。もしこれが本当ならば，大人の性格が時間の経過とともに自然に変化することはないだろうし，望むように性格を形成することは不可能だろう。しかし，それはまさに心理学教授のネイサン=ハドソンと彼の同僚たちが一連の画期的な研究で示したことなのだ。

4　彼らの実験には通常，人々が身につけたいと思う性格特性を反映する定期的な活動を指示することが含まれる。例えば，もっと外向的になりたいと願う内向的な人は，週に一度，見知らぬ人に自己紹介をしたり，地元のスーパーマーケットのレジ係と世間話をしたりすることを目標にするかもしれない。もっと誠実性を高めたいと思う人には，メールを送る前に注意深く確認するとか，ベッドに入る前にやることリストを書くことなどが求められるかもしれない。神経症的な人には，感情に圧倒されてしまいそうな恐れのあるときには，その感情を書き出すというような，感情の調節を改善するための練習が与えられるかもしれない。

5　これらの作業は取るに足らないことのように思えるかもしれないが，その目的はそれらが生み出す思考パターンや行動が習慣化することである。

そして，これまでの証拠は，それが驚くほどうまく機能することを示唆している。約400人を対象とした15週間のある試みでは，参加者は毎週平均2つの課題を引き受けた。そうした課題を実際にやり遂げた場合，標準的なビッグファイブのアンケートによると，彼らの特性は望んだ方向に変化した。

6 同様に刺激に富む結果は後の実験でも見られた，それは参加者が望むビッグファイブの特性を指導するスマートフォンのアプリを用いたものだった。重要なのは，この研究にははるかに大規模な，1,500人というサンプルが用いられた。

7 そして，典型的な自己報告式のアンケートに加えて，それは実験前と実験後で参加者の友人や家族に彼らの性格を評価することも求めた。その差は，実験が終わってから3カ月後でも明らかであった。アリストテレスが2,300年以上前に主張したように，我々は繰り返し行うことによって，そのような者になるのだ。

8 私たちの心の予期せぬ適応性は，自分がもう少し社交的であったらなあ，きちんとしていたらなあ，楽天的だったらなあと願うどの人にも朗報となるはずだ。もう一つの潜在的利点は，この研究が認知されることで，心の健康が改善するのに役立つかもしれないということだ。

9 抑うつや不安といった状態は，しばしば無力感によって特徴づけられる：人々は，否定的な感情は自分というものの一部であって，それらを変えるためにできることはほとんどないと考えている。このことは，彼らが直面する悲しみや心配をさらにひどくし，回復を早める可能性がある治療や生活習慣の変化に対する彼らの抵抗感も強くするかもしれない。

10 性格が変わる可能性があることを人々に教えることで，彼らがより前向きな方向に向かうとしたらどうだろうか？ この考えを検証するために，ニューヨーク州ストーニーブルック大学臨床心理学助教授のジェシカ=シュレイダーとハーバード大学心理学教授のジョン=R. ワイズは，以前に不安や抑うつの兆候を示したことのある思春期の若者約100人の集団を選んだ。彼らは，学生時代にどう成長したかを語る先輩学生たちからの言葉とともに，脳の可塑性の科学について説明するコンピュータの短いコースを受けた。その後，彼らは学んだことを定着させるためのワークシートが配布された。

11　9カ月後，シュレイダーとワイズがその10代の学生たちの心の健康を調べたところ，代わりに「感情表現」に関するコースに参加していた学生と比較すると，不安や抑うつが有意に減少したとその学生たちは報告した。それ以来，同じ戦略が，より多くの参加者を集めて他の環境でもテストされ，同じように肯定的な結果が得られた。人格の成長について人々に教えることは万能薬ではないが，こうした結果は，それがより大きな心理的強さを築くのに役立つ有益な道具である可能性を示唆している。

12　あなたが深刻な問題と格闘しているにせよ，あるいは単にとがった部分をそぎ落としたいだけにせよ，性格は最終的に自分の手の中にあるものだと知ることは心強い。DNAと育ち方は私たちの特性に強い影響を与えるかもしれないが，私たちはまた，未来の自分自身を形作る力を持ってもいるのである。

解説

1．(a)　fundamentalは「基本的な，基礎となる」という意味で，(1) basic「基本の」が最も近い。(2) fixed「固定した，定着した」 (3) hidden「隠された」 (4) unchanging「不変の」

(b)　predictは「～を予測する，予言する」という意味で，(2) forecast「～を予言する，予報する」が最も近い。(1) determine「～を決定する，～を発見する」 (3) promote「～を促進する」 (4) widen「～を広くする」

(c)　下線部を含む文は「神経症的な人には，感情に圧倒されてしまいそうな恐れのあるときには，その感情を書き出すというような，感情の(c)調節を改善するための練習が与えられるかもしれない」という意味で，ここでのregulationは「調整，調節」という意味である。(1) control「制御，抑制」が最も近く，(3) ruling「支配，統治」はこの文脈に合わない。(2) limitation「制限」 (4) tolerance「寛容，忍耐」

(d)　Cruciallyは「重要なことに，決定的に」という意味で，(3) Significantly「意義深いことに，重要なことに」が最も近い。(1) Additionally「さらに，そのうえ」 (2) Largely「大部分は，たいてい」 (4) Totally「まったく，完全に」

(e)　briefは「短い，手短な」という意味で，(4) short「短い」が最も近い。(1) documented「文書の裏付けのある」 (2) easy「簡単な」 (3) enjoyable「楽しい，愉快な」

2．[A]　2つの［A］の後はいずれも文の要素がそろった完全な文が続いているので，関係代名詞の(1) what と(3) who は文法的に不適。第3段第1文のコロン（：）の前までの Our genes almost certainly play a role は「私たちの遺伝子が，ほぼ確実に役割を果たしている」という意味で，コロンの後はその具体的な説明が続くと予測される。1つ目の［A］の直後 people's personalities … traits は「人々の性格が生物学的な親の特徴をしばしば反映している」，2つ目の［A］の直後 identical twins … brothers は「一卵性双生児が一卵性でない姉妹や兄弟よりも似ている」という意味で，いずれも遺伝子が理由で起こりうる事象について述べているので，(4) why を入れて it's why ～「そのため～である」の形にする。(2) when では意味が不自然になる。

[B]　主節 the aim is … habitual. に対する従属節を導く接続詞が入るので，(2) But は不可。［B］の後は完全な文の形が続いているので，(4) Whoever は不可。these tasks … insignificant「これらの作業は取るに足らないことのように思えるかもしれない」に対し，主節「その目的はそれらが生み出す思考パターンや行動が習慣化することである」と重要性を述べているので，〈対照〉を表す(3) While がふさわしい。(1) Because は，従属節が主節の理由を表していないので不適。

[C]　直後の used は目的語 a smartphone app が続いているので動詞の過去形。よって，空欄は主語の役割と，前後の節をつなぐ接続詞の役割を兼ね備えた主格の関係代名詞が入るとわかる。先行詞は a later experiment と考えられるので，(2) which を選ぶ。ここでは非制限用法で，先行詞の内容を補足説明している。(1) when は時を表す関係副詞，(3) who は人を先行詞とする関係代名詞，(4) whose は所有格の関係代名詞でいずれも文法的に不適。

[D]　if の後の educating people … trajectory を直訳すると，「性格が変わる可能性があることを人々に教えることは，彼らを，より前向きな道筋に置く」という意味である。(1) What を選んで What if ～?「もし～としたらどうなるか」の形にすると，直後の To test this idea, …「この考えを検証するために，…」に自然につながる。(2) When，(3) Which，(4) Who では自然な文意にならない。

3．ア．　空欄のある第4段（Their experiments typically …）では，ネ

イサン=ハドソンたちの実験内容について説明されている。第1文「彼らの実験には通常，人々が身につけたいと思う性格特性を反映する定期的な活動を指示することが含まれる」に続いて，第2文（An introvert who …）以降ではその具体的な内容である活動例が説明されている。空欄を含む文は，Someone who wished to be more conscientious「もっと誠実性を高めたいと思う人」に向けての活動なので，(1) carefully「注意深く」を入れて「メールを送る前に注意深く確認すること」とするのがふさわしい。(2) casually「偶然に，何気なく」，(3) relatively「比較的」，(4) willingly「進んで，快く」は，この文意に合わない。

イ． 第4・5段（Their experiments typically … big five questionnaire.）では，被験者たちが身につけたいと思う性格特性を反映する活動を定期的に行った結果，特性が望ましい方向に変化したと述べられている。第6・7段（Similarly exciting results … we [イ] do.）では，後の別の実験でも，特性が望む方向に変化したことが説明されている。空欄を含む文はこの結果を受けて，「アリストテレスが2,300年以上前に主張したように，我々は[イ]行う物〔者〕になる」と述べている。こうなりたいと思う性格特性のための活動を定期的に繰り返し行うことで望ましい方向に変化したという文脈なので，(3) repeatedly「繰り返し」が正解となる。(1) hesitantly「しぶしぶと」，(2) rarely「めったに～ない」，(4) unwillingly「いやいやながら」は，いずれもこの文脈に合わない。

4． 下線部を含む文の2文前（The influence of …）から意味を確認すると，「私たちの社会的環境の影響は，脳が成熟に達する成人期早期に終わると考えられていた。もしこれが本当ならば，大人の性格が時間の経過とともに自然に変化することはないだろうし，望むように性格を形成することは不可能だろう。しかし，(X)それはまさに心理学教授のネイサン=ハドソンと彼の同僚たちが一連の画期的な研究で示したことなのだ」である。直前の文が仮定法で事実と異なる仮定を表す表現であること，また，この段落以降でネイサン=ハドソンたちの研究が明らかにした「望ましい特性を反映する活動を定期的に行うことで，性格は変えられる」という結果をふまえて，ネイサンたちが研究で示したことを前文の表現を用いてまとめる。at will「望むように，意のままに」

5． **(Y)**　空欄を含む文は「私たちの心の予期せぬ（　Y　）は，自分がもう少し社交的であったらなあ，きちんとしていたらなあ，楽天的だったらなあと願うどの人にも朗報となるはずだ」という意味である。直前の第7段まで，望む特性に向けて定期的に活動を行うことで，特性を変えることができるという研究結果について述べられている。第3段（Our genes almost …）で触れたような，性格は遺伝子によって決まるとか，社会的環境の影響は成人期早期に終わるといった通説にもかかわらず，実際には変化を受け入れる順応性があるということを述べている部分なので，⑴ adaptability「適応性」が正解となる。⑵ expansiveness「気さくさ，心の広さ」，⑶ instability「不安定，移り気」，⑷ readiness「準備のできていること，快諾」，⑸ toughness「たくましさ，厳しさ」は，いずれも変化を受け入れる柔軟性があるという趣旨にならない。

(Z)　最終段は結論部である。空欄を含む文は「あなたが深刻な問題と格闘しているにせよ，あるいは単にとがった部分をそぎ落としたいだけにせよ，性格は最終的に（　Z　）であるものだと知ることは心強い」という意味を表す。続く最終文（DNA and our upbringing …）「DNA と育ち方は私たちの特性に強い影響を与えるかもしれないが，私たちはまた，未来の自分自身を形作る力を持ってもいるのである」，および英文全体の「性格は望むように変えることができる」という主旨から，自分が掌握しているという意味になるように，⑸ within your own hands「自分の手の中に（ある）」を選ぶ。⑴ keeping your hands tied「手を縛られたままに（している）」，⑵ out of your hands「自分の手の外に（ある）」，⑶ staying your hands「自分の手にとどまって（いる）」，⑷ with your hands off「手を離した状態で（いる）」は，いずれも自分自身が性格を変える主体であるという意味を表さないので不適。

6. **⑴**「人の職業的成功は，その人の『ビッグファイブ』の性格特性の組み合わせに起因する可能性がある」

第2段第1・2文（In thousands of … and earn more.）において，「心理学者は何千もの研究で，この5大要素の点数が，様々な分野において重要な結果を予測できることを示してきた。例えば，誠実性の点数が高い人々は，学校の成績がよりよく，収入も多い」と述べられている。ビッグファイブの点数によって予測できる重要な結果に職業的成功も含まれるので，本文の内容と一致している。

(2)「私たちの遺伝的気質は，私たちの性格の特徴にいくぶん関係している」

第3段第1文（Our genes almost …）「私たちの遺伝子が，ほぼ確実に役割を果たしている：人々の性格が生物学的な親の特徴をしばしば反映しているのはそのためであり，一卵性双生児が一卵性でない姉妹や兄弟よりも似ているのもそのためである」の部分と一致する。

(3)「成人期に突入してしまうと，性格を変えることはできない」

大人になっても，定期的に望ましい特性への活動を行うことで，性格を変えることができる順応性を持っているという本文全体の主旨より，本文の内容と一致しない。

(4)「心理学教授のネイサン=ハドソンと彼の同僚たちは，一部の大人の性格は時間とともに自然に変化しうることを発見した」

ネイサン=ハドソンたちの実験は，第4段第1文（Their experiments typically …）より，「人々が身につけたいと思う性格特性を反映する定期的な活動を指示することが含まれる」ものであり，第5段第1文（[　B　] these tasks …）に「その目的はそれらが生み出す思考パターンや行動が習慣化することである」とあるように，望ましい特性へと繰り返し活動を行うものなので，「時間とともに自然に」という部分は本文の内容と一致しない。

(5)「より外向的になるには，親しい友人と話す機会を増やすことを考えるかもしれない」

第4段第2文（An introvert who …）「例えば，もっと外向的になりたいと願う内向的な人は，週に一度，見知らぬ人に自己紹介をしたり，地元のスーパーマーケットのレジ係と世間話をしたりすることを目標にするかもしれない」より，「親しい友人」という部分が本文の内容と一致しない。

(6)「ジェシカ=シュレイダーとジョン=R. ワイズによって行われた研究は，不安やうつ病に罹患したことのない若者を対象とした」

第10段第2文（To test this …）に「以前に不安や抑うつの兆候を示したことのある思春期の若者約100人の集団を選んだ」とあるのに一致しない。

(7)「思春期の若者に脳の可塑性と人格の成長について教えることで，彼らの不安や抑うつがかなり低下した」

第10・11段（[　D　] if educating … greater psychological strength.）で述べられている，ジェシカ=シュレイダーとジョン=R.ワイズによって行われた研究の内容と一致する。

(8)「人々に人格の成長について教えることは，ほとんどの心理的問題を解決できる」

第11段最終文（Teaching people about …）に「人格の成長について人々に教えることは万能薬ではない」とあり，「ほとんどの心理的問題を解決できる」とは言えないので，本文の内容と一致しない。

III — 解答　(1)—D　(2)—C　(3)—A　(4)—A　(5)—D　(6)—B　(7)—D　(8)—D　(9)—A　(10)—D　(11)—A　(12)—A　(13)—C　(14)—D　(15)—D

全訳

《大学生活について話す大学生同士の会話》

この会話は，一日の授業を終えた後で2人の大学生が交わすものである。彼らは最近のテストとその結果について話す。また，数あるクラブ活動に参加する予定についても話す。

ケルシー：あら，マックス。調子はどう？

マックス：とてもいいよ，ありがとう！

ケルシー：ああ，そうそう，あなたがテストで満点を取ったって聞いたわよ。それは本当？

マックス：うん。本当にびっくりしたよ。

ケルシー：すごい，一つも間違えなかったなんて信じられないわ。あれは難しいテストだったのに。

マックス：まあ，この2週間，毎晩それに向けて勉強したんだ。

ケルシー：自慢屋ね！　でもなるほど，私があなたほどできなかったのはそれが理由だわ。

マックス：どういう意味？

ケルシー：私はテスト前にあまり勉強しなかったってこと。

マックス：ああ，なるほどね。君の点数は？

ケルシー：88％しか取れなかったの。

マックス：それでもA評価だよ！

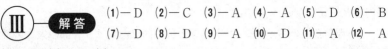

ケルシー：うん，そうだよね。でも，もっと点数が高ければ，もっとうれしいんだけど。

マックス：まあ，次回何をすべきか今はわかってるよね?!

ケルシー：わかった，わかった，からかわないでよ。

マックス：それはともかく，話は変わるけど，来年のクラブ活動の予定は？

ケルシー：トライアスロン部に入ろうかと思ってたの。

マックス：おお！　本気で？　その部の学生を見たことある？

ケルシー：ええと，ないわ。でも，私，サイクリングとランニングが楽しいの。泳ぎは苦手だからちょっと大変かもしれないけど，それでも挑戦してみたいの。

マックス：もし僕だったら，計画を見直すけどね。彼らについていけるわけがないって。

ケルシー：あなたは私が泳ぐのを見たこと一度もないでしょ！

マックス：君が泳ぐのを見なくても，君がトライアスロン部で苦労するだろうってことはわかるよ！

ケルシー：あなたはどうするの？　あなたの予定は？

マックス：まだ決めてないな。あるいは，君と一緒にトライアスロン部に入るかもね！

ケルシー：頑張って！　トラックであなたを負かすのが待ちきれないわ！

マックス：はは，冗談だよ。テニス部に入るつもりだよ。

ケルシー：でも，あなたテニスしないでしょ。

マックス：そうだよ，今はしない。でも，チームに入ったらするよ。それが入る意味だから！

ケルシー：そうなのね，わかったわ。

マックス：そうなんだよ，そろそろ行かなきゃ。今日は授業後にバイトなんだ。

ケルシー：どこで働いてるの？

マックス：駅の近くのコンビニで。

ケルシー：いつから？

マックス：最近だよ。２，３カ月前に始めたんだ。

ケルシー：わかった。じゃあ，楽しんでね！　私はダウンタウンにロードバイクを見に行くわ。

マックス：楽しそうだね。君と一緒に行きたいけど，その，バイトとかがあるから…。

ケルシー：うん。とにかく，またね！

マックス：うん，明日学校で会おう！

解説

⑴ How's it going?「調子はどう？」と尋ねられているので，D．Pretty を入れて Pretty good「とてもいいよ」という返答にする。A．Cute，B．Fair，C．Lovely では，good を続けて調子について応答する表現にならない。

⑵ 前の部分が「あなたが満点を取ったと聞いた」という内容なので，「テストで」という意味にする。この場合に最も一般的に用いられるC．on が正解。

⑶ テストで満点を取ったというマックスに対するケルシーの発言であり，I can't believe「信じられない」と言っているので，A．anything を入れて「一つも間違えなかったなんて信じられない」という意味にすると自然な流れになる。B．everything を not とともに用いると部分否定になり，「すべてが…というわけではない」を表すので，満点を取ったという状況に合わない。C．it は the test を指すことになるが，テストそのものを間違えなかった〔取り違えなかった〕ことになり，全問正解したという意味を表さないので不適。D．them は指すものが明らかでないので不適。

⑷ 直後の it は「テスト」を指すので，「テストに向けて勉強した」という意味になるようにA．for を入れる。B．from，D．with では意味がつながらない。C．take は studied の後に置くことはできず，文法的に不可。

⑸ 直前の that's の that が指すのは，先行するマックスの発言の「この2週間，毎晩それ（＝テスト）に向けて勉強した」ことであり，空欄の後の I didn't do as well as you は「私があなたほど（テストがよく）できなかった」という意味である。この発言の後でマックスが「どういう意味？」と問い返し，ケルシーは「私はテスト前にあまり勉強しなかったってこと」と答えているので，マックスほど勉強をしなかったから，自分はマックスほど成績がよくなかったと考えたとわかる。したがって，that's why ～「そういうわけで～する，それが～する理由だ」となるようにD.

why を入れる。A. because を入れて that's because 〜 とすると，「それは〜だからである」という意味になり，原因と理由が逆になるので不適。B. so，C. what では文が成立しないので不適。

(6) ケルシーが自分の出来は 88% だったと述べたのに対するマックスの応答である。B. still「それでもなお」を入れると「それでも A 評価だよ！」という意味になり，後の部分にも自然につながる。D. yet は否定文中で「まだ（〜ない）」を表すが，肯定文で「まだ，依然として」の意味を表すのは一般的ではない。A. but，C. though はこの位置には入らない。

(7) if the score was higher は仮定法過去（口語では were の代わりに was も用いられる)。点数が思ったほど高くなかったのであまり満足していないという実際の状況をふまえて，「もっと点数が高ければ，もっとうれしいんだけど」という意味を表す D. would を選ぶ。B. could も文法的には可能だが，「もっとうれしくなり得る」という意味になり，得点の上昇が必ずしも満足につながらない可能性を示唆してしまうので，状況に合わない。A. can と C. will は if 節と時制が合わないので不適。

(8)「もっと点数が高ければ，もっとうれしいんだけど」と言うケルシーに対し，テストで満点を取ったマックスが「まあ，次回何をすべきか今はわかってるよね?!」と言ったあとのケルシーの発言。友人同士でマックスが冗談を言っているのがわかっているので，OK, OK,「わかった，わかった」といなしたあとで，「からかわないで」という意味になるよう D. tease「〜をからかう」を入れる。A. hit「〜を打つ，〜を襲う」は意味が合わない。B. joke は他動詞の場合，that 節を伴い「〜だと冗談を言う」という使い方が一般的。C. laugh は「(人) を笑う」というときは普通，laugh at 〜 の形で用いる。

(9) ケルシーが「トライアスロン部に入ろうかと思ってたの」と言うのを聞いてのマックスの発言。直後で「その部の学生を見たことある？」と尋ねていることから，マックスはケルシーの考えについて理由や本気度を確かめたいと思っている様子である。A. real を入れて (Are you) For real? とすると「本気？」「真剣に言っているの？」という意味の口語表現になる。B. right，C. serious，D. true は for と結びついて相手に確かめる表現にならないので不適。

(10)　ケルシーは，泳ぎは苦手だと述べたうえで，それでもトライアスロンについて「挑戦してみたい」と言っていると考え，D．try を入れる。give it a try で「挑戦する」という意味。A．challenge，B．lift，C．top では意味を成さない。

(11)　先行する部分の There's no way ～ は「～する見込みはない，～するわけはない」という意味を表す。前文でマックスは自分だったら（トライアスロン部への入部の）計画を見直すだろうと述べており，ケルシーの考えに否定的なので，A．keep を入れて keep up with ～「～に遅れずについて行く」とすると前後と自然につながる。B．pace，C．stay，D．throw は up with ～と結びついてここでの自然な意味にならないので不適。

(12)　マックスが「あるいは，君と一緒にトライアスロン部に入るかもね！」と言うのを聞いたケルシーは Go for it!「頑張って！」と賛意を表している。自分が入部を考えているトライアスロン部で待ちきれないこととしては，A．beat を入れて「トラックであなたを打ち負かす（のが待ちきれない)」とするのが適当である。B．score「～を得点する」，C．take「～を取る」，D．win「～に勝つ」はいずれも後の部分につながらない。

(13)　主語の That は先行する，「今はテニスをしないが，チームに入ったらするだろう」という内容を指す。後に of joining が続いているので，the point of *doing*「～する目的，目当て」となるようにC．point を入れる。A．cause は「(悪いことの) 原因」を表し，また「根拠理由」の意味では後ろに for または to *do* をとる。B．plan「計画」，D．result「結果」も前後に合わないので不適。

(14)　マックスがコンビニで働いているというのを聞いての疑問文。マックスは「最近だよ。2，3カ月前に始めたんだ」と働き始めた時期を答えているので，D．Since を入れて Since when?「いつから？」とする。B．を入れて By when? とすると「いつまでに？」を表すが，ここでは不適。A．Because とC．For は when と結びついて働く時期について尋ねる疑問文にならない。

(15)　マックスが「うん，明日また学校で」と答えていることからも，別れのあいさつだと考えるのが自然。D．take を入れて take it easy! とする。

「気楽にね」という意味だが，別れ際のあいさつにも用いる。A．catch，B．give，C．run では別れ際のこの状況に合う表現にならないので不適。

講評

2024年度は大問の出題数が全部で3題，内訳は読解問題2題，会話文問題1題である。試験時間が60分と短いので，最初に問題全体を見渡して，時間配分を大まかに決めてから解答を始めるとよい。

Ⅰ　コウモリから馬，馬から人間のように，異種間伝播するウイルスについての研究に関する文章である。spillover という単語は見慣れないものだったかもしれないが，感染症に関する知識が多少あれば，前後の文脈から推測できるだろう。様々な話題の英文に親しんでおきたい。1～4は空所補充である。同じ空所補充でも，1のように文法の知識を要するものもあれば，3のように文脈に合う語を選ぶものもある。2の語形変化は文法の確実な定着が問われている。5の語句整序は日本語の文が与えられているので，それを手がかりに，小さな意味のまとまりをいくつか作って組み合わせるとよい。5までを速く確実に解答して，6の内容真偽に時間を割きたい。各選択肢について言及している箇所を本文から探し真偽を判定するが，英文が長いので苦労するかもしれない。本文を読むときに，キーワードとなりそうな部分に印をつけたり，段落の内容の手がかりを自分なりに余白にメモしておいたりするのもよいだろう。

Ⅱ　性格は大人になって変えられるか否かを述べる英文である。研究内容とその結果を確実に読み取ること。1の同意表現は語彙の知識だけで解けるものもあるが，本文における意味を意識しながら正解を選ぶようにする。2・3・5の空所補充はⅠと同様である。語彙・文法面と文脈の内容把握の両面から解答したい。4の内容説明は，制限字数が「何を盛り込むか」の目安になる。読み取った内容を過不足なく自分の言葉でまとめられるようにしておこう。6の内容真偽はⅠと同様，本文との照合を確実に行うこと。

Ⅲ　大学生同士の会話である。全問空所補充で，語彙・文法の問題が中心だが，前後の内容から最適なものを選ぶ出題もある。口語表現や会話特有の表現も出題されているので，普段からこうした表現に出合ったらその都度蓄積していきたい。

日本史

I　解答

問1． 五箇条の誓文　**問2．** 四民平等
問3． パリ講和会議　**問4．** 文化政治
問5． 土地調査事業　**問6．** 階級　**問7．** 雨宮製糸スト
問8． 政府は解放令を出したが，差別解消のための施策はなく，被差別部落への差別が残った。植民地となった朝鮮・台湾の人々への差別もあった。労働者の多くは低賃金と長時間労働を強いられ，資本家との格差は大きく，特に女性労働者が搾取された。多くの女性は働く場を家庭に限られ，良妻賢母として生きることを強いられていた。(150字以内)

解説

《大正時代の日本社会に内在していたさまざまな差別》

問1． 五箇条の誓文には「旧来ノ陋習ヲ破リ天地ノ公道ニ基クヘシ」とあり，古い悪習を打破して世界の正しい道理を基盤とする方針を示している。

問2． 空欄1の直前に「穢多の賤称を廃し」とあることから，解放令（身分解放令）が入りそうな流れだが，漢字4字指定である。空欄1の後に「新に平民となつた」という表現があることから，「四民平等」の4字が入ると判断する。

問3． 日本はパリ講和会議で人種差別撤廃を訴えた。アメリカの日本人移民排斥への対応などがねらいであったが，米英の反対で条約案には入らなかった。

問4． 三・一独立運動後，武力による武断政治を緩め，「文化政治」を表明して憲兵警察制度を廃止した。

問5． 1910年から朝鮮総督府は土地調査事業を実施した。土地所有権を確定させるための事業だが，申告制をとったため，申告されない土地は国有地として没収し，多くの朝鮮農民が没落した。

問7． 日本において，記録上最初のストライキは，1886年に山梨県甲府の雨宮製糸工場で起きた雨宮製糸ストである。1889年には大阪で天満紡績ストが起きている。

問8． 史料A・B・Cの論点を踏まえた上で，当時の日本に内在していた

さまざまな差別あるいは搾取にどのようなものがあったかを指摘することが求められている。

史料Aの前半は部落差別に関する内容である。四民平等の政策がとられ，解放令が出た後も，差別が残っていたことを指摘する。史料Aの下線部(エ)には，「朝鮮台湾の新附の国民を如何に待遇して居るか」という表現があるので，植民地への差別について記述する。

史料Bからは，労働者の賃金が低いこと，労働条件が劣悪であったことが読み取れる。特に女工と呼ばれる女性労働者が搾取されていたことが強調されている。

史料Cからは，女性への抑圧が読み取れる。抑圧の具体的事例は多岐にわたるので，制限字数内におさめるには，「良妻賢母」という語句を使って簡潔にまとめたい。

史料からはいくつかの論点が見つかるので，制限字数内におさめるのは難しい。箇条書きのような文章になってしまったとしても，史料読解から得られた論点をすべて盛り込むことを優先したい。

Ⅱ　解答

問1. D　**問2.** C　**問3.** B　**問4.** A　**問5.** A
問6. D　**問7.** B　**問8.** E　**問9.** E　**問10.** D

解説

《古代～近代ジェンダー史》

問1. D．正文。氏人の家々に隷属する人々はヤツコと呼ばれる。

A．誤文。姓は居住地名を表したものでも自ら名乗るものでもなく，家柄や地位を示す称号として大王が諸豪族に授けた。

B．誤文。氏は血縁を中心に構成された同族集団である。

C．誤文。大伴氏・物部氏は大連である。大臣には蘇我氏などがいた。

E．誤文。天皇という称号が用いられるのは7世紀ごろからと考えられている。

問2. C．正文。戸籍の性別などを偽る行為（偽籍）は，男性が女性と偽って，調・庸・雑徭の負担を逃れようとしたことから横行した。

A．誤文。良民と賤民の婚姻は禁じられた。

B．誤文。庚午年籍は天智天皇のもとで作られた。永久保存とされたが現存していない。

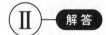

D．誤文。官有の賤民には良民と同面積の口分田が支給され，私有の賤民には良民の3分の1が支給された。

E．誤文。戸籍とは別に，調・庸の徴収などの基本台帳として計帳が毎年作成された。

問3． B．正文。藤原冬嗣の子である藤原良房は，娘の明子と文徳天皇との間に生まれた清和天皇が9歳で即位すると，外祖父として権力をふるい，866年の応天門の変を機に正式に摂政となった。

A．誤文。藤原氏は天皇の義父となることよりも，娘と天皇との間に生まれた孫を即位させることで，外祖父として権力をふるった。

C．誤文。藤原氏は天皇の幼少期に摂政となって権力をふるった。院政は藤原氏ではなく，院（上皇）が天皇家の家長として実権を握る政治形態である。

D．誤文。藤原道長・頼通の時代に摂関政治は最盛期を迎えたが，頼通の娘寛子は天皇家に入内したものの皇子を生まなかった。

E．誤文。宇多天皇は菅原道真を重用したが，その後，道真は大宰府に左遷された。その後は醍醐天皇・村上天皇の時代を除き，摂政・関白を置くことが常態化していった。

問5． A．正文。女性の地位は，前後の時代と比べれば高かったとみられ，相続の際は，男性と同様に財産を分配されたり，女性が地頭や御家人となったりしていた。

B．誤文。一期分とは，本人一代限りでその死後は惣領に返す約束つきの相続のことであり，単独相続という意味ではない。

C．誤文。結婚形態は嫁入婚が一般的となった。

D．誤文。結婚後の居住形態は，妻が夫の家に住む夫方居住婚が多くなった。

E．誤文。幕府との主従関係は惣領が中心となっていたため，幕府の恩賞が武士の妻を含めた個人ごとに分配されたわけではない。

問7． B．正文。太閤検地では一地一作人を原則としたため，荘園などにみられた一つの土地に数人の者が権利を持つ複雑な土地関係は整理された。

A．誤文。豊臣秀吉は，土地の生産力を米に換算し年貢を定める石高制を採用した。

C．誤文。人掃令により，武家奉公人の百姓への転換が禁じられた。

D．誤文。一地一作人の原則を基礎としつつも，年貢は個人単位ではなく村ごとに納めた。

E．誤文。太閤検地では，検地奉行を派遣して全国的な土地調査をおこなった。

問8． E．正文。武家社会では男尊女卑が激しく，女性の心構えとして三従の教えが伝えられた。

A．誤文。名子・被官・譜代などは中世の隷属農民が近世にも残って本百姓に隷属したと考えられており，近世の賤民の呼称である非人とは異なる。

B．誤文。町の上下水道の整備や城郭や堀の清掃，防火など都市機能維持の夫役を担ったのは，武士ではなく町人である。

C．誤文。水呑百姓とは，検地帳に登録されるべき田畑を持たない百姓のことである。

D．誤文。城下町は，武家地が面積の大半を占め，武家地の外側に町人地・寺社地が配されることが多かった。

問9． E．正文。年貢などの諸負担は，村ごとに責任を負って領主に納めた（村請制）。

A．誤文。近世の農業では，狭い耕地に労働を集中的に投下し，生産力が高かった。

B．誤文。干拓や開墾が成功し，耕地面積が増えて新たな村落が生まれることもあった。

C．誤文。田植えや稲刈り，収穫，屋根葺きなどの共同労働は，結・もやいなどと呼ばれる。

D．誤文。四木（漆・茶・楮・桑）三草（藍・紅花・麻）をはじめ，商品作物はさかんに作られていた。

問10． D．正文。新民法は一夫一婦制をとり，重婚を禁止した。

A．誤文。ボアソナードが起草した民法は，激しい批判と議論の結果，施行延期となり，1896年から1898年にかけて大幅に修正して施行された。

B．誤文。穂積八束らが旧民法を激しく批判し，梅謙次郎はボアソナードが起草した旧民法を支持した。

C．誤文。旧民法はフランス法をモデルとして起草された。

E．誤文。男女同権の民法へと改正されたのは，第二次世界大戦後の1947年である。

Ⅲ　解答　問1．B　問2．C　問3．B　問4．C　問5．E
問6．D　問7．B　問8．E　問9．D　問10．C

解説

《近代国家体制の整備》

問1． B．正文。版籍奉還の版は領地，籍は領民を指すため，版籍奉還とは藩主が領地と領民を天皇へ返上することを意味した。

A．誤文。戊辰戦争後も，諸藩では各大名が統治する体制が存続していた。

C．誤文。御親兵は，薩摩・長州・土佐の３藩から募った。

D．誤文。廃藩置県後，旧藩主である知藩事は罷免されて東京居住を命じられた。

E．誤文。廃藩置県によって1871年７月には３府302県となり，同年末に３府72県に整理し，1888年に３府43県となった。

問2． C．正文。版籍奉還の直後，政体書による太政官制は改められ，祭政一致の方針をとり，神祇官を太政官の外に置いた。

A．誤文。王政復古の大号令によって創設された三職とは，総裁・議定・参与である。

B．誤文。政体書は，太政官への権力集中のもとでの立法・行政・司法の三権分立を規定した。

D．誤文。廃藩置県後，神祇官を廃して神祇省に格下げした。

E．誤文。1875年，左院を廃して元老院が設けられたことから，三院制が1885年の内閣制度創設まで維持されなかったことがわかる。

問3． B．正解。長州藩出身の大村益次郎は新政府で兵部大輔となるが，徴兵制を進めたことなどから反対派士族に襲われて重傷を負い死亡した。その後は，山県有朋が兵部省の中心となった。

問4． C．正文。大隈財政のもとで1880年に工場払下げ概則が制定された。しかし，払下げが本格的に進むのは，この概則が廃止された1884年以降のことであった。

A．誤文。地租改正により，課税基準が地価となったため，米価変動による歳入への影響がなくなった。

B．誤文。1870年代末にはインフレーションが進行したため，政府の歳入は実質的に減少した。

D．誤文。国税収入における地租の割合が次第に低下したのに対し，酒税の割合が上昇し，所得税・相続税など他の税も新設されていった。

E．誤文。日露戦争の戦費の多くは，増税と内外債でまかなった。

問5． E．正解。萩の乱は，1876年に山口県萩で起きた前参議前原一誠ら不平士族による反乱である。1876年には熊本県で神風連（敬神党）の乱，福岡県で秋月の乱も起きている。

問7． B．正文。大日本帝国憲法において，天皇は大きな権限を持ったが，統治権は憲法の条規に従い，国務大臣や軍令機関の補佐のもとに行使されるとされた。

A．誤文。衆議院の解散や条約締結などは天皇大権であった。

C．誤文。大日本帝国憲法では議院内閣制を規定していない。

D．誤文。臣民と呼ばれた国民には，基本的人権が保障されず，法律の範囲内という制限つきの権利が認められた。

E．誤文。大日本帝国憲法は，ドイツ人の政府顧問ロエスレルの助言を得て起草された。

問8． E．正文。小学校の就学率は，1911年に約98％にまで達した。

A．誤文。1875年の時点では，男子の小学校就学率は40％程度であった。

B．誤文。教育令では，修業年限8年から最低16カ月に短縮した。授業料は有償だった。

C．誤文。1886年，文部大臣森有礼のもとで学校令が制定された。

D．誤文。教育勅語では，儒教的道徳思想を基礎に，天皇制の強化をはかった。

問10． C．正文。殖産興業を目的として，内務省の主催により，1877年に第1回内国勧業博覧会が上野で開催された。

A．誤文。殖産興業政策は，工部省と内務省を中心に進められた。

B．誤文。前島密の建議により郵便制度が導入された。

D．誤文。1889年に官営の東海道線が東京―神戸間の全線を開通した。

E．誤文。開港から昭和初期に至るまで，生糸をつくる製糸業は最大の輸出産業であった。

Ⅳ 解答

問1. D　**問2.** E　**問3.** C　**問4.** B　**問5.** A
問6. D　**問7.** B　**問8.** D　**問9.** A　**問10.** B

解説

《戦後の日本経済》

問1. D．正文。ドッジは日本経済が「竹馬の二本の足」に支えられているとし，自分の足で立つべきであると発言した。二本の足のうちの一つであるアメリカの経済援助には，アメリカが占領地の住民救済のために設けたガリオア資金などがあった。

A．誤文。片山哲内閣は，炭鉱国家管理問題で日本社会党内の左派と対立した。

B．誤文。シャウプは，直接税中心の税制を勧告した。

C．誤文。1ドル＝360円の単一為替レートは，1971年のドル=ショックによってブレトン=ウッズ体制が崩壊したことにより，維持できなくなった。

E．誤文。吉田茂内閣が推進した傾斜生産方式で資源・資材を集中的に配分したのは，石炭・鉄鋼である。

問2. E．正文。1960年，ワシントンで日米相互協力及び安全保障条約（日米新安全保障条約）が締結された。米国を訪問した岸首相は，アイゼンハワー大統領との会談の際に訪日を要請したが，安保反対運動の激化によって，本土来訪は中止せざるを得なくなった。

A．誤文。サンフランシスコ講和会議には，中華人民共和国・中華民国ともにまねかれなかった。また，ソ連・チェコスロバキア・ポーランドは会議に参加したが調印しなかった。

B．誤文。国際連合への加盟は鳩山一郎内閣の時に承認され，鳩山首相はこれを機会に退陣した。

C．誤文。岸信介内閣は，警察官職務執行法改正を計画したが，広範な反対運動にあい，審議未了となった。

D．誤文。日米新安全保障条約では，日本の防衛力増強義務が明記されたので，自衛隊は縮小ではなく増強が進んだ。

問3. C．正文。1949年に法隆寺金堂壁画が焼損したことをきっかけに，文化財の保存と活用をはかり，国民の文化的向上に貢献することを目的とした文化財保護法が1950年に制定された。

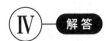

A．誤文。日本人で初めてノーベル生理学・医学賞を受賞（1987年）したのは，利根川進である。朝永振一郎は1965年にノーベル物理学賞を受賞した。

B．誤文。岩宿遺跡の発掘調査により，日本に旧石器時代の存在が確認された。

D．誤文。丸山真男は経済学者ではなく，政治学者・思想史家である。

E．誤文。『羅生門』は黒澤明監督の作品である。黒澤明は『羅生門』でヴェネツィア国際映画祭金獅子賞，『影武者』でカンヌ国際映画祭パルム=ドールを受賞した。溝口健二は『西鶴一代女』でヴェネツィア国際映画祭国際賞を受賞した。

問4． B．正文。神武景気（1955〜57年），岩戸景気（1958〜61年），いざなぎ景気（1965〜70年）と景気拡大が続くなか，日本のGNPは1968年に資本主義諸国の中で米国に次ぐ2番目の規模に達した。

A．誤文。特需景気の最初は，繊維や鋼材が中心だった。

C．誤文。池田勇人内閣が掲げた「国民所得倍増計画」では，勤労者の平均所得ではなく，国民所得を2倍に上昇させることをうたった。

D．誤文。農業基本法の制定により，米の価格が上昇した。

E．誤文。国際通貨基金（IMF）8条国に移行したことで，国際収支の不均衡以外ではなく，国際収支上の理由での為替管理ができなくなった。

問6． D．正文。1973年の第4次中東戦争を機にアラブ石油輸出国機構（OAPEC）が石油戦略を実施したことにより第1次石油危機が，1979年のイラン革命を機に原油価格が上昇したことにより第2次石油危機が発生した。

A．誤文。アメリカのニクソン大統領は米中関係の改善を通じてベトナム戦争の早期解決をはかり，訪中計画を発表した。

B．誤文。1971年にアメリカがドルと金の交換停止を発表したことで，西ドイツのマルクと日本の円が切り上げになったという影響はあったが，すぐに経済活動への直接的な影響があったわけではなかった。世界経済に大きな影響を与えたのは，1973年の第1次石油危機である。

C．誤文。ベトナム和平協定により，アメリカ・ソ連の双方ではなく，アメリカのベトナムからの撤兵が実現し，南北を統一したベトナム社会主義共和国が成立した。

E．誤文。中華人民共和国は1972年にアメリカと国交正常化交渉を開始し，1979年に国交正常化を実現した。日本は1972年に日中共同声明で日中国交正常化を実現し，1978年には日中平和友好条約に調印して，両国は武力による威嚇に訴えないことを確認した。

問8． D．正文。アジア・太平洋経済協力（APEC）は，1989年に東南アジア諸国連合（ASEAN）加盟6カ国，日本，韓国，アメリカ，カナダ，オーストラリア，ニュージーランドの計12カ国で発足した。

A．誤文。ニューヨークのプラザホテルでドル高是正の介入を決定したのは，先進5カ国財務相・中央銀行総裁会議（G5）である。

B．誤文。GATTのウルグアイ=ラウンドで，日本はコメ市場の完全開放ではなく，部分開放に踏み切った。

C．誤文。GATTのウルグアイ=ラウンドにより，日本は牛肉・オレンジの輸入自由化を定めた。

E．誤文。急速な円高に対応するため，日本企業は生産拠点を海外に移すようになり，日本の対外直接投資が急増した。

問9． A．正文。鈴木善幸内閣が設置した第2次臨時行政調査会は，東芝社長・経団連会長などを歴任した土光敏夫ら財界人を中心とし，「増税なき財政再建」を掲げた。国鉄など3公社の民営化を提案し，中曽根康弘内閣のもとで実現した。

B．誤文。日本国有鉄道が民営化され，JR旅客6社と1貨物会社に分割された。

C．誤文。消費税を導入したのは竹下登内閣である。

D．誤文。中央省庁等改革基本法は1998年に橋本龍太郎内閣が成立させ，森喜朗内閣時の2001年に中央省庁再編が実施された。

E．誤文。「聖域なき構造改革」を掲げ，道路公団・日本郵政公社の民営化を実現したのは小泉純一郎内閣である。

問10． B．正文。第1次石油危機が起こった1973年と第2次石油危機が起こった1979年をグラフで確認すれば，第2次石油危機のほうが経済成長率の低下が軽微であったことが確認できる。

A．誤文。東京オリンピック関連事業に刺激されたオリンピック景気が1963～64年にかけて続いたが，その反動不況が1965年にあった。それでもグラフでは6％前後の経済成長率が確認でき，マイナス成長ではない。

C．誤文。プラザ合意は1985年である。プラザ合意後は円高により輸出産業を中心に深刻な不況となったが，コンピュータと通信機器を利用した生産・流通・販売のネットワーク化など経済のソフト化が進んだことで経済成長率が回復に向かった。

D．誤文。バブル経済は1991年に崩壊し景気が後退したが，グラフからマイナス成長とはなっていない。

E．誤文。高度成長期のような急激な経済成長ではないものの，1976年に不況を脱した日本の緩やかな成長のことを安定成長と呼ぶ。グラフを見れば，2000年代の経済成長率が1976～78年の経済成長率の水準には及ばないことがわかる。

講評

大問数は4題。解答個数は2023年度と変わらず38問だった。選択問題が30問，記述問題が7問，論述問題が1問となっている。2023年度は年代配列問題が出題されなかったが，2024年度は首相就任の順序を問う問題が1問あった。文章選択問題は例年通りすべて正文選択問題であった。

難易度は例年並みである。Ⅰの史料読解と論述問題は2023年度よりは取り組みやすい出題であった。

Ⅰが近代の社会・政治，Ⅱが古代～近代の社会・政治，Ⅲが近代の政治・経済，Ⅳが現代の経済となっている。時代別では，近現代の割合が大きい。2022・2023年度は古代からの出題がなかったが，2024年度はⅡのテーマ史で古代から近代まで出題された。全時代の学習をしっかりしておきたい。分野別では，政治史・外交史・社会経済史・文化史から幅広く出題されている。

Ⅰ　『解放』『水平月報』『水平新聞』という3つの史料を読んで，差別や搾取に関する設問に答えることが求められた。問2・問6の記述問題と問8の論述問題は，3つの史料を読解し，理解していなければ解答できないが，読解に苦労するような史料ではなかった。

Ⅱ　古代～近代のジェンダーを主題としたテーマ史が出題された。教科書の学習範囲を逸脱したような難問はなく，ここでしっかり得点したい。

Ⅲ　近代国家体制の整備をテーマとして出題された。問６では，初代内閣の司法大臣が誰かまではわからなかったかもしれないが，江藤新平がこの時期に大臣をしていないことがわかれば解答は可能であった。

Ⅳ　戦後の経済史からの出題であった。問10では，基本的な知識とグラフの読み取りを組み合わせて解答する問題が出題された。

一部の選択問題では詳細な内容が問われる場合があるが，問題の多くは教科書の内容を基礎として出題されている。近現代史を中心に，教科書の範囲内で解ける問題を取りこぼさないように学習することを心がけたい。

世界史

I 解答

1－C　2－C　3－A　4．（設問省略）　5－D
6－B　7－C　8－B　9－B　10－D

解説

《アレクサンドロス大王関連史》

1．(ア)誤文。マケドニアのフィリッポス2世はカイロネイアの戦い（前338年）でアテネ・テーベ連合軍を破ってギリシア世界を制圧，翌年コリントス同盟を結成した。

(イ)正文。

2．(ア)誤文。アレクサンドロス大王はイッソスの戦い（前333年）でペルシア軍を破ったのちエジプトに入った。また，エジプト新王国（前1567～前1085年）はこの時点では存在していない。

(イ)正文。

5．(ア)誤文。クレオパトラ（クレオパトラ7世）はプトレマイオス朝（前304～前30年）最後の王。

(イ)誤文。イギリス・フランスとの密約に従って，スエズ運河国有化を阻止するための作戦（第2次中東戦争・スエズ戦争：1956年）に参加したのはイスラエルである。

6．(ア)正文。

(イ)誤文。ビン=ラーディンはサウジアラビア出身で，彼が組織したのはアルカイーダ。ターリバーンはアフガニスタンのイスラーム原理主義組織で，1996年に政権を掌握したが，アメリカ同時多発テロ（2001年）の実行者とされるビン=ラーディンを保護したことを理由にアメリカの攻撃を受けた。

7．(ア)誤文。レーニンはボリシェヴィキ（ロシア社会民主労働党左派）の指導者。また，ロマノフ朝の皇帝ニコライ2世が退位したのはロシア二月革命（1917年3月：ロシア暦2月）である。

(イ)正文。

8．(ア)正文。

(イ)誤文。セルジューク朝の勢力拡大を危惧したビザンツ皇帝が助けを求めたのはローマ教皇。これを受けた教皇ウルバヌス２世がクレルモン宗教会議で十字軍を提唱した（1095年）。

9．(ア)正文。

(イ)誤文。ムハンマド=アリーは，ナポレオン軍と戦うためオスマン帝国によってエジプトに派遣されたアルバニア傭兵隊の将校であった。

10．(ア)誤文。四国同盟はロシア・イギリス・オーストリア・プロイセン間で結成された（1815年）。

(イ)誤文。カージャール朝とトルコマンチャーイ条約（1828年）を結んだロシア皇帝はニコライ１世である。

Ⅱ　解答

設問1．B　**設問2．**紅巾の乱　**設問3．**C
設問4．D　**設問5．**A　**設問6．**C　**設問7．**A
設問8．B　**設問9．**A　**設問10．**D

解説

《漢～宋代の中国》

設問2．紅巾の乱（1351～66年）は元末期に起こった白蓮教徒を中心とする宗教的農民反乱で，白蓮教徒の乱とも呼ばれる。

設問3．A．誤文。郷挙里選は地方長官が郷里の有徳者を中央に推薦する制度。

B．誤文。九品中正は中央政府に任命された中正官が，その地方の評判をもとに人材を９品等に評価して中央に報告，中央がそれに基づいて官職を与える制度。

D．誤文。宋代には科挙を受験・合格できるのは経済力のある家の者となり，新興地主・富商階級の子弟が官僚になる傾向が強まった。

設問4．A．誤文。雲崗・竜門などの石窟寺院は北魏時代に造られ始め，北朝で継承された。

B．誤文。北魏時代に道教を大成し，教団組織を確立した寇謙之は太武帝を動かして廃仏を行わせた。

C．誤文。特に禅宗は宋代より守成期に入った。

設問5．B．誤文。六部のうち農部が誤りで，正しくは工部。

C．誤文。明代，六部は皇帝直属の機関とされた。

D．誤文。軍機処は雍正帝が臨時に設けたのが始まりで，のち常設機関となり，内閣大学士に代わる政務の最高機関となった。

設問6． やや難。A．誤文。唐代前期に行われていた租調庸制において，労役や軍役に従事する義務（庸）は，綿布や麻布の代納も可能であった。

B．誤文。両税法は夏・秋2回，それぞれ冬作（麦）田，夏作（粟・稲）田に課した税を徴収する税法。

D．誤文。地丁銀制の成立によって人頭税は消滅した。

設問7． B．誤文。宋代には皇帝の親衛軍（禁軍）を中央に置き，地方には廂軍という州兵を配置した。

C．誤文。衛所制は兵役を負担する軍戸で編成される兵制。里甲制は税役を負担する民戸で編成される村落組織である。

D．誤文。緑営は旧明軍を改変して組織された清の正規軍で，おもに治安維持や外征を担当したが，漢軍八旗には編入されていない。

設問9． B．誤文。元朝で使用された紙幣の交鈔は政府が発行したもので，偽造する者は死刑とされた。

C．誤文。北虜南倭に直面した明は海禁を緩め，それにともなって日本の銀やメキシコ銀が流入した。

D．誤文。清朝は中国支配を確立すると海禁を解除，生糸や陶磁器・茶などが輸出され，中国に銀が流入した。

設問10． A．誤文。琉球は島津氏に服属したのち清朝とも冊封・朝貢関係を続けた（両属体制）。

B．誤文。朝鮮は1637年に清に服属したが，「訓民正音」が制定されたのはそれ以前，世宗時代の1446年のことである。

C．誤文。ベトナム北部が誤り。清朝は清仏戦争（1884～85年）の講和条約である天津条約で，ベトナム北部以外にも中部（アンナン）に対するフランスの保護権を認めた。この結果，フランスはコーチシナ・アンナン・トンキンとカンボジアからなるフランス領インドシナを成立させた（1887年）。

Ⅲ　解答

ア． プリニウス　**イ．** オウィディウス
ウ． ミケランジェロ　**エ．** アンリ4世

設問1． ⒜愚神礼賛　⒝ユートピア　**設問2．** B　**設問3．** （設問省略）

設問4． C　**設問5．** C　**設問6．** B

解説

《ヨーロッパの宮廷画家》

イ． オウィディウスは作品が風俗を乱すとして罪に問われ，アウグストゥスによってローマから追放された。

エ． アンリ4世はユグノー戦争中（1562～98年）に即位してブルボン朝を開いた（1589年）。その後，ユグノーからカトリックに改宗し，ナントの王令を発してユグノーの権利を認め（1598年），戦争を終結させた。

設問1． (b) 『ユートピア』を著したトマス=モアは大法官としてヘンリ8世の離婚に反対，処刑された。

設問2． A．誤文。ヘンリ7世（位1485～1509年）は，マルティン=ルターが「九十五カ条の論題」を発表した1517年には死去している。

C．誤文。一般祈祷書が制定されたのはエドワード6世時代のことである（1549年）。

D．誤文。ケープ植民地はオランダが建設した（1652年）。その後，ナポレオン戦争中にイギリスが占領し，ウィーン会議（1814年）で，正式にイギリス領となった。

設問4． A．誤文。ヴェネツィアは14世紀後半，ジェノヴァとの覇権争いに勝利した。

B．誤文。ロンバルディア同盟はミラノを中心にイタリア北西部の諸都市が結成した同盟。ヴェネツィアはイタリア北東部，アドリア海の北岸に位置する。

D．誤文。ヴェネツィアは1866年，イタリア王国に併合された。「未回収のイタリア」はトリエステ・イストリア・南チロルなどである。

設問5． やや難。A．誤文。トリエント公会議（1545～63年）では聖像の使用は認められたが，贖宥状の販売は禁止された。

B．誤文。聖書を重視し，予定説を唱えたのはカルヴァン。

D．誤文。古典主義演劇は17世紀のフランスで開花した。

設問6． A．誤文。ナントの王令を廃止したのはルイ14世（1685年）。

C．誤文。1830年にアルジェリア遠征を行い，七月革命で亡命したのはシャルル10世である。

D．誤文。ヴェルサイユ条約の結果，ラインラントはドイツ領にとどまったが，ライン川西岸は連合軍が保障占領（15年間），右岸は非武装地帯と定められた。

Ⅳ 解答 20世紀に入ると合衆国は積極的な海外進出を開始，セオドア=ローズヴェルト大統領は棍棒外交によって中南米諸国に武力干渉し，パナマ運河建設に着手するなどカリブ海政策を推進した。続くタフト大統領は中南米や中国に対して経済的な干渉・進出を図るドル外交を展開し，さらに次のウィルソン大統領はアメリカの民主主義の理念を広めるという宣教師外交のもとメキシコ革命に干渉した。彼は第一次世界大戦では初め中立を宣言したが，1917年，協商国側に立って参戦した。しかし，戦後の合衆国では米欧間の相互不干渉に基づく孤立外交が復活した。(220字以上260字以内)

解説

《20世紀初頭におけるアメリカ合衆国の外交政策》

モンロー主義的な外交政策とは，1823年のモンロー教書が主張した米欧間の相互不干渉に基づく孤立主義外交のこと。解答では20世紀に入り積極的な海外進出が始まり，第一次世界大戦後には再び孤立主義が復活するまでの過程を，各大統領の外交政策を通して述べる。

なお，セオドア=ローズヴェルトからウィルソンに至る各大統領の外交政策は以下の通り。

- セオドア=ローズヴェルト大統領（第26代：任1901～09年 共和党）

→棍棒外交：軍事力を背景に合衆国の外交を有利に進めようとする政策で，パナマ運河地域を獲得したほか，ベネズエラへの干渉などを行った。

- タフト大統領（第27代：任1909～13年 共和党）

→ドル外交：軍事力に代え経済的な手段を用いて海外進出を図ろうとする政策で，カリブ海・中南米・中国に対して行われた。

- ウィルソン大統領（第28代：任1913～21年 民主党）

→宣教師外交：アメリカの民主主義の理念を広めるという考えに基づく政策で，メキシコ革命に干渉した。

第一次世界大戦への対応：中立を宣言したが英仏に資本を投下，1917年にドイツが無制限潜水艦作戦に踏み切ると協商国側に立って参戦した。

大戦後の状況：大戦中に十四カ条を発表したウィルソンは，戦後パリ講和会議に参加したが，合衆国では孤立主義外交が復活し，上院がヴェルサイユ条約の批准を拒否し，国際連盟にも加盟できなかった。

講評

Ⅰ アレクサンドロス大王に関連する事項を問う大問。それぞれの事項についての正誤の組み合わせを判断する形式になっている。文章に一部詳細な内容が含まれるものもあるが，全体としては比較的判断しやすい文章が多い。

Ⅱ 漢～宋代の中国に関する大問で，設問の選択肢の中には元～清代に関するものも含まれる。下線部に対する設問のみで構成されており，語句選択，語句の記述，正文選択からなっている。正文選択は文章に詳細な記述・表現が複数含まれるものが多く，比較的難度の高い問題になっている。

Ⅲ ヨーロッパの宮廷画家をテーマに中世以降の政治・文化について問う大問。リード文の空欄にあてはまる語句の記述と下線部に対する設問で構成されており，設問は語句の記述と正文選択である。空欄と語句の記述は標準的なレベルである。正文選択では設問5が選択肢の文章に詳細な内容が含まれるものが複数あるが，他の設問は正誤の判断がしやすいものになっている。

Ⅳ 20世紀初頭におけるアメリカ合衆国の外交政策の特徴について説明する論述問題。2023年度は使用する年号が5つ指定されたが，2024年度は使用するのは語句で，3つ指定されている。そのうち棍棒外交は標準的なものであるが，ドル外交はやや詳細といえる。また，第一次世界大戦については戦後，孤立主義が復活するところまで触れること。各大統領の政策をコンパクト（220字以上260字以内）にまとめる必要があるので，時間配分を考えて取り組む必要がある。

地理

I　解答

問1．B　問2．B　問3．D
問4．D（Aも可）※　問5．A　問6．（設問省略）
問7．C　問8．（設問省略）　問9．C　問10．D

※問4については，正解とすべき選択肢が複数存在したため，正解とすべき複数の選択肢を正解とする措置が取られたことが大学から公表されている。

解説

《USMCA 3カ国の地誌》

問1． Bが正解。A.「フロリダ」は1819年にスペインより買収，C.「テキサス」は1845年に併合，D.「ミシガン」は1783年にイギリスから割譲された。

問2． B．誤文。2000年代に流入した移民の半数以上はヨーロッパ諸国の出身者ではなく，中南米・アジア諸国出身者である。ヨーロッパ諸国の出身者は1割にも満たない。

問3． D．誤文。農林水産業で働くヒスパニックの割合はアフリカ系・アジア系よりも高い。

問4． A．誤文。アメリカ合衆国の「2017年の人口100人当たりの自動車保有台数」は81.1台で86台を超えていない。

D．誤文。2020年の大統領選挙ではミシガン・ウィスコンシンの両州ともバイデンが制した。また，共和党への支持が強い州を「レッドステート」と呼び，民主党への支持が強い州は「ブルーステート」と呼ぶ。

問5． A．誤文。アリゾナ州の先端技術産業集積地域は砂漠が広がっていることから「シリコンデザート」と呼ばれている。

問7． C．正文。

A．誤文。オンタリオ州は約7割が英語系住民である。

B．誤文。首都はオタワである。

D．誤文。人口は国の東側のアメリカ合衆国との国境線に集中している。

問10． D．正文。

A．誤文。日本の2016年の鉄鉱石輸入先1位はオーストラリアである。

B．誤文。日本の対米輸出額は減少している。

C．誤文。2020年代の日本の農林水産物輸入額が最も高い国はアメリカ合衆国，2位が中国，3位がカナダである。

Ⅱ 解答 **問1．** C **問2．** E **問3．** D **問4．** A **問5．** D

問6． 1970年代の減反政策と食生活の多様化による米消費量の減少に農家の高齢化と後継者不足で農家数が減少したことが要因である。(60字以内)

問7． B **問8．** A **問9．** A

解説

《世界と日本の農業》

問1・問2． ①インドは緑の革命により，米の生産量も増加し自給率が高い。生産量も世界2位で輸出もみられる。

②中国は大豆の生産国だが，需要に追い付かず自給率が低く，南アメリカ諸国から多く輸入している。

③アメリカ合衆国は穀物の自給率が高く，世界各国へ輸出している。とうもろこし・大豆の世界的生産国でもある。

④ナイジェリアは国土の大部分が熱帯気候で小麦栽培には向いておらず，キャッサバなどの，いも類の栽培が多い。

⑤ブラジルは気温が高い国土で，小麦栽培はさかんではない。大豆は1990年代以降に生産が拡大し，世界的な生産国であり輸出国となっている。

問7． Bが正解。供給熱量（カロリー）ベースの食料自給率は，単位重量あたりの熱量が高い小麦・とうもろこしのような穀物などの食料の影響が大きい。生産額ベースの食料自給率は，野菜・果実など単価が高い食料の影響が大きい。日本はカロリーベースの食料自給率は低いが，生産額ベースの食料自給率は高い傾向にある。

問8． A．正文。宮崎県は促成栽培や畜産業がさかんであることから，生産額ベース自給率が高い。

B．誤文。長野県は山地が多く穀物生産が行いにくいので，山形県のほうがカロリーベース自給率は高い。

C．誤文。青森県はりんごなど果実の生産が多いので，生産額ベース自給率が高い。

D．誤文。千葉県は野菜・畜産物の生産が多いことから，生産額ベース自給率が山口県より高い。

III　解答　**問1．**(1)―D　(2)―A　(3)―B　(4)―B　(5)―A　(6)―B

問2． B　**問3．** D　**問4．** D　**問5．** C

解説

《北前船寄港地と日本地誌》

問1．(1)　Dが正解。「花崗岩層を中心とする山脈」は六甲山地のことである。大輪田泊から神戸市と判断する。

(2)　Aが正解。「半島に位置」していることと，北西に山地があることから男鹿市と判断する。

(3)　Bが正解。「北方の水産資源や広大な森林資源を活用した交易」と「江戸時代，北方警備の重要性」から現在の北海道と考え，江戸時代の城跡があることから松前町と判断する。

(4)　Bが正解。「東側と西側を半島に囲まれ，沿岸はリアス海岸」であることから若狭湾と考え，小浜市と判断する。

(5)　Aが正解。「陸繋砂州上」にあることから函館市と判断する。「山地」は陸繋島の函館山のことである。

(6)　Bが正解。「綿花やい草の栽培などが江戸時代にさかん」になったのは，干拓が行われ，塩分に強い作物として栽培されたからである。現在も学生服やジーンズの生産などで有名な倉敷市と判断する。

問2． B．誤文。阿賀野川は新潟県に河口がある河川で，山形県の酒田市とは関係がない。正しくは最上川である。

問3． Dが正解。港湾の後背地の工業や人口規模から判断していく。

①金沢港。後背地に北陸の中心都市金沢が位置し，また，小松市などで建設機械や電子工業などがさかんであることが影響し，輸出額は4港の中で最も大きい。

②新潟港。後背地に中核都市新潟が位置する。新潟は石油産業の伝統があり，輸入額が大きいのはその材料となる資源輸入によるものである。

③浜田港。4港の中で後背地の人口・産業規模が最も小さいことから輸出

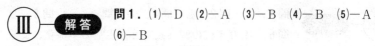

額が最も低いと判断する。
④函館港。造船所があり，船舶が輸出額の大半を占める。
問4． Dが正解。4都市を都市階層で考えると，大阪市は西日本の中心都市で，神戸市は人口規模が大きいものの，大阪の衛星都市的性格をもつ。大阪市と神戸市を比較すると大阪市のほうが中心性をもっている。鳥取市は県庁所在地で中心性があるのに対して，小樽市は札幌まで約40kmの距離があり，衛星都市的性格をもつ。以上を踏まえると，まず，人口増減率もプラスで，他市区町村からの通勤者比率が100％を超える②が大阪市である。次に，①は他市区町村との相互的な通勤者の移動がみられるので，大都市に隣接する神戸市と判断できる。残る③と④については，他市区町村への通勤者比率が小さく，かつ人口増減率が大きい③を鳥取市と考える。
問5． Cが正解。
②石川県。多くの温泉地などのほか，城下町金沢が古い建築物や伝統工芸，東京と関西の中間地点であることなどから訪日外国人客に人気がある。
④新潟県も多くの温泉地のほか，スキー場が多くあり，訪日外国人客に人気が出てきた。
①福井県，③富山県。

Ⅳ　解答

問1． C　**問2．** シエラネヴァダ山脈　**問3．** D
問4． C　**問5．** B
問6． 屋久島では付近を流れる黒潮からの多湿な空気を含む風が中央の高山にあたって上昇し雨雲ができやすく降水量が多い。平地が多い種子島はこの現象が起こりにくいため。(80字以内)
問7． 根室海峡　**問8．** B　**問9．** D

解説

《自然保護と観光》

問1． Cが正解。イエローストーン国立公園は中西部のロッキー山脈に位置するが，インディアナ州は五大湖南岸に位置している。
問3． Dが正解。ガラパゴス諸島はエクアドルが領有していることから，首都はキトである。
問4． Cが正解。1972年にUNESCO（国連教育科学文化機関）総会で採択された世界遺産条約（略称）に基づき世界遺産委員会の審査を通じて世界遺産に登録される。

問6． 屋久島には九州一の高山である宮之浦岳がある。暖流のもたらす多湿な空気が山地斜面にあたって日本有数の多雨地域となっている。

問8． Bが正解。地形図中の計曲線が50mごとに引かれていることから，縮尺は2万5千分の1と判断する。長さ1cmが250mを表すので，地図上の8mmは200mとなる。

問9． Dが正解。問8の注1で述べられているように，日本では一部の地域を除いて磁北が真北より西側にある。したがって，羅臼岳山頂から磁北線上に三ツ峰山頂と同距離となるA点は三ツ峰山頂より西側に位置する。羅臼岳山頂を中心とした円を描いて三ツ峰山頂より西側の円弧状にA点が位置することから，三ツ峰山頂からA点を見ると北西に位置することになる。

講評

Ⅰ　北アメリカ大陸のUSMCA締結国に関する歴史・人種民族・社会・気候・産業・貿易などが幅広く出題された。いずれも基本～標準レベルの設問である。正文・誤文の選択問題を中心に構成されている。問3は州別の1人あたりの年間所得のような教科書などで通常目にしない内容が問われたが，消去法で対応が可能である。統計表は用いられていないが，各所に統計数値に基づいた内容がみられる。

Ⅱ　世界と日本の農業について，統計数値を用いて，自給率・農業生産性・生産量などが出題された。1では統計表の国名が判断できないと問3～問5に影響が出るので慎重に対処したい。問6では日本の水稲作付面積の減少を政策・社会変化から論述させている。事象について複合的要因を踏まえて考えることが必要である。問9ではRCEP協定が問われており，近年の経済協力関係や社会の問題についての理解が問われた。

Ⅲ　北前船寄港地・船主集落から日本地誌が出題された。中学校の日本地誌学習を復習しておきたい。問1は短文から自治体を選択する問題で，日本地誌についてさらに深い知識が必要となる。問2は難しく感じるが，基本の河川名と位置から判定したい。問4は都市の階層性に着眼して統計を読むことが大切である。

Ⅳ　自然保護と観光に関するリード文から，地誌・世界遺産・自然・地形図読図と幅広く出題された。問１・問２のアメリカ合衆国の国立公園の位置は難度が高い。問６では２島の地形の違いと地形性降雨との関連を考えさせる論述問題が出題された。問８・問９は偏角といった用語に戸惑うかもしれないが，文章を丁寧に読み，問われている内容を考えたい。

政治・経済

I 解答

設問1．1． ロシア　**2．** 資源　**3．** 環境開発会議
4． ミレニアム開発目標〔MDGs〕
5． 出入国管理及び難民認定法〔入管法〕
設問2． D　**設問3．** A　**設問4．** B　**設問5．** A　**設問6．** A

解説

《G7サミットをめぐる国際情勢の変化と日本》

設問1．1． ロシアは，2014年3月，ウクライナのクリミア半島を自国に編入したことによって，サミットから参加を停止された。サミットは，1975年にフランスのランブイエ=サミットより始まり，当初，米・英・仏・旧西独・日・伊の6カ国であったが，翌年カナダが加わりG7サミットとなり，1997年のデンバー=サミットからはロシアが参加し，翌年からはG8サミットとなった。

2． 資源ナショナリズムは，資源保有国が主張する，資源の保有・開発・利用などに対する民族的主権の考え方や運動をいう。第一次石油危機は，メジャー（国際石油資本）に支配された石油利権に対する産油国側の反発というだけでなく，そこには資源ナショナリズムによる民族的主権の回復という主張があった。

5． 出入国管理及び難民認定法（入管法）は，出入国管理のほか，日本での在留資格や不法滞在，難民の認定手続きなどに関して定められている。

設問2． D．正文。地球サミット以降の地球温暖化防止条約締約国会議では，先進国と途上国の間に対立が目立つようになった。そのため，1997年の京都会議では発展途上国に対する規制は見送られたが，2015年のパリ会議では，初めて先進国と発展途上国が共通の長期目標とその達成に向けた「共通の責任」を確認し共有することになった。

A．誤文。国連人間環境会議での決議に基づいて，1972年，国連は地球環境活動の調整機関として国連環境計画（UNEP）を設置した。

B．誤文。国連人間環境会議は1972年にスウェーデンのストックホルムで開催され，「かけがえのない地球」をスローガンとして打ち出した。

C．誤文。1987年，環境と開発に関する世界委員会が，報告書『我ら共有の未来』の中で，今生きている世代は，生まれてくる世代に対しても，資源や環境を保全し，その生存の条件を確保する責務を負う「持続可能な開発」という考え方を提唱した。

設問3． A．正文。1955年11月の保守合同による自由民主党の結成は，前月に行われた日本社会党の再統一に対抗するためであった。この結果，自民党が優位の55年体制（1と2分の1政党制）が成立した。

B．誤文。55年体制下では，保守，革新の二大政党間の政権交代はなかった。

C．誤文。細川護熙内閣は民主党ではなく，日本新党など7党1会派連立内閣である。

D．誤文。1994年に成立した政治改革4法は，改正公職選挙法，衆議院議員選挙区画定審議会設置法，改正政治資金規正法，政党助成法である。

設問4． B．正文。湾岸戦争において日本は，米国を中心とする多国籍軍に130億ドルを拠出したが，人的貢献がなかったとして国際社会から「小切手外交」と批判された。

A．誤文。1991年の湾岸戦争時，日本はバブル経済の余波で財政状況はよかった。多国籍軍への拠出金によって日本の財政が悪化した事実はない。

C．誤文。PKO協力法は，正式には「国際連合平和維持活動等に対する協力に関する法律」である。協力は国連の平和維持軍のみに限定していない。

D．誤文。PKOへの自衛隊の初派遣先は，イラクではなく，カンボジアやアンゴラであった。

設問5． A．正文。1992年以降の政府開発援助大綱はODA大綱とも呼ばれる。なお，日本は，政府開発援助（ODA）で1989～2000年の十数年間，世界最大の援助国であった。

B．誤文。2003年のODA大綱は，発展途上国の自助努力支援，人間の安全保障の確保などを基本方針としており，「テロとの戦争」に関する言及はない。

C．誤文。2015年，政府は，政府開発援助大綱（ODA大綱）を開発協力大綱と改め，開発協力は「国益の確保」「非軍事分野での他国軍の支援」「民間投資との連携」などに貢献すべきことが明記された。

D．誤文。2023年5月のG7広島サミットの後，同年6月に「大綱」の改定が行われたが，G7議長国のリーダーシップに関する言及はない。

設問6． A．誤文。図表1から，米国のODAの供与額は，対GNI比0.7％の基準に満たない0.17％であり，米国の経済規模に照らして考えると大きくはないことがわかる。

Ⅱ 解答

設問1． **1．** プラスチック **2．** カーボン
3．（設問省略） **4．** 3 **5．** 地方分権一括

設問2． B **設問3．** C **設問4．** A **設問5．** C **設問6．** B

解説

《環境問題と日本の税制》

設問1． **1．** プラスチック製のレジ袋有料化は，プラスチックごみの減少を目的としており，全国一律に2020年7月から実施された。

2． カーボンニュートラルとは，二酸化炭素やメタンガスなどの温室効果ガスの人為的排出と吸収を均衡させ，その排出量を実質ゼロに抑制することである。

4． 三割自治は，かつて自治体事務の歳入に占める自主財源の割合が3割であったことから，地方が財政的に国に依存している状況を指す言葉である。

5． 地方分権一括法は，地域の自主性および自立性を高めるための改革を総合的に推進するための一連の法律である。これにより，機関委任事務は廃止され，自治体の事務は自治事務と法定受託事務に再編された。

設問2． B．正文。中国は，太陽光発電の設備容量では2020年時点で世界第1位で，全世界の3分の1を占めており増加率も高い。

A．誤文。日本政府は原子力発電の廃止を掲げていない。また，脱炭素社会やカーボンニュートラル実現に原子力は寄与すると考えられている。

C．誤文。資源エネルギー庁によると，2016年の日本の地熱資源量は世界第3位であるが，発電の普及率は世界第10位となっており，地熱発電が普及しているとはいえない。

D．誤文。農産物の残留物などの廃棄物による発電エネルギーはバイオマスエネルギーであり，再生可能エネルギーに分類される。

設問3． C．正文。環境税は，利用者・消費者（租税負担者）と事業者

(納税者) が異なるので，消費税と同じく間接税である。

A．誤文。環境税は，地球温暖化による外部不経済を内部化する機能をもつ。

B．誤文。化石エネルギー消費による環境税が低所得者に重い負担をかけるようであれば逆進的である。

D．誤文。供給曲線は，環境税の増税によって右ではなく，左にシフトする。

設問4． A．正文。生活困窮者自立支援法は生活困窮者の自立の促進を図ることが目的。

B．誤文。厚生労働省「生活保護制度の現状について」によると，65 歳以上の生活保護受給者の割合は受給者全体のほぼ半数を占めている。

C．誤文。政策分野別社会支出の構成割合（2018 年度）において日本の高齢者向け支出は国際的平均より高い。

D．誤文。生活保護は社会保険にあたらない。

設問5． C．正文。地球温暖化対策税は，石油・天然ガスといったすべての化石燃料の利用に対し，CO_2 排出量などの環境負荷に応じて課税するものである。図表3を見ると，日本の環境関連税収の対 GDP 比は OECD 平均と比べてやや低いため，国際的に見て低い水準にある。

A．誤文。図表2を見ると，間接税（＝消費税）の割合は低下しておらず，増加している。

B．誤文。図表2を見ると，一般会計税収は，2018 年以降，バブル崩壊前の水準を超えることが多くなった。

D．誤文。図表3を見ると，日本の環境関連税収の対租税収入の比率は，OECD 平均と比べても高い。したがって，日本の当該の比率は国際的に見て低い水準にあるとはいえないうえ，フランスのそれより高い。

設問6． B．正文。地方消費税は消費税の一部である。1997 年に 1％（消費税 5％）で導入され，2014 年に 1.7％（消費税 8％），2019 年に 2.2％（消費税 10％）と消費税率の引き上げに合わせて引き上げられた。

A．誤文。相続税は国税である。

C．誤文。地方債の資金の一部は，財政投融資の種類である財政融資によって調達される。特殊法人などが必要な資金は財投債や財投機関が発行される政府保証債などで運用される。

D．誤文。マイナンバーカードを返納したからといって住民税の申告の必要がなくなることはない。

Ⅲ 解答 **設問1．1．**企業向けサービス価格指数　**2．**2
3．金融システム　**4．**最後の貸し手

設問2．B　**設問3．**デフレスパイラル　**設問4．**C．　**設問5．**D
設問6．B　**設問7．**C

解説

《物価の安定と日本銀行》

設問1．2．日銀は，2013年以降，「物価安定の目標」を消費者物価上昇率2％に定め，その目標を達成するまで金融緩和を続けるという金融政策を掲げた。

3．「信用秩序の維持に資すること（日本銀行法第1条）」とある。すなわち，金融システムの安定に貢献することは，物価の安定を図ることと並ぶ日本銀行の目的の一つである。

4．最後の貸し手としての機能とは，信用秩序の維持（金融システムの安定）のために金融機関に緊急融資を行う機能である（日本銀行法第38条）。

設問5．D．誤文。1989年の消費者物価は，円高の影響によって輸入価格が安くなり，安定的に推移した（消費者物価指数は3％強）。資産インフレのバブル経済によって地価や株価などは高騰したが，バブル経済は消費者物価に深刻な影響を与えなかった。

A．正文。1999～2003年の消費者物価の下落は，デフレスパイラル（価格破壊と不況の悪循環）の様相を呈した。この時期の消費者物価指数は，ほぼ－1％～0％で推移した。

B．正文。ロシアによるウクライナ侵攻の影響は世界中にエネルギー価格の上昇と食料品の値上げ（特に小麦価格の上昇）をもたらした。2022年の日本の消費者物価指数は3.0％，41年ぶりの物価高騰をもたらした。

C．正文。第一次石油危機後の1974年は狂乱物価であった。1974年の消費者物価指数は23.2％，その前後の年の消費者物価指数も10％を超えた。

設問6．B．正文。日本銀行は日本銀行法によって設立された認可法人で，株式の55％を日本国政府が保有している。

A．誤文。日本銀行の創設は明治15年（1882年）である。

C．誤文。日本銀行の出資者には経営参加権が認められていない。

D．誤文。1998年の日本銀行法の全面改正の理念は，「独立性」と「透明性」の向上であった。後者は金融政策決定会合の議事要旨の公開と国会報告等の充実が主な内容になっている。

設問7． C．正文。預金利息の付かない普通預金と当座預金のような決済用預金は，銀行が破綻しても全額が保護される。通常の銀行預金では預金者保護の上限は元金1000万円とその利子に限定される。

A．誤文。普通預金や当座預金は預金通貨である。

B．誤文。金融機関の預金は日本銀行普通預金ではなく，日本銀行当座預金である。

D．誤文。定期性預金は普通預金に比べ，金利が高く設定されている。

Ⅳ　解答

設問1． **1．** 赤外
2． 気候変動枠組〔地球温暖化防止〕　**3．** ブッシュ
4． 世界金融　**5．** 避難民の移動による排出（石炭利用の増加も可）

設問2． A　**設問3．** D　**設問4．** C　**設問5．** D　**設問6．** C

解説

《地球温暖化対策》

設問1． **1．** 二酸化炭素やメタンのような温室効果ガスは赤外線を吸収するため，地表から地球外に逃げようとする熱を吸収する。同時にそれは地表に熱を放出する。

2． 気候変動枠組（地球温暖化防止）条約は，大気中の温室効果ガス濃度を安定化させることを目的とする条約である。1992年の国連環境開発会議（地球サミット）で採択された。この条約に基づき，1995年から毎年，気候変動枠組条約締約国会議（締約国会議，COP：Conference of the Parties）が開催される。

3． ブッシュ大統領（子）は，国連決議や多国間協議を軽視し，ユニラテラリズム（単独行動主義）をとった。京都議定書からの離脱は，2001年3月のことである。

4． 世界金融危機（2008～09年）は，2008年のアメリカの大手証券会社リーマン=ブラザーズの破綻（リーマン=ショック）から起こり，その後の世界の金融市場の大混乱から世界同時不況へと連鎖的に拡大した経済危機をいう。

5． 紛争地から脱出する避難民の移動に伴い，温室効果ガス排出が増加したと分析されている。また，石炭の増産がロシアのウクライナ侵攻後に拡大した。ロシアからの天然ガスの供給が激減し，代わりにヨーロッパ各国では石炭火力発電所などの稼働が進み，石炭が増産された。

設問２． アメリカ海洋大気局（NOAA）や世界気象機関（WMO）などの観測によると，2022年時点での地球の平均気温は産業革命前と比べて1.0℃以上上昇していた。2023年時点では1.4～1.5℃上昇していたとみられる。

設問３． D．正文。京都議定書には，３つの国際的な仕組みとして京都メカニズムがある。その中の排出権（量）取引は，削減目標を達成していない国が，達成した国から排出権（量）を買い取り，温室効果ガスの排出を地球全体で抑える仕組みである。削減目標を設定されている国に発展途上国は含まれない。

A．誤文。日本は第一約束期間にあたる2008～12年度の期間で７％ではなく，６％の削減義務を負った。

B．誤文。2016年の環境省ホームページによると，日本は第一約束期間の削減目標を正式に達成した。

C．誤文。京都メカニズムにおける「共同実施」は，先進国間で共同事業をした場合，その削減分を自国の排出枠の目標達成に利用できる仕組みである。先進国と発展途上国との間で支援事業が行われた場合の仕組みは，クリーン開発メカニズムという。

設問４． Ｃが適切。まず，図表５の「その他」は，「その他の各国」の意味である。

㈠は，中国。2000年頃から急激な経済成長が始まったため，二酸化炭素排出量が急増し，2005年以降は排出量が世界一である。

㈡は，アメリカ。2005年以前は排出量が世界一，その後は２位になっている。また，2008年のリーマン=ショックの影響による排出量の減少が確認でき，2010年以降はグリーン=ニューディール政策をはじめとした気候変動対策が進んだことにより，排出量の漸減が続いている。

㈢は，EU。８％という京都議定書での削減義務を負ったこと，次にドイツや北欧各国などで脱炭素化の取り組みが本格化し，再生可能エネルギーへの転換が順調に進んだことから，2000 年代後半以降，排出量が漸減している。
(え)は，インド。新興国としての経済成長が進み，また，京都議定書の削減義務もないため，排出量の拡大がほぼ右肩上がりになっている。
設問 5． D．正文。トランプ政権は 2020 年 11 月にパリ協定から離脱したが，次のバイデン政権は 2021 年 2 月に同協定に復帰している。
A．誤文。パリ協定の削減目標は各国が自主的に定めるものであり，その目標が達成されなかったからといって罰則は設けられていない。
B．誤文。パリ協定に罰則規定はなく，また，気候変動枠組条約に加盟する 196 カ国のすべてが協定に参加している。
C．誤文。パリ協定の長期目標として，産業革命前と比べて気温上昇を 2℃未満に抑制し，できれば 1.5℃未満に抑える努力をすることが定められた。
設問 6． C．正文。G7（主要 7 カ国首脳会議）は，2022 年 5 月のオンライン会議で，制裁措置としてロシア産原油輸入を禁止する方針を表明した。
A．誤文。クリミア半島のロシアへの編入は，2014 年 3 月のことである。
B．誤文。スリーマイル島原発はアメリカにある。ロシアから砲撃を受けたウクライナの原発はザポリージャ原発である。
D．誤文。日本はロシア産天然ガスの輸入（輸入全体の 1 割）を禁止していない。G7 の中で，ロシア産天然ガスの全面禁止に踏み切ったのはアメリカとイギリスのみ。それ以外の国は輸入の禁止に至っていない。

講評

Ⅰ　G7 サミットに関連して国際政治や地球環境問題，日本の外交などを絡ませた融合問題である。設問は詳細な知識を要するものが多く，判別に迷うのではないか。また，設問 6 は統計表の解読に手間取った受験生もいるだろう。幅広い観点からの出題であり，歴史的な沿革と時事的な話題が多く取り上げられているのが特徴であり，難易度はやや難である。

Ⅱ　環境問題と日本の税制に関連した融合問題である。設問は選択肢をきめ細かく読まないと判別に迷うものが多い。設問 5 はグラフの解読に手間取るのではないか。難易度は標準からやや難のレベルである。

Ⅲ　物価の安定と日本銀行に関連した広範な観点からの出題である。設問１の空欄１・３・４は，日本銀行の統計や機能に関するやや詳細な出題であり，用語としても難しい。設問２～設問４は基本的な出題である。設問５の消費者物価に関する度数分布図はグラフの理解と日本の物価の動向の把握ができていないと判別できないだろう。設問６はやや詳細な知識を要する。難易度は標準からやや難のレベルである。

Ⅳ　地球温暖化対策に関連してその沿革とともに時事的な話題から出題されている。特に設問１の空欄５や設問５は時事的な話題に関するものである。設問４のグラフ解読は図表５の「その他」の意味に気づくことがポイントである。難易度は標準である。

数　学

I **解答** **(1)ア.** 7 **イ.** 9 **ウ.** 9 **エオ.** 13

(2)ア. 1 **イ.** 4 **ウ.** 1 **エ.** 3 **オ.** 3 **カ.** 8 **キ.** 3 **ク.** 2 **ケ.** 2

(3)ア. 2 **イ.** 4 **ウ.** 3 **エ.** 1 **オカ.** 25

(4)アイウ. 132 **エオ.** 40 **カキ.** 35 **クケ.** 41 **コサ.** 15

(5)アイ. 32 **ウ.** 2 **エ.** 3 **オ.** 1 **カ.** 2 **キ.** 5 **ク.** 7 **ケ.** 6

解説

《小問 5 問》

(1) 解と係数の関係から

$$\alpha+\beta=\frac{7}{2},\ \alpha\beta=\frac{9}{2}\quad\cdots\cdots(\mathrm{P})$$

① $\dfrac{1}{\alpha}+\dfrac{1}{\beta}=\dfrac{\alpha+\beta}{\alpha\beta}$ に(P)を用いて，求める値は

$$\frac{\frac{7}{2}}{\frac{9}{2}}=\frac{7}{9}\quad\rightarrow ア，イ$$

② $\alpha-4$，$\beta-4$ を解にもち，x^2 の係数が 2 である 2 次方程式は

$$2\{x-(\alpha-4)\}\{x-(\beta-4)\}=0$$

$$2\{x^2-(\alpha+\beta-8)x+\alpha\beta-4(\alpha+\beta)+16\}=0$$

これに(P)を用いると

$$2\left(x^2+\frac{9}{2}x+\frac{13}{2}\right)=0$$

$$2x^2+9x+13=0$$

よって　　$s=9$，$t=13$　→ウ～オ

(2) ① $xy=\sin\theta\cos\theta=\dfrac{1}{2}\sin 2\theta$

$0\leqq\theta\leqq\dfrac{\pi}{2}$ より，$0\leqq 2\theta\leqq\pi$ ゆえ　　$2\theta=\dfrac{\pi}{2}$

つまり，$\theta=\dfrac{1}{4}\pi$ のとき最大となる。 →ア，イ

② $$x+\sqrt{3}y=\sqrt{3}\sin\theta+\cos\theta$$
$$=2\sin\left(\theta+\frac{\pi}{6}\right)$$

$0\leqq\theta\leqq\dfrac{\pi}{2}$ より，$\dfrac{\pi}{6}\leqq\theta+\dfrac{\pi}{6}\leqq\dfrac{2}{3}\pi$ ゆえ　$\theta+\dfrac{\pi}{6}=\dfrac{\pi}{2}$

つまり，$\theta=\dfrac{1}{3}\pi$ のとき最大となる。 →ウ，エ

③ $$x^2+xy+2y^2=\cos^2\theta+\sin\theta\cos\theta+2\sin^2\theta$$
$$=\frac{1+\cos 2\theta}{2}+\frac{1}{2}\sin 2\theta+2\cdot\frac{1-\cos 2\theta}{2}$$
$$=\frac{1}{2}\sin 2\theta-\frac{1}{2}\cos 2\theta+\frac{3}{2}$$
$$=\frac{\sqrt{2}}{2}\sin\left(2\theta-\frac{\pi}{4}\right)+\frac{3}{2}$$

$0\leqq\theta\leqq\dfrac{\pi}{2}$ より，$-\dfrac{\pi}{4}\leqq2\theta-\dfrac{\pi}{4}\leqq\dfrac{3}{4}\pi$ ゆえ　$2\theta-\dfrac{\pi}{4}=\dfrac{\pi}{2}$

つまり，$\theta=\dfrac{3}{8}\pi$ のとき，最大値 $\dfrac{3+\sqrt{2}}{2}$ をとる。 →オ～ケ

(3) 原点をOとする。

① 線分 AB を 3：2 に外分する点をXとすると

$$\overrightarrow{\mathrm{OX}}=\frac{-2\overrightarrow{\mathrm{OA}}+3\overrightarrow{\mathrm{OB}}}{3+(-2)}$$
$$=-2(-1,\ 1)+3(0,\ 2)$$
$$=(2,\ 4)$$

よって求める点の座標は　$(2,\ 4)$　→ア，イ

② $$\overrightarrow{\mathrm{CP}}=\overrightarrow{\mathrm{OP}}-\overrightarrow{\mathrm{OC}}=(x-1,\ y+3)$$
$$2\overrightarrow{\mathrm{AP}}=2(\overrightarrow{\mathrm{OP}}-\overrightarrow{\mathrm{OA}})=(2x+2,\ 2y-2)$$
$$3\overrightarrow{\mathrm{BP}}=3(\overrightarrow{\mathrm{OP}}-\overrightarrow{\mathrm{OB}})=(3x,\ 3y-6)$$

であるから，$\overrightarrow{\mathrm{CP}}\cdot(2\overrightarrow{\mathrm{AP}}-3\overrightarrow{\mathrm{BP}})=0$ に代入して

$$(x-1)(-x+2)+(y+3)(-y+4)=0$$
$$(x-1)(x-2)+(y+3)(y-4)=0$$

$$\left(x-\frac{3}{2}\right)^2+\left(y-\frac{1}{2}\right)^2=\frac{25}{2}\quad \to ウ～カ$$

(4)　①　$a_n=2^n(-n^2+44n-51)$ より

$$a_2=4(-4+88-51)=132\quad \to ア～ウ$$

②

$$\begin{aligned} a_{n+1}-a_n &= 2^{n+1}\{-(n+1)^2+44(n+1)-51\}-2^n(-n^2+44n-51) \\ &= 2^{n+1}(-n^2+42n-8)-2^n(-n^2+44n-51) \\ &= 2^n(-2n^2+84n-16+n^2-44n+51) \\ &= 2^n(-n^2+40n+35)\quad \to エ～キ \end{aligned}$$

③　$2^n>0$ であるから

$$\begin{cases} -n^2+40n+35>0 \text{ のとき} & a_{n+1}>a_n \\ -n^2+40n+35<0 \text{ のとき} & a_{n+1}<a_n \end{cases}\quad \cdots\cdots(☆)$$

ここで

$$-n^2+40n+35>0$$

$$n^2-40n-35<0$$

$$n(n-40)<35$$

で，これを満たすのは，$1\leqq n\leqq 40$（$n\geqq 41$ で $-n^2+40n+35<0$）であるから，(☆)に用いると

$$a_1<a_2<a_3<\cdots<a_{40}<a_{41}>a_{42}>a_{43}>\cdots$$

以上から，a_n は，$n=41$ のとき最大となる。　→クケ

このとき

$$\begin{aligned} a_{41} &= 2^{41}(-41^2+44\cdot 41-51) \\ &= 2^{41}\cdot 72 \end{aligned}$$

で

$$\begin{aligned} \log_{10}a_{41} &= \log_{10}(2^{41}\cdot 72) \\ &= \log_{10}2^{41}+\log_{10}72 \\ &= 41\log_{10}2+3\log_{10}2+2\log_{10}3 \\ &= 44\log_{10}2+2\log_{10}3 \\ &= 44\cdot 0.30+2\cdot 0.48 \\ &= 13.2+0.96 \\ &= 14.16 \end{aligned}$$

より，$a_{41}=10^{14.16}$ であるから

$$10^{14}<a_{41}<10^{15}$$

以上から，a_{41} は15桁　→コサ

(5)

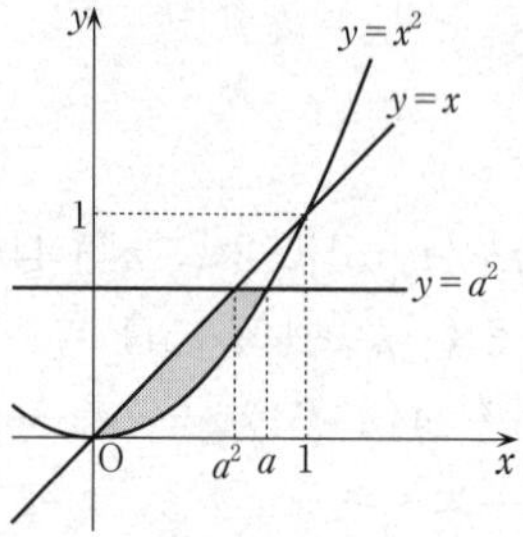

（図1）

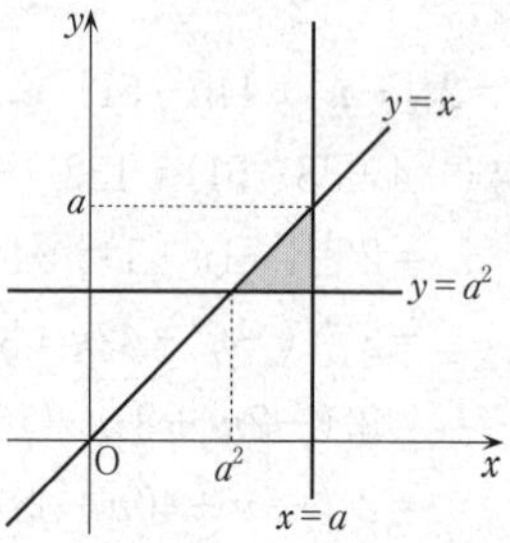

（図2）

領域 R は（図1）の網掛け部分，領域 S は（図2）の網掛け部分である。

領域 R の面積を $R(a)$ とすると

$$R(a)=\int_0^a (a^2-x^2)\,dx-\frac{1}{2}\cdot a^2\cdot a^2$$

$$=\left[a^2x-\frac{1}{3}x^3\right]_0^a-\frac{1}{2}a^4$$

$$=\frac{2}{3}a^3-\frac{1}{2}a^4 \quad \cdots\cdots(\mathrm{P})$$

また，領域 S の面積を $S(a)$ とすると

$$S(a)=\frac{1}{2}(a-a^2)^2$$

$$=\frac{1}{2}a^2-a^3+\frac{1}{2}a^4 \quad \cdots\cdots(\mathrm{Q})$$

① (Q)で $a=\frac{1}{2}$ として，求める面積は

$$\frac{1}{2}\left(\frac{1}{2}-\frac{1}{4}\right)^2=\frac{1}{32} \quad \to アイ$$

② (P)より，求める面積は　$\frac{2}{3}a^3-\frac{1}{2}a^4$　→ウ～カ

③ (P)，(Q)より

$$\frac{2}{3}a^3-\frac{1}{2}a^4=\frac{1}{2}a^2-a^3+\frac{1}{2}a^4$$

$$a^4-\frac{5}{3}a^3+\frac{1}{2}a^2=0$$

$a \neq 0$ より，両辺を a^2 で割ると

$$a^2 - \frac{5}{3}a + \frac{1}{2} = 0$$

$$6a^2 - 10a + 3 = 0$$

この解のうち，$0 < a < 1$ を満たすのは　$a = \dfrac{5-\sqrt{7}}{6}$　→キ～ケ

Ⅱ ― 解答

(1) $p = 3t^2 - 2t,\ q = -2t^3 + t^2$

(2)

t	$\cdots$	0	$\cdots$	$\frac{1}{3}$	$\cdots$
$f'(t)$	$-$	0	$+$	0	$-$
$f(t)$	↘	0	↗	$\frac{1}{27}$	↘

(3) $a \leqq \dfrac{1}{27}$

解説

《接線の方程式，関数の増減，接線の本数》

(1)　$y = x^3 - x^2$ のとき，$y' = 3x^2 - 2x$ より，C 上の点 $(t,\ t^3 - t^2)$ における接線の方程式は

$$y = (3t^2 - 2t)(x - t) + t^3 - t^2$$

$$y = (3t^2 - 2t)x - 2t^3 + t^2 \quad \cdots\cdots①$$

よって　$p = 3t^2 - 2t,\ q = -2t^3 + t^2$

(2)　$f(t) = -2t^3 + t^2$ とすると

$$f'(t) = 2t(1 - 3t)$$

増減表は右のようになる。

t	$\cdots$	0	$\cdots$	$\frac{1}{3}$	$\cdots$
$f'(t)$	$-$	0	$+$	0	$-$
$f(t)$	↘	0	↗	$\frac{1}{27}$	↘

(3)　①が $(0,\ a)$ を通るとき

$$a = -2t^3 + t^2 \quad \cdots\cdots②$$

題意が成立するのは，②が少なくとも 1 つ正の実数解をもつ，つまり，$y = a$ と $y = f(t)$ のグラフが $t > 0$ の範囲に少なくとも 1 つの共有点をもつときである。

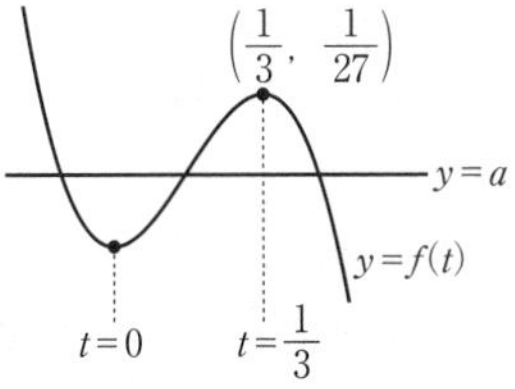

グラフより　　$a \leqq \dfrac{1}{27}$

講評

大問2題の出題で，数学Ⅰ・Ⅱ・A・Bそれぞれから出題されている。

Ⅰ　小問集合であり，2024年度は5問出題された。多くの問題は標準的であり，教科書のやや発展的な問題，例題までが解ければ十分に対応できる。ただし，(4)の③のように，やや高度な議論が必要な問題も出題される。試験時間が短いため，優先的に手をつける問題を見極めつつ，標準レベルの問題までは確実に正解を重ねたい。

Ⅱ　微分法が出題された。(1)・(2)は教科書の例題レベルなので素早く確実に正解したい。(3)は(2)をどのように利用するかが分かれ目であった。

一つひとつの内容は決して難しいものではないが，試験本番の緊張感により，また，分量に対して短い試験時間の設定から，高得点を確保するのが難しい。まずは試験時間を気にせず，標準的な問題を漏れなく，確実に解ける実力をつけることから始めてほしい。また，過去問は分量，時間の感覚をつかむのには最適であり，特に問題に慣れるという意味では，時間を計りつつ取り組むことで効果が発揮されるだろう。

講評

現代文二題、古文一題、漢字一題の計四題が出題された。

一の評論は、「全域的空間」と「局所的空間」がどのようなものと述べているかに注目しつつ、具体例も踏まえて丁寧に読めば、ある程度解答できたのではないかと思う。空所補充の問題は、前後の内容を丁寧に読めば難しくない問題が多かった。問5は欠文挿入だが、「面」という語に注目すれば、どの段落に入るかの見当は容易についただろう。問6・問7はこれまでの設問で考えたことも参考にできれば、容易に選べたのではないかと思う。問8は「特異な視点」が不在＝遍在の視点だとわかれば、解答は組み立てやすかっただろう。問9は趣旨を問う設問なので、具体例について正しく説明した選択肢に惑わされないようにしたい。全体としては標準レベルである。

二の随筆は、負い目への言及ははじめにされるが、その負い目の正体についての説明は後半にあり、文章全体を読んだ上で考える必要があった。特に問1や問3は文章後半まで読み進めていかないと解けない問題である。問2や問5は、語彙が豊富であれば選択肢が絞りやすかっただろう。ただ、問5は直後の内容を踏まえると他の選択肢の可能性もよぎり、選ぶのは難しかったかもしれない。内容説明の問題については、前後をよく読めば選択肢は絞りやすかったと思う。

三の古文は、作品名が明かされない形で出題された。問9で問われたように、文学史の知識も必要とされる。問1・問5・問6は古文単語の語彙力があれば難なく解けたと思う。問2は傍線の近くに主語を表す語がなく、この人物がとった行動を追っていく必要があり、探すのに苦労する設問だったかもしれない。問3・問4・問7は前後の状況や行動を解釈していれば選びやすい問題だった。問8・問9は古典の知識を問う問題であった。全体としては標準レベルである。

四は、書き取り・読みともに標準的なレベルである。

びとが大声で騒いだのである。

問7 「心ゆるびなきにや」は直訳すると〝気が緩むことがないのであろうか〟となり、どうして「心ゆるびなき」状態になったのかを読み取る必要がある。前の段落で赤松円心が都に攻めてきているが、傍線6の段落で「六波羅の軍強くて、その夜はかの者ども引返しぬ」となっている。しかし、このような切迫した状況であったため、「心ゆるびなき」状態となり、「春宮も離れ給へる、よろしからぬ事」と判断し、春宮も六波羅に向かうことになる。このように、春宮を六波羅へと移したのは、敵が都に攻めてきたという状況に対し、一度は追い払えたものの、万が一のことが起こらないよう、慎重になったためである。〈気を緩ませず、万が一に備える〉という趣旨に近い⑤が適当である。

問8 「上達部」とは国政を審議する者たちのことで、太政大臣、左大臣、右大臣、内大臣、大納言、中納言、参議といった、主に三位以上の役職を指す。また、摂政、関白も含まれる。五位に含まれる少納言は上達部ではない。

問9 文学史の問題。今回の手がかりは、高位の人物が隠岐島から脱出したこと、その人物の敵方が六波羅とつながっていることである。「六波羅」とは六波羅探題のことで、鎌倉幕府が朝廷の監視のために都に置いた機関である。隠岐島から脱出し、鎌倉幕府と敵対した人物は後醍醐帝であり、後醍醐帝の時代が描かれた歴史物語は『増鏡』である。①の『水鏡』には初代の神武天皇からの約千五百年間が、⑤の『大鏡』には藤原道長を中心にした摂関政治全盛期の様子が、②の『今鏡』には『大鏡』に続く時代から平安時代末期までが、それぞれ記されている。④の『吾妻鏡』は鎌倉幕府初代将軍の源頼朝から六代将軍までの様子を描いた将軍記である。

四　解答

A―⑤　B―①　C―④　D―②　E―③

るさま」を聞き、関守の隙を狙っていたところ、心の内に気づいた関守たちに連れ出してもらい、出雲の国に向かう。さらに稲津の浦に移り、名和の又太郎長年や国々の兵、比叡の山へも宣旨を伝える。傍線5のある段落で、「播磨の国より赤松なにがし入道円心とかやいふ者、先帝の勅に従ひて攻め来る」とあるが、ここまでで国々の者に「勅」すなわち「宣旨」を発したのは、この人物しかいない。よって「先帝」と解答する。

なお、歴史的事実に当てはめると、隠岐の島を脱し宣旨を発した人物は、後醍醐帝である。したがって、全訳や以後の解説では「後醍醐帝」としている。

問3　直前の内容から考える。後醍醐帝は「関守のうち寝るひまをのみうかが」っていた。その際、その関守たちは後醍醐帝の「御気色をほの心えて、なびき仕うまつらんと思ふ心つき」になったので、「さるべき限り」が話を合わせて、後醍醐帝を連れ出したという内容である。この内容からここでの「さるべき」は、後醍醐帝の心の内を理解し、その意に従おうとした人たちを指すと考えられるので、②が正解といえる。

問4　「比叡の山へも」とあることから、傍線3は直前と同じ行動を示していると考えられる。直前の文は〝国々の兵に御敵を討てという宣旨が下る〟と解釈でき、主語は高位の者だと考えることができる。傍線部の「のぼせ（のぼす）」は〝参上させる〟という意味であり、直前の文と同じ主語であると考えられるため、「られ」は尊敬で解釈するとよい。以上より、〝比叡の山へも宣旨を伝えさせる〟と解釈できるため、この内容に合致する②が正解。

問5　「むくつけく（むくつけし）」は〝気味が悪い、恐ろしい〟、「思さ（思す）」は「思ふ」の尊敬語なので、その二つを踏まえている②と③に絞られる。そして「むくつけく」思った理由は、直前にあるように「隠岐の前の守追ひて参る」、つまり〝隠岐の前の守が追いかけて参上する〟ことを聞いたためである。また、直後より、隠岐の前の守と戦ったことがわかるため、②の「自軍の援護」という解釈より、③の「追討軍」という解釈のほうが適切である。

問6　「にはかに（にはかなり）」は〝突然だ、急だ〟、「ののしる」は〝大声で騒ぐ〟という意味なので、この二点を踏まえた④が正解となる。「赤松なにがし入道円心」が「先帝の勅」に従い、都に攻め込んできたために、「世の中」の人お出ましであり、院のお二方も御幸といって位の高い人も低い人も動揺している。馬や車が走りすれ違い、武士たちが集結し大声で叫び合う様子は、たいそう怖いものだ。

そうであるけれども六波羅の軍が強くて、その夜は例の軍（＝赤松の軍）が引き返したといって少しほっとした様子であるけれども、このように噂になったので、やはり心が落ち着かないのであろうか、そのまま院も帝も（六波羅に）いらっしゃるので、皇太子も離れていらっしゃるのは、好ましいことではないといって、二十六日に（皇太子も）六波羅へお移りになる。内大臣がお車で参上しなさる。傅（＝皇太子の世話役）は久我の右大臣でいらっしゃるけれども、だいたいの儀式を執り行うだけで、すべてこの内大臣殿が、世話役としてお仕えし申し上げていらっしゃるので、（皇太子が）まだ幼くてかわいらしいご様子であるのを、心配して、殿居にもすぐに参上しなさる。加持祈禱のために法親王たちも参上しなさった。

あちらこちらに軍だとだけうわさされて日が経つときに、院からのご命令といって、上達部や殿上人までも、身分に応じて、兵を呼び寄せなさると、弓を引くこともたよりない若い武士などまでも参上させた。やはり自ら片腕を折った老人のような（徴兵逃れをする）世の中である。このように言い合っているうちに、三月も暮れてしまった。

解説

問1　空欄Aの直前に、「いとど思しむすぼるる事つきせず」「かすかに心細き御住ひに、年さへ隔たりぬるよ」とあることから、Aには負の感情を示す語が入ると考えられる。「おほけなし」は〝大胆だ〟、「しるし」は〝明白だ〟、「とし」は〝はやい〟や〝するどい〟、「めでたし」は〝すばらしい〟、「らうたし」は〝かわいらしい〟という意味で、いずれも負の感情を表さない。また、「なめし」は〝無礼だ〟という意味で、先に述べた文脈に合わない。よって、〝驚きあきれる、嘆かわしい〟という意味の「あさまし」が正解。用言である「思さ（思す）」に接続するため、連用形にする。

問2　近くに主語が明記されていないので、傍線1の主体がこの後どのような行動をとっているかを読み取ることからはじめる。この人物は「夜も大殿籠ら」ず、夢の中で後宇多院と出会う。その後、「都にも、なほ世の中静まりかねた隙をばかりうかがいなさると、そうなるべきときが来たのであろうか、番人としてお仕えしている兵士たちも、（後醍醐帝の）意中をうすうす理解して、意に従い申し上げようと思う心が起きたので、それにふさわしい人（＝後醍醐帝の島からの脱出に、付き従おうという心を持っている人）たちだけで話を合わせて、同じ月の二十四日の明け方に、たいそう謀略をめぐらせて（後醍醐帝の身を）隠してお連れ出し申し上げる。ひどく粗末な漁民の釣り舟のように見せて、夜の深まった空の暗いのに紛れて（舟を）押し出す。ちょうどそのとき霧がたいそうかかって、行く先も見えず、どのような様子であろうかと不安だけれども、（後醍醐帝が）お心を静めて祈願しなさると、願わしい方角の風までも吹きはじめて、その日の申の刻（＝午後四時頃）に出雲の国に着きなさった。ここで人々は心が落ち着いた。

同じ月の二十五日に（後醍醐帝は）伯耆の国の稲津の浦というところに移りなさった。この国に名和の又太郎長年といって、身分は低い者であるけれども、たいそう勢いの盛んな大富豪で、一族が多く、気性もしっかりしていて、重んじられている者がいる。この男のもとへ宣旨を下したところ、（長年は）たいそうかたじけないと思って、取り急ぎ五百騎あまりの軍勢でお迎えに参上した。翌日（後醍醐帝は）賀茂神社という所に入りなさる。都の神社がふと思い出されなさってとても心強い。それから船上寺というところにいらっしゃって、（船上寺を）皇居に準ずるものとみなす。ここから国々の兵たちに、朝敵を滅亡せよという趣旨の勅令を下した。比叡の山へも（使者を）遣わせなさった。

こうして隠岐には、（後醍醐帝の）脱出しなさった日の昼頃から大騒ぎになって、隠岐の守護が追って参上するとの情報が耳に入るので、とても気味悪くお思いになったけれども、こちらでもその心構えをして激しく戦ったところ、（守護の軍は）引き返した。都でも鎌倉でも驚き騒ぐ様子は、想像することができる。正成の城の囲み攻めのために、たくさんの武士たちがそこに集結しているが、このような報告までも入ってきたので、本当に東国からも軍が集まり上ってくるようだ。

三月になった。十日ほど過ぎた頃、突然世間が大騒ぎになる。何事かと聞くと、播磨の国から赤松の某入道円心とかいう者が、後醍醐帝の勅令に従って攻めてくるようだ、といって都の中は慌て戸惑う。いつものように（天皇は）六波羅へ

問5　③
問6　④
問7　⑤
問8　②
問9　③

全訳

あの島（＝隠岐島）では、春が来てもやはり浦風が冷たく波は荒れて、渚の氷も解けにくいように世間の様子も融和しないので、（後醍醐帝は）いっそう思い込み憂鬱になりなさることが尽きない。ひっそりとしてもの寂しいお住まいで、年までも経ってしまったよ、と嘆かわしくお思いになる。お仕えする人々も、しばらくの間はよかったけれども、たいそう気が滅入ってしまった。

今年は正慶二年という。うるう年で二月が二回ある。その二度目の二月の初旬から、（後醍醐帝は）とりわけ密教の秘法を行いなさると、夜もお休みにならない日が続いて、そうはいうもののやはりひどく疲れなさってしまった。思わずうとうと眠りなさっている夜明け方に、夢か現実かわからないときに、後宇多院のご生前そのままのお姿がはっきりと見えなさって、お告げ知らせなさることが多かった。はっと目が覚めて夢だった、とお思いになるとき、言いようもなく名残惜しくつらい。お涙も我慢なさらず、「（夢から）覚めなかったらよかったのに」とお思いになるのも無駄である。

源氏の大将（＝光源氏）が、須磨の浦で父である帝（＝桐壺帝）を見申し上げたような夢の心地がしなさるが、とてもしみじみと味わい深く思い、いっそう心強く感じなさって、あの新しく出家したばかりの僧侶（＝明石入道）が（光源氏を）お迎えに来たような釣り舟も、訪れてほしいことだなあ、と思わず心待ちにしなさっているときに、大塔の宮からも、海人のつてを伝ってお手紙を差し上げなさることが頻繁にある。

都でも、やはり世の中が鎮まりかねている様子だとうわさされるので、万事につけお心も慰めなさって関守の寝ている最も近い③が正解となる。①は、動物を中心にした考え方になっている。②は、「人情味の薄い人間関係」について本文では言及していない。④は、「適者生存を是とする」とあるが、人間と動物のどちらが「適者」で「生存」に値するかは述べていない。⑤は、利潤に関する記述は空欄Zの前後に見られない。したがって、それぞれ不適であるといえる。

問7 ①第六段落で「嫌な感じは完全に払拭されることはない」と述べているため不適。

②傍線2の二つ後の段落に、シオラパルクの猟師も「意識の内部で…引きうけているかもしれない」とあるが、「解消されることのない負い目を抱えている」とまでは述べられていない。同段落に「彼らが同じような負い目を感じているふうには見えない」とあることからも不適。

③人間の狩猟行為そのものに「到底」正当性はないという評価まではしていないので不適。

④「屠殺作業に…関与しない都市生活者」について、空欄Yのある段落に「食の裏に…殺生…目を背けている」「失礼」とはあるが、「自らも…動物であるという事実から目を背けている」とは述べられていない。

⑤空欄Zの前後に、「生きるために必要だ」とする「狩りの正当化論理は、眼が突きつける負い目により無効化される」「狩りによって生じる負い目は…殺された動物の側から…もたらされる」とあり、選択肢の内容に合致する。

三

出典　『増鏡』〈第十七　月草の花〉

解答

問1　あさましく

問2　先帝

問3　②

問4　②

問3 仲間を殺した「私」を麝香牛の視点から考えているときの「私」の様子を答える問題である。これは最後の四段落で、狩りをした後、〈獲物としてねらわれた動物たちの眼から、おのれの行為を俯瞰〉することで、負い目が生じ、私の生の正当性が揺さぶられると述べられている。これらを踏まえて選択肢を吟味するとよい。②は、動揺した理由は麝香牛の切実な感情によるものではないため不適。③は、動物の視点になることで負い目を感じるため不適。④は、麝香牛の目に映る「私」の姿を「醜悪」と表現しているが、動物の目から見たときの狩猟者の姿を評価した表現は本文中にないため不適。⑤は、「狩猟行為を正当化する論理が成立」とあるが、実際には「私の生の正当性そのもの」が揺さぶられているので不適。

問4 傍線3の次の段落から始まる「狩猟者が動物を殺すことを正当化するオーソドックスな論理」（空欄Yの次の段落）の内容を問うものである。傍線3の次の段落で、狩りについて、〈私が旅を続行するために必要な最低限の資源を手にいれるための殺し〉であり、「純然たる生命の保持活動」であると述べている。二一字というヒントをもとに、「純然たる生命の保持活動」を解答とする。

問5 直前の「むしろ」は二つのものを比べ、〝AよりBの方がより～〟という意味で用いる。ここで比較されている二つのものは、〈他の人が殺生した動物の肉を食べること〉と、〈自分で殺生した動物の肉を食べること〉であり、前者が後者に比べてどうであるかを問うものである。他の人が殺生した肉を食べる場合、「不可避的にひそむ殺生」という「嫌悪すべき作業」から目を背けることになる。これは自分で殺生するよりも、動物を殺生しているという事実をごまかした行為だといえる。したがって、〝ごまかし、だますこと〟という意味をもつ、⑤の「欺瞞」が最も適当である。

問6 直前の文では、〈生きるために殺生が必要だという正当化論は、人間中心主義の産物である〉と述べられており、だから空欄直後で「目の前で殺された動物にたいしては何ら説得力を有していない」と述べている。空欄Zがなくてもある程度、論の飛躍や矛盾はないため、空欄Zには直前の内容とほぼ同じものが入ると考えるとよい。その内容と

問7　⑤

要旨

自分で動物を殺したとき、その動物の眼を見ると負い目がわき上がるが、それは慣れると次第にうすらいでいくものである。しかし、神の恩寵を逃さなかった安堵と旅がつながった喜びとともに、殺しの負い目は必ずわき上がってくる。もともと、動物を殺生する行為は実際に行うかどうかの違いはあっても、人が生きていくには欠かせないことである。そのような論理で、狩猟者が動物を殺すことを正当化していたが、その人間中心的な論理は死んだ動物の眼を見たときに破綻し、負い目を感じさせる。その負い目の正体とは、死んだ動物の眼を見たときに、動物の視点から狩猟した自分の行為を俯瞰し、自分の生の正当性を問われることからくるものである。

解説

問1　本文は、狩りをしたときに必ず負い目を感じることを導入で述べ、この負い目の正体は生への問いかけではないかという仮説を立てた上で、狩りによる殺生は不当ではないという人間中心的な論理に言及し、その後負い目の詳細について述べる、という構成になっている。動物の眼を見たときに考えたことや感じた負い目の詳細については、空欄Zの次の段落の「この負い目は次のような負い目だ」以降に述べられていると考えられる。そして最後から二つ目の段落において、動物の目をのぞきこんだときに感じる内容が書かれており、そのうちの「虚ろになった眼から消えてしまった魂が発する、お前にはそれをやる権利があるのか、との問いかけ」の部分が解答にあたる。

問2　ここでは直前にあるような「安堵」と「喜び」を感じた「私」の行動として最も適当なものを選ぶことになる。正解は②。③は、人の長寿を祝うときに用いる表現であり、ここでの文脈には合わない。④の「呻吟」は、〝苦しみのあまり、声にならない声をもらすこと〟、⑤の「慟哭」は、〝声を立てて泣き悲しむこと〟という意味であり、ここでの表現として適切ではない。①の「咆哮」も、人に対して用いる場合は、泣いたり怒鳴ったりするときに用いることが多い。

…普遍的な視点」を用いるとよいだろう。ただし、「普遍的な視点」という表現はやや説明不足なので、さらに一文前の「だれもがそこに自らの視点を重ね合わせることができるような視点」という部分を用いるとよい。解答では、「不在」にあたる、〈社会の内部の特定の誰かの視点を超越している〉ことと、「遍在」にあたる、〈だれもが自らの視点を重ね合わせられる、普遍的なものである〉ことが書けていればよい。

問9 本文に書かれている内容と合致する選択肢は複数あるが、「趣旨」と設問にあるので、筆者が最も主張したい内容にあたるものを選ぶようにする。〔要旨〕にまとめたように、全域的な空間像は局所的な空間像に代わって根源的なものを示しているように見せており、不在かつ遍在な視点に支えられているために、環境の情報を他者と共有し伝達できると述べている。この内容に最も近い④が解答となる。①は盲人の歩行訓練の例についての説明、②は見知らぬ街で地図を片手に目的地に向かう例についての説明であり、趣旨とするには不適。⑤も空欄Dのある段落の内容であり、これ以降の内容を踏まえられていないため不適。また、最後の一文から、「視点の不在化と遍在化によって全域化された」というよりも、環境に関する情報を他者と共有できるようにしているといえるため、③も不適。

二

出典 角幡唯介『狩りの思考法』〈死んだ動物の眼〉（アサヒグループホールディングス）

解答

問1 お前に～るのか
問2 ②
問3 ①
問4 純然た～持活動
問5 ⑤
問6 ③

む一文がこれと同じような内容になるようにすると、地図的空間、すなわち〈全域的空間を作る〉という内容になる③が適切である。

問4 空欄Yには、地図上の個々の点が地図の全体にどのように存在しているかを表す語が入る。傍線2の前の段落の最終文に「個々の人間の…共通の台座をなしている」とあり、第三段落では、その台座の上では「私以外の他の人間も…経験する」と述べている。以上より、全域的空間とは〈個々の人間が経験する局所的な視点が集まったもの〉と解釈できる。このような内容になる①「積分」が正解。

問5 脱落文は、〈地図とは、「面」としての地図平面へと投影された世界の像だ〉という定義文である。地図が「面」に投影されたものだという内容は、空欄Yを含む段落にある。この段落の三文目「地図に表現される空間が…遍在しているということだ」は、脱落文の内容をさらに言い換える文になっている。したがって、この直前に脱落文を入れるとよいだろう。

問6 空間の全域的な像が、人びとが実際に経験する空間（＝局所的な空間）に取って代わるのではなく、どのようになっているのかを問う設問である。傍線1の次の段落で、「それがかならずしも…機能している」と述べているように、〈新しく付加された全域的な空間像が、局所的な空間像に代わって根源的なものを示しているかのように機能している〉という内容の選択肢を選ぶ。正解は①。

問7 「逆説」とは〝一見すると矛盾をはらんでいるように見える真理〟である。傍線2の直後で言及しているように、本来は個人の経験に即した局所的空間に経験の安定した土台を見出すはずである。しかし、傍線2の前の段落にあるように、実際は「個々の人間が経験する…全域的空間の内部に位置づけることによって…確固とした場所を得る」のである。このことを「逆説」といっている。したがって、この内容に近い④が正解。

問8 「特異な視点」とは、傍線3の次の段落の「不在の、それゆえに遍在する視点」を指している。これは、最後の段落の「そのような視点の不在＝遍在」と同じである。ここでの「そのような」が指している、直前の「社会の内部の根源的なものであるかのように機能する。全域的空間は地図として、環境に関する知識を記号化して伝達するが、それが可能なのは、特定の成員の視点を超越し、誰のものでもない視点に支えられているからである。

解説

問1　空欄Aの直後の「このこと」とは、直前の「空間認知を支えているのは、局所的空間における世界の見えだということ」を指す。そしてAの後には、〈そこには全域的空間の存在もある〉という内容が続くので、Aは逆接の語が適切である。Bは直前の一文「空間のこのような記憶において、…知っている」の具体例につながる語である。したがって、Bは「たとえば」が適切である。この段階で②が正解となる。なお、Cについては、直前の内容を根拠として後につながるような語が入る。Dについては、直前が五、六歳の子供の見え方について、直後が子供も大人も鳥瞰した眺めを想定しやすいという内容になっており、並列でつなぐのが最も適当だと考えられる。

問2　まずは「全域的空間」と「局所的空間」がどのようなものか把握する必要がある。第一・二段落の内容から「局所的空間」は、個人の目の前に広がる景観や風景を指しているといえる。一方、「全域的空間」は、最初の段落の「地図のような空間の全域的な形態を表したもの」などから、地図に描かれるような空間像だとわかる。これらの内容に合うようにすれば、a～dに入る語は決まる。eについては、傍線2の前の段落の「人は、個々の人間が経験する…全域的空間の内部に位置づけ…得ることができる」と同じことを述べた箇所であることから、「全域」が適切だといえる。

問3　直後の「契機」とは〝きっかけ〟であり、ここでは空欄直前にあるように「見え」を利用できないのに環境に関する情報を利用可能な形で統合しなくてはならないことが、何のきっかけとなっているかを考える。Xを含む一文は、佐々木による盲人の歩行訓練の事例をもとに述べたもので、地図的空間が現れる過程を説明している。Xを含む段落とその前の段落から、「他者との『対話』によって…統合すること」を目指し、対話の中から「全域的空間における方位を…統合してゆく」ことによって、「その枠組みの内部に…自己を定位させてゆく」と説明されている。Xを含

国語

一

出典　若林幹夫『地図の想像力』〈第一章　社会の可視化　1　地図的空間〉（講談社）

解答

問1　②
問2　③
問3　③
問4　①
問5　ないのである。
問6　①
問7　④
問8　社会の内部の特定の成員の視点から超越しているゆえにだれもが自らの視点を重ね合わせられるような視点。（五〇字以内）
問9　④

要旨

人間が局所的空間経験の連続を記憶するとき、全域的空間はその局所的空間の記憶の「土台」となる。トゥアンらによると、全域的空間像を了解する能力は、人間の成長と共に開発される、普遍的な基本的能力であるといえる。こうした能力により、全域的な空間を可視的な形で把握できるようになるが、このとき、局所的空間像よりも全域的空間像のほうが

/////////////////// ·memo· ///////////////////

/////////////////// · memo · //////////////////

· memo ·

/////////////////// · memo · ///////////////////

////////////////////// · memo · //////////////////////

2023年度

問題と解答

■学部別入試

問題編

▶試験科目・配点

教 科	科 目	配 点
外国語	「コミュニケーション英語Ⅰ・Ⅱ・Ⅲ，英語表現Ⅰ・Ⅱ」，ドイツ語（省略），フランス語（省略）から１科目選択	150点
選 択	日本史Ｂ，世界史Ｂ，地理Ｂ，政治・経済，「数学Ⅰ・Ⅱ・Ａ・Ｂ」から１科目選択	100点
国 語	国語総合（漢文を除く）	100点

▶備 考

「数学Ｂ」は「数列，ベクトル」から出題する。

英語

(60分)

〔Ⅰ〕 以下の英文を読んで、1～6の問いに答えなさい。

In theory, coming up with a fair division of housework should be simple: take all the tasks and divide them into two.

In practice, it's more complicated. Some people find certain tasks more bearable than their partners do. Some chores are ones that no one wants to do. And, on average, women end up bearing a disproportionate(1) share of their household's chore burden. A new study adds another variable in the equation of couples' (dis)satisfaction with how they split up chores: it found that men and women in long-term, different-sex partnerships tend to be happier with their relationships when they share responsibility for each chore on their to-do list, as opposed to when each partner has their own set of tasks. In other words, a couple in which one partner cooks and cleans and the other does the dishes and laundry will, on average, be less satisfied than a couple in which both partners jointly tackle all four chores.

"There is something about having all these tasks to deal with, as your sole(2) responsibility, that…seems to undermine a person's sense of happiness in their relationship," said Daniel Carlson, the author of the study, as well as a sociologist at the University of Utah and a board(3) member of the Council on Contemporary Families, a research group.

Although the study analyzes detailed survey data gathered from couples in the early 1990s and mid-2000s, the basic outline — and inequities — of how housework is divided haven't changed much since then. In one data set Carlson looked at, couples who managed each chore jointly were twice as likely to say that their division of labor was fair than couples who assigned chores to one partner or another — even though both groups split the overall workload more or less [ア]. The data didn't cover same-sex couples, but Carlson suspects the study's results apply to them as well.

To be clear, these findings don't necessarily mean that a certain chore distribution caused couples to become happier — couples that are happier and more cooperative may be more likely to share responsibilities for every chore in the first place. That said, if the chore distribution is what matters, maybe the explanation is that sharing responsibilities builds a spirit of teamwork, or encourages couples to communicate better. A "grass is greener" effect could also be a factor; if you never have to fold the laundry, that task may start to seem more [イ] than a pile of dirty dishes you're about to work through.

Yet another possibility: "There might be something about really understanding all the work in the home that makes people appreciate (4) their partner and what they're doing more deeply," Melissa Milkie, a sociologist at the University of Toronto who wasn't involved in the study, told me. "If you're the partner that never cleans the bathroom, (X) それがどれくらい労力がかかることなのか、わからないかもしれない."

This points to a way that couples might make their division of labor feel fairer without greatly altering the amount of time each person commits to housework. "You're not being asked to do more," Carlson told me. "You're just changing the focus of your energy."

Sharing tasks in this way gives couples aiming for an equal chore split something to experiment with. Milkie suggested that couples might try a week of sharing chores that they don't usually share, or occasionally [ウ] chores, so that each partner gets a reminder of the annoyances that the other encounters regularly.

Additional research supports the idea that there could be value in having each partner do at least some of every task. Last year, I interviewed gender scholars about how they pursued equal partnerships in their own lives. One sociologist told me he was aware that some men spend less time looking after their kids because women are considered to be "better" at parenting. So he purposely started supervising his son's bath time, even though the child acted out less when his wife was the one doing it. Eventually(5), though, the sociologist became just as "good" at bath time as his wife.

The patterns that couples fall into when dividing up household tasks are often gendered and unfair, but this(Y) might be one way to bust out of them. Perhaps sharing more chores could lead to more of a shared understanding of all the work that goes into managing a home.

1. 下線部（1）～（5）の語句に最も近い意味の語を、それぞれ以下の1～4から選び、その番号をマークしなさい。

(1) disproportionate

1 huge　2 unbalanced

3 underestimated　4 unexpected

(2) sole

1 exclusive　2 important

3 limited　4 qualified

(3) board

1 active　2 executive

3 flat　4 plate

(4) appreciate

1 apologize　2 explain

3 perceive　4 value

(5) Eventually

1 Accidentally　2 Dramatically

3 Finally　4 Occasionally

2. 空欄［ア］～［ウ］に入る単語として最も適切な語を、それぞれ1～5から選び、番号をマークしなさい。

出典追記：A Smarter Way to Divide Chores?, The Atlantic on April 26, 2022 by Joe Pinsker

［ア］ 1 equally 2 kindly 3 orderly
4 properly 5 unfairly

［イ］ 1 colorful 2 equitable 3 honorable
4 suitable 5 tolerable

［ウ］ 1 abandoning 2 decreasing 3 outsourcing
4 swapping 5 undoing

3. 下線部（X）の日本語の文を英訳するために、以下の単語を並び替えて英文をつくるとき、7番目にくる単語は1～9のうちどれですか。番号をマークしなさい。

1 energy 2 how 3 it 4 might 5 much
6 not 7 realize 8 takes 9 you

4. 下線部（Y）のthisの内容として、以下の（1）～（5）のうち最も適切なものを1つ選び、その番号をマークしなさい。

(1) dividing all household tasks equally into two
(2) encouraging fathers to take more tasks of bathing their babies
(3) ensuring that both wives and husbands could escape from household chores
(4) experiencing domestic chores which your partner does regularly
(5) forcing husbands to share more household chores than their wives

5. 以下の（1）～(10)の英文について、本文の内容に合致している場合にはTを、そうでない場合にはFを、それぞれマークしなさい。

(1) The way that housework is divided between couples has evolved a lot since this study's survey data was collected.
(2) It is likely that same-sex couples and opposite-sex couples feel similarly about household chore division.
(3) Women are better at parenting.
(4) When people don't perform a household chore regularly, they may see it

as less annoying.

(5) The sociologist who supervised his son's bath time was not successful at first.

(6) A couple in which one person does the laundry and the other person cleans the toilet will likely be less satisfied than a couple that shares chores.

(7) Women usually do more housework than men.

(8) Sharing all of the chores in a household means more work for both partners, but it can also lead to more happiness.

(9) The results of this study conflict with common assumptions about relationship satisfaction and dividing household chores.

(10) The study concludes that dividing up chores in a certain way causes couples to be happier.

6. この文章のタイトルとして、以下の（1）～（5）のうち最もふさわしいものを１つ選び、その番号をマークしなさい。

(1) How the Division of Household Chores Has Changed Over Time

(2) Sharing Chores, Not Dividing Them, May Lead to Happier Relationships

(3) Marriage, Fairness, and Unequal Housework Burdens in the Home

(4) How to Pursue a More Equal Partnership Through Housework

(5) In Managing Household Chores, Empathy and Compromise Are Essential

〔Ⅱ〕 以下の英文を読んで、1～6の問いに答えなさい。

This week, climate activists disrupted the UK's oil supply, because they believe they face a desperate choice. Nonviolent resistance now, or the unthinkable violence of climate change later.

"There is a need to break the law," says Just Stop Oil's Melissa Carrington, "so we are not guilty of greater crime." But is she right?

In so-called liberal democracies, we have a default obligation to obey the law. It's a moral duty, as well as a legal one. It's part of our implicit contract with the government we elected, which provides us, in return, with the protection of justice. But what happens when that government doesn't keep its side of the bargain?

Then, according to numerous political thinkers, we not only can, but very possibly should, break some laws: peacefully, publicly and in principle. The aim? To bring policy into line with what justice actually requires.

Henry David Thoreau gave this a name: civil disobedience. John Rawls, as (a) pivotal a social contract thinker as you are likely to find, thought it could be good for social stability and justice, so long as it challenged longstanding, serious injustice. And what could be more unjust than supporting an industry that kills people?

We can be more or less (b) controversial here. Is civil disobedience morally OK because governments aren't progressive enough when it comes to (A) non-humans? Because they allow animals to be tortured in factory farms, or 30% of species to be wiped (あ) by the climate crisis? Some philosophers, such as Peter Singer, think so. Our fellow animals, they say, are entitled to political consideration even though they can't participate in democratic decision-making.

Others point out, less controversially, that although a government is mainly answerable to those living within its own borders, it still owes basic justice to other humans. It shouldn't give them *encephalitis or **dengue fever, or starve them (い) death.

There are (ア) for disobedience even if we think only about what governments should and shouldn't do to their own citizens. The climate crisis threatens our children and grandchildren with heatwaves, floods, wildfires, and untold mental anguish. By supporting the fossil fuel industry, our government puts their whole future in jeopardy. If that's not a serious injustice, I'm not sure what is.

Then there's environmental resistance. Rather than grabbing attention through general disruption, the activists aim to prevent injustice, directly. "This isn't like (B) in the middle of random roads," says Zak, a 15-year-old activist who was arrested as part of the Just Stop Oil protests. "As well as saying to the government, 'We are demanding no new oil and gas extraction in the North Sea,' it is also stopping the gears of production."

Is this better, or worse? The philosophers Ten-Herng Lai and Chong-Ming Lim think it's fairer to inconvenience oil and gas giants than the general public, because they're the ones doing the (イ). Or think about it like this. If activists focus on preventing states from extracting oil or natural gas, they might do something else as well: challenge government overreach.

"Some philosophers question whether territorial rights should extend to underground natural resources," says Megan Blomfield, a senior lecturer at the University of Sheffield, "since it's not like anybody did anything to put them there. And where the resource is (c) scarce or its use can harm other people, there's additional reason to question any entitlement for the state to do what it likes with it."

Of course, questions remain. Is this mass law-breaking a last (d) resort? It looks like it. The Intergovernmental Panel on Climate Change has been issuing warnings for 32 years now, but states' commitments to cut greenhouse gas emissions fall short of limiting global warming to 1.5℃. Actual policies put us on track for a terrifying 2.7℃ increase by 2100, and the UK shows no sign of doing its fair share.

And will it work? It might, if the numbers are right. "We've seen through history that the only way mass change is achieved is through these mass campaigns like the women's suffrage or the civil rights movements," says Zak.

It (C) sense to diversify tactics. Just activism should be inclusive, and risking arrest is only a viable strategy for the comparatively privileged, not those already at the receiving end of police intimidation. There's also evidence that successful movements use a range of approaches, (う) lobbying and voting to strikes and, yes, civil disobedience.

But social scientists Maria Stephan and Erica Chenoweth studied major resistance campaigns between 1900 and 2006 and (D) that the nonviolent ones succeeded more than half the time. (More than twice as often, incidentally, as the violent ones.) The key to success? The so-called "3.5% rule," (X) because that's the proportion of the population that needs to get involved.

And here's something else to bear (え) mind. These movements also challenge participatory injustice, where those with most at stake (ウ) decision-making. Many climate protesters are too young to vote. They are denied a voice in determining their own future, while politicians accept gifts worth millions from climate sceptics and fossil fuel interests. Through activism, including civil disobedience, the protesters demand to be heard.

When future generations look back on this period, as we look back on earlier epoch-defining campaigns, they'll ask who showed more respect for justice and democracy: the activists so many of us find disruptive, or the governments they are trying to reform. I think we know what their answer will be.

*encephalitis　脳炎

**dengue fever　デング熱

1. 空欄（あ）～（え）に入れるのに最も適切な語を、それぞれ（1）～（8）から1つ選び、その番号をマークしなさい。

(1) at　(2) between　(3) from　(4) in

(5) on　(6) out　(7) to　(8) with

2. 下線部（ａ）～（ｄ）の語と最も意味が近い語を、それぞれ以下の１～４から１つ選び、その番号をマークしなさい。

(a) pivotal

1 attractive 2 difficult

3 irrelevant 4 key

(b) controversial

1 easy 2 equal

3 insecure 4 provocative

(c) scarce

1 abundant 2 available

3 limited 4 vague

(d) resort

1 location 2 occasion

3 option 4 punishment

3. 空欄（Ａ）～（Ｄ）に入れるのに適切な語を次から選び、必要な場合には適切な形に変えて解答欄に記入しなさい。但し、解答はそれぞれ１語に限ります。

find / make / protect / sit

4. 空欄（ア）～（ウ）に入れるのに最も適切な語句を、それぞれ（１）～（４）から１つ選び、その番号をマークしなさい。

（ア）(1) colours (2) floors (3) grounds (4) stones

（イ）(1) best (2) decision (3) equity (4) harm

（ウ）(1) are excluded from (2) are incorporated into

(3) are participating in (4) are reduced from

5. 下線部（Ｘ）は、この場合、具体的にはどのようなことを意味していますか。日本語で書きなさい。 〔解答欄〕17cm×１行

6. 以下の（1）～（9）の英文について、本文の内容に合致している場合にはＴを、合致していない場合にはＦを、それぞれマークしなさい。

(1) Disobedience is the reward we get from the government in return for following the rules of the land.

(2) Breaking laws with activism such as civil disobedience helps highlight areas of policy which should be changed.

(3) Civil disobedience has not been a successful method of activism in the past.

(4) Activism such as civil disobedience is attractive to teenagers because they have more privilege to protest compared to adults.

(5) Climate sceptics may give money to politicians in order to make themselves heard.

(6) Animals can get involved in civil disobedience even though they do not have the ability to vote.

(7) By arresting the oil protesters, the government may be exposed as having too much support for big companies.

(8) Research has shown that nonviolent protests are half as effective as violent protests.

(9) The activities may be disruptive, but the actions of our governments have the potential to disrupt our lives more.

〔Ⅲ〕 This scene from the film *Boyhood* (2014) takes place in the year 2004. Two young children, Mason and Samantha, are talking with their father. Their parents are divorced and they live with their mother, so they don't see their father very often. They're talking about the U.S. presidential election of 2004, when John Kerry was running against George W. Bush, and about their father's time living in Alaska.

For each question (1) to (15) choose the best answer from A to D to complete each sentence in this conversation.

Father: Who are you gonna vote for next fall, Mason?

Mason: I don't know.

Samantha: He can't vote. He's not eighteen.

Father: Yeah, okay. Who *would* you vote for, if you (1)__________ vote?

Mason: John Kerry?

Father: Anybody but Bush! Okay?

Samantha: Dad, are you gonna move (2)__________ home?

Father: Uh…I'm planning on it. You know, I gotta find a job.

Mason: Are you and mom gonna get back together?

Father: I don't know. That's not entirely up (3)__________ me, you know?

Samantha: I remember when I was six, you and mom were fighting like mad. You were yelling so loud and she was (4)__________

Father: That's what you remember, huh?

Samantha: Yeah.

Father: You don't remember the trips to the beach, camping, all the fun we (5)__________?

Samantha: No.

Father: You ever get mad at your mother?

Samantha: Yeah.

Father: You ever get mad at your brother?

Samantha: Yeah.

Father: Yeah. You ever yell (6)________ him?

Samantha: Oh yeah.

Father: Yeah. It doesn't mean you (7)________ him, right?

Samantha: Hmmmm…

Father: Look, the same thing (8)________ when you're grown up, all right? You know, you get mad at people. It's not (9)________ big deal.

Mason: What did you do in Alaska? Were you (10)________?

Father: I worked on a boat (11)________ a while. I tried (12)________ some music.

Mason: Did you see any polar bears?

Father: No, but I saw a Kodiak bear. It was huge.

Mason: Cool.

Father: You guys are gonna be seeing a lot more of me. Okay? I missed you two a lot, while I was gone. Okay? I just want you to know that. I just needed to (13)________ some time for myself.

Samantha: Oh, Dad! I forgot to show you these basketball pictures.

Father: You're on a basketball team?

Samantha: Yeah!

Father: Wow! Check you out! You scoring any (14)________?

Samantha: Well, about eight or ten a game.

Father: Eight or ten a game? That is awesome!

Mason: Once she didn't score any and she cried.

Father: You cried?

Samantha: Well, only a (15)________ bit.

(1) A can　B can't
　C could　D couldn't

(2) A back　B from
　C in　D to

(3) A at B in
C to D with

(4) A cried B cries
C cry D crying

(5) A had B have
C having D will have

(6) A at B in
C of D to

(7) A didn't love B do love
C don't love D love

(8) A happen B happened
C happening D happens

(9) A a B that
C the D your

(10) A to work B work
C worked D working

(11) A at B for
C in D take

(12) A to write B write
C written D wrote

(13) A give B go
C put D take

(14) A point B pointed
C pointing D points

(15) A big B half
C little D some

日本史

（60 分）

〔Ⅰ〕　次に示す史料Ａ・Ｂを読み、以下の設問に答えなさい。なお、史料には、適宜、表記を改めた箇所がある。

史料Ａ

たのしみは　神の御国《みくに》の　民《たみ》として　神の教《おし》へ(ア)を　ふかくおもふとき
たのしみは　戎夷《えみし》よろこぶ(注1)　世の中に　皇国《みくに》忘れぬ　人を見るとき
たのしみは　鈴屋大人《すずのやうし》(イ)の　後《のち》に生《う》まれ　その御諭《みさと》しを　うくる思ふ時

（出典：橘曙覧(注2)「独楽吟」）

史料Ｂ

方今ノ勢《いきおい》 欧州ノ習俗(ウ)我ニ入ル頗《すこぶる》其多キニ居ル勢亦建瓶《またけんぺい》ノ如キアリ(注3)、衣服ナリ、飲食ナリ、居住ナリ、法律ナリ、政事(エ)ナリ、風俗ナリ、其他百工学術ニ至ルマテ彼ニ採ルニ向《むか》ハサル者莫《な》シ。而《しかし》テ所謂《いわゆる》雑居ナリ、所謂洋教ナリ、是モ亦蓋《けだし》(注4)遅速アルノミ。(中略)其勢既ニ駸々《しんしん》(注5)其七ヲ取テ其三ヲ遺《のこ》ス能《あた》ハサレハ僕謂《い》フ［　1　］ヲ併セテ之ヲ取ルニ若《し》カス。夫《そ》レ我カ国ノ文字、先王(注6)始メ之ヲ漢土《もろこし》(注7)ニ取テ之ヲ用フ、那《か》ノ時(注8)文献亦悉《ことごと》ク之ヲ漢土ニ取ル、今一タヒ世運ニ逢フテ文献既ニ之ヲ欧州ニ取ル、則チ何ソ独リ文字ヲ取ラサルノ説アランヤ。(中略)然ルニ而テ徒《いたずら》ニ此言ヲ主張セハ誰カ亦然ラスト言ハン。(中略)或ハ曰ク、彼ノ文字ヲ用フル素《もと》ヨリ可ナリ、遂ニ英語若《もし》クハ仏語ヲ用ヒシムルニ若《し》カス、昔魯国(注9)ノ官府悉《ことごと》ク仏語ヲ用フ、今則稍《ようやく》自国ノ語ヲ用フ、此例《このれい》ニ依《よ》ル又不可トセスト。僕謂フニ然ラス。蓋《けだし》人民ノ言語天性ニ本《もと》ツク、風土寒熱人種ノ源由《げんゆう》(注10)相合《あいがっ》シテ生ス、必《かならず》変スヘカラス。(中略)天性ノ［　2　］ヲ廃シ他ノ［　2　］ヲ用ヒント欲スルノ蔽《へい》(注11)、殷鑑的然《いんかんてきぜん》タル(注12)者ニ非《あら》ス乎《や》。曰ク然ラハ則チ吾子《ごし》(注13)ノ洋字ヲ用フル其説如何《いかん》。(中略)今洋字ヲ以テ和語ヲ書ス其《その》利害得失果シテ如何。(中略)言フ所書ク所ト其法ヲ同《おなじ》ウス、以テ書クヘシ以テ云《い》フヘシ(中略)アベセ二十六字(注14)ヲ知リ苟《いやしく》モ綴字《つづりじ》ノ法ト呼法トヲ学ヘハ、児女《じじょ》(注15)モ亦男子ノ書ヲ読ミ、鄙夫《ひふ》(注16)モ君子ノ書ヲ読ミ且自ラ其意見ヲ書クヲ得ヘシ。(後略)

(出典:『明六雑誌』第一号、1874年3月)

(注1)戎夷よろこぶ:外国の文化を崇拝する。

(注2)橘曙覧《あけみ》(1812-68):江戸時代末期の歌人。

(注3)建瓶ノ如キアリ:瓶の水をあけるような勢いで止めようもないほどである。

(注4)蓋:おそらく。

(注5)駸々:物事の速く進む様子。

(注6)先王:古代の偉大な王。

(注7)漢土:(特定の王朝を指すわけではなく漠然と)中国。

(注8)那ノ時:その頃に。

(注9)魯国:ロシア。

(注10)源由:由来。

(注11)蔽:弊害。

(注12)殷鑑的然タル:戒めとなる失敗例から明らかである。

(注13)吾子:あなた。きみ。

(注14)アベセ二十六字:アルファベット(ABC26字)。

(注15)児女:女こども。

(注16)鄙夫:身分の低い者。

問1　史料Aの下線部(ア)は何を指しているか。適切な語句を解答欄に書きなさい。

問2　史料Aの下線部(イ)は、『古事記伝』を著したことで知られる国学者を指した表現である。その国学者の姓名を漢字で解答欄に書きなさい。

問3 史料Bは、軍人勅諭の起草でも知られる人物が『明六雑誌』に寄稿したものである。この人物が留学を通じて学んだ国際法を翻訳・刊行したものを何というか。適切な語句を漢字で解答欄に書きなさい。

問4 史料Bの下線部(ウ)に関連して、流行の飲食店に集う客らの様子を通して開化期の風俗を描いた、仮名垣魯文による作品を何というか。その題名を漢字で解答欄に書きなさい。

問5 史料Bの下線部(エ)に関連して、アメリカ合衆国憲法を参考にしつつ、五箇条の誓文を冒頭に掲げて政治の基本的組織を規定した法を何というか。適切な語句を漢字で解答欄に書きなさい。

問6 史料Bの空欄 [1] に入る語句は何か。適切な語句を史料中から抜き出し、解答欄に書きなさい。

問7 史料Bの空欄 [2] に入る語句は何か。適切な語句を史料中から抜き出し、解答欄に書きなさい。

問8 史料Aと史料Bに表れる範囲で、両者の価値観に共通点を見出すとすれば、どのようなことを指摘できるだろうか。「アルファベット」という語を用いて、解答欄に150字以内で書きなさい。

〔Ⅱ〕 次の文章を読み、以下の設問に答えなさい。

江戸時代の農業(ア)は、発展し続けた。大名は、年貢として徴収した米を都市で販売して貨幣収入を獲得しただけではなく、綿や麻、茶などの商品作物の生産も奨励して増収に努めた。また、この時期には三都を中心として全国を結ぶ交通の整備(イ)が進み、これにともない商工業がますます盛んになった(ウ)ことで、次第に農村にも貨幣経済が浸透していった。

このような背景のもと、8代将軍の座についた徳川吉宗は、初代将軍である家康の時代への復古を掲げつつ幕政改革に取り組んだ。いわゆる享保の改革(エ)である。吉宗の諸政策により、幕府財政は幾分改善された。しかしこの改革以降の年貢増徴策や新たな課税は、農村における百姓の生活を強く圧迫したため、彼らはしばしば領主への要求を掲げて百姓一揆(オ)と呼ばれる直接的な抵抗運動を示すようになった。

10代将軍の家治の時代には、田沼意次(カ)が老中として実権を握り、積極的な産業振興策をとっていく。しかし彼は賄賂政治で不評を買い、息子の意知が刺殺されると、その権勢は急速に衰えていった。

田沼の失脚後、白河藩主の松平定信が11代将軍である家斉の補佐として老中に就任し、寛政の改革(キ)を断行する。この改革は、幕府財政の改善に一定の成果をあげたが、厳しい統制と倹約の強制は民衆の反発を招き、定信は老中在職6年余りで退陣に追い込まれた。

定信が老中を退いた後、内憂外患(ク)の状況は深まっていった。これを克服するために、12代将軍である家慶の信任を得た水野忠邦は、老中首座として天保の改革(ケ)を実施する。しかし改革は奏功することなく、不徹底に終わる。こうして幕藩体制の行き詰まり(コ)は、いやがうえにも明瞭となった。

問 1 下線部(ア)に関連して、17世紀・18世紀の農業についての記述として正しいものはどれか。A～Eから一つ選び、解答欄にマークしなさい。

A 鉄製の農具である備中鍬、脱穀用の千石簁、灌漑用の踏車などが考案された。

B 干鰯、〆粕、ぬかなどが自給肥料として普及した。

C　大蔵永常が商品作物の栽培について論じた『広益国産考』を公刊した。

D　田畑の面積は、江戸時代初めから 18 世紀初めにかけて 2 倍近くに増加した。

E　農事試験場を設けて、稲などの品種改良を進めた。

問 2　下線部(イ)についての記述として正しいものはどれか。A～Eから一つ選び、解答欄にマークしなさい。

A　三都を結ぶ東海道をはじめ、中山道、甲州道中、日光道中、奥州道中の五街道は、町奉行が管理した。

B　江戸では牛車や大八車が多数存在し、乗合馬車も発達した。

C　継飛脚は民間営業の飛脚であり、東海道を 6 日で走ったので、定六とも呼ばれた。

D　河村瑞賢は、出羽酒田から江戸に至る東廻り海運・西廻り海運のルートを整備した。

E　18 世紀前半に運航を開始した樽廻船は、その後、菱垣廻船に駆逐された。

問 3　下線部(ウ)に関連して、江戸時代の商工業の展開についての記述として正しいものはどれか。A～Eから一つ選び、解答欄にマークしなさい。

A　江戸では荷積問屋の仲間である二十四組問屋がつくられた。

B　越後屋呉服店は辰松八郎兵衛が江戸に開いた呉服店で、両替商も兼業した。

C　紀伊国屋文左衛門は紀州のみかんを江戸に回送して利益をあげ、材木商に進出して財をなした。

D　問屋制家内工業では、労働者が 1 カ所に集まって、分業にもとづく協業で手工業生産を行った。

E　卸売市場が発達し、大坂では堂島の米市場、天満の魚市場、雑喉場の青物市場などが有名である。

問 4　下線部(エ)についての記述として正しいものはどれか。A～Eから一つ選び、解答欄にマークしなさい。

A　新たに側近として側用人を設置し、また荻生徂徠や室鳩巣らの儒学者を登用した。

B　新しい産業の開発に役立つ実学を奨励したが、漢訳洋書の輸入は制限した。

C　裁判や刑罰の基準を定め、連座制を緩和した幕府の成文法である御触書寛保集成を制定した。

D　各役職の石高を定め、それ以下の者が就任する時、在職中だけ不足の石高を補った。

E　大名から石高1万石につき1000石を上納させる上げ米を実施した。

問5　下線部(オ)に関連して、江戸時代の百姓一揆についての記述として正しいものはどれか。A～Eから一つ選び、解答欄にマークしなさい。

A　江戸時代における百姓一揆の発生件数は1780年代にピークを迎え、その後は次第に減少した。

B　その範囲が藩領全域に及ぶような全藩一揆の例としては、嘉助騒動や元文一揆などがある。

C　村々の代表者が百姓の利害を代表して領主に直訴する惣百姓一揆は、天明の飢饉をきっかけに増加し始めた。

D　強訴は、訴訟参加者の範囲が郡や国にまで拡大した合法的な農民の訴願闘争である。

E　世直し一揆が一般的になるのは幕末からで、磔茂左衛門一揆がその最初の例である。

問6　下線部(カ)が実権を握っていた時期には、加藤千蔭や村田春海などの国学者が活躍している。これに関連して、江戸時代の国学者についての記述として正しいものはどれか。A～Eから一つ選び、解答欄にマークしなさい。

A　荷田春満は『創学校啓』を著して国学の学校建設を将軍吉宗に建言した。

B　賀茂真淵は和学御用として田安宗武に仕え、『国意考』、『万葉集註釈』などを著した。

C　上田秋成は『源氏物語』の注釈書『源氏物語湖月抄』を著した。

D　塙保己一は和学講談所を設立し、『類聚国史』を編纂した。

E　平田篤胤は江戸で開塾し、国史を考証した『比古婆衣』を著した。

問 7　下線部(キ)についての記述として正しいものはどれか。A～Eから一つ選び、解答欄にマークしなさい。

A　閑院宮家を創設し、幕府と天皇家との結びつきを強めた。

B　印旛沼や手賀沼などの新田開発によって耕地を拡大し、年貢収入の増大をはかった。

C　長崎貿易で多くの金銀が流出したので、貿易額を制限した。

D　長谷川平蔵の建議により、石川島に人足寄場を設けて無宿人を収容した。

E　最上徳内らを蝦夷地に派遣し、ロシア人との交易の可能性を調査させた。

問 8　下線部(ク)に関連して、19 世紀前半の国内外の事件・出来事についての記述として正しいものはどれか。A～Eから一つ選び、解答欄にマークしなさい。

A　イギリスの軍艦フェートン号がフランス船を捕獲するために長崎湾内に侵入した。

B　アメリカ東インド艦隊司令長官のビッドルが通商を要求するために下田に来航した。

C　幕府は、犯罪者を取り締まり、治安維持を強化するために蕃書調所を設けた。

D　国学者の生田万が貧民救済を目指して大坂で武装蜂起したが、半日で鎮圧された。

E　幕府は、従来対等とされた朝鮮通信使をそれまでの江戸に代えて対馬への派遣とさせた。

問 9　(設問省略)

問10 下線部(コ)に関連して、18世紀末から表面化した幕藩体制の動揺という現実への対応として、学問・思想の分野でも封建制度の維持や改良を説く経世論が発達した。これに関連して、江戸時代の経世家と著書の組み合わせとして正しいものはどれか。A～Eから一つ選び、解答欄にマークしなさい。

A 太宰春台 —『稽古談』

B 安藤昌益 —『価原』

C 海保青陵 —『経世秘策』

D 本多利明 —『統道真伝』

E 佐藤信淵 —『経済要録』

〔Ⅲ〕 次の文章を読み、以下の設問に答えなさい。

大正時代は、日本を取り巻く国際環境が大きく変化し、国際協調を重視した新しい国際秩序が作られた時代であった。

1914年にイギリスがドイツに宣戦すると、［ 1 ］内閣は日英同盟(ア)を理由として参戦し、翌年、中国に対して二十一カ条の要求をおこなった。続く寺内正毅内閣は中国への巨額の経済借款をおこない、日本の権益確保を図った。日本の中国進出を警戒するアメリカは、1917年に日本との間に［ 2 ］を結び、太平洋方面の安定を図った。一方、同じ年にロシア革命がおこり、世界ではじめての社会主義国家が誕生すると、日本国内では、それを一つのきっかけとして社会運動が勃興した(イ)。

1918年に第一次世界大戦の休戦が成立すると、翌年にパリで講和会議が開かれ、ヴェルサイユ条約(ウ)が調印された。1920年には国際紛争の平和的解決と国際協力のための機関として、国際連盟が設立された。一方、この時期には、民族自決の国際世論が高まり、民族運動が活発化した(エ)。こうした民族運動の活発化や日本の中国進出、ソヴィエト政権の動向など、アメリカには極東の新情勢に対応する必要が生じた。そこでアメリカは1921年から1922年にかけてワシントン会議(オ)を開催し、戦争の再発防止と列強間の協調をめざした国際協定が結ばれた。日本の［ 3 ］内閣もこの会議に参加し、のちに続く協調外交の基礎を作った。大正時代には日本国内でも、自由主義・民主主義的な風潮が高まり、多様な学問や芸術が発達した(カ)。

昭和に入ると、田中義一内閣のもと、日本の外交は中国政策をめぐって強硬姿勢に転じた(キ)が、［ 4 ］内閣は幣原喜重郎を外相に起用し、1930年にはロンドン海軍軍縮会議に参加するなど、協調外交の方針を復活させた。こうした協調外交は国内の軍や右翼によって軟弱外交と非難され、危機感を深めた関東軍は軍事行動を開始し、1931年満州事変が始まった。

国内でも、昭和恐慌やロンドン海軍軍縮会議、満州事変をきっかけとし、日本のゆきづまりの原因は財閥・政党などの支配層の無能と腐敗にあると考える人々による過激な行動が相次いだ(ク)。1933年に国際連盟総会で、日本に満州国の承認撤回を求める勧告案が採択されると、日本は国際連盟からの脱退を通告し、国際的に孤立した。

問1　下線部(ア)についての記述として正しいものはどれか。A～Eから一つ選び、解答欄にマークしなさい。

A　清国の南下策に対抗する目的があった。

B　一方が他国と交戦した場合には他方も参戦することが定められた。

C　両国で「満韓交換」の交渉が行われた。

D　清国・大韓帝国(韓国)における利益の相互尊重が定められた。

E　両国の満州および内蒙古における勢力圏が確認された。

問2　下線部(イ)に関連して、大正時代に結成された団体とその創立者の組み合わせとして正しいものはどれか。A～Eから一つ選び、解答欄にマークしなさい。

A　日本農民組合 ― 賀川豊彦

B　黎明会 ― 鈴木文治

C　日本共産党 ― 大杉栄

D　社会民主党 ― 幸徳秋水

E　青鞜社 ― 山川菊栄

問３ 下線部(ウ)についての記述として正しいものはどれか。A～Eから一つ選び、解答欄にマークしなさい。

A 人種差別撤廃案が条約案に入った。

B 民族自決の原則のもとでベルギーの独立が取り決められた。

C 遼東半島における利権の日本への譲渡が取り決められた。

D 国際労働機関(ＩＬＯ)の設立が取り決められた。

E 中国は条約の内容を不服としながらも調印した。

問４ 空欄 1 、 3 、 4 に入る人名の組み合わせとして正しいものはどれか。A～Eから一つ選び、解答欄にマークしなさい。

	1	3	4
A	山県有朋	加藤高明	若槻礼次郎
B	大隈重信	高橋是清	浜口雄幸
C	山県有朋	高橋是清	犬養毅
D	大隈重信	原敬	犬養毅
E	山本権兵衛	加藤高明	浜口雄幸

問５ 空欄 2 に入る語として正しいものはどれか。A～Eから一つ選び、解答欄にマークしなさい。

A 桂・タフト協定

B ヤルタ協定

C 石井・ランシング協定

D ジュネーブ協定

E 天津条約

問６ 下線部(エ)に関連して、大正時代の民族自決の国際世論の高まりと民族運動についての記述として正しいものはどれか。A～Eから一つ選び、解答欄にマークしなさい。

A 日本は国際世論に配慮し、朝鮮総督と台湾総督について文官の就任を認める官制改正をおこなった。

B　朝鮮では植民地化に抵抗して1919年3月1日以降、義兵運動が本格化した。

C　中国では列強の中国進出に反対する義和団事件が起きた。

D　朝鮮では東学の信徒を中心に排日を要求する農民の反乱が起きた。

E　中国では1919年5月4日に在華紡でおきたストライキをきっかけに労働者・学生らによる大規模な反帝国主義運動が全土に広がった。

問7　下線部(オ)についての記述として正しいものはどれか。A～Eから一つ選び、解答欄にマークしなさい。

A　米・英・日・伊で太平洋の平和に関する四カ国条約が結ばれた。

B　山東半島における旧ドイツ権益の中国返還が取り決められた。

C　日英同盟の継続が確認された。

D　海軍軍縮条約が結ばれ、日本の主力艦の保有量は対米7割に制限された。

E　西園寺公望・牧野伸顕らが全権として派遣された。

問8　下線部(カ)に関連して、大正から昭和初期の学問や芸術についての記述として正しいものはどれか。A～Eから一つ選び、解答欄にマークしなさい。

A　小山内薫・土方与志らが創設した築地小劇場が新劇運動の中心となった。

B　大学令が制定され、帝国大学の設置が認められたが、単科大学や公立・私立の大学の設置は認められなかった。

C　政治評論中心の大新聞が相次いで創刊された。

D　西田幾多郎が『善の研究』を著すなどマルクス主義が知識人に大きな影響を与えた。

E　プロレタリア文学運動の機関誌『赤い鳥』が創刊された。

問9　下線部(キ)に関連して、1920年代の中国大陸での出来事として正しいものはどれか。A～Eから一つ選び、解答欄にマークしなさい。

A　北京郊外の盧溝橋で日中両国軍が衝突した。

B　関東軍が中国国民党の張作霖を奉天郊外で爆殺した。

C　蒋介石率いる国民革命軍が北伐を開始した。

D　関東軍が柳条湖で南満州鉄道の線路を爆破した。

E　袁世凱が中国国民党を結成した。

問10　下線部(ク)に関連して、日本史上のテロ事件についての記述として正しいものはどれか。A～Eから一つ選び、解答欄にマークしなさい。

A　血盟団員によって井上準之助前蔵相が暗殺された。

B　五・一五事件では海軍青年将校によって高橋是清蔵相が射殺された。

C　二・二六事件では統制派の青年将校たちが首相官邸や警視庁などを襲った。

D　無政府主義者の難波大助によって浜口雄幸首相が狙撃された。

E　国家主義者の佐郷屋留雄によって原敬首相が暗殺された。

〔Ⅳ〕　次の文章を読み、以下の設問に答えなさい。

近代化、産業化以降の社会の変化はとても速い。日本における社会変動の画期は、明治維新期と第二次世界大戦後の高度経済成長期であろう。

明治維新により、封建的な諸制度を撤廃して西洋文明の摂取による近代化の推進を図った日本では、士農工商の身分制度が廃止された。公家や藩主は華族、旧藩士や旧幕臣は士族、農工商の百姓や町人は平民となり、「四民平等」とされた。新たな族籍(ア)をもとに統一的な戸籍編成がおこなわれ、同じ義務をもつ国民が形成された。

日本は、富国強兵をめざして殖産興業(イ)に力を注いだ。その際、産業技術や社会制度だけでなく、学問や思想、生活様式、建築まで様々なものを西洋から取りいれた。自由主義、功利主義などの西洋近代思想が流行し、天賦人権の思想がとなえられた。この思想は後に、自由民権運動(ウ)の指導理念となった。また、市民的自由の拡大と大衆の政治参加の要求が高まった、第一次護憲運動から男性普通選挙制の成立まで(エ)の時代思潮や社会運動を、「大正デモクラシー」と呼ぶ。

産業の面で、日本の産業革命(オ)の初発は、綿糸を生産する紡績業であった。しかし、原料の綿花を [1] や [2] からの輸入に依存しており、輸入超過の要因ともなった。これに対して、国産の繭を原料として生糸を製造する製糸業では、器械製糸の工場が稼働し、養蚕農家も増加した。こちらは、フランスや [2] 向けを中心に輸出量が伸び、1909年には [3] を追い越して、日本は世界最大の生糸輸出国となった。

第二次世界大戦後の高度経済成長(カ)は、「技術革新による経済成長」と評されるように、鉄鋼・造船・自動車・電気機械・化学などの分野で設備投資が進み、工業生産額の3分の2を重化学工業が占めるようになった。国土の太平洋側を中心に火力発電所や石油化学コンビナートが建設され、産業と人口が集中した。

産業集積と高度経済成長に成功した一方で、環境破壊、環境汚染が深刻な社会問題となった。例えば水俣病は、新日本窒素肥料会社(キ)の工場排水に含まれたメチル水銀に汚染された魚介類を食べたことによる中毒症であった。また、「原子力の平和利用」(ク)として進められた原子力関連産業では、断続的に事故が発生しており、科学技術と政府に対する信頼が揺らいでいる。

新たな動きとして、気候危機や生物多様性の喪失など地球環境問題についての、「気候変動に関する国際連合枠組条約の京都議定書」(ケ)の採択にみられるように、まずグローバルなレベルでの合意を形成し、その実施を個々の国民国家に迫るという方法が採用されている。その際、ＮＧＯや環境ＮＰＯなど、国民国家を越境した市民組織が有効な推進役となっている。

問 1　下線部(ア)についての記述として正しいものはどれか。Ａ～Ｅから一つ選び、解答欄にマークしなさい。

Ａ　士族と平民の区別なく、満20歳に達したすべての男性は兵役に服することになった。

Ｂ　えた、非人など賤民の身分と職業はそのままであった。

Ｃ　士族の一部は屯田兵となり北海道へ移住した。

Ｄ　平民は苗字を持つことができたが、移住・職業選択の自由は認められなかった。

Ｅ　士族の多くは地券を元手に商売に参入することで成功し、「士族の商法」を確立した。

問 2 下線部(イ)に関連して、技術の導入や人材育成のために政府機関や学校に雇われた外国人教師についての記述として正しいものはどれか。A～Eから一つ選び、解答欄にマークしなさい。

A コンドルは、上野恩賜公園や日比谷公園などの都市公園を設計・施工した。

B クラークは、製糸・紡績などの官営工場を回り、近代的な労務管理の方法を指導した。

C ジェーンズは、北海道と樺太で英語と近代農学を教授した。

D モースは、ダーウィンの生物進化論を講義し、考古学調査も行った。

E ホフマンは、東京医学校に外科を設立し、手術室を設置した。

問 3 下線部(ウ)についての記述として正しいものはどれか。A～Eから一つ選び、解答欄にマークしなさい。

A 江藤新平は征韓党の首領となり、福岡県で秋月の乱を起こした。

B 板垣退助は自由党を結成し、福島事件や秩父事件など農民を直接的に指導することで、地方に支持層を拡大した。

C 尾崎行雄は立憲改進党を組織し、都市の実業家や知識人の支持を得て議院内閣制の導入を主張した。

D 植木枝盛はルソーの『社会契約論』を翻訳し、運動の思想的基盤の形成に貢献した。

E 福地源一郎は立憲帝政党を結成したが、民権派に対抗できるほどの勢力にはなれずに解党した。

問 4 下線部(エ)の時期の出来事として正しいものはどれか。A～Eから一つ選び、解答欄にマークしなさい。

A 北里柴三郎が私費を投じて北里研究所を設立した。

B 火野葦平が『麦と兵隊』を執筆した。

C 与謝野晶子が「君死にたまふこと勿れ」とうたう反戦詩を発表した。

D 徳冨蘆花が『不如帰』を執筆した。

E 新島襄が京都で同志社英学校を設立した。

問5　下線部(オ)についての記述として正しいものはどれか。A～Eから一つ選び、解答欄にマークしなさい。

A　豊田佐吉は、国産自動車の開発に成功し、トヨタ自動車を設立した。

B　臥雲辰致は、芝に池貝鉄工所を開設し、高精度な旋盤の国内生産に成功した。

C　臥雲辰致は、富岡製糸場の払い下げを受け、近代的な労務管理システムを構築した。

D　豊田佐吉は、水車ではなく石油発動機を動力とする、小型の国産力織機を発明した。

E　臥雲辰致は、室蘭に日本製鋼所を設立し、兵器を生産した。

問6　文章中の空欄［ 1 ］、［ 2 ］、［ 3 ］に入る国の組み合わせとして正しいものはどれか。A～Eから一つ選び、解答欄にマークしなさい。

	［ 1 ］	［ 2 ］	［ 3 ］
A	インド	イギリス	清
B	オーストラリア	イギリス	カナダ
C	インド	アメリカ	清
D	清	カナダ	インド
E	イギリス	アメリカ	オーストラリア

問7　下線部(カ)に関連して、この時期の産業や企業の動向についての記述として最も適切なものはどれか。A～Eから一つ選び、解答欄にマークしなさい。

A　鉄鋼分野では、国際競争の激化に備えて八幡製鉄と富士製鉄が合併し、新日本製鉄が誕生した。

B　大量の人口が流入した太平洋沿岸の都市部では、住宅問題解消のために、高層マンションを中心としたニュータウンの開発が進められた。

C　農業機械の開発や化学肥料の国産化が進んでコメの収穫量が増大したことにより、農業従事者が増えた。

D　中小企業は、独自の技術革新をする必要が無くなり、大企業の下請けとして部品供給することで経営が安定した。

E 国土に豊富に賦存する水力発電の価値が見直され、「水主火従」へとエネルギー政策が転換した。

問 8 下線部(キ)の源流にあたる日本窒素肥料会社の創業者についての記述として正しいものはどれか。A～Eから一つ選び、解答欄にマークしなさい。

A 鮎川義介は、自動車と重化学工業からなる産業連合を組織し、満州へ進出した。

B 森矗昶は、昭和肥料会社より出発し、昭和電工を設立した。

C 野口遵は、朝鮮半島北部で大規模ダムと水力発電所を建設した。

D 野口遵は、安田善次郎の経営を引き継ぎ、銀行資本を取りまとめ、製造業に投資した。

E 森矗昶は、理化学研究所の基礎研究を応用し、化学・電気工学分野の新産業を創生した。

問 9 下線部(ク)についての記述として正しいものはどれか。A～Eから一つ選び、解答欄にマークしなさい。

A 湯川秀樹は、平和運動への積極的な取り組みが評価され、ノーベル平和賞を受賞した。

B 日本は石油危機以降、原子力発電を、石油を代替する主要なエネルギーとして位置づけ、電力会社は原子力発電所を各地に建設した。

C 日本はアメリカとソ連の双方との間で原子力協定を締結し、どちらの技術・技術者もオープンに受け入れられる体制を整えた。

D 東京電力福島第一原子力発電所事故への対応で、自由民主党政権は信頼を失い、民主党政権へ移行した。

E 日本は福島県に日本原子力研究所を設置し、初の原子力発電による電力生産を開始した。

問10 下線部(ケ)に署名した首相とその事績の組み合わせとして正しいものはどれか。A～Eから一つ選び、解答欄にマークしなさい。

A　小渕恵三　 ― 消費税の導入

B　橋本龍太郎 ― 情報公開法の施行

C　森喜朗　　 ― ＰＫＯ協力法の成立

D　小渕恵三　 ― 自衛隊のイラク派遣

E　橋本龍太郎 ― 消費税率の引き上げ

世界史

（60分）

〔Ⅰ〕 次の文章を読み、空欄（ア～オ）に当てはまる語句を解答欄に記入しなさい。また、下線部（1～5）に関する設問（1～5）に答えなさい。

戦争は人類の歴史とともに古くからある。そして、政治経済的あるいは軍事的に他国を圧倒する国家が、複数の地域や民族を支配する「帝国」をめざす例も珍しくない。世界史は、帝国への野望とその挫折が繰り返されてきた歴史でもある。

史上初の世界帝国とも言われるアケメネス朝ペルシアは、第3代の王［　ア　］のときにエジプトからインダス川流域に至る広大な帝国を築くが、前5世紀前半のギリシアとの戦いに敗れた。そのギリシアでは、前8世紀から(1)ポリスという都市国家が出現し、諸ポリスの連合によってペルシアを撃退し、民主政を確立して繁栄することができた。だが、前4世紀後半にはアテネと［　イ　］の連合軍がマケドニア王国に敗れ、全ギリシアが制圧された。その国王となったアレクサンドロス大王は東方遠征を行い、アケメネス朝を倒して大帝国を樹立したものの、その後に急死したため、帝国は諸国に分裂した。

その頃、イタリア半島では、(2)都市国家ローマが誕生し、帝国として発展していく。まず、ギリシア文化の影響を受けながら共和政が樹立され、独自の政治・法制度を発展させた。そして、前3世紀以降、地中海世界に向けた海外進出を始め、西地中海の覇権を確立すると、さらに領土を拡大し、トラヤヌス帝の時代の最盛期には、西ヨーロッパから北アフリカ、中東までを支配する大帝国となった。だが、4世紀末、ローマ帝国は東西に分裂し、西ローマ帝国はゲルマン人の侵入で滅亡する一方で、東ローマ帝国（ビザンツ帝国）は1453年まで続き、多くの文化遺産を後世に残した。そのうちのひとつが、［　ウ　］が編纂させたローマ法大全で、今日のわれわれの生活にも影響を与えている。

そのビザンツ帝国を滅ぼしたのは、オスマン帝国である。そして1517年、オスマン帝国はエジプトやシリアを併合し、スレイマン1世の時代には西アジアや北アフリカまでを支配し最盛期を迎えた。だが、17世紀末、ヨーロッパに向けた積極的な対外政策がいきづまると、ヨーロッパに対する優位を徐々に失っていく。19世紀に入ると、ギリシアの独立をはじめとする民族運動が起きるなか、ロシアがギリシア正教徒の保護を理由にオスマン帝国に侵入し、[エ]戦争が勃発した。ロシアはこの戦いに敗れたため、戦争中に即位した(3)アレクサンドル2世は近代化改革を断行した。そして再び、1877年にスラブ民族の保護を口実にオスマン帝国に宣戦して勝利し、その勢力の拡大に成功したかにみえたが、ロシアの南下政策はオーストリアやイギリスの意向を受けて締結された[オ]条約によって阻止された。オスマン帝国も、ヨーロッパ側領土の半分以上を失い、衰退していった。

東アジアでは、(4)17世紀後半以降、清朝の支配領域が大きく広がり、18世紀半ばまでには直接・間接の統治を通じて一大帝国を築き上げた。だが、イギリスとのアヘン戦争における一方的な敗北によって開国を迫られ、国力を衰微させていった。そして結局、大清帝国は辛亥革命によって崩壊した。

19世紀末になると、イギリスとフランス、ドイツ、そして日本やアメリカ合衆国などが競って諸地域の覇権を争う(5)帝国主義の時代に世界は突入し、結果的に2度の世界大戦を引き起こすことになった。その後、冷戦体制における二大超大国の争いは、一方のソ連の崩壊によって終焉したが、2014年のロシアによる[エ]併合によって、世界は新たな覇権争いの様相を呈している。

設問1　古代ギリシアのポリスに関する説明として正しいものをひとつ選び、その記号を解答欄にマークしなさい。

A．アッティカ地方に建設されたスパルタでは、貴族と平民の対立が深まり、前6世紀初頭にソロンが改革を断行したが、両者の対立は解消しなかった。

B．前6世紀末、クレイステネスが血縁に基づく部族制を廃止し、五百人評議会を創設するなどして、民主政の基礎を築いた。

C．ペルシア戦争後、アテネでは無産市民が発言権を強め、前5世紀中葉、ペイシストラトスの指導のもとで民主政が完成した。

D. ヘロドトスの『歴史』は、前431年に起こったペロポネソス戦争を史料批判に基づいて叙述した書物である。

設問2 古代ローマ世界に関する説明として正しいものをひとつ選び、その記号を解答欄にマークしなさい。

A. ローマが3次にわたるカルタゴとのポエニ戦争を通じて属州とした征服地で、パトリキと呼ばれる新興の富裕市民たちが徴税請負人として富を蓄積していった。

B. 前367年に、ティベリウス=グラックスは、平民救済のために公有地の占有を制限する法律を提案・可決させた。

C. 軍人皇帝の時代に皇帝が乱立し、帝国は危機的状況に置かれるが、これに対してディオクレティアヌス帝はテトラルキアという統治体制を導入し、政治秩序を回復した。

D. ローマの地中海制覇を完成したカエサルは、元老院からアウグストゥスという称号を与えられ、共和政から帝政への移行を実現した。

設問3 アレクサンドル2世やその一連の改革に関する説明として正しいものをひとつ選び、その記号を解答欄にマークしなさい。

A. 農奴を領主の支配から解放し、土地を無償で分け与えることで、ロシアが近代的な社会制度を導入する契機となった。

B. 司法改革や地方自治機関ゼムストヴォの設置などの改革を断行したが、「人民の意志」派によって爆殺された。

C. 専制政治を支える知識人階級に対して農民たちがみずから立ち上がり、「ナロードニキ(人民主義者)」運動を組織した。

D. デカブリストの乱を鎮圧するなど、内政では専制政治を強行する一方で、対外的にはポーランドを抑圧し、ハンガリーの民族運動も制圧した。

設問4 清朝が台湾を制圧し、自国の領土に編入したときの皇帝をひとり選び、その記号を解答欄にマークしなさい。

A. 雍正帝　　B. 乾隆帝　　C. 順治帝　　D. 康熙帝

設問５　帝国主義や２度の世界大戦の時代に関連する説明として正しいものをひとつ選び、その記号を解答欄にマークしなさい。

A．1889年に結成された第2インターナショナルは、帝国主義戦争に反対し、二つの世界大戦において反戦運動を積極的に展開した。

B．フランスは、西アフリカ・サハラ地域と東のケニアとの連結を目指した、アフリカ横断政策をとった。

C．ドイツでは、1932年11月の総選挙でナチ党が過半数の議席を獲得し、翌年１月にヒトラーが首相に任命された。

D．1920年代の共和党政権下のアメリカ合衆国では、自動車や家電製品が普及し経済が繁栄する一方で、移民法によって東欧や南欧からの新移民が制限され、アジア系の移民の流入が事実上禁止された。

〔Ⅱ〕　次の文章を読み、空欄(ア～イ)に当てはまる語句を解答欄に記入しなさい。また、下線部(１～８)に関する設問(１～８)に答えなさい。

中世の地中海世界は、ゲルマン人の大移動と西ローマ帝国の滅亡ののち、７世紀のイスラーム勢力の西進をきっかけとしてまとまりを失い、やがて東ヨーロッパ世界、西ヨーロッパ世界、イスラーム世界の三つに分裂していった。

東ヨーロッパ世界では、ローマ帝国の継承者を名乗るビザンツ帝国がボスフォラス海峡の両岸に広がっていた。ビザンツ帝国は強力な軍と巨大な官僚制に支えられ、約千年にわたり皇帝による専制支配体制を継続させた(1)。首都コンスタンティノープルは商業で繁栄し、中世を通じてヨーロッパ世界最大の貿易都市であった。文化面においてビザンツ帝国は、ギリシア正教に基づく独自の世界を作り上げ、７世紀にはラテン語にかえてギリシア語を公用語とし、古代ギリシアの知識を後世へ継承する上で重要な役割を果たした。その知識は写本や学者を通じてルネサンス(2)にも影響を与えていくことになる。美術・建築においては、ドームとモザイク壁画を特徴とするビザンツ様式(3)が生まれた。９世紀にはスラブ人を教化するためにキリル文字が作られた。

西ヨーロッパ世界では、ローマ＝カトリック教会がフランク王国と手を結び、ギリシア正教会とビザンツ帝国に対抗した。教皇が800年にカール大帝にローマ皇帝の冠を授け、西ローマ帝国を理念的に復活させたことは、ローマ＝ゲルマン的世界の確立を象徴する出来事であった。ここに、西ヨーロッパの基礎となる領域を支配し、ラテン＝カトリック圏をまとめ、アルプス山脈以南と以北の商業や文化の交流を促進するキリスト教国家が現れた。カール大帝の死後、フランク王国は、<u>イタリア(中部フランク)・西フランク・東フランクの3国に分裂した</u>(4)。西ヨーロッパでは、11世紀になると、農業生産力の向上や人口増加にともない商業は活性化し、<u>都市が発展した</u>(5)。さらに教皇権の高まりを背景に十字軍や<u>レコンキスタ</u>(6)、東方植民など、ラテン＝カトリック圏は外部へ拡大していった。

イスラーム世界は、7世紀にムハンマドがアラビア半島で創始したイスラーム教を基礎として発展した。イスラーム教徒は、7世紀半ばから約一世紀の間に東は中央アジアから西はイベリア半島に至る大帝国を築き上げた。しかし、10世紀になるとアッバース朝の衰退とともに、地方政権が各地に樹立され、「イスラーム帝国」は分裂する。地中海地域においては、シーア派の人々がベルベル人の支持を得て［　ア　］朝をおこし、10世紀後半にはエジプトを征服して新都カイロを建設し、北アフリカ一帯を支配した。カイロにはマドラサである［　イ　］が設立され、イスラーム神学・法学の最高学府となった。これは現存するイスラーム最古の大学・教育機関である。10世紀以降、<u>北アフリカやイベリア半島出身の学者が活躍し、それまでの諸学問を高度に発展させた</u>(7)。また、<u>ムスリム商人</u>(8)は中国・インド・ヨーロッパを結ぶ交易活動により、文明の交流において重要な役割を果たした。

設問1　下線部(1)について、ビザンツ帝国の政治と社会に関する説明として正しいものをひとつ選び、その記号を解答欄にマークしなさい。

A．ビザンツ帝国では、ヘラクレイオス1世の治世に辺境地域の司令官に地方の管理を一任した屯田兵制が敷かれた。

B．11世紀には、国家が軍事奉仕を条件として貴族に土地の管理を委ねるプロノイア制が導入された。

C．コンスタンティノープルは第6回十字軍によって占拠され、その地にはラテン帝国が建てられた。

D．ビザンツ帝国は、盛期のマケドニア朝の時代にセルビア王国を併合した。

設問2　下線部(2)の説明として正しいものをひとつ選び、その記号を解答欄にマークしなさい。

A．イングランドではチョーサーが『カンタベリ物語』を、スペインではセルバンテスが『ドン＝キホーテ』を著し、社会の矛盾を風刺した。

B．ローマでは15世紀に大商人のメディチ家が隆盛をきわめ、多くの学者や芸術家を後援した。

C．ルネサンスは、貿易や商業で栄えたイタリアやネーデルラントで主に展開し、一方、王権が強かったフランスにはほとんど広まらなかった。

D．エラスムスは『愚神礼賛』を著し、カトリック教会・聖職者の腐敗を痛烈に批判し、ルターの宗教改革に賛同した。

設問3　下線部(3)の建造物として正しいものをひとつ選び、その記号を解答欄にマークしなさい。

A．ヴォルムス大聖堂

B．サン＝ヴィターレ聖堂

C．サンスーシ宮殿

D．シャルトル大聖堂

設問4　下線部(4)に関連する説明として正しいものをひとつ選び、その記号を解答欄にマークしなさい。

A．カール大帝の死後、フランク王国の領土はその三人の息子の間で分割された。

B．メルセン条約はロタール1世に中部フランクの土地を与えたが、その後のヴェルダン条約で国土の面積は縮小された。

C．東フランクでは、カロリング家の血統が途絶えたのち、ザクセン大公ハインリヒ1世が国王に選ばれた。

D．西フランクでは、ユーグ＝カペーが王位に就いてカペー朝を開き、王権に権力が集中する絶対王政を敷いた。

設問5　下線部(5)について、11～12世紀以降に成立する中世都市に関する説明として正しいものをひとつ選び、その記号を解答欄にマークしなさい。

A．フィレンツェに代表される北イタリアの諸都市は、領主である司教権力の庇護の下、司教座都市を形成した。

B．北ドイツでは都市同盟であるロンバルディア同盟が結成され、リューベックを盟主とした。

C．大商人を中心とする都市の特権層は、彼ら自身の相互扶助と市場の独占を目的として商人ギルドを作り、市参事会も構成した。

D．手工業者の親方と徒弟は、職種ごとに同職ギルドを作り、商人ギルドと協力しながら都市の統治にかかわった。

設問6　下線部(6)が起こった中世のイベリア半島の状況について、正しいものをひとつ選び、その記号を解答欄にマークしなさい。

A．ポルトガル王国は12世紀にナバラ王国から独立した。

B．スペイン＝イスラーム建築の代表といわれるアルハンブラ宮殿がトレドに建設された。

C．カスティリャ王子フェルナンドとアラゴン王女イサベルが結婚し、その後両王国が合邦してスペイン王国が成立した。

D．レコンキスタを完了させたスペイン王国はカトリック国であることを確定させ、ユダヤ教徒追放令を発布した。

設問7　下線部(7)に関連して、12世紀にアリストテレス研究を深化させ、ヨーロッパ中世のスコラ哲学に大きな影響を与えたコルドバ生まれのムスリム学者の名を解答欄に記入しなさい。

設問8　下線部(8)のムスリム商人がインド洋交易のために建造し使用した、三角の帆を持つ木造船は何と呼ばれるか。解答欄に記入しなさい。

〔Ⅲ〕 次の文章を読み、空欄(ア～ウ)に当てはまる語句を解答欄に記入しなさい。また、下線部(1～6)および空欄(①～③)に関する設問(1～7)に答えなさい。

現在東南アジアと呼ばれる地域は、地理的、宗教的、文化的に多様である。英語で「東南アジア(Southeast Asia)」という用語が広く用いられる始まりとなったのは、第二次世界大戦中の連合国による軍事上の便宜のために設置された、東南アジア軍司令部であると言われており、事実「東南アジア」という名の地理概念が一般的となるのは、第二次世界大戦後のことである。この地域の歴史を遡ると非常に多彩な世界に出逢うこととなる。

東南アジアの南側となる島嶼部は、インド洋と東シナ海を結ぶ交易路として古来より栄えた。そのため、交易の拠点となる港を核とする<u>港市国家</u>(1)が成立した。13 世紀になると、このインドと中国という二つの外来文化に加え、イスラーム教の影響が色濃くなる。14 世紀末に建国されたマラッカ王国はイスラーム教に改宗したが、シャムからの攻勢に対抗するために、［　ア　］の遠征を契機として中国とも朝貢関係を結んだ。様々な地方の商人が交易に訪れるマラッカ王国は、80 もの言語が飛び交っていたとされるコスモポリタンな世界だった。

インド、中国、イスラームに次いでこの地域に入ってきた外来勢力がヨーロッパ人だった。1511 年にマラッカ王国は［　①　］によって占領され、16 世紀後半には［　②　］はフィリピンを領有した。17 世紀に入ると欧州各国は東インド会社を設立して本格的にこの地方への進出を果たすが、オランダがアンボイナ事件を契機に［　③　］を駆逐して、マラッカやスリランカを［　①　］から奪った。この事件当時ジャワ島を統治していた［　イ　］王国と関係を結んだオランダは、<u>反乱に苦しむ王国を支援することで領地の割譲を得て植民地領域を拡大した</u>(2)。

19 世紀に入ると、イギリスの植民地行政官［　ウ　］が 1819 年に現在のシンガポールに上陸するなど、イギリスはオランダとの力関係を逆転させ、<u>この地で力を増すようになった</u>(3)。

さて東南アジアには、コスモポリタンな海の世界とは対比的な陸と山塊の世界もまた広がっている。アメリカの人類学者ジェームズ・スコットはその著書 *The Art of Not Being Governed: An Anarchist History of Upland Southeast Asia*(邦訳『ゾミア：脱国家の世界史』)にて、東は現在のベトナムから中国雲南省を含み西はインドに至る、7か国にまたがる山岳地帯を、「ゾミア」と呼ぶ、世界最大の国家のない土地として描いた。国家がない土地というのは、人は住んでいるが国家機構が成立しない土地を指す。ゾミアに住む山の民は、意図的に自らを「低い存在」と見做したが、高地はゾミアに限らず様々な人々の避難場所(アジール)だった。ジャワ島でも、テンゲル高地には［　イ　］王国に反逆しオランダから追われた人々が逃げ込み、何年も抵抗をつづけたという。

ゾミアへの人の移動を促進したのは、多くはその周辺地域で行われた戦争だった。スコットによると、紀元前2世紀から17世紀まで(4)中国南西部で発生した反乱は『中国大百科全書』に記載されているものだけでも780近くあり、幾度となくつづくビルマ(ミャンマー)とシャム(タイ)との間の戦争によって、少なからぬ人々が山地に逃避した。(5)18世紀にシャムを破ったビルマでは最後の王朝が建設された。ここでビルマに敗れたシャムは王朝が滅び、新しい王朝が開かれたが、結果的には東南アジアで唯一欧米による植民地化から逃れたことになる。1855年にシャムは欧州各国と通商修好条約を結んで列強との関係を維持しようとし、(6)その次の国王はシャムの近代国家化に取り組み、議会の設置、官僚制、司法制度の改革を進めた。

それにしてもこのような描き方は、スコットの著作を前にすると、平地の歴史をなぞっているだけとも言える。ゾミアに逃げ込んだ人々は、各地の王朝や国家に属さず自律した営みを送ったからである。このようなアナーキズム的な実践がゾミアでなされたことを、スコットはその著書で見事に描いた。近代以前の東南アジアには、海のコスモポリタンな世界と山のアナーキズムの世界があった、と言えるのかも知れない。

設問1　下線部(1)に関して、東南アジアにおける港市国家の説明として正しいものをひとつ選び、その記号を解答欄にマークしなさい。

A．メコン川下流域に誕生し、7世紀まで続いた扶南は、その遺跡からインド、中国、ローマに由来する遺物が出土している。

B．2世紀から17世紀まで続いたチャンパーは、中国名で林邑と呼ばれたが、最後はヨーロッパ人に滅ぼされた。

C. 7世紀に建国されたシュリーヴィジャヤ王国は、中国名で室利仏逝と呼ばれ、プランバナンを中心に海上交易を支配して栄えた。

D. 8世紀後半、ドヴァーラヴァティーはシュリーヴィジャヤ王国の版図を支配し、ボロブドゥールに巨大な仏教寺院を建設した。

設問2 下線部(2)に関して、19世紀前半にオランダは、指定した作物の栽培を割り当て、指定した量を指定した値段で供出させる制度を導入して、植民地領域で莫大な利益を上げたが、この制度を何というか。解答欄に記入しなさい。

設問3 下線部(3)に関して、18世紀から19世紀にかけての東南アジアにおけるイギリス支配に関する説明として正しいものをひとつ選び、その記号を解答欄にマークしなさい。

A. 香辛料交易で繁栄していたアチェ王国を支配下に置こうと戦争を重ね、最終的にアチェ戦争によってこれを滅亡させた。

B. 1824年の英蘭条約でマレー半島側を勢力圏としたイギリスは、ペナン、マラッカ、バタヴィアを海峡植民地とした。

C. 19世紀末イギリスはマレー半島内の紛争に介入して、マレー連合州を形成して保護領とした。

D. マレー半島内部で銀採掘を進め、銀鉱山には中国人労働者が、ゴムのプランテーションにはマレー人労働者が多数活用された。

設問4 下線部(4)に関して、17世紀に中国雲南の藩王である呉三桂らによって始まり、ベトナムなど周辺地域を巻き込んだ大乱となった反乱は何か。正しい選択肢をひとつ選び、その記号を解答欄にマークしなさい。

A. 三藩の乱　　B. 白蓮教徒の乱

C. 永嘉の乱　　D. 西山の乱

設問5 下線部(5)に関して、この時成立したビルマの王朝に関する説明として正しいものをひとつ選び、その記号を解答欄にマークしなさい。

A．アラウンパヤーによって創設されたこの王朝は、モン人を破って国土を統一した。

B．アッサムへの侵攻やシャムのラタナコーシン朝を滅亡させたことなどにより、ビルマ王朝として最大版図を実現した。

C．南部タウングーを最初の首都としたあと、ペグー、アヴァへと都を遷した。

D．イギリスとの三度にわたるビルマ戦争に敗れ、最後はインドシナ連邦に編入された。

設問6　下線部(6)に関して、現在のタイ国の近代化の基礎を築いたこの国王は誰か。解答欄に記入しなさい。

設問7　空欄①、②、③に当てはまる国名として、正しい組み合わせをひとつ選び、その記号を解答欄にマークしなさい。

A．①スペイン　②ポルトガル　③フランス

B．①スペイン　②ポルトガル　③イギリス

C．①ポルトガル　②スペイン　③フランス

D．①ポルトガル　②スペイン　③イギリス

〔Ⅳ〕　歴史家ジョーン・W・スコットは1988年の主著*Gender and the Politics of History*(邦訳『ジェンダーと歴史学』)で、「いかにして政治がジェンダーを形づくり、ジェンダーが政治を形づくるかを分析しなければならない」と指摘し、歴史の書き直しの必要性を説いた。政治とジェンダーの連動性に着目して歴史を掘り起こすと、たとえば男女平等を求める声は、近代的な家族・市民社会・国民国家が成立する時代にすでに確認される。「アメリカ独立宣言」と「人および市民の権利宣言(人権宣言)」で基本的人権と法の下の平等が示されたこと、また都市化・工業化による労働力不足から女性の社会進出が進んだことは、男女平等への気運を高めた。フランスでは1791年にオランプ・ド・グージュが、女性が「人権宣言」の対象外とされたことに憤り『女性の権利宣言』を著し、アメリカでは19世紀半ば以降、奴隷解放運動と連携しながら女性参政権運動が展開された。またイギリスではジョン・スチュアート・ミルらによって女性参政権が提唱され、大規模な運動へと結実した。

その後、イギリス、ドイツ、トルコにおいて、女性参政権はいつ、どのような背景のもとで成立したのか。以下の5つの年号すべてにふれながら、240字以上260字以内で論じなさい。解答中、カッコや句読点は1マス1字に数え、算用数字を用いる場合には1マス2字とする。解答は箇条書きにせず、横書きとする。

1914年、1918年、1919年、1928年、1934年

地理

（60分）

〔Ⅰ〕 次の文章を読み，以下の問いに答えよ。

農耕文化の起源についてはこれまで次のように分類されてきた。大麦や小麦を中心に西アジアで発生した地中海農耕文化，さとうきびやイモ類を主として東南アジア（ア）で発生した根栽農耕文化，雑穀を中心に西アフリカ（イ）で発生したサバナ（ウ）農耕文化，ジャガイモやとうもろこし，豆類の複合からなる，主に今日のラテンアメリカ（エ）で発生した新大陸農耕文化の４類型である。

しかし今日，こうした農耕文化の起源地から遠く離れた地域で農作物が大規模かつ大量生産されていることは周知の事実である。2019年の統計によれば，世界での大麦の最大生産国は［ ① ］であり，小麦の最大生産国は［ ② ］である。あわせて［ ② ］は，イモ類についても世界最大の生産国である。さとうきびでは［ ③ ］が世界最大の生産量を誇り，とうもろこしについては［ ④ ］が世界で最も生産量が多い。

農耕文化の起源地と今日の大規模生産地とに見られる乖離は，農業の集約度と生産性という観点から説明できよう。集約度とは，単位面積あたりの労働力や農業機械・施設などの資本の投入量（額）を示すもので，人手をかければ労働集約的，資本をかければ資本集約的，どちらでもなければ［ オ ］農業となる。これに対して生産性は，単位面積あたりの生産量（額）を示すもので，単位面積あたりの生産量（額）が高ければ土地生産性が高い，労働量あたりの生産量（額）が高ければ労働生産性が高いとされる。

すなわち前述の４類型のうち，ジャガイモやとうもろこし，豆類の原産地であるラテンアメリカ，特にアンデス山脈の山ろくでは，農作物は元来自家消費するために生産されており，自然条件に適応して古くからの農法を継承する伝統的農業が営まれていたので，同地の農業は［ オ ］農業に該当していたと言ってよい。しかし今日のラテンアメリカでは，輸出用を含め農産品目の多角化が進められたことで企業的農業が盛んであり、アルゼンチンの湿潤パンパでは肉牛の放牧や、とうもろこしなどを栽培する[カ]農業が行われている。

問１　下線部アの東南アジアに関する説明として最も適切なものを以下の選択肢から１つ選び、解答欄にマークせよ。

A　フィリピン北部のミンダナオ島には多くのムスリム(イスラーム教徒)が暮らしている。

B　ミャンマーでは戒律のゆるやかな大乗仏教が信仰されている。

C　インドネシアは世界最大のムスリム(イスラーム教徒)人口を抱えている。

D　ベトナムでは戒律を重んじる上座部仏教が信仰されている。

問２　下線部イのアフリカに関する説明として最も適切なものを以下の選択肢から１つ選び、解答欄にマークせよ。

A　アフリカ連合とはアフリカ統一機構を後継した組織である。

B　アフリカでは全域にわたってモノカルチャー経済が浸透している。

C　アフリカでは赤道を基準にして、その北側ではイスラーム教が、南側ではキリスト教が主流を占めている。

D　ドラケンスバーグ山脈はアフリカ大陸の南縁で、新期造山帯に属する。

問３　下線部ウのサバナに関する説明として最も適切なものを以下の選択肢から１つ選び、解答欄にマークせよ。

A　サバナは一面の熱帯草原である。

B　サバナの土壌は一般に褐色森林土である。

C　オリノコ川流域に広がるサバナ地域はグランチャコと呼ばれている。

D　ブラジルではサバナの植生はカンポセラードとも呼ばれる。

問４　下線部エのラテンアメリカに関する説明として最も適切なものを以下の選択肢から１つ選び、解答欄にマークせよ。

A　安定陸塊にあたるギアナ高地は、先カンブリア時代の地層の上に古生代以降の地層が堆積して大地や平原となっている卓状地に分類される。

B　水門を使って運河の水位を上昇させることで船舶の航行を可能にしていることから、パナマ運河は閘門《こうもん》式運河と呼ばれている。

C　パタゴニアには砂漠が存在するが、この砂漠は亜熱帯高圧帯からの風の吹き付けや海岸沿いに流れる寒流の影響によって生じる海岸砂漠として知られている。

D　アンデス山脈では海抜2500メートルを超える高地に主な都市が立地しているが、気候条件が厳しいため、食糧の安定的生産が困難である。

問5　上記の空欄 ① ～ ④ にあてはまる国名を以下の選択肢から1つ選び、解答欄にマークせよ。

①

A　ウクライナ　　B　カナダ

C　オーストラリア　　D　ロシア

②

A　インド　　B　中国

C　ロシア　　D　アメリカ合衆国

③

A　中国　　B　インド　　C　ブラジル　　D　カナダ

④

A　中国　　B　ブラジル

C　アルゼンチン　　D　アメリカ合衆国

問6　空欄 オ に入る、最も適切な語句を以下の選択肢から1つ選び、解答欄にマークせよ。

A　粗放的　　B　移牧的　　C　遊牧的　　D　集団的

問7　空欄 カ に入る、最も適切な語句を以下の選択肢から1つ選び、解答欄にマークせよ。

A　プランテーション　　B　園芸

C　混合　　D　酪農

〔Ⅱ〕 災害に関する①～③の文章を読んで各問いに解答せよ。

① 近年、世界各地で自然災害が多発している。図 1 は、1998 年から 2017 年の 20 年間に発生した気候に関連した災害(洪水、土砂災害、高潮、暴風、大雨、異常気温、濃霧、干ばつ、氷河融解、山火事)の被害状況を世界の地域別(南北アメリカ、ヨーロッパ、オセアニア、アジア、アフリカ)に示したものである。

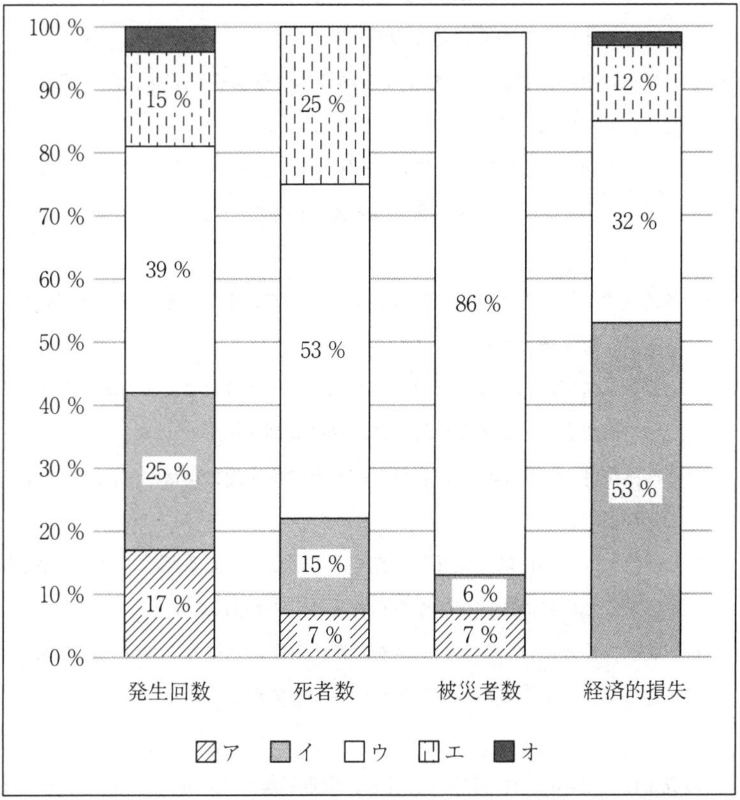

図 1　1998 年から 2017 年の 20 年間に発生した気候関連災害の世界の地域別被害状況

出典：EM-DAT 発行の UNISDR and CRED report: Economic Losses, Poverty & Disasters (1998-2017) より作成

問 1 (設問省略)

問 2 （設問省略）

問 3 図1に示す各地域における近年の災害について、誤っているものを以下の選択肢から1つ選び、解答欄にマークせよ。

A 中国の江西省では、2016年4月から8月にかけて長江流域の長雨により洪水や土砂災害が発生し、多くの犠牲者がでた。

B フィリピンでは、2013年11月、強烈な強さのハイエン(台風30号)により、レイテ島を中心に多くの犠牲者がでた。

C ヨーロッパでは、2003年夏季、熱波による猛暑が続き、熱中症などのために多くの犠牲者がでた。

D アメリカ合衆国では、2005年8月、ハリケーン・カトリーナにより、ミズーリ州セントルイス市街のほとんどが水没した。

問 4 各地域の気候の特徴や対策について、誤っているものを以下の選択肢から一つ選び、解答欄にマークせよ。

A ガンジス川河口のマングローブ林は、サイクロンによる高潮・洪水から土砂の流出を食い止める天然の防潮堤の役割がある。

B 沖積平野の河川沿いは、自然堤防などの微高地に集落が形成されていることが多い。

C 熱帯気候の国には、風通しを良くして湿気を抑えるだけでなく、浸水に対応するための高床式住居が見られるところがある。

D 北アフリカには、熱射・外気を遮断するために壁面をレンガ等で囲み、風通しを良くするために開口部が大きな住居が見られる。

② 次の表1は、日本の一級河川に着目し、想定氾濫区域面積の上位10位までを示したものである。ここで、水系とは、同じ流域内にある本川、支川、派川およびこれらに関連する湖沼を総称して「水系」といい、その名称は、本川名をとって利根川水系、信濃川水系などという呼び方を用いている。また、流域とは、降雨や降雪がその河川に流入する全地域(範囲)のことである。

表1　想定氾濫区域の総面積の上位10水系の概要

	水系名	想定氾濫区域の総面積(km²)	想定氾濫区域の人口(人)	河川延長(km)	全流域面積(km²)	流域の人口密度(人/km²)
1位	ア	4,167	8,489,826	6,867	16,840	777
2位	石狩川水系	2,097	1,678,150	3,713	14,330	179
3位	イ	1,732	8,213,420	1,225	2,940	3,467
4位	ウ	1,724	1,744,836	5,004	11,900	238
5位	北上川水系	1,300	607,815	2,723	10,150	130
6位	木曽川水系	1,294	2,748,205	3,004	9,100	212
7位	エ	827	5,344,060	4,592	8,240	1,344
8位	阿賀野川水系	775	731,918	2,293	7,710	70
9位	最上川水系	737	348,522	2,485	7,040	133
10位	オ	653	682,753	1,428	2,860	386

出典：国土交通省「一級水系における流域等の面積、総人口、一般資産額等について(想定氾濫区域)」をもとに作成

※本データは、平成22年を調査基準年として、流域及び想定氾濫区域における面積・人口・資産等について全国統一のデータ・手法により、調査・集計した結果である。人口は、平成22年「国勢調査(総務省)」を基に算出。

※想定氾濫区域とは、河川計画をたてる際の基本水位より地盤の高さが低い川沿いの地域等河川からの洪水氾濫によって浸水する可能性が潜在的にある区域である。(高潮による分は含まない)

※河川延長は、「河川管理統計(平成27年度)」の値を引用。

問5　表1のアの水系名について正しいものを以下の選択肢から一つ選び、解答欄にマークせよ。

A　利根川水系　　B　荒川水系　　C　信濃川水系　　D　淀川水系

問6　表1のウの水系名について正しいものをA～Dの中から一つ選べ。

A　利根川水系　　B　信濃川水系　　C　淀川水系　　D　筑後川水系

問7　表1から読み取れることを述べたものとして、誤っているものを以下の選択肢から一つ選び、解答欄にマークせよ。

A　表1に示す10水系では、想定氾濫区域の総面積と想定氾濫区域人口に相関は見られない。

B　エは、三大都市圏にある海抜ゼロメートル地帯を流れる水系の一つである。

C　全流域面積に占める想定氾濫区域面積が最も大きいのはイである。

D 表1に示す10水系では、想定氾濫区域の総面積と河川延長に相関が見られる。

問8 日本における災害や災害対策について述べた下記のA～Dの中から誤っているものを一つ選び、解答欄にマークせよ。

A 関東平野は、海抜ゼロメートル地帯の区域人口だけでなく、その区域面積も日本最大である。

B 海岸近くの沖積平野や複雑な海岸線を持つ地域では、台風の接近で高潮の被害を受けることがある。

C 水害の激甚化を背景に、河川の氾濫などで広範囲に水没する恐れのある地域の住民に対して、行政界を越えて安全な地域に事前に避難をする「広域避難」を推奨する自治体が見られるようになった。

D 都市型水害の対策として、洪水時にあふれた水を流し込むために地下に調整池が建設されているところがある。

問9 ハザードマップとは、自然災害による被害の軽減や防災対策に使用する目的で、被災想定区域や避難場所・避難経路などの防災関係施設の位置などを表示した地図のことである。このハザードマップに関して正しい記述の組み合わせを以下の選択肢から一つ選び、解答欄にマークせよ。

ア 近年、大雨時に雨水処理能力を超えてあふれる内水氾濫のハザードマップは、すべての市町村で作成・公開されている。

イ 5年に1回程度の洪水を想定したハザードマップは、すべての河川について作成され、公開されている。

ウ 近年、国が指定した河川では、「想定最大規模」(1000年に1回程度を想定)のハザードマップについて作成され、公表されている。

エ ハザードマップの活用を促す取組みの一つとして、「いつ」・「何をするのか」をあらかじめ時系列で整理した自分自身の防災行動計画となる「マイ・タイムライン」の作成がある。

A ア・イ　　B イ・ウ　　C ウ・エ　　D イ・エ

③　長野県千曲市は、過去に数回、千曲川の氾濫等による洪水被害が発生した自治体の一つである。こうした街の市街化の状況を見るために、長野県千曲市の1960年と2001年の国土地理院地図を調べた。その地図を図2に示す。

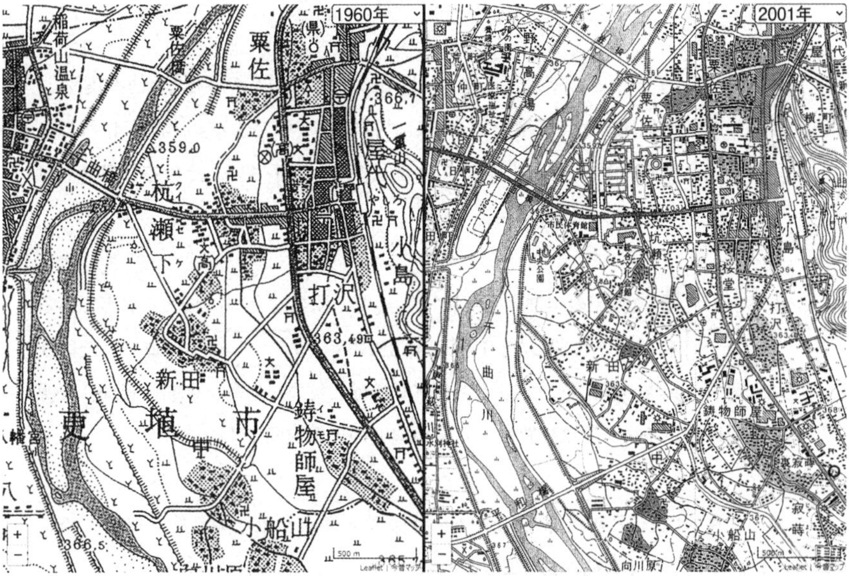

図2　長野県千曲市の1960年と2001年の国土地理院地図

地図出典：時系列地形図閲覧サイト「今昔マップ on the web」により作成

問10　図2の長野県千曲市の1960年と2001年の国土地理院地図を見てわかることとして、正しいものの組み合わせを以下の選択肢から一つ選び、解答欄にマークせよ。

ア　1960年の地図によると、千曲川沿いに点在している集落は自然堤防上にあると見られる。

イ　2001年の地図によると、図2の東端にある一重山による地形的な制約があるため、鉄道路線の東側に宅地化の進行は見られない。

ウ　2001年の地図によると、市役所が新たに建てられており、その周辺には区画道路の整備や宅地化の進行が見られる。

エ　2001年の地図によると、千曲橋と平和橋の間に見られる霞堤の不連続部周辺は遊水地の役割もあるため、新しい建物は建てられていない。

A　ア・ウ　　B　イ・ウ　　C　ウ・エ　　D　ア・エ

〔Ⅲ〕 次の和泉さんと神田先生の会話文を読み、以下の設問に解答しなさい。

和泉さん 「私の暮らしとグローバル下の環境問題について小レポートをまとめています。」

神田先生 「テーマとしては大きすぎますが、確かに現在の多様な環境問題は、一つの国や地域を超えて取り組まなければならないですね。1972年に設置された国連環境計画(UNEP)については冒頭でふれて下さい。その本部事務局はどこにあるか知っていますか。」

和泉さん 「国連機関の本部としてははじめて、開発途上国における都市である[1]に設置されました。UNEPは1972年に[2]で開催された国連人間環境会議の提案を受け設置され気候変動、災害・紛争、生態系管理、資源効率性ほか多様な環境課題にとり組む国連の専門機関です。」

神田先生 「UNEPが主導してオゾン層保護を目的とした国際的な取り決めには、[3]条約があります。

また、有害廃棄物の処理と国境間の移動については、1992年に定められた[4]条約があります。」

和泉さん 「温暖化に関連して永久凍土の融解のほか、問題にされているのは、インド洋の[5]や太平洋の[6]の大規模な水没が懸念されています。地球レベルの二酸化炭素排出削減が求められていますが、人々の生活と観光資源への国際的支援を考える必要があると思います。

[4]条約締結の背景には1970年代から行われてきた有害廃棄物の国境を越えた移動があります。小レポートでは、有害廃棄物が欧米ほか先進国からアフリカの途上国に輸送され、環境汚染が深刻な問題となっていたことも調べています。環境問題は、各国の経済的格差や経済的支援を考える必要も重要で、[7]でも議論され条約締結にいたった背景をまとめています。」

神田先生 「[4]条約に関しては、最近では2019年にジュネーヴで開催されたCOP14には日本の経済産業省も参加しています。そこではプラスチックゴミの処理に関するパートナーシップ設定や、［ 8 ］の処理の越境に関する規制が議論されました。」

和泉さん「有害プラスチックの処理とリサイクル問題は私たちの生活に直結します。2020年の国連環境計画報告書にも大きな課題として掲載されていました。私の身近な関心から言えばペットボトルの処理や、ごみ縮小問題です。近隣国では［ 9 ］が2020年、プラスチックごみの全面輸入禁止としました。日本も独自の今後のリサイクルや処理が求められています。」

神田先生「日本の今後の解決策として、生活のエコ化やハイブリッド車の拡大ほか、リサイクルの取り組みなどグローバルな環境対策が必要です。日本のごみのリサイクル率はドイツなどのエコ先進国に比べてかなり低い。加えて、2009年の時点では最終処分場の施設については山間部に約［ 10 ］パーセント程度あると言われています。

和泉さん「なるほど。ではこれから、最終処分場の分布の実態に関する文献を図書館で調べてみることにします。」

設問　会話文中の空欄［ 1 ］～［ 10 ］に最も適切な語彙を下記の選択肢(AからD)から選び解答欄にマークしなさい。

空欄1

A　ニューデリー　　B　ナイロビ

C　ジャカルタ　　D　サンパウロ

空欄2

A　パリ　　B　ワシントン

C　ストックホルム　　D　ロンドン

空欄3

A　ウイーン　　B　パリ　　C　京都　　D　南極

空欄4

A　ワシントン　　B　ジュネーヴ

C　パリ　D　バーゼル

空欄5

A　スリランカ　B　マダガスカル

C　モルディブ　D　アンダマン

空欄6

A　ツバル　B　アゾレス　C　ハワイ　D　カナリア

空欄7

A　OPEC　B　OECD　C　IMF　D　WMO

空欄8

A　水銀製品　B　炭素機器　C　パルプ製品　D　電子機器

空欄9

A　韓国　B　タイ

C　中国　D　フィリピン

空欄10

A　20　B　50　C　70　D　90

〔Ⅳ〕 地球規模の大地形の地理的分布とその成因等に関する以下の問題文をよく読んだうえで、各設問に答えよ。

＜ア＞と＜イ＞はいずれも新期造山帯であり、グローバルな大陸地勢の基本的骨格をなしている。＜ア＞と＜イ＞とを比べると、前者にはいわゆる地層構造の点で [1] が比較的多い特徴がある。また、前者より後者において、地下の活発なマグマ活動を反映する [2] が比較的多い。両者ともその成因は、地殻を構成する地球的規模でのプレートの大規模な衝突に基づく。例えば、日本列島付近では太平洋プレート、北米プレート、ユーラシアプレート及び [3] 海プレートの4つが接しているとされる。その衝突は場所毎に様々な力学的な歪みを生み、その解放プロセスとしての大規模地震をこれまでにも数多く発生させてきた。

問1　空欄 [1] に最も適合する語(漢字2文字であるが平仮名でも可)を解答欄に記入せよ。

問2　空欄 [2] に最も適合する語句(漢字2文字)を記入せよ。

問3　空欄 [3] に最も適合する語句について、下記の選択肢から一つだけ選び、その記号をマークせよ。

A　黄　　B　フィリピン　　C　南シナ　　D　オホーツク

問4　その領域内に＜ア＞が存在しない国や地域を下記の選択肢から一つだけ選び、その記号をマークせよ。

A　マレー半島　　B　イタリア半島

C　ユカタン半島　　D　クリミア半島

問5　(設問省略)

問6　＜ア＞と＜イ＞のどちらかに属する大地形に含まれるものを下記の選択肢

から一つだけ選び、その記号をマークせよ。

A　シエラネヴァダ山脈

B　グレート・ディヴァイディング山脈

C　カナダ楯状地

D　アパラチア山脈

問 7　＜ア＞と＜イ＞の境界領域にあると考えられる陸地部分(島)の地域名称を下記の選択肢から一つだけ選び、その記号をマークせよ。

A　スマトラ　　B　モルディブ　　C　ハルマヘラ　　D　バリ

問 8　スラウェシやカリマンタンの大部分と並んで、同じ国に属し、前問で解答したその島は、三つともある共通した地形上の特徴を有しているとされる。その外形的な特徴について、50字以内でわかりやすく説明せよ。

政治・経済

（60分）

〔Ⅰ〕 次の文書を読み、下記の設問1～6に答えよ。

市民革命以後の民主政治では、主権は国民にあり、最終的な政治の行方は国民の判断にゆだねられる。とはいえ、実際に権力を行使するのは政府であるため、近代民主主義の基本原理のなかに政治権力の行使のしかたを制約する考えが存在する。(1)<u>権力分立原理は、特定の個人や機関に政治権力が集中することによる権力の濫用や恣意的な行使を防止することを目的として考案された原理である</u>。現在の日本の統治機構も権力分立原理にもとづいており、立法権、行政権、司法権との間で抑制と均衡の関係にある。

ここでは司法権について考えてみる。議院内閣制を採用する日本では、立法権と行政権とは密接な関係にあるが、公正な裁判が期待される司法権は他の二権に対する独立性が強調される。司法権の独立に関する事件としては明治憲法下において、来日中のロシア皇太子に巡査が傷害を負わせ、政府が大審院に死刑判決を下すよう働きかけたが、大審院長児島惟《い》謙《けん》はこれに抵抗し、担当裁判官を説得して巡査を無期徒刑に処した［　1　］がある。日本国憲法では司法権は最高裁判所を頂点とする裁判所に属するとされ、明治憲法下におかれていた行政裁判所や軍法会議などの［　2　］は認められないとした。裁判所には最高裁判所と下級裁判所があり、裁判は審理の慎重を期すために三審制を採用している。

最高裁判所は、長官を含め［　3　］名の裁判官で構成される。最高裁判所長官は、内閣の指名にもとづいて天皇が任命し、その他の裁判官は内閣が任命する。最高裁判所の裁判官に対する国民からのチェックとして<u>国民審査</u>(2)の制度がある。また、立法府から司法府へのチェック機能として［　4　］による罷免の制度があり、過去にこの罷免制度により辞めさせられた裁判官も存在する。

(3)<u>違憲立法審査権は立法府が制定した法律が国の基本法である憲法に照らして違</u>

憲であるか否かを司法権が判断する権限を指す。違憲立法審査権は、国会や内閣に対する裁判所の独立性を象徴するものであるが、高度に政治的な行為に対しては違憲審査をすべきではないという見解もある。違憲審査の形態については一般的には違憲審査権を各裁判所がもつ方式と、通常の裁判を行う司法裁判所ではなく、［　5　］が行う方式があるが、日本では違憲審査権を各裁判所がもっている。ただ、最高裁の違憲判決が少ないことへの批判から、日本でも［　5　］を設置して違憲審査の活性化を図るべきとの意見もある。

そのほか、裁判所は国家など公権力の行為に対して違憲判断を下すことがあり、(4)これまで憲法が保障する信教の自由との関連で、違憲、合憲が争われた事例が少なからず存在する。憲法第20条には、「いかなる宗教団体も、国から特権を受け、又は政治上の権力を行使してはならない。」(1項)、「国及びその機関は、宗教教育その他いかなる宗教的活動もしてはならない。」(3項)と規定された。また、同第89条では「公金その他の公の財産は、宗教上の組織若しくは団体の使用、便益若しくは維持のため、又は公の支配に属しない慈善、教育若しくは博愛の事業に対し、これを支出し、又はその利用に供してはならない。」と規定されている。

また、1999年以来、国民の司法参加も含めて、司法制度全般の見直しと改革が行われてきた。なかでも2009年から施行された裁判員制度(5)は国民の司法参加を促す制度となっている。

設問 1　文中の［　1　］～［　5　］に入る、もっとも適当と思われる語句を解答欄に記入せよ。

設問 2　下線部(1)に関連して、権力分立に関する記述としてもっとも適当と思われるものを次のなかから一つ選び、解答欄の記号(A～D)をマークせよ。

A．ロックは権力を立法権、執行権、同盟権に区分し、立法権は君主に帰属するという立憲君主制を主張した。

B．ロックは、人民の信託を受けた立法権は執行権に対して優越的位置にあると主張し、立法府に対する人民の抵抗権も認めなかった。

C．モンテスキューは、行政権の独立性を重視し、行政部の人事に対して立法権や司法権は一切関与してはならないと主張した。

D．1787年のアメリカ合衆国憲法において、モンテスキューの権力分立の考え方が厳格に制度化された。

設問 3　下線部(2)に関連して、国民審査制度についての記述としてもっとも適当と思われるものを次のなかから一つ選び、解答欄の記号（A～D）をマークせよ。

A．国民審査は、衆議院議員総選挙および参議院議員通常選挙の際に行われる。

B．国民審査は、辞めさせたい裁判官の名前を自書する方式で行われる。

C．2022年に最高裁判所は在外選挙人に国民審査の投票権はないことを違憲であると判断した。

D．各国民審査は、すべての最高裁判所裁判官が審査の対象となる。

設問 4　下線部(3)に関連して、日本国憲法第14条1項において、法の下の平等が規定されている。以下に示す違憲判決のうち、同条文を根拠とした違憲判決ではないものを一つ選び、解答欄の記号（A～D）をマークせよ。

A．国政選挙において、在外国民の選挙権を比例代表のみとすることは憲法に反する（在外選挙権制限違憲判決）。

B．尊属殺人の法定刑が死刑又は無期懲役というのは普通殺人の法定刑に対して著しく不合理であり、違憲である（尊属殺人重罰規定違憲判決）。

C．議員1人あたりの有権者数の格差が投票価値の不平等を招いている（衆議院議員定数違憲判決）。

D．婚外子の相続分は、嫡出である子の相続分の2分の1とした規定には合理的根拠がなく、憲法に反する（婚外子相続格差規定違憲判決）。

設問 5　下線部(4)に関連して、国家などの公権力が、憲法で禁止する宗教的行為か否かを決定する基準として目的・効果基準がある。これは目的が宗教的意義をもち、その効果が特定の宗教に対する援助、助長、促進又は圧迫、干渉となるような行為を憲法第20条3項で禁止された宗教的活動と解すべきで、それに該当しなければ、公権力が宗教との関わりをもつことは許されるとする見解である。同基準によって最高裁が違憲と判断した事例としてもっとも適当と思われるものを次のなかから一つ選び、解答欄の記号(A～D)をマークせよ。

A. 三重県津市が市立体育館の建設において、神道式の地鎮祭を公金で行った(津地鎮祭訴訟)。

B. 愛媛県が靖国神社と県護国神社に玉ぐし料などを公金から支出した(愛媛玉ぐし料訴訟)。

C. 自衛隊山口県支部連合会などが殉職した自衛官をクリスチャンである妻の同意を得ずに山口県の護国神社に合祀した(自衛官合祀拒否訴訟)。

D. 大阪府箕面市が公費で忠魂碑を移転し、碑前での慰霊祭に市教育長らが参列した(箕面忠魂碑・慰霊祭訴訟)。

設問 6　下線部(5)に関連して、日本で導入されている裁判員制度に関する記述としてもっとも適当と思われるものを次のなかから一つ選び、解答欄の記号(A～D)をマークせよ。

A. 裁判員裁判は、殺人など重大犯罪についての刑事裁判に限られる。

B. 裁判員裁判では、裁判員のみにより有罪か無罪かが判断される。

C. 2022年4月より成年年齢が18歳以上に引き下げられたが、裁判員の選任年齢に関しては、それまでと同様に20歳以上が維持された。

D. 裁判員になりうるのは成年年齢に達していることが条件であり、日本に居住する外国人も裁判員に選ばれることがある。

〔Ⅱ〕 次の２つの文章を読み、下記の設問１～10に答えよ。

神田さんと和泉さんは、明治大学政治経済学部のゼミナールに所属しています。ゼミでは「将来の働き方」についてグループに分かれてディスカッションを行うことになりました。グループ内の準備でこんな議論がありました。

神田さん：今よりもAIやロボットが普及したら、これまで人間がやってきたほとんどの仕事は代替されてしまうのだろうか。人間ができる残された仕事はどんな仕事だろうか。

和泉さん：そもそも全員が働かないといけない社会の方がおかしいのではないか。最近だと、生活保護制度を廃止して、ベーシックインカム※の導入を主張する人もいるみたいだ。(1)最低限の所得が保障されれば貧困や労働に関する様々な問題も解消されるし、AIやロボットが普及した社会にも対応できると思う。

神田さん：働きたい人だけが働くのでは社会に必要なインフラやサービスを維持することができなくなるのではないか。コロナ禍では、人々の生活に必要不可欠な仕事といわれる［　1　］の重要性が注目されている。「働かざる者食うべからず」だよ。国民の三大義務として教育、納税、そして勤労の義務がある。憲法では、「すべて国民は、勤労の権利を有し、義務を負ふ」と書かれているよ。

和泉さん：世の中には働けない人もいるし、働いても貧困状態の人が沢山いる。今は(2)生活保護制度があるけれど、申請のハードルが高いせいで、本当に必要な人に支援が行き渡らないという問題がある。ベーシックインカムはこれらの問題を解決できるかもしれない。

神田さん：でも、ベーシックインカムを導入すれば(3)賃金が大きく下がってしまう可能性があるよ。そうなってしまったら本末転倒ではないか。

※ベーシックインカム：収入水準によらず、すべての人々を対象に、無条件に定期的に生活に最低限必要なお金を一律に支給する制度

設問１　文中の［　1　］に入る、もっとも適当と思われる語句を解答欄にカタカナで記入せよ。

設問２　下線部(1)に関連して、ベヴァリッジ報告の社会保障制度の原則として知られる最低限度の国民生活水準のことを何というか。もっとも適当と思われる語句を解答欄にカタカナで記入せよ。

設問３　下線部(2)に関連して、以下の図表１は生活保護被保護世帯数、被保護人員数、保護率の推移を示している。図表１に関する記述として、もっとも適当と思われるものを次のなかから一つ選び、解答欄の記号（Ａ～Ｄ）をマークせよ。

図表１　生活保護被保護世帯数、被保護人員数、保護率の推移

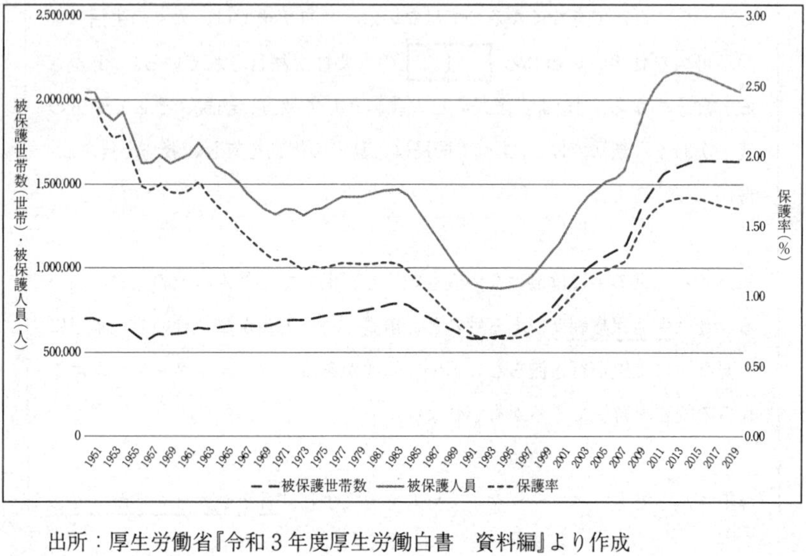

出所：厚生労働省『令和３年度厚生労働白書　資料編』より作成

A．2020年春以降の新型コロナウイルス感染症の影響で失業率が急増し、生活保護被保護世帯数も過去最高を記録した。

B．生活保護の保護率は制度施行の1950年代から現在まで低下し続けている。

C．世界金融危機をきっかけとして生活保護被保護人員数が急増し、その後、戦後最大の水準を記録した。

D．単身世帯の増加の影響により、被保護世帯数が被保護人員数を上回るケースがみられる。

設問４　下線部(3)に関連して、労働市場の市場メカニズムに関する記述としてもっとも適当と思われる記述を一つ選び、解答欄の記号（A～D）をマークせよ。

A．労働供給量よりも労働需要量が大きいと賃金水準は上昇し、賃金が１％上昇したときの労働供給の変化率が１％を上回ると賃金に対する労働供給は弾力的である。

B．労働供給量よりも労働需要量が大きいと賃金水準は上昇し、賃金が１％上昇したときの労働供給の変化率が１％を上回ると賃金に対する労働供給は非弾力的である。

C．労働供給量よりも労働需要量が大きいと賃金水準は下落し、賃金が１％上昇したときの労働供給の変化率が１％を上回ると賃金に対する労働供給は弾力的である。

D．労働供給量よりも労働需要量が大きいと賃金水準は下落し、賃金が１％上昇したときの労働供給の変化率が１％を上回ると賃金に対する労働供給は非弾力的である。

和泉さんと神田さんのグループはベーシックインカムの導入について発表を行いました。発表を受けて同じゼミに所属する中野さんと生田さんは、ベーシックインカムの実現可能性について議論しました。

中野さん：ベーシックインカムの導入には様々な課題がある。

生田さん：例えばインフレーション(4)が起こったらどうすればいいだろうか。ベーシックインカムの給付水準を変えないといけないかもしれない。

中野さん：日本の政府債務残高は先進諸国の中で突出して大きい(5)。そう考えると国債を発行し続けるより、増税をするか、他の社会保障制度を削減して財源を捻出する方が望ましいかもしれない。

生田さん：ベーシックインカムを導入して他の社会保障制度を廃止したら医療や介護サービスはどうすればいいか。もしくは他の社会保障制度の廃止ではなく、増税はどうだろうか。消費税(6)、所得税(7)、資産課税、法人税、環境税などが考えられるが、どれを増税すればいいだろうか。

中野さん：社会保障給付の削減や増税は国民の抵抗が強いのではないか。地方への予算を削るのはどうだろうか。国の歳出をみると、地方交付税(8)が大きな割合を占めている。これを削減して財源を捻出できないだろうか。

生田さん：そんなことをしたら財政基盤が弱い自治体は行政サービスを継続できなくなるよ。国の財政だけでなく、自治体財政の持続可能性(9)も考える必要がある。

中野さん：一口にベーシックインカムといっても、働き方だけでなく、社会保障、税制、地方財政などの現実の複雑な制度の仕組みも理解する必要があるんだね。

設問５　下線部(4)に関連して、インフレーションに関する記述としてもっとも適当と思われるものを一つ選び、解答欄の記号（Ａ～Ｄ）をマークせよ。

Ａ．インフレーションが起こった場合、現金給付の実質的水準は上昇するため、給付水準を引き下げないと実質的な給付水準を維持することができない。

B. 景気過熱とインフレーションが同時に起こる現象をスタグフレーションと呼ぶ。

C. 総需要が増加することによって発生するインフレーションをディマンド・プッシュ・インフレーションと呼ぶ。

D. 石油や肥料の価格高騰によって発生するインフレーションをコスト・プッシュ・インフレーションと呼ぶ。

設問 6 下線部(5)に関連して、一般会計予算の歳入不足分を補うために、やむを得ず発行する特例国債の別称を何というか。もっとも適当と思われる語句を解答欄に記入せよ。

設問 7 下線部(6)に関連して、消費税に関する記述として、もっとも適当と思われる記述を一つ選び、解答欄の記号(A〜D)をマークせよ。

A. 消費税は所得税と比べて逆進性が強い税制であり、すべての世代が負担しないため、水平的公平性の点で課題がある。

B. 消費税は所得税と比べて累進性が強い税制であり、すべての世代が負担しないため、水平的公平性の点で課題がある。

C. 消費税は所得税と比べて逆進性が強い税制であるが、すべての世代が負担するため、水平的公平性が所得税と比べて保たれている。

D. 消費税は所得税と比べて累進性が強い税制であるが、すべての世代が負担するため、水平的公平性が所得税と比べて保たれている。

設問 8 下線部(7)に関連して、所得税には農家・自営業・サラリーマン等の職種によって所得捕捉率が異なることで水平的公平性が損なわれるという課題がある。このような現象をカタカナ四文字で何と呼ぶか。もっとも適当と思われる語句を解答欄に記入せよ。

設問 9 下線部(8)に関連して、地方交付税に関する記述として、もっとも適当と思われるものを一つ選び、解答欄の記号(A〜D)をマークせよ。

A. 地方交付税は本来は国の補助金とするべき財源であり、地方公共団体の税収入とするべき財源ではない。

B. 地方交付税は国税として国がかわって徴収し、一定の基準にもとづいて地方自治体に再配分する制度のことである。

C. 2000年代の地方分権改革により、国から地方へ税源移譲が行われ、地方交付税は大幅に増額した。

D. 地方交付税の交付を受けずに財政運営を行っている地方公共団体(不交付団体)は2022年度時点では存在していない。

設問10　下線部(9)に関連して、2021年度末時点で日本で唯一、財政再生団体に指定されている自治体はどこか。もっとも適当と思われる自治体名を解答欄に記入せよ。

〔Ⅲ〕 次の文章を読み、下記の設問1～8に答えよ。

イギリスの『エコノミスト』誌が毎年発表しているビッグマック指数を知っているだろうか。これは、[1]説に基づいて為替レートの目安となる水準を推計したものである。この考え方のもとになっている一物一価の法則について、まず簡単に説明しよう。

一物一価とは、同一の財は同じ価格になることをいう。なぜこのような考え方が成り立つのであろうか。例えば、あるスマートフォンが御茶ノ水では7万円で販売され、秋葉原では6万円で販売されているとしよう。このような場合、ある業者が、秋葉原で買った6万円のスマートフォンを御茶ノ水で7万円より低い価格で販売すれば利益を得ることができる。御茶ノ水では7万円で販売されているため、それよりも低い価格で販売すれば売りさばくことができるからである。このように、価格差を利用して利ざやを得る取引のことを裁定取引(1)という。

このような裁定取引は国境を越えても行われる。そして、その結果として、国際間の一物一価の法則が厳密に成り立つのであれば、物価と為替レートの関係は以下のようになる。日本とアメリカを例にとって考えてみよう。例えば、同じスマートフォンが日本では6万円、アメリカでは600ドルで販売されているとする。このとき、一物一価が成立すると仮定すると、為替レートは1ドル＝100円となる。次に、物価が変化した場合について考えてみよう。[1] 説に基づけば、物価の上昇(下落)は、為替レートが変化することで調整される。例えば、ここで日本の物価が20％上昇してスマートフォンの価格が7万2000円になったとしよう。このような場合には、為替レートが1ドル＝120円へと変化することによって、一物一価は実現されるのである。

ここで、冒頭で紹介した『エコノミスト』誌のビッグマック指数に話を戻そう。ビッグマック指数を用いれば、世界各国のビッグマックの価格を、その時点の為替レートでドル価格に換算し、アメリカのビッグマックの価格と比較する(2)ことで、その国の為替レートが [1] の水準からどの程度乖離しているかをみることができる。実際の為替レートが、ビッグマック指数の水準に必ずしも収束していくわけではないが、はじめて誌面に登場した1986年以来毎年公表されている。

実際の為替レートは、さまざまな要因を反映して決定される。例えば、経常収支(3)の状況や各国の金利の違い(4)などである。これらの要因に加え、短期的には政治や国際情勢等の影響も受けることから、為替レートは常に大小の変動を伴いながら推移している。

現在では、主要国は刻一刻と変動する変動相場制であるが、第二次世界大戦が終結してから約30年間、ブレトン・ウッズ体制の下で固定相場制を採用してきた。為替レートは安定していることが望ましいとされ、固定相場制を維持するための機関として [2] が設立された。この機関は、加盟国が定められた固定相場を維持することができなくなった場合に一時的な融資を行って外貨を融通する役割を果たした。

しかし、戦後の世界経済の急速な構造変化は、ブレトン・ウッズ体制の維持を困難にしていった。1960年代に入ると、アメリカの貿易収支の悪化から基軸通貨であるドルの信認が低下し(5)、1971年には [3] 大統領によって、金とドルとの交換が停止されることとなった。その後、主要国は固定相場制の維持を図った(6)ものの不首尾に終わり、1973年に変動相場制(7)へと移行することとなったのである。

設問 1　文中の［ 1 ］～［ 3 ］に入る、もっとも適当と思われる語句を解答欄に記入せよ。

設問 2　下線部(1)に関して、スマートフォンが秋葉原で6万円、御茶ノ水で7万円で販売されている場合、その価格差が解消していくのはなぜか。その理由としてもっとも適当と思われるものを次のなかから一つ選び、解答欄の記号(A～D)をマークせよ。

A．秋葉原でスマートフォンの供給が増加し、御茶ノ水ではスマートフォンの需要が増加するため。

B．秋葉原でスマートフォンの供給が減少し、御茶ノ水ではスマートフォンの需要が減少するため。

C．秋葉原でスマートフォンの需要が減少し、御茶ノ水ではスマートフォンの供給が減少するため。

D．秋葉原でスマートフォンの需要が増加し、御茶ノ水ではスマートフォンの供給が増加するため。

設問 3　下線部(2)に関して、2022年1月の『エコノミスト』誌の発表によると、当時のアメリカ国内におけるビッグマックの価格は5.81ドル、日本国内の価格は390円であり、実際の為替レートは1ドル＝115円であった。このときの為替レートについての記述として、もっとも適当なものを次のなかから一つ選び、解答欄の記号(A～D)をマークせよ。

A．日本とアメリカのビッグマックの価格が等しくなる為替レートは、およそ1ドル＝67円であり、この為替レートからみると、実際の円はドルに対して過大評価されていた。

B．日本とアメリカのビッグマックの価格が等しくなる為替レートは、およそ1ドル＝67円であり、この為替レートからみると、実際の円はドルに対して過小評価されていた。

C．日本とアメリカのビッグマックの価格が等しくなる為替レートは、およそ1ドル＝133円であり、この為替レートからみると、実際の円はドルに対して過大評価されていた。

D．日本とアメリカのビッグマックの価格が等しくなる為替レートは、およそ1ドル＝133円であり、この為替レートからみると、実際の円はドルに対して過小評価されていた。

設問4　下線部(3)に関連して、2000年以降、グローバル・インバランスと呼ばれる世界的な経常収支の不均衡が生じている。これに関する説明として、もっとも適当なものを次のなかから一つ選び、解答欄の記号（A～D）をマークせよ。

A．アメリカは、情報通信分野で技術革新を実現した結果、経常収支黒字を計上し続けている。

B．ドイツは、共通通貨ユーロの導入によって、ドイツ企業の製品価格が割高になり、経常収支赤字を計上し続けている。

C．中国は、外国資本を導入して製造業で輸出を伸ばし、経常収支黒字を計上し続けている。

D．産油国は、原油価格の下落によって、経常収支赤字を計上し続けている。

設問5　下線部(4)に関して、下の図はドルの需要曲線と供給曲線を表している。現在の為替レートは、ドルの需要曲線と供給曲線が交わる点にあるとしよう。ここで、変動相場制の下で日本の金利がアメリカの金利よりも低くなるとどのようなことが起こるか。もっとも適当なものを次のなかから一つ選び、解答欄の記号（A～D）をマークせよ。

A．需要曲線が右にシフトして、円安ドル高となる。

B．需要曲線が右にシフトして、円高ドル安となる。

C．供給曲線が右にシフトして、円安ドル高となる。

D．供給曲線が右にシフトして、円高ドル安となる。

図表２　米ドルの需要と供給

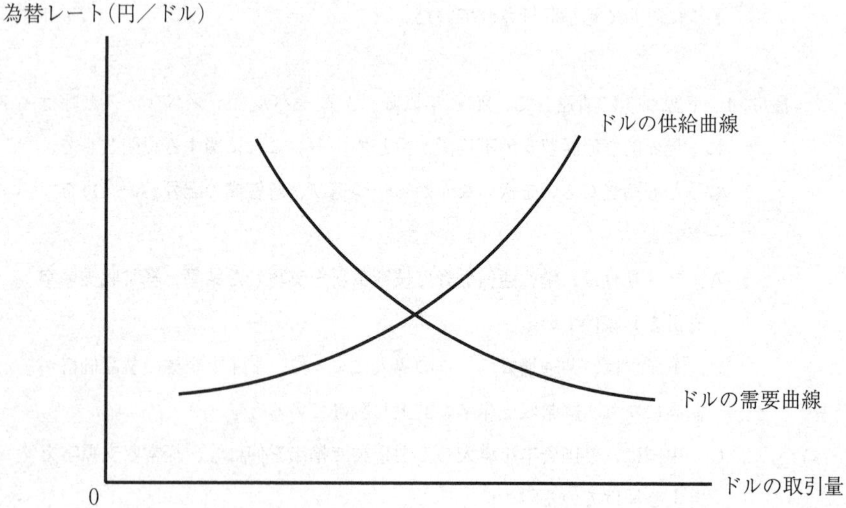

設問６　下線部(5)に関連して、第二次世界大戦後、国際取引には主に米ドルが用いられた。そのため、各国にとって米ドルは不可欠であったことから、アメリカは世界経済の米ドルに対する需要を満たす必要があった。他方で、米ドルの世界的な供給が過剰になると、米ドルの価値は低下し、その信認が損われる。このような世界的な米ドル需要を満たすことと、米ドルの信認とは両立しないという問題を何というか。もっとも適当と思われる語句を解答欄に記入せよ。

設問７　下線部(6)に関連して、主要国はどのようにして固定相場制の維持を図ったか。もっとも適当なものを次のなかから一つ選び、解答欄の記号（A～D）をマークせよ。

A．アメリカの貿易収支を改善するために、米ドルは日本円に対して切り下げられた。

B．アメリカの貿易収支を改善するために、アメリカはスムート・ホーリー関税法によって高率の関税を課した。

C．米ドルの信認を回復させるために、米ドルは西ドイツ・マルクに対して切り上げられた。

D．米ドルの信認を回復させるために、米ドルをより多くの金と交換できるようにした。

設問 8　下線部(7)に関して、1950年代から変動相場制の採用を提唱し、『選択の自由』の著者として知られ、マネタリズムの考え方を提唱した経済学者は誰か。解答欄に記入せよ。

〔Ⅳ〕　次の教師と高校生の会話文を読み、下記の設問1～6に答えよ。

教師：今日は、2022年5月で施行から75年経った日本国憲法を軸として、現代日本社会について話してみよう。まず、憲法っていわれて、どんなことを思いつくかな？

高校生：日本という国・社会に関する、もっとも基本的な決まり、でしょうか？

教師：悪くない。3つの基本原則がある、って聞いたことある？

高校生：教科書で読みました。［　1　］・基本的人権の尊重・平和主義、ですね。

教師：アジア太平洋戦争の反省をふまえた、根本的な理念だね。

高校生：実に崇高だと思いますけど、壮大・抽象的すぎて、正直なところ、あまり身近には感じません。

教師：そんなこと、いわないでほしいな。たとえば、2022年の参議院選挙で君が投票できたのは、［　1　］の原則があるからじゃないか。

高校生：何だったか、名前は忘れたけど、法律が改正され、18歳でも投票できるようになった(1)から、だと思っていました。

教師：[2] 法のことだね。それは間違いではないけれど、国政は国民の信託による、とする憲法がそもそもなければ、実現できないよ。他にも、日常生活に憲法が深く関わっている例は沢山ある。最近、君がバイト先を近所の定食屋から都内のカフェに変えたのもそう。第22条が、何人も「 [3] の自由を有する。」と定めているから、できることだともいえる。

高校生：どちらの仕事も時給は最低賃金(2)ですが、地元よりも東京の方が高い、ということしか考えていませんでした。

教師：ついでにいえば、最低賃金が決められている背景にも、憲法が保障する「生存権」がある。第25条に、「すべて国民は、 [4] な最低限度の生活を営む権利を有する。」とあるからね。

高校生：その割には、時給は安い気がするけど。そういえば、先日、職場の先輩から、お給料アップをお願いするため労働組合を作らないか、と誘われました。ストライキやっちゃおうか、なんて盛り上がってたな。もしや、これも憲法と関係あるのでしょうか？

教師：いい勘してるね。第28条がいわゆる「労働三権」(3)を保障しているよ。ところで、君はどこを受験するんだっけ？

高校生：もちろん、先生の母校、あこがれの明治大学の政治経済学部です。魅力的な科目が多いし、ゼミが活発らしいので、仲間と議論しながら、最高レベルの研究をしている厳しくも優しい先生方の指導を受け、納得できる卒業論文を書きたいんです。ゆくゆくは格差や貧困の問題に取り組む政治家になるのが夢です。

教師：すばらしい。そんな将来の希望をもてるのも、憲法があればこそだ。まず、進学して興味のある分野の研究に打ち込めるのは、第23条が「 5 の自由は、これを保障する。」と明記しているからでもある。

高校生：そうか。政治家になる夢も、第22条の 3 の自由のおかげだともいえますね。

教師：分かってきたじゃないか。ところで、勉強以外でやりたいことは何かな？
高校生：大学では課外活動にも励みたくて、大好きなお笑いの同好会を作って、明大祭で漫才やコントのライブをしたり、SNSで動画を公開したいと考えています。あ、そうか、ここにも憲法第21条が密接に関わっていますね。

教師：その通り。この調子なら、合格はまちがいなしだ。

設問 1 　1 ～ 5 に入る、もっとも適当な語句を解答欄に記入せよ。

設問 2 下線部(1)が指す法律について、もっとも適当と思われる記述を一つ選び、解答欄の記号（A～D）をマークせよ。

A．候補者本人ではなく秘書が違反して有罪になった場合も、連座責任により候補者の当選が無効になりえる。

B．満18歳未満の人は投票できないが、選挙運動はできる。

C．2013年の改正により、選挙運動でウェブサイトやSNSなどインターネットを利用できるようになり、かつ戸別訪問も可能になった。

D．公正な選挙を実現するため、新聞や放送は候補者について量的に平等な報道をしなければならない。

設問 3 下線部(2)最低賃金を含め、日本の労働者をめぐる状況について、もっとも適切な記述を一つ選び、解答欄の記号（A～D）をマークせよ。

A．最低賃金は、地域・年齢別に異なる額が設定されている。

B．高度経済成長期に常態化していた「働きバチ」とよばれるほどの長時間労働は、週休二日制、年次有給休暇、フレックスタイム制などの導入・定着により、全体的には徐々に改善されてきている。

C．それまで全体として低下傾向にあった労働組合の組織率は、2008年のリーマン・ショックを引き金とする世界的な大不況以後、労働者間で団結する意欲が高まったことで、増加傾向に転じている。

D．高度経済成長が終わり給与の上昇が鈍るようになり、また女性の社会進出が活発化していることなどにより、2030年代以降は共働き世帯が専業主婦世帯をはじめて上回ると予想されている。

設問 4　会話の文脈から、下線(3)の「労働三権」に含まれない語句を一つ選び、解答欄の記号(A～D)をマークせよ。

A．団体罷業権

B．団結権

C．団体行動権

D．団体交渉権

設問 5　全体から読みとれる会話の趣旨に照らし、教師がのべる可能性がある発言として、もっとも適切と思われる文章を一つ選び、解答欄の記号(A～D)をマークせよ。

A．憲法は崇高な理念にもとづき制定されているのだから、一語一句たりとも変えるべきではないね。

B．せっかく選挙権年齢が引き下げられたのに、若者の多くが投票していないことは、憲法違反に近い行為だといえるね。

C．進学先を選ぶ自由はある一方、憲法は義務教育を規定しているのだから、学生は学業に専念するべきだよ。

D．普段は意識しないかもしれないけれど、これまで私たちが戦争をせず生活できてきた背景として、憲法の存在を無視することはできないね。

設問 6　下記の日本国憲法の英訳の一部から、会話の内容に直接的に関わる文章を一つ選び、解答欄の記号(A～D)をマークせよ。

A. Freedom of religion is guaranteed to all.

B. All people shall have the right to receive an equal education correspondent to their ability, as provided by law.

C. Freedom of assembly and association as well as speech, press and all other forms of expression are guaranteed.

D. The people shall be liable to taxation as provided by law.

＊英訳は首相官邸のホームページから引用。

数学

（60分）

〔Ⅰ〕　次の各問の $\boxed{}$ にあてはまる0から9までの数字を解答用紙の所定の欄にマークせよ。分数はすべて既約分数で表し、根号の中の平方数は根号の外に出して簡略化せよ。

(1)　点Oを中心とする半径1の円周上に、3点A, B, Cがある。3点はA, B, Cの順で反時計回りに位置しており

$$\overrightarrow{\mathrm{OA}}+2\,\overrightarrow{\mathrm{OB}}+\sqrt{3}\,\overrightarrow{\mathrm{OC}}=\vec{0}$$

を満たす。

①　内積 $\overrightarrow{\mathrm{OA}}\cdot\overrightarrow{\mathrm{OB}}$ は

$$-\frac{\boxed{\text{ア}}}{\boxed{\text{イ}}}$$

であり、また内積 $\overrightarrow{\mathrm{OB}}\cdot\overrightarrow{\mathrm{OC}}$ は

$$-\frac{\sqrt{\boxed{\text{ウ}}}}{\boxed{\text{エ}}}$$

である。

②　△ABCの面積は

$$\frac{\boxed{\text{オ}}+\sqrt{\boxed{\text{カ}}}}{\boxed{\text{キ}}}$$

である。

(2)　座標平面上の点 (x, y) が条件

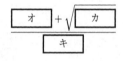

$$\begin{cases} x^2 + y^2 \leqq 5 \\ x + y \geqq \sqrt{5} \end{cases}$$

を満たす。円周率を π とする。

①　座標平面上で上の条件を満たす領域の面積は

$$\frac{\boxed{\text{ア}}}{\boxed{\text{イ}}}\pi - \frac{\boxed{\text{ウ}}}{\boxed{\text{エ}}}$$

である。

②　$x + 2y$ は、$(x, y) = \left(\boxed{\text{オ}}, \boxed{\text{カ}}\right)$ のとき最大値をとり、そして $(x, y) = \left(\sqrt{\boxed{\text{キ}}}, \boxed{\text{ク}}\right)$ のとき最小値をとる。

(3)　次の問いに答えよ。

①　$x + y + z = 23$ を満たす 0 以上の整数の組 (x, y, z) は $\boxed{\text{アイウ}}$ 通りある。

②　$x + y + z = 23$ を満たす正の奇数の組 (x, y, z) は $\boxed{\text{エオ}}$ 通りある。

③　$x + y + z^2 = 23$ を満たす 0 以上の整数の組 (x, y, z) は $\boxed{\text{カキ}}$ 通りある。

(4)　次の問いに答えよ。ただし $\log_2 5 = 2.32$ とする。

①　不等式

$$40 \cdot 2^m > 10^8 - 1$$

を満たす最小の正の整数 m は $\boxed{\text{アイ}}$ である。

②　不等式

$$1 + 2 + 2^2 + \cdots + 2^n \geqq 10^8$$

を満たす最小の正の整数 n は $\boxed{\text{ウエ}}$ である。

(5)　次の問いに答えよ。

①　2023 の正の約数を小さい順に並べるとき、2 番目は $\boxed{\text{ア}}$、3 番目は $\boxed{\text{イウ}}$ であり、4 番目は $\boxed{\text{エオカ}}$ である。

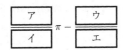

② 整数 n は $\boxed{\text{イウ}} \leqq n \leqq \boxed{\text{エオカ}}$ を満たし、かつ n を $\boxed{\text{ア}}$ で割ったら1余るとする。このような整数 n の総和は $\boxed{\text{キクケ}}$ である。

③ 整数 n は $\boxed{\text{イウ}} \leqq n \leqq \boxed{\text{エオカ}}$ を満たし、かつ n^2 を $\boxed{\text{ア}}$ で割ったら1余るとする。このような整数 n の総和は $\boxed{\text{コサシス}}$ である。

(6) 定積分

$$f(a) = \int_a^{a+1} \left| x^2 - 2x \right| dx$$

を考える。ただし $a \geqq 1$ である。

① $f(1) = \dfrac{\boxed{\text{ア}}}{\boxed{\text{イ}}}$ となる。

② $f(a) = \dfrac{10}{3}$ となるような a の値は

$$a = \frac{\boxed{\text{ウ}} + \sqrt{\boxed{\text{エオ}}}}{2}$$

である。

③ $f(a)$ が最小になるような a の値は

$$a = \frac{\boxed{\text{カ}} + \sqrt{\boxed{\text{キ}}}}{2}$$

である。

〔Ⅱ〕 座標平面上に点 A$(1, 1)$、点 B$(3, 3)$ と動点 P$(0, t)$ がある。ただし $1 \leqq t \leqq 3$ である。$\angle \mathrm{APB} = \theta$ とする。円周率を π とする。

(1) $t = 2$ のとき、$\tan\theta$ の値を求めよ。

(2) 実数 α と β は $0 < \alpha < \frac{\pi}{2}$、$0 < \beta < \frac{\pi}{2}$ かつ $\alpha + \beta \neq \frac{\pi}{2}$ を満たすとする。$\tan(\alpha + \beta)$ を $\tan\alpha$ と $\tan\beta$ の式として表せ。

(3) $\theta = \frac{\pi}{4}$ となるような t の値を求めよ。

(4) $y = \frac{2}{\tan\theta}$ とする。y は t の式として以下のように表せる。

$$y = at + \frac{b}{t} + c$$

ここで a, b, c は定数である。a, b, c を求めよ。

(5) y が最小になるときの t の値を求めよ。導出の過程も書け。

F　わが子の将来を慮る。

①　はか

②　おしはか

③　おもんぱか

④　あんず

⑤　みすえ

①　努力が水ホウに帰した。
②　ホウ名録に記入する。
③　名画を模ホウする。
④　ホウ給が下がる。
⑤　崖がホウ壊する。

D　ヨウ羹を食べる。

①　彼を主将にヨウ立する。
②　比較的凡ヨウな人物だ。
③　抑ヨウをおさえた話し方をする。
④　鉄をヨウ解する。
⑤　牧ヨウ犬を飼育する。

E　無辜の民を苦しめる。

①　むき
②　むこ
③　むこう
④　むし
⑤　むりょう

（四）次のA～Dのカタカナを漢字に改めた場合、それと同じ漢字を用いるもの、またE・Fの漢字の読みとして最も適切なものをそれぞれの群から一つ選び、その番号をマークせよ。

A　問題解決に時間をサいた。

①　三つの密をサける。
②　蜂が人をサした。
③　コロナ報道に紙面をサく。
④　メーターが時速八〇キロをサした。
⑤　景気に陰りがサした。

B　地球上のカク兵器を廃絶したい。

①　彼はグループのリーダーカクだ。
②　カク僚名簿が発表された。
③　努力して技術をカク得する。
④　海老は甲カク類である。
⑤　組織の中カクを担う。

C　一縷の望みもホウ沫と消えた。

一つ選んで、番号をマークせよ。

① ただ自分の得意とすることばかりをとりあげて、他人を無視するようなものだ
② ただ己の信じる道を突き進み、他人を蹴落とすことに血道をあげるようなものだ
③ ただわたしは自分の筋をとおし、他人のことは気にしないようにするのだ
④ ただわたしだけは自分のことを信じて、他人に劣らぬようにするつもりだ
⑤ ただわたしは自分の筋道を信じてよいのか、ひとはそんなわたしを無視するかもしれない

問10　右の文章の作者が女房として仕えた人物とその夫の組み合わせとして、最も適切なものを次の中から一つ選んで、番号をマークせよ。

① 定子 ― 三条天皇
② 彰子 ― 一条天皇
③ 定子 ― 円融天皇
④ 彰子 ― 花山天皇
⑤ 定子 ― 冷泉天皇

問6　傍線部5「ことはたさもあり」の解釈として最も適切なものを次の中から一つ選んで、番号をマークせよ。

①　女房たちが陰口を叩くのも当然で、縁起をかついだからといって長生きできるわけではない
②　女房たちが言うのももっともで、女の身で漢文の書物を読むから不幸なのである
③　歌や物語の本が埃まみれになるのも、夫が亡くなって読むひとがいなくなったから当然である
④　所在なさにたえかねて漢籍などを読むのももっともで、それを悪く言うのは思いやりがない
⑤　夫が亡くなればその遺品である漢籍を読むのも当たり前のことで、それを悪く言われようがかまわない

問7　空欄 B に入れるべき助動詞を次に示すものの中から一つ選び、適切な活用形で記せ。

【けむ　らし　き　なり　つ　たし　らむ　まほし】

問8　傍線部6「いでや」の解釈として最も適切なものを次の中から一つ選んで、番号をマークせよ。

①　はてさて、もういやだ
②　さあさあ、今こそ
③　いやもう、大変だ
④　いやはや、何も言うまい
⑤　どれどれ、行ってみるか

問9　傍線部7「ただ、わが心の立てつるすぢをとらへて、人をばなきになすなめり」の解釈として最も適切なものを次の中から

② わびしい女の一人住まいでひとに聞かせるためでもないのに琴を弾いていると、それを聞き知った男が求婚しにくるのではないかと、そのようなことを考えることさえはばかられます
③ このような荒れ果てた家でわびしく琴を弾いていると、それを聞き知った女たちから哀れまれるのではないかと、ひどくうんざりした気持ちになります
④ 女のわびしい住まいで悩ましい琴の音を響かせていると、それを聞き知った男が来るのではと、そのような勘違いをさせることを恐れてしまいます
⑤ わびしさに耐えかねて琴をつま弾いていると、それを聞き知ったほかの女から嘲笑されるのではないかと、大変に忌々しい思いにかられます

問4　傍線部4「厨子」のよみを**現代仮名遣い**で記せ。

問5　空欄 A に入れる語として最も適切なものを次の中から一つ選んで、番号をマークせよ。

① いづれの
② いづちの
③ いはんや
④ なんすれぞ
⑤ なでふ

① 色気が漂ってしまった人
② 愛嬌をふりまいてしまった人
③ 風流ぶってしまった人
④ 色恋沙汰におぼれてしまった人
⑤ 外面的な美しさを求めてしまった人

問2 傍線部2「心のうち」の解釈として最も適切なものを次の中から一つ選んで、番号をマークせよ。

① 寂しさにすさんだ心のうち
② 自然を楽しむ心のうち
③ 世間の人と同様に恐れる心のうち
④ 来世を思う心のうち
⑤ 秋の寒さに凍える心のうち

問3 傍線部3のうち「なげきくははる」は、「わび人の住むべき宿とみるなべになげきくははる琴の音ぞする」(『古今和歌集』九八五 巻十八 雑歌下 良岑宗貞、ならへまかりける時にあれたる家に女の琴をひきけるを聞きてよみていれたりける)をうけている。これを踏まえたうえで、傍線部3の解釈として最も適切なものを次の中から一つ選んで、番号をマークせよ。

① わびしく住んでいる家から悩みを重ねたような琴の音を響かせていると、それを聞き知った男もあろうかと、忌まわしく思われます

はすれば、御幸はすくなきなり。[A]女か真名書《まんなぶみ》は読む。昔は経読むをだに人は制しき」と、しりうごちいふを聞きはべるにも、物忌みける人の、行くすゑいのち長かめるよしども、見えぬためしなりと、いはまほしくはべれど、思ひぐまなきやうなり。5ことはたさもあり。

よろづのこと、人によりてことごとなり。誇りかにきらきらしく、ここちよげに見ゆる人あり。よろづつれづれなる人の、まぎるることなきままに、古き反古《ほんご》ひきさがし、行ひがちに、口ひひらかし、数珠《ずず》の音高きなど、いと心づきなく見ゆるわざなりと思うたまへて、心にまかせ[B]べきことをさへ、ただわが使ふ人の目にはばかり、心につつむ。まして、人のなかにまじりては、いはまほしきこともはべれど、6いでやと思ほえ、心得まじき人には、いひてやくなかるべし、ものもどきうちし、われはと思へる人の前にては、うるさければ、ものいふことも、ものうくはべり。ことにいとしもののかたがた得たる人はかたし。7ただ、わが心の立てつるすぢをとらへて、人をばなきになすなめり。

注

＊曹司……自宅の部屋

＊雨降る日、琴柱《ことぢ》倒せ……雨の降る日に琴柱を立てて弦を張ったままにしておくと湿気で弦がゆるみ、音が悪くなるため。

＊首……琵琶の首

＊書……漢籍

＊わざと置き重ねし人……夫であった藤原宣孝。故人。

問1　傍線部1「艶になりぬる人」の解釈として最も適切なものを次の中から一つ選んで、番号をマークせよ。

〔三〕 次の文章（『紫式部日記』）を読んで、後の問に答えよ。

清少納言こそ、したり顔にいみじうはべりける人。さばかりさかしだち、まな書きちらしてはべるほども、よく見れば、まだいとたらぬことおほかり。かく、人にことならむと思ひこのめる人は、かならず見劣りし、行くすゑうたてのみはべれば、[1]艶になりぬる人は、いとすごうすずろなるをりも、もののあはれにすすみ、をかしきことも見過ぐさぬほどに、おのづから、さるまじくあだなるさまにもなるにはべるべし。そのあだになりぬる人の果て、いかでかはよくはべらむ。

かく、かたがたにつけて、ひとふしの思ひ出でらるべきことなくて、過ぐしはべりぬる人の、ことに行くすゑのたのみもなきこそ、なぐさめ思ふかただにはべらねど、心すごうもてなす身ぞとだに思ひはべらじ。その心なほ失せぬにや、物思ひまさる秋の夜も、はしに出でゐてながめば、いとど、月やいにしへはめでけむと、見えたるありさまをもよほすやうにはべるべし、世の人の忌むといひはべる咎をも、かならずわたりはべりなむと、はばかられて、すこし奥に引き入りてぞ、さすがに[2]心のうちにはつきせず思ひつづけられはべる。

風の涼しき夕暮、聞きよからぬひとり琴をかき鳴らしては、[3]なげきくははると、聞き知る人やあらむと、ゆゆしくなどおぼえはべるこそ、をこにもあはれにもはべりけれ。

さるは、あやしう黒みすすけたる*曹司《ざうし》に、箏《さう》の琴・和琴《わごん》しらべながら、心に入れて*「雨降る日、琴柱《ことぢ》倒せ」などもいひはべらぬままに、塵つもりて、寄せたてたりし厨子と柱とのはざまに*首さし入れつつ、琵琶も左右に立ててはべり。

大きなる[4]厨子ひとよろひに、ひまもなく積みてはべるもの、ひとつには、古歌・物語のえもいはず虫の巣になりにたる、むつかしくはひ散れば、あけて見る人もはべらず。片つかたに、*書《ふみ》ども、*わざと置き重ねし人もはべらずなりにしのち、手ふるる人もことになし。それらを、つれづれせめてあまりぬるとき、一つ二つ引き出でて見はべるを、女房あつまりて、「御前はかくお問8　本文中の内容と最も合致するものを次の中から一つ選んで、番号をマークせよ。

①　わたしは父親の仕事の関係で十二歳からアメリカで生活するようになったために、それ以後日本語ではなく英語を母国語とするように教育された。

②　日本の本屋に行くとめまいを感じるのだが、それはアメリカのデパートの地下食料品街に行くと感じるめまいと全く同じで刺激が多すぎるからである。

③　鷗外の小説『青年』には漱石そっくりの人物が登場するが、主人公の先生の口を借りてどちらかといえば悪評とも言えるようなことを語らせている。

④　わたしの両親は多くの日本人のように、アメリカで永年生活をしても早くアメリカ人になってやろうとするような移民精神を持ち合わせてはいなかった。

⑤　漱石が『明暗』を執筆している最中に書いた手紙に、「今ここ」でしゃべる言葉がすべてであるとあるが、筆者はそれに衝撃を受けた。

①　夢十夜
②　浮雲
③　舞姫
④　高瀬舟
⑤　三四郎

問7　傍線2「この鷗外の文章では「流行遅れ」であることと「学問がある」ことが漫然と並列されているが、実はこのふたつの事実は同じことを指し示すものである。」とあるが、その説明として最も適切なものを次の中から一つ選んで、番号をマークせよ。

①　漱石は当時の流行であった西欧思想には目を向けず「流行遅れ」の漢文学を勉強したが、「学問がある」ために独自の文学や思想を生み出す文学者になることができたということ。

②　漱石は当時の流行であった西欧思想や自然主義には「流行遅れ」であったが、漢文学の「学問がある」ために真空の中で孤高を持する文学者になることができたということ。

③　漱石は当時の流行であった自然主義や英文学には「流行遅れ」であったが、鷗外と同じように「学問がある」ために鷗外の小説『青年』のような優れた小説を書くことができる文学者になることができたということ。

④　漱石は当時の流行であった『青年』のような小説には「流行遅れ」であったが、「学問がある」ために鷗外とは異なった『明暗』のような小説を書くことができる文学者になることができたということ。

⑤　漱石は当時の流行であった自然主義に「流行遅れ」であったが、「学問がある」があるために「今」と「ここ」から離れた過去の言葉を読むことができ、人間に向けて書くことができたということ。

③　a　テクスト　b　スクラム　c　モデル　d　オマージュ　e　エネルギー
④　a　スクラム　b　モデル　c　エネルギー　d　オマージュ　e　テクスト
⑤　a　スクラム　b　エネルギー　c　モデル　d　テクスト　e　オマージュ

問3　X に入る最も適切な表現を次の中から一つ選んで、番号をマークせよ。

①　文士を押すのです。牛を押すのではありません。
②　牛を押すのです。人間を押すのではありません。
③　大衆を押すのです。火花を押すのではありません。
④　根気を押すのです。知識人を押すのではありません。
⑤　人間を押すのです。文士を押すのではありません。

問4　Y には、本文中の十一字の言葉が入る。最も適切なものを選んで記せ。（句読点・記号等も字数に含む）

問5　本文には、次の一文がある段落の末尾から欠落している。どこに入るのが最も適切か。入るべき直前の五字を抜き出せ。
（句読点・記号等も字数に含む）

【脱落文】だがそれではわたしの母国語は英語かというと、そんなことはまったくないのである。

問6　本文に夏目漱石と森鷗外の名前が記されているが、漱石と鷗外以外の作品を次の中から一つ選んで、番号をマークせよ。

問1　傍線1「いつも日本の本屋に入る度に覚える、何だかやりきれない気持ちがわたしを襲って来た。その何だかやりきれない気持ちと、なぜわたしが『續明暗』という本を書くようになったかとは直接結びついているのである。」とあるが、その説明として最も適切なものを次の中から一つ選んで、番号をマークせよ。

①　日本の本屋に入る度に、「わたしはなぜここに居るのか」という気持ちに襲われるため、『續明暗』を書くことを通して、自分は「今」なぜ「ここ」にいるのかを考えてみたいという点で結びついている。

②　日本の本屋に入る度に覚えるやりきれなさは日本語を選び取ったというとまどいからであり、また『續明暗』を書くようになったのは、私と日本語との結びつきの必然性を今一度選びなおそうとする点で結びついている。

③　日本の本屋に入る度に覚えるやりきれなさは、本屋の本とのあまりの疎外感に呆然とするからであり、また『續明暗』を書くようになったのは漱石の『明暗』を読み疎外感から抜け出そうとする点で結びついている。

④　日本の本屋に入る度に覚えるやりきれなさは、わたしの日本語力がためされている気持ちに襲われるからであり、また『續明暗』を書くようになったのは漱石の日本語力を少しでも参考にしたいという点で結びついている。

⑤　日本の本屋に入る度に覚えるやりきれなさは、本の多さに刺激が多すぎてめまいがするためであり、また『續明暗』を書くようになったのは漱石の「人間」に対する見識の刺激を学びたいという点で結びついている。

問2　［a］［b］［c］［d］［e］に入る最も適切な表現の組み合わせを次の中から一つ選んで、番号をマークせよ。

①　a　スクラム　b　オマージュ　c　モデル　d　テクスト　e　エネルギー

②　a　エネルギー　b　テクスト　c　スクラム　d　モデル　e　オマージュ

立つところのない言葉であるかには気がつかない。

わたしは［　Y　］を生きて来ることのできなかった人間である。漱石の「言葉」がそのような人間にもまっすぐ語りかけてくれるとしたら、それは当時漱石が、当時の日本の「今ここ」にある言説空間に向かって書かなかった故にほかならない。このような作家の書く言葉はしばしば簡単には翻訳され得ない。だがそういう作家だけが時間の流れにも空間の広がりにも耐え、世界性をもちうるのである。（中略）

鷗外の『青年』には漱石を［　c　］にした拊石《ふせき》という人物が出てくるが、鷗外は主人公の青年の口を借りてその人物をこう評している。「拊石といふ人は流行に遅れたやうではあるが、とにかく小説家中で一番学問がありさうだ」。2この鷗外の文章では「流行遅れ」であることと「学問がある」ことが漫然と並列されているが、実はこのふたつの事実は同じことを指し示すものである。『青年』が書かれた当時（明治四十三年―四十四年）日本で流行していた「自然主義」に漱石が無関係にやってきたことをわれわれは知っている。そうして当時の人間の目に「流行遅れ」に見えた漱石が、実際は流行に無関係に、すなわち、「人間」に向かって書くことができたのは「学問」があったからなのである。「学問」とは「今」と「ここ」から離れた「言葉」を読むことである。のみならず、それが書かれた時からすでに「今」と「ここ」から離れていた「言葉」を読むことである。よくいわれる漱石の漢文学及び英文学の素養とは、そういう「言葉」との交流にほかならない。人は真空の中で孤高を持する訳には行かない。「人間」に向かって書かれた過去の［　d　］を読むことによってのみ、「人間」に向かって書くことが可能になるのである。

『續明暗』は漱石を読むことを通じて「人間」に向かおうとするひとつの試みである。そしてそれはわたしにとって日本語との結びつきの必然性を今一度選びなおそうという試みでもある。歴史の一回性の中で明治という時代に漱石のような作家がいたことは日本文学にとって幸いなことであった。『續明暗』が漱石という作家に対する［　e　］でもあることはいうまでもない。

（水村美苗「『續明暗』のあとに」による）

きて来たというのに、こうして戻って来れば何がおこっているのだかさっぱり解らない。何がおもしろいのだかもさっぱり解らない。なぜわたしはこのように自分と隔った精神と関係しようと思っていたのだろうか。ここでこうして日本語を操っている人とわたしとどういう関係があるのだろう。大体こうして日本語を操っている人と外の世界とどういう関係があるのだろう。わたしは日本語を選びとってしまったことによって、世界そのものと切れてしまったような心細い気持ちに襲われる。今までの自分の人生が無意味な試みに明け暮れていたようで、はかなくなる。——そんな時、わたしと世界との関係を復活させてくれ、わたしを力づけてくれるものに漱石のテクストがあるのだった。漱石のテクストだけではなく、超然とした精神を宿すいくつかの日本語のテクストがあるのだった。

漱石が『明暗』を執筆している最中に書いた手紙に次のようなものがある。

> 牛になる事はどうしても必要です。……根気づくでお出でなさい。世の中は根気の前に頭を下げることを知ってゐますが、火花の前には一瞬の記憶しか与へて呉れません。うんうん死ぬ迄押すのです。それ丈です。……相手はいくらでも後から後から出て来ます。さうして吾々を悩ませます。牛は超然として押して行くのです。何を押すかと聞くなら申します。 X

ここで漱石のいっている「人間」とは大衆を意味するものではない。「文士」とは知識人を意味するものではない。「人間」とは誰だか解らないがいつかどこかで自分の本を読み得る人たちを指すのである。それは昨日電車で隣り合わせた人かも知れないし、五十年後、見たこともない国に生まれる人かも知れない。誰だか解らない故に畏れねばならない人たちである。「文士」とはその反対に畏れるに足りない人たちである。そしてそれは彼ら自身が畏れを知らない人たちだからにほかならない。彼らにとっては「今ここ」で彼らが操るしゃべる言葉がすべてである。彼らはその言葉が、「今ここ」にない目の前に曝《さら》された時、どれほどよってアメリカの生活が居心地がよいのでだらだらとアメリカに残ってしまったのである。むろんその間自分たちが日本人であることに何の疑問を持つこともなかった。両親のそのようなありかたは、わたしと言語とのかかわり合いにそのまま反映した。つまりわたしにとっても自分が日本人であること――自分の母国語が日本語であることは、日が東から昇るように当たり前のことのように思えたのである。しかしすべての子供をアメリカ人にしようとするアメリカに育ちながら、その当たり前のことを実際に当たり前にするにはかなりの［　b　］が要ったのであった。

今思えばわたしは十二歳からの年月をすべて、自分がアメリカ人にならないということだけを目的に生きて来てしまったような気がする。わたしはアメリカに目をつむり、ひたすら日本に目を向けた。アメリカの男の代わりに日本の文学とばかり付き合った。むろんありがたいことにそれなりの成果はあった。数年前初めて日本の雑誌に書く機会があったが、わたしの日本語はあまりに当たり前の日本語だったため、わたしが日本人であり続けたことを誰ひとり褒めてくれる人もいなかったのである。

その頃からである。わたしはもうひとりの、こうでありえたかもしれない、英語でものを書いている自分の影に常につきまとわれ始めたのだった。それは、わたしと日本語の関係が急に恣意的なものに見えてきたということにほかならなかった。十二歳という年齢から英語を使い続けてもそれが母国語になることはむずかしかったかもしれないが、一番自由に操れる第一言語になった可能性は大いにある。そして、もの書きが使う言葉は母国語はおろか第一言語である必然性すらないのである。国際語である英語においてはとりわけその必然性が乏しい。なにしろ英語圏でやらねばならぬという決断をもっと早くに下してさえいれば、わたしは今頃英語で書いていたかもしれないのであった。もし超越的な立場から言語を選べるとしたら、今世界で英語で書くことの有利は誰の目にもあきらかだろう。

日本の本屋に入った時に感じる困惑は日本語を選びとってしまったことに対する困惑である。目の前に燦然《さんぜん》と広がるのは、日本の「今」と「ここ」の中にあまりに閉ざされた言語空間である。わたしは海の向こうで健気にも日本人であり続けるためにだけ生

(二)　次の文章を読んで、後の問に答えよ。

わたしは店に入るのが苦手だ。とりわけ本屋に入るのは苦手だ。本屋へ行くのがおっくうで、読みたい本が手元になくなってしまうと、同じ本を繰り返して読んでしまうくらいである。だから二、三日前に本屋へ行ったのも、横断歩道を渡ったとたん、目の前にクーラーの効いていそうな広い店がガラス越しに見えたからに過ぎない。外はあまりに暑かった。それに比べて店の中はいかにも涼しそうだった。わたしは意を決して自動ドアをくぐった。一瞬のうちに汗が引く快感があった。だがその快感と共に、1いつも日本の本屋に入る度に覚える、何だかやりきれない気持ちがわたしを襲って来た。その何だかやりきれない気持ちと、なぜわたしが『續明暗』という本を書くようになったかとは直接結びついているのである。

たとえばわたしはデパートの地下の食料品街へ行っても必ずめまいのようなものを覚える。あの物の豊富さは、繁華街での買い物が日常的になっていない人間には刺激が多すぎるのである。だがわたしが日本の本屋で感じるものはそれだけでは片づかない。

「わたしはなぜここに居るのだろう」

まるで本の背表紙が［ a ］を組んでわたしに背を向けているような気がするのである。一体これらの本とわたしとはどういう関係があるのだろう。わたしはあまりの疎外感に呆然とする。そして必死で日本人であろうとして来た長年の自分の愚かしさに、暗澹《あんたん》たる思いに陥らざるを得ないのである。

わたしは十二歳の時父親の仕事の関係で家族とともにアメリカに渡った。以来大学院を出るまでアメリカで教育を受けて来た。当然のことながら『續明暗』を書くまでは、手紙をのぞけば日本語でものを書いたことは数えるほどしかない。

わたしの両親は、多くの日本人の例に漏れず、早くアメリカ人になってやろうという移民精神とは無縁であった。それでいて

② 具体的な使用価値を普遍的な高次の目的へと転化するメカニズム
③ 自己だけでなく他者にも利益をもたらしているという一挙両得的な満足感
④ ゲームという、人と競う場においてはじめて得られる刺激やインスピレーション
⑤ 公共善の実現のために貢献しているという充足感

問9　本文の内容と最も合致するものを次の中から一つ選んで、番号をマークせよ。

① 貨幣が単なる物ではなく、任意の特殊な商品に自在に転換することができる偉大な呪力をもつことに人びとが気づいたとき、それは人間社会のなかで宗教的な崇拝の対象となった。
② どれほど高尚で純粋な使命感を胸に秘めつつ始めたところで、その後にその活動には金銭的な報酬がともなうことを知らされると、人は結局心の奥深くに潜んでいる利己的な欲望に突き動かされてしまう。
③ 貨幣(交換価値)は使用価値を得られる手段でしかないにもかかわらず、資本主義のなかで人は使用価値ではなく、交換価値の増殖を目的として行動する。
④ 端緒にあった資本以前の循環に反転が生じることになったとき、終わりなき価値増殖それ自体が究極の目的となり、終末論的な思想が近代の世界全体を包摂することになった。
⑤ 直線的な時間と円環的な時間という、二種類の時間の総合としての資本主義的なシステムは、人びとの欲望の対象に転倒を引き起こし、その結果秩序を失った混沌とした社会状況をもたらした。

という現象のこと

② 無報酬だった当初の活動に、新たに金銭的な報酬が加わると、一般的に人びとはやる気が生じ、全体的に生産効率が即座にアップするという現象のこと

③ 近代の市場原理にもとづいた弱肉強食的な競争社会は、人間が生得的に備えている高潔な相互扶助の精神をあっという間に駆逐してしまうという現象のこと

④ 行為の対価として給付される金品の額が増大すればするほど、幼い子どものような純真無垢で高潔な無私の精神は人間の心から徐々に奪われていくという現象のこと

⑤ 公共善のための使命感の方が、金銭的な報酬を獲得しようとする欲望よりも強力なインセンティヴを与えるという現象のこと

問7 傍線2「第一のグループは、寄付の重要性を説くスピーチを聞かされた後、すぐに募金活動に送り出された。第二、第三のグループも同じスピーチを聞かされるのだが、同時に、集めた金額に応じた金銭的報酬が出ると告げられる。」とあるが、第一のグループにとっての募金活動と、第二および第三のグループにとっての募金活動は、それぞれどのような意味の行為だと述べられているか。本文中の言葉を用いて五〇字以内で述べよ。（句読点・記号等も字数に含む）

問8 傍線3「貨幣という報酬が得られることで締め出されるのは、行為の倫理的な意味（道徳）だけではない。」とあるが、それとは別に何が「締め出される」というのか。最も適切なものを次の中から一つ選んで、番号をマークせよ。

① 行為それ自体がもつ楽しさやわきあがる直感的なひらめき

③　純粋な楽しみやひらめきをもたらす行為に取り組め
④　功利性のみを追求するような社会体制を打ち砕け
⑤　資本主義的な社会システムの頑強性を再認識せよ

問4　空欄 Y に入る最も適切なものを次の中から一つ選んで、番号をマークせよ。
①　創造性に富んだ、魅惑に満ちたものに逆転する
②　終極的な目的を失った、審美的な行為へと転化する
③　何の楽しみも感じられない、退屈なだけの単純作業となる
④　色あせた、魅力のないものへと変容する
⑤　特定の内容をもたない、抽象的な循環となる

問5　右の文章には、次の一文がある段落の末尾から脱落している。どこに入るのが最も適切か。入るべき箇所の直前の五字を抜き出せ。（句読点・記号等も字数に含む）
【脱落文】それぞれの特殊な商品は、抽象的な普遍性の具体化としてのみ欲望の対象になっている。

問6　傍線1「「市場による道徳の締め出し」と呼んでいる現象」とは、どのような現象か。その説明として最も適切なものを次の中から一つ選んで、番号をマークせよ。
①　公共善に貢献する活動に貨幣的な報酬がともなったとたんに、人は主として貨幣的な報酬のために活動するようになる

問1　空欄 A ～ D に入る語の組み合わせとして、最も適切なものを次の中から一つ選んで、番号をマークせよ。

① A ところが　B あるいは　C つまり　D もともと
② A ところが　B もともと　C あるいは　D つまり
③ A つまり　B あるいは　C もともと　D ところが
④ A つまり　B しかし　C あるいは　D ところが
⑤ A しかし　B つまり　C ところが　D もともと

問2　空欄 a ～ e に入る語の組合せとして、最も適切なものを次の中から一つ選んで、番号をマークせよ。

① a G—W—G′　b W—G—W′　c G—W—G′　d G—W—G′　e W—G—W′
② a W—G—W′　b W—G—W′　c W—G—W′　d W—G—W′　e W—G—W′
③ a G—W—G′　b G—W—G′　c G—W—G′　d W—G—W′　e G—W—G′
④ a W—G—W′　b G—W—G′　c W—G—W′　d G—W—G′　e G—W—G′
⑤ a G—W—G′　b W—G—W′　c G—W—G′　d W—G—W′　e G—W—G′

問3　空欄 X に入る最も適切なものを次の中から一つ選んで、番号をマークせよ。

① 使用価値よりも貨幣の優位性を保て
② (交換)価値よりも使用価値に重きを置け

的へと転化しうる。貨幣は、普遍的な手段であるがゆえに逆に、すべての使用価値を自らの手段として下属させる高次の目的へと転化するのだ。

貨幣によって表示される価値は、特定の内容をもたない抽象的なものだが、述べてきたような機序を通じて、任意の使用価値がそれの具体化であるような普遍的な目的として位置づけられるようになる。G—W—G´という循環は、こうした関係の端的な表現になっている。交換価値Gは、さまざまな具体的な使用価値(具体的な目的)Wへと受肉しながら、循環し続けるのである。本来、普遍的な手段であった貨幣が高次の目的へと転換すると、個々の具体的な使用価値やそれぞれの具体的な行為の価値は、[Y]。一般に価値が高貴さを帯びるのは、それが終極的な目的として位置づけられているときだからだ。使用価値Wが、普遍的な交換価値Gを得るための手段へと転化したときには、目的としての終極性を失い、その意義は相対化される。(公共善に貢献する)倫理的な行為や(それ自体で快楽をもたらす創造的な遊びのような)審美的な行為が、貨幣的な報酬を与えられたとたんに、魅力を失うのはそのためである。

注1　さらに興味深いことがある。与えられている課題が、何の創意工夫も必要のない単純作業のようなものだった場合には、逆に、金銭的報酬が高いグループほど好成績になる。

注2　前注で指摘したように、つまらない作業であれば、金銭的報酬の高さに比例して、被験者の成績が高まる。もともとの行為に何の価値もないということは、貨幣によって締め出される価値がない、ということでもある。この場合は、貨幣が与えられれば、少なくともその分だけは、行為に価値が加わる。

(大澤真幸『新世紀のコミュニズムへ　資本主義の内からの脱出』による)

わけではない。募金活動にアルバイト料を支払うようにすると、その行為は、公共善に奉仕する価値をもち、そのうえで、募金者の利益にもつながるわけだから、一石二鳥であって、無報酬の募金活動よりも行為としての価値が高まりそうに思えるが、そうはなってはいない。［　B　］、それ自体でも十分におもしろいパズル解きに、金銭的な報酬が加われば、このパズル解きは、ますます価値が高まり、被験者の「やる気」を高めるのではないか、……こう推測したいところだが、実験結果は、そのような推測が誤っていることを示唆している。

　行為それ自体がもっていた特殊で具体的な価値に貨幣的価値を重ねたときには、必ず後者が勝ってしまう。後者だけが活き、前者が締め出されるのだ。驚きは、行為者当人には、前者の方がより魅力的に見えているはずであるにもかかわらず、そうなるということである。純粋な善行として募金活動をしているときの方が、賃金を得ることができる労働として同じことをやっているときよりも、人は強く動機づけられ、熱心にその行為にコミットしている。貨幣という報酬が与えられたとたんに、その行動は、当人にとっては主として賃労働となって、善行としての意味は失われる。そして同時に、本人の熱意も低下する。客観的には、その募金活動が公共善に貢献しているという事実は失われてはいないにもかかわらず、である。

　どうして、より魅力的で、高尚にも見える具体的な価値が、市場的・貨幣的な価値に呑み込まれ、締め出されてしまうのか。これこそ、先に述べた普遍性と特殊性との間の独特の関係によって、［　C　］マルクスが言うところの商品の物神性によって説明されることだ。どのような論理によって、物神性が生まれるか、あらためて解説しておこう。

　［　D　］、貨幣は、任意の使用価値を得ることができる普遍的な媒介、普遍的な手段である。言い換えると、貨幣は、任意の特殊な目的に――任意の具体的な使用価値の獲得に――奉仕することができる。そうであるとすれば――貨幣さえ獲得すれば、それを任意の使用価値へと転化することもでき、どのような特殊な目的の実現へもつなげうるのだから――逆に貨幣的な価値の獲得は、任意の使用価値の獲得や任意の特殊で具体的な目的を、その内部に手段として包摂するような、普遍的な高次の目

からわかる。ちょっとした創意工夫や認知的なひらめきのようなものが必要となるパズルやゲームを被験者にやらせる。その際、被験者を次のようにグループ分けする。まず、課題を単に解くだけで、いかなる報酬もないグループがある。他のグループでは、成績優秀者には――他の人より速くパズル等を解けた優秀者には――金銭的な報酬が与えられる。優秀者に与えられる報酬も、低額のグループと高額のグループの二段階に分けておく。

その結果は、まったく驚くべきものである。無報酬のグループが最も成績がよい（課題を解くまでの平均時間が最も短い）。そして、優秀者（勝者）が得る報酬が大きい方が、そのグループの成績が悪くなる傾向がある。金銭的な報酬を得ようとがんばっているグループの方が、成績が悪いのだ（注1）。

こうした実験結果をどのように解釈すればよいのか。行為には、その具体的な特殊性に応じた、直接的な、それ自体としての価値がある。寄付集めの行為は、障害児支援に役立っており公共善に貢献している。あるいは、パズルを解くことはそれ自体で十分におもしろい遊びである。[A]、貨幣という報酬が与えられたとき、貨幣に示される価値によって、具体的な行為のもつ特殊な価値が締め出されるのだ。パズルを解くゲームに報酬が入ると、パズル解き自体がもつ楽しさが半減し、なんと――本人はまったく自覚がないはずだが――インスピレーションすらわきにくくなるのだ。実験結果は、純粋に楽しんでいるときには出てくるような発想やひらめきが、金銭的な報酬が大きくなればかえって出にくくなっていることを示している（注2）。

「[X]」という提案は、このような貨幣的な価値による、行為の具体的で特殊な価値の締め出しに抵抗すべきだという提案に等しい。

だが、この現象の、つまり「貨幣において示される抽象的な価値による、行為の特殊で具体的な価値の締め出しという現象」の奇妙さを、十分に踏みとどまって考えておく必要がある。

報酬として貨幣が得られるようにしたことで、価値が行為に加算されるわけではない。つまりそのことで行為の価値が高まる障害児援助等の有意義な事業に必要な資金を得るために、家々を回って寄付を募る高校生を三つのグループに分ける。2 第一のグループは、寄付の重要性を説くスピーチを聞かされた後、すぐに募金活動に送り出された。第二、第三のグループも同じスピーチを聞かされるのだが、同時に、集めた金額に応じた金銭的報酬が出ると告げられる。それぞれのグループに与えられる報酬は、集めた金額の一%、一〇%という歩合だった（報酬の財源は、集めた寄付金とは別である）。

どのグループが最も多くの寄付を集めるのに成功したのか。貨幣による報酬――経済学者が言う金銭的なインセンティヴ――が大きい第三グループが最大の寄付を集めるだろうと予想されるところだ。実際、第三グループの成績は第二グループよりもよかった。しかし、最も多くの寄付を集められたのは、第三グループではなく、金銭の面では無報酬の第一グループだったのだ。つまり、最も熱心に寄付集めの活動をおこなったのは、第一グループだったのである。第三グループが第二グループよりも成績優秀だった理由はすぐに理解できる。だが、その同じ理由が作用しているならば、第一グループが最下位になるはずだが、まったく逆の結果となっている。どうしてなのか。

貨幣という報酬が与えられることで、善行の性質が根本的に変わってしまったからである。高校生は、善い目的への使命感をもって募金活動に取り組もうとしていた。しかし、貨幣的な報酬が提供される設定になったとたんに、それは善行ではなく、一種の賃労働――自分自身の利益のための労働――に変質してしまったのだ。実験から、公共的な善のための使命感の方が、貨幣的な報酬よりも高校生を強く動機づけていたことがわかる（第一グループが第三グループより好成績）。にもかかわらず、公共善のための活動にわずかでも貨幣的な報酬がともなうと、人は主として貨幣的な報酬のために活動するようになる（第三グループが第二グループより好成績）。これが、「市場（行為を貨幣的インセンティヴによって商品や賃労働にすること）による道徳（善なる目的への奉仕という行為の意味）の締め出し」という現象である。

3 貨幣という報酬が得られることで締め出されるのは、行為の倫理的な意味（道徳）だけではない。このことは、次のような実験ない価値増殖であり、資本蓄積の無限化である。

資本主義とは、このG―W―G′の循環を基軸として経済が展開している社会システムである。G―W―G′は、二種類の時間の総合としての資本主義的な時間の様態を表現している。これは、G′を終わり(＝目的)とする終末論的で直線的な時間であると同時に、(W′ではなく)G′が終端にあるがゆえに次の循環へとただちに結びつく円環的な時間でもある。そして、この無数の反復的なG―W―G′が全体として、大きな、いわばメタレベルの「G―W―G′」の中に包摂されている。

循環公式[a]は、人の欲望のあり方そのものの変化を表現している。その変化は、概念の特殊性と普遍性の間の関係として記述することができる。

本来、普遍性とは、実在する、それぞれに特殊な事物の有する属性にすぎず、それ自体は実在ではない。その事物の有する性質が、他の諸事物の性質と共通しているとき、「普遍的」として性格づけられるのだ。普遍性がこのように位置づけられている限りは、それは、それぞれに特殊な事物への付属品のようなものである。これは、流通が、使用価値(特殊な事物)を中心にして展開している状態に、つまり[b]に対応している。

しかし、特殊性と普遍性の間の論理的なプライオリティの関係に逆転が生ずる。すなわち、特殊性が、抽象的な普遍性のひとつの表現として位置づけられるようになる。こうなると、普遍性がそれ自体として欲望の対象となり、実在する実体性を獲得する。実体化した普遍性こそが貨幣である。貨幣は、任意の特殊な商品に転換できるからだ。この段階こそ、[c]の公式に対応している。この循環を通じて、抽象的な普遍性(価値)は、さまざまな具体的商品(使用価値)として受肉しつつ、そのたびに自分自身へと回帰する。マルクスが「商品の物神性」と呼んだのは、このような事態である。

[d]から[e]への転換は、倫理学者が、行動経済学の実験をもとに1「市場による道徳の締め出し」と呼んでいる現象と関係がある。「市場による道徳の締め出し」が何を意味しているのか、具体的な実験例で解説しよう。

国語

（六〇分）

（一）　次の文章を読んで、後の問に答えよ。

マルクスの流通の公式を使えば、次のように表現することができる。端緒にあるのは、W—G—W′という循環である。Wが商品(Ware)を、Gが貨幣(Geld)を表している。ある商品W′を得るために、自らが所有する物Wを売って、貨幣Gを得る。その貨幣Gによって、欲しかった物W′を獲得する。この循環は、資本以前のものである。

この循環が、G—W—G′に反転したとき、資本が誕生する。今や、目標は、使用価値Wではなく、価値増殖、増殖した貨幣G′=G+ΔGとなる。ΔGが剰余価値である。一方の当事者で、W—G—W′の転態が生じているとき、他方の当事者では、G—W—G′の転態が生じているのだから、両者は同じことだと思うかもしれないが、そうではない。前者を基軸として展開しているのか、後者を基軸にして展開しているのかでは、経済はまったく異なった様相を呈する。

W—G—W′と違って、G—W—G′の運動には、終わりがない。いったん終極G′を迎えても、それがすぐに、次の循環の起点となる。貨幣Gを投資して、労働力を含む商品Wを購入し、最終的に剰余価値ΔGをともなったかたちで貨幣G′を回収する。このようにして還流してきた貨幣G′は、すぐに再び投資される。こうして同じ形式の循環G—W—G′が繰り返される。これが終わりの

解答編

英語

I **解答** 1．(1)―2 (2)―1 (3)―2 (4)―4 (5)―3
2．［ア］―1 ［イ］―5 ［ウ］―4
3．1 4．(4)
5．(1)―F (2)―T (3)―F (4)―T (5)―T (6)―T (7)―T (8)―F (9)―F (10)―F
6．(2)

◆全 訳◆

≪家事の分割ではなく，家事の分担が幸福な関係をもたらす≫

理論上，家事の公平な分担を思いつくことは簡単なはずである。すべての仕事を取り出してみて２つに分ければよいのである。

実際には，それはもっと複雑である。ある仕事に関しては自分のパートナーの仕事より耐えられると思う人がいる。また仕事によっては誰もがしたくないものもある。そして，概して，家庭での仕事の負担に関しては女性が不均衡な分担に耐えることになってしまう。新たな研究では，どのように家事が分担されているのかに関する夫婦の満足（不満）度の方程式にまた別の変数を加えている。長期的な異性パートナー関係にある男女は，それぞれのパートナーが自身に割り振られた仕事をするのに比べ，すべきことリストのひとつひとつの仕事に対する責任を分担するほうがパートナー関係に関し，より満足している傾向があることがわかったのだ。言い換えると，一方のパートナーが料理と掃除をし，もう一方は皿洗いと洗濯をする夫婦は，概して，ともに参画しすべての４つの仕事に取り組むような夫婦と比べ満足度が低いだろう。

「１人の責任としてこの４つすべての仕事を扱うのは問題があります。そうすると…パートナー関係において幸福感が損なわれてしまうように思えます」その研究の著者であり，またユタ大学の社会学者であると同時に研究グループ「現代家族に関する会議」の委員であるダニエル=カールソンは言った。

その研究では 1990 年代初期と 2000 年代半ばに夫婦から集められた詳細な調査データが分析されているのだが，どのように家事が分担されているかに関する基本的概略および不公平さはそれ以降さほど変化していない。カールソンが調べたあるデータによると，それぞれの仕事を一緒に管理した夫婦は，どちらか一方に仕事を割り当てた夫婦に比べ，仕事の分配が公平であると発言する傾向が 2 倍高かった。両方の集団ともある程度平等に全体の仕事の負担を割り振ってはいたのであるが。そのデータは同性パートナーは扱ってはいなかったが，カールソンはこの研究結果はそのような人々にも当てはまると思っている。

ここで明確にしておきたいのは，これらの結果は必ずしもある特定の仕事分配が夫婦をより幸福にさせるということを意味しているわけではなく，そもそもより幸福でより協力的な夫婦があらゆる家事に対して責任を共有する傾向が高いのかもしれない。とはいうものの，もし家事の分配が重要であるとすれば，おそらくその説明としては責任の共有がチームワークの精神を作り上げるか，あるいはそのことが夫婦がより意思の疎通を図るよう促しているということになる。「隣の芝生は青い」といった効果はまた一つの要因であるかもしれない。つまり，もしあなたがまったく洗濯物をたたむ必要がないのならば，その仕事はあなたが最後まで自分ですることになる食後の山のような汚れた皿よりは耐えられるものに思え始めるかもしれない。

しかしまた別の可能性もある。「家庭内のすべての仕事を本当に理解することは，パートナーと彼らがしていることをより深く理解させる何かがあるのかもしれません」と，その研究には関与していないトロント大学の社会学者メリッサ=ミルキーは私に言った。「もしあなたが決して風呂場を掃除しないのであれば，それがどれくらい労力がかかることなのか，わからないかもしれません」

このことは，夫婦がそれぞれ家事に関わる時間の量を大きく変えることなく仕事の分割をより公平だと感じさせる可能性がある方法を示している。「あなたはより多くのことをするよう求められてはいないのです」とカールソンは私に言った。「あなたはエネルギーを注ぐ焦点を変えるだけです」

このような仕事の分担は，平等な家事分割を目指す夫婦にあれこれ試してみることを提供する。ミルキーは，1週間夫婦が通常は分担しない仕事を分担する，あるいは時折家事の交換を試してみることを提案した。その結果それぞれのパートナーは，相手が常に遭遇する煩わしさに気づくことになるかもしれないからである。

さらに別の研究では，それぞれのパートナーに少なくともすべての仕事の一部をしてもらうことに価値があるかもしれないという考えを裏付けている。昨年，私は性差研究者に会い，彼らがどのように自身の生活において平等なパートナー関係を追求しているのかに関して質問をしてみた。ある社会学者は，女性のほうが子育てが「上手だ」とみなされているので，一部の男性は子育てに割く時間が少ないのだと理解している，と私に言った。したがって，彼の妻が担当していたときのほうがそれほど行儀が悪くなかったのではあるが，わざと息子の風呂の時間を監督し始めた。しかし最終的にその社会学者は，彼の妻と同じくらい風呂の時間が「得意」になったのである。

家事を分けるときに夫婦が陥るパターンは，しばしば性差別的なところがありしかも不公平であるが，これはそれらの仕事から逃れる方法なのかもしれない。ひょっとすると家事をより分担することは，家庭を管理することにつながる全仕事の共通理解を一層促すことになるのかもしれない。

◀解　説▶

1．(1) disproportionate「不均衡な，不釣り合いな」 意味が最も近いのは unbalanced「不均衡な，不安定な」である。1．huge「巨大な，莫大な」 3．underestimated「過小評価された」 4．unexpected「思いがけない，不意の」

(2) sole「ただ一つの，唯一の」 意味が最も近いのは exclusive「排他的な，独占的な，唯一の」である。2．important「重要な」 3．limited「制限された，限られた」 4．qualified「資格がある，有能な」

(3) board「①板，黒板　②委員会，評議会　③賄い」 ここでは②の意味。意味が最も近いのは executive「経営者，重役，幹部」である。1．active「活発な」 3．flat「①平らな　②平らな部分　③アパート」 4．plate「皿」

(4) appreciate「①～を理解する，～を正しく評価する　②～を感謝する」

意味が最も近いのは value「①～を尊重する　②～を評価する」である。1．apologize「謝る」 2．explain「説明する」 3．perceive「気づく」

(5) Eventually「最終的に，とうとう」 意味が最も近いのは 3．Finally「最終的に」である。1．Accidentally「偶然に」 2．Dramatically「劇的に」 4．Occasionally「時折，たまに」

2．［ア］第4段第2文（In one data …）のダッシュ（―）より前の部分で，ともにそれぞれの家事を分担する夫婦は家事の種類によって担当を分けるより fair「公平だ」ということが書かれていて，ダッシュ（―）の後に even though S V「～だけれども，～ではあっても」と譲歩節が展開されている。主語の both groups は家事を分担した夫婦と家事の担当を種類で決めた夫婦を示していると考えられるので文脈的に適合するのは equally「平等に」である。2．kindly「親切に」 3．orderly「きちんとした，整頓された」 4．properly「適切に」 5．unfairly「不公平に」

［イ］The grass is greener on the other side of the fence.「隣の芝生は青い」という諺を利用していること，洗濯物をたたむとか皿を洗うといった一般的には積極的にはやりたくない仕事のことが話題になっていることより，tolerable「耐えられる，悪くない」が適切。1．colorful「色彩豊かな，華麗な」 2．equitable「公平な，公正な」 3．honorable「尊敬すべき，立派な」 4．suitable「適した」

［ウ］so that S V～.「その結果～」以下の記述内容より swapping（swap「～を交換する」）が適切。

3．you might not realize how much energy it takes

how much S V「SがどれほどVするか」は名詞節で，全体で realize の目的語になる。much はここでは数量を表す限定用法の形容詞なので直後に energy を伴う。

4．第2段第5文（A new study …）の it found 以下に示された share responsibility for each chore が文章全体のテーマとなっている。また this は近くにその内容が提示されていることが暗示されており，第9段第1文（Additional research supports …）の段のメインアイディア内の having each partner do at least some of every task に注目することにより，(4)「あなたのパートナーがいつもする家事を経験すること」が適切。

(1)「あらゆる家事を平等に2つに分割すること」

⑵「赤ちゃんを風呂に入れる仕事をより引き受けるよう父親に促すこと」
⑶「妻と夫の両方が確実に家事から逃れることができるようにすること」
⑸「夫が妻よりも多くの家事を分担するようにさせること」

5．⑴「家事が夫婦間で分割される方法はこの研究データが集められてから大いに進歩している」 第4段第1文（Although the study …）より内容に一致しない。

⑵「同性同士の夫婦と異性の夫婦は家事の分配に関して同じように感じるだろう」 第4段最終文（The data didn't …）より内容に一致。

⑶「女性は子育てがより得意である」 第9段第3文（One sociologist told …）には，女性は子育てがより得意だとみなされていると述べられているが，同段最終文（Eventually, though, …）に，その社会学者（男性）は彼の妻と同じ程度に子供を風呂に入れるのが上手になったという事実が記されている。よって内容に一致しない。

⑷「ある家事を常にするというわけではない場合，人々はその仕事をそれほど煩わしいものとはみなさない可能性がある」 第5段最終文（A "grass is greener" effect …）に一致する。grass＝隣の芝生＝自分がしなくてもよい家事＝to fold the laundry→greener＝より青く見える＝よく見える＝seem more tolerable が，"grass is greener" と if 以下の内容との関係を表している。

⑸「自分の息子の風呂の時間を監督したその社会学者は最初はうまくいかなかった」 第9段第4文（So he purposely …）より内容に一致。act out「（子供が）悪い態度をとる」という表現に留意する。

⑹「一方が洗濯を，もう一方がトイレを清掃するような夫婦は，家事を分担する夫婦ほどは満足しないだろう」 第2段最終文（In other words, …）より内容に一致。

⑺「女性は大抵男性よりもやる家事が多い」 第2段第4文（And, on average, …）より内容に一致。

⑻「家庭内のすべての家事を分担することは双方により仕事が増えることを意味するが，それはまたより多くの幸福感へとつながるかもしれない」 第7段より内容に一致しない。

⑼「この研究の結果は，関係性への満足と家事分担に関する一般的な想定とは一致していない」 研究結果からわかったのは，第2段第5文（A new study adds …）より，「もう一つ変数が加わった」ということであり，選択肢文にある conflict with ～「～には一致しない，不一致」ということではない。よって内容に一致しない。なお，「変数」とは，本文全体の内容から家事をきっちり2つに分ければよいというわけではなく，「家事に対する理解や責任の共有」のことである。

⑽「その研究ではあるやり方で家事を分割することで夫婦はより幸せに感じるようになると結論付けた」 第5段第1文（To be clear …）には「これらの結果は必ずしもある家事分配が夫婦を幸せにすることを意味していない」とあるので不一致。第6～9段にかけては「家事のすべてを理解し，お互いの仕事をやってみることで，相手やその仕事への理解がもっと深まる」ということが書かれており，さらに最終段最終文（Perhaps sharing more …）では，家事を分割するのではなく「家事を多く共有すればするほど家事への理解が深まる」という文で締め括っていることからも一致していないと判断できる。

6．全体として，ひとつひとつの家事を役割を決めないで一緒に分担することの重要性が示されていることより，⑵「家事の分割ではなく，家事の分担が幸福な関係をもたらす」が適切。

⑴「家事の分割が時とともにどのように変化していったか」

⑶「結婚，公正，そして家庭内での不平等な家事の負担」

⑷「家事を通してどのようにより平等なパートナー関係を追求するべきか」

⑸「家事を管理する場合，共感と妥協が必須である」

II 解答

1．(あ)—(6)　(い)—(7)　(う)—(3)　(え)—(4)

2．(a)—4　(b)—4　(c)—3　(d)—3

3．(A) protecting　(B) sitting　(C) makes　(D) found

4．(ア)—(3)　(イ)—(4)　(ウ)—(1)

5．人口において3.5パーセントの人々が関与すれば非暴力的抵抗運動は成功する可能性が高まること。

6．(1)—F　(2)—T　(3)—F　(4)—F　(5)—T　(6)—F　(7)—T　(8)—F　(9)—T

◆全　訳◆

≪環境活動家の抗議活動の正当性≫

今週，気候変動活動家がイギリスの石油供給を混乱させた。彼らは深刻な選択に直面していると信じているからである。今非暴力的抵抗をするか，将来の気候変動の想像を超える暴力を経験するかの選択である。

「法律を破る必要があるのです」とジャスト・ストップ・オイルのメリッサ=カリントンは言う。「だからより大きな犯罪は犯してはいないのです」しかし，彼女は正しいのだろうか？

いわゆる自由民主主義国家の中では，私たちは法に従うという元来の義務がある。それは道徳的な義務であると同時に法的義務でもある。それは私たちが選んだ政府との暗黙の契約の一部であり，政府は見返りに正義を守ることを私たちに提供する。しかし，政府がその取引の遵守すべきものを守らない場合，何が生じるのだろうか？

さて数多くの政治思想家によると，私たちはいくつかの法律を平和的に，公に，そして原則的に破ることができるばかりでなく，もしかすると破ったほうがよいのだ。何を目指して？　正義が実際に要求していることに，政策のほうを合わせるために，である。

ヘンリー=デビッド=ソローは，それを市民的不服従と命名した。あなたもそうだとわかるほどの重要な社会契約思想家であるジョン=ロールズは，そのような不服従が長期にわたる，深刻な不正を問題にしているかぎり，社会的安定と正義にとってはそのほうがよいのかもしれないと考えていた。そして一体，人々を殺すような産業を支持するほどの不正義が果たして存在するのだろうか？

私たちはここである程度は論争したくなるだろう。人以外の生物を守るということになると政府が十分には進歩的ではないという理由に基づき，市民的不服従は道徳的に問題ないと言えるものなのだろうか？　動物が畜産農場で虐待されるのを政府が許している，あるいは種の 30 パーセントが気候変動危機により全滅してしまうのを政府が許しているという理由で。ピーター=シンガーのような思想家はそのように考えている。私たちの仲間である動物たちは，民主的意思決定に参加することはできないが，政治的配慮を受ける資格があると，彼らは言う。

それほどは論争の的にはならないことだが，別の人々は，政府は主に政府の力が及ぶ範囲内で生活している人々に責任があるが，その政府は他の人々に対しても基本的正義を負っていると指摘する。政府はそういった人々を脳炎やデング熱に罹らせてはならないし，餓死させてはいけないのだ。

もし私たちが政府が自国民に対して何をするべきであり，何をすべきでないかだけを考えるとしても，不服従の根拠が存在している。気候変動危機は，私たちの子供や孫を熱波，洪水，山火事，言い表せないほどの精神的苦痛の脅威にさらすことになる。化石燃料を支持することで，私たちの政府は未来全体を危険にさらすことになる。もしそれが重大な不正義でないとすれば，一体何がそのようなもの（不正義）なのか私にはわからない。

そして環境保護に関わる抵抗が存在する。全般に及ぶ混乱を通して注意を引きつけるより，環境保護活動家は直接，不正義を防ぐことを目指す。「これは手あたり次第道路の中央に座って邪魔するようなことではありません」と，ジャスト・ストップ・オイル抗議活動に加わり逮捕された15歳の活動家であるザックは言う。「政府に言うばかりでなく『我々は北海での新たな石油とガスの採掘をしないことを要求している』のであり，この抗議では生産の装置類を止めようとしているのです」

それはよりよいことなのだろうか？　より悪いことなのだろうか？　哲学者のテン=ヘルン=ライとチョン=ミン=リムは，一般市民よりも石油やガスの大企業を不便にさらすほうがより正当であると考えている。なぜなら彼らがその害をもたらしている当事者だからである。あるいはそれについてこのように考えてみよう。もし環境活動家たちが国家が石油や天然ガスを採掘することを防ぐことに集中するならば，他のことも行うかもしれない。つまり政府の行き過ぎに異議を唱えることである。

「哲学者によっては領土の権利が地下の天然資源にまで及ぶべきかどうか疑問視しています」とシェフィールド大学上級講師メーガン=ブロムフィールドは言う。「それは誰かがそのような資源をそこに置くために何かをしたといったことではないからです。そしてその資源が乏しいか，あるいはその使用が他の人々を損ねかねない場所では，国家がそれに関してしたいことをする資格を疑問視するさらに別の道理が存在しています」

もちろん，疑問はまだ残る。この大規模な法律違反は最後の手段なのだろうか？　どうもそのようである。気候変動に関する政府間パネルは32

年前から警告を発し続けているのだが，国々の温室効果ガス排出削減の公約は地球温暖化を1.5度に制限するには足りていない。実際の政策では2100年までに恐ろしいことだが2.7度の上昇の道をたどってしまい，イギリスはその正当な分担を担う徴候を示していない。

そしてそれでうまくいくのだろうか？ もしその数が正しければそうかもしれない。「私たちは大規模な変化が達成される方法は，女性参政権運動や公民権運動のような大規模な社会的運動を通してであることを，歴史を通してわかっています」とザックは言う。

戦略を多様化させることは筋が通っている。まさに実力行使だけは誰をも排除せず，逮捕の危険を犯すことは，すでに警察の脅威を受ける側にいる人々ではなく相対的に特権を有する者たちにのみ実行可能な戦略である。また，成功する活動は，ロビー活動や投票に始まりストライキや正に市民的不服従までの一連の方法を利用するという証拠がある。

しかし，社会科学者であるマリア=ステファンとエリカ=チェノウェスは1900年から2006年の間の大きな抵抗運動を研究し，非暴力的なものは半数以上が成功したことがわかった（ところで，暴力的なものと比較するなら2倍以上になる）。成功への鍵は何か？ いわゆる「3.5パーセント法則」である。なぜならそれは，関与する必要がある人口割合だからである。

そしてここに他に心に留めておくべきことがある。これらの運動はまた参加に関わる不正義に異議を唱える。そのような不正義では，最も危機的な人々が意思決定から除外されているのである。多くの気候変動抗議者は年齢が若すぎるために投票できない。彼らは自分たちの将来を決定する際，声（意見）が否定されている。一方，政治家たちは気候変動懐疑者や化石燃料大企業から多額の金額に相当する贈り物を受け取っている。市民的不服従を含め，抗議者たちは実力行使を通し自らの声を聞いてもらうことを要求しているのだ。

私たちがより以前の時代を画する社会的運動を振り返るように，未来の世代の人々がこの時代を振り返るとき，彼らは誰が正義と民主主義に対してより敬意を示したのかと問うだろう。私たちの非常に多くが混乱をもたらしていると思ってしまう活動家たちなのか，あるいは彼らが改革しようとしている政府だろうか。彼らの返答がどうなるか私たちにはわかると私は思っている。

◀解　説▶

1．(あ) wipe out ～「～を全滅させる，～を一掃する」 30％ of species が主語なので be wiped out になる。

(い) starve *A* to death「*A* を餓死させる」 to は「結果」を表す。

(う) to strikes and … の前置詞 to に注目する。from *A* to *B*「*A* から *B* まで，*A* に始まり *B* に至る」

(え) bear *A* in mind「*A* を心に留める，*A* を覚えておく」

2．(a) pivotal「中心的な，重要な」に最も意味が近いのは key「重要な，鍵となる」である。1．attractive「魅力的な」 2．difficult「困難な」 3．irrelevant「関係がない」

(b) controversial「論争の的となる，論争好きな」に最も意味が近いのは provocative「刺激的な，物議をかもす」である。1．easy「容易な」 2．equal「平等な」 3．insecure「不安定な」

(c) scarce「乏しい，まれな」に最も意味が近いのは limited「限定された，乏しい，制限された」である。1．abundant「豊富な」 2．available「利用できる」 4．vague「曖昧な」

(d) resort「①頼ること，訴えること，手段　②行楽地」 ここでは①の意味であり，option「選択（肢）」と置き換えても大意は変わらない。1．location「場所」 2．occasion「場合，出来事」 4．punishment「罰」

3．(A) when it comes to *doing*「～するということとなると」 空欄後の第6段第3文（Because they allow …）で，政府により動物が虐待されていることが理由として示されているので protecting（protect「～を保護する」）が適切。

(B) *A* isn't like *doing*「*A* は～するといったようなものではない」 like は前置詞。直前の第9段第2文（Rather than grabbing …）で，環境活動家の目的は全般的混乱ではなく直接的に不正を防ぐことだ，と述べられている。したがって熟語的表現の sit in the middle of（random）roads「（無作為的に）邪魔をする」が適切。

(C) It makes sense to *do*「～するのは筋が通る」 make sense「意味が通じる，筋が通る，理解できる」 第13段で，大規模な社会的運動によってしか変革が達成できないという歴史的事実が示されている。社会的運動とは様々な戦略をとるものである。

(D) S found that S V.「Sは～だとわかった」 主語は social scientist Maria Stephan and Erica Chenoweth である。

4．(ア)第8段第2文（The climate crisis …）に不服従活動をする根拠が示されているので，grounds（ground「①地面，土地　②理由，根拠」）が適切。ここでは②の意味。

(イ)空欄を含む because 以下の文の主語 they は oil and gas giants を指しており，石油やガスの巨大企業は地球温暖化を引き起こす当事者なので，harm「害，被害」が適切。(3) equity「公正，公平」

(ウ)第16段第3文（Many climate protesters …）に，多くの気候変動抗議者は年齢的に選挙権が与えられていないことが示されているので，are excluded from ～「～から除外されている」が適切。(2) are incorporated into ～「～に組み込まれている」 (3) are participating in ～「～に参加している」 (4) are reduced from ～「～から削減されている」

5．まず下線部直後の because 以下に述べられている内容を整理する。get involved「関わる，関与する」 次に rule「規則」ということなので，直前の文の success が非暴力的抵抗運動の成功であることを示し全体をまとめる。

6．(1)「不服従は国の規則に従うことの見返りに政府からもらう報酬のことである」 disobedience は「不従順，反抗，違反」を意味する。本文では第4・5段より disobedience は「法律に従わないこと，法律違反」を暗に示している。よって内容に一致しない。

(2)「市民的不服従のような実力行使を伴う法律違反は変えられるべき政策分野を強調するのに役立つ」 第4段第2・3文（The aim? … justice actually requires.）および第5段第2文（John Rawls, as …）より内容に一致。

(3)「市民的不服従は今までに成功した実力行使の方法ではない」 第13段最終文（“We’ve seen through …）より内容に一致しない。

(4)やや難。「市民的不服従といった実力行使は，大人に比べると抗議する特権を有しているから十代の若者にとって惹かれるものがある」 若者が市民的不服従活動に惹かれるのは，第16段第3～5文（Many climate protesters … to be heard.）より，選挙権が与えられていない若者は不服従を実際に示すことで意見を聞いてもらう必要があるからであって，抗議する特権を有しているからではない。よって内容に一致していない。ここでは抗議する特権を持っているのは選挙権のある大人である。

(5)「気候変動に疑念を抱く人々は，意見を聞いてもらうために政治家に金銭を与えるかもしれない」 第16段第4文（They are denied …）より内容に一致。

(6)「動物は投票することはできないが，市民的不服従に関わることはできる」 第6段最終文（Our fellow animals …）に「動物は民主的意思決定には参加できない（選挙権はない）が，政治的考慮をされる資格はある」と記されてはいるが，それは市民的不服従に参加できるという意味ではない。市民的不服従はあくまで人間の活動であるので不一致。

(7)やや難。「石油に対する抗議者を逮捕することにより，政府は大企業を過度に支持していることが暴露されるかもしれない」 まず第8段第3文（By supporting the …）より，政府が石油産業を支持しているのは事実であることがわかる。これは未来の世代を危険にさらす行為である。つまり，活動家にとっては，石油採掘を阻止する行為は正義であることになる。抗議者を逮捕するという行動をとれば，本来，正義を保護しなければならない政府（第3段第3文〈It's part of …〉より）が，正義よりも企業を優先しているということになり，そのような政府の姿勢が暴露されることになる。よって内容に一致していると推定できる。

(8)「研究では非暴力的抗議は暴力的抗議と比べ半分の効果であることを示してきた」 第15段第1・2文（But social scientists … the violent ones.）より内容に一致しない。

(9)「その活動は妨害行為となるかもしれないが，政府の行動は私たちの生活をもっと混乱させる可能性がある」 まず第1・2段の記述より「政府の行動」という点以外は内容に一致すると推定できる。政府に関しては第3段最終文（But what happens …）の「政府がその取引の遵守すべきものを守らない場合，何が生じるのだろうか？」という問いに，第8段や第12段で政府の行動により将来が危うくなるようなことがほのめかされている。よって，全体として内容に一致している。

III 解答

(1)—C (2)—A (3)—C (4)—D (5)—A (6)—A
(7)—C (8)—D (9)—A (10)—D (11)—B (12)—A
(13)—D (14)—D (15)—C

◆全 訳◆

≪映画「ボーイフッド」より父親と子供の会話≫

映画「ボーイフッド」(2014年) からのこの場面は2004年のことである。メイソンとサマンサという2人の少年少女が父親と話をしている。彼らの両親は離婚しており彼らは母親と生活している。したがって，彼らは父親とはそれほど会っていない。彼らは，ジョン=ケリーがジョージ=W.ブッシュと争っていた2004年のアメリカ大統領選について，また，父親がアラスカで生活していた頃について話をしている。

父親　　：メイソン，今度の秋は誰に投票するつもりだい？

メイソン：わからないよ。

サマンサ：彼は投票できないわ。18歳ではないもの。

父親　　：ああ，そうだな。もし投票できるなら誰に投票する？

メイソン：ジョン=ケリーかな？

父親　　：ブッシュ以外なら誰でもいい！　そうかな？

サマンサ：お父さん，家に帰ってくるつもりなの？

父親　　：ああ，そうするつもりだ。つまり，仕事を見つけなければいけないんだ。

メイソン：お父さんとお母さんはまた一緒になるの？

父親　　：わからないな。それは私次第というわけではないだろう？

サマンサ：私が6歳だったときを覚えているわ。お父さんとお母さんは狂ったようにけんかしていたわ。お父さんは大声で叫んで，お母さんは泣いていたわ。

父親　　：それがおまえが覚えていることなんだね？

サマンサ：そうよ。

父親　　：海辺に旅行に行ったり，キャンプに行ったり，私たちがした楽しかったことすべてを覚えていないのかな？

サマンサ：覚えてないわ。

父親　　：おまえはお母さんのことを怒ることはあるかい？

サマンサ：あるわ。

父親　　：おまえは弟のことを怒ることはあるかい？
サマンサ：あるわ。
父親　　：そうか。彼に大声を出すことは？
サマンサ：ええ，あるわ。
父親　　：そうか。だからといって彼を愛していないというわけではないだろう？
サマンサ：うーん…。
父親　　：いいかい，大人になると同じことが起きるんだよ，わかるかい？　つまり，他の人に怒ってしまう。それは大したことではないんだ。
メイソン：アラスカでは何をしていたの？　仕事はしていたの？
父親　　：しばらくの間はボートに乗って仕事をしていたよ。少し曲も作っていた。
メイソン：シロクマを見たことあるの？
父親　　：ないけど，コディアックベアは見たよ。ものすごく大きかったよ。
メイソン：すごいね。
父親　　：君たちは私と前よりずっと会えるようになるよ。いいかい？　私はここにいない間，君たち 2 人に会いたくて仕方なかった。いいね？　君たちにはそのことをわかってもらいたいんだ。私はただ自分だけの時間が必要だったんだ。
サマンサ：ああ，お父さん！　バスケットボールの写真を見せるのを忘れていたわ。
父親　　：君はバスケットボールチームに入っているの？
サマンサ：そうなの！
父親　　：わあ！　すごいね！　得点を入れているのかい？
サマンサ：そうね，大体 1 試合で 8 点とか 10 点程度ね。
父親　　：8 点とか 10 点？　それはすごいね！
メイソン：一度無得点だったんだけど，泣いていたよ。
父親　　：君が泣いたって？
サマンサ：そうね，ちょっとだけだけど。

◀解　説▶

⑴助動詞 would の存在より，仮定法過去（If S V〈過去形〉, S would *do*「もし～すれば，…するだろう」）であることがわかるので，could が適切。

⑵ move back home「家（故郷，自国）に戻る」 back，home ともに副詞。

⑶ be up to ～「～（人）の責任で，～次第で」

⑷ and の前が過去進行形になっていることに留意し，crying が適切。

⑸会話の流れより過去の経験であることがわかるので，had が適切。

⑹ yell at ～「～めがけて叫ぶ」

⑺会話の流れより，怒ったり叫んだりするときと同じ現在の心境なので，現在形 don't love が適切。

⑻まず文法的にA，Cは除外。主語が the same thing であることと内容は過去のことではなく現在の事実なので現在形 happens が適切。

⑼ It's not a big deal.「大したことではない」 口語表現。

⑽会話の流れより過去の話であり，were があるので過去進行形となり working が適切。

⑾ for a while「しばらくの間」

⑿ tried to *do*「～しようとした」 困難を含意している。

⒀ take some time「時間を必要とする」 物語の流れを想像すると，離婚した両親がよりを戻すかどうかという文脈なので，離れてアラスカに住んでいた時間については「自分のためにも時間をおく必要があった」「自分だけの時間が必要だった」と考えているという流れ。

⒁ point「得点」は可算名詞なので複数形。この会話では You are scoring … の are が脱落している。

⒂ a little bit「ほんの少し」 全体で名詞的もしくは副詞的に使う。

❖講　評

2023年度は大問の出題数が全部で3題，内訳は読解問題2題，会話文問題1題である。

I は，夫婦間での家事の分担のあり方と幸福度の関係性に関する文章である。share と divide の単語イメージが混乱しないように注意したい。

設問は同意表現，空所補充，語句整序，内容説明，内容真偽，主題など総合的英語力を問う形式である。

Ⅱは，一般的な視点からだと許容しにくい環境活動家の抗議活動に対し，その活動の妥当性を論じる文章からの出題で，かなり哲学的な内容である。設問に関してはⅠと同様に総合力を問う形式だが，内容真偽が問われる6の(4)・(7)は判定がやや難しい。

Ⅲは出典が映画のスクリプトである会話文問題である。基本文法，熟語の知識が問われている。

日本史

I　解答

問1．神道　問2．本居宣長　問3．万国公法
問4．安愚楽鍋　問5．政体書　問6．文字
問7．言語
問8．国学では，外来語の中国語が日本語より優れた言語と考える儒学の発想とは異なり，日本語の価値と文法法則を重視した。西周は表音文字のアルファベットが日本語に近いと考え，文法法則を理解した上で日本語のローマ字表記を提案した。文法解明に基づき日本語の文明化を目指す点において，西周の価値観は国学と共通していた。(150字以内)

◀解　説▶

≪近世後期～近代初期の言語と思想≫

問1．史料Aの歌をよんだ橘曙覧という人物は，鈴屋大人（本居宣長）の考えに影響を受けていると考えれば，国学を学んでいると推測できる。（注2）を見ると橘曙覧は江戸時代末期の人物であり，この時期の国学が復古神道を創始した平田篤胤の影響で宗教色を強めていると考えれば，「神の教へ」とは神道を指すとわかる。

問3．軍人勅諭の起草で知られる人物とは西周である。西周はオランダに留学して国際法を学び，1868年に『万国公法』を翻訳・刊行した。

問5．アメリカ合衆国憲法を参考にしつつ，政治の基本的組織を規定した法は政体書である。太政官を復活して権力を集中し，三権分立制や官吏公選制を規定した。

問6．空欄1が含まれる文の次の文は，「そもそもわが国の文字は，古代の偉大な王が中国から取り入れたのが始まりで，その頃は，文献もみな中国から取り入れた。いまや世の中の変化に遭遇して，文献はすでにヨーロッパから取り入れるようになったのだから，文字もまたヨーロッパのものを取り入れないわけにはいかないだろう」という意味であり，この内容から空欄には「文字」が入ると判断する。

問7．空欄2が含まれる文の前の文は，「人民の言語は天性に基づくものであり，言語は風土・寒暖・人種に由来し，これらが組み合わさって生じ

るものであって，決して変更できない」という意味であり，この内容から空欄には「言語」が入ると判断する。

問８．史料Ａと史料Ｂの価値観に共通点を見出すことが求められている。史料Ａの橘曙覧の歌には国学の影響が見てとれる。問６・問７で確認したように史料Ｂは文字と言語について述べているので，国学における文字と言語の認識について考える。中国語は他の言語とは異なる文明的な言語と考える儒学の発想に対し，本居宣長は日本語の中に文法法則を発見した。史料Ｂは『明六雑誌』第一号の巻頭を飾った西周の論文で，「洋字ヲ以テ国語ヲ書スルノ論」という題である。日本語の文章をすべてローマ字で表記すべきと提案しており，現代人には浅薄な主張と思われることがあるが，西周の発想には江戸時代からの言語論の蓄積が反映されている。ヨーロッパの文明の根本には精密な言語の存在があると考え，言語の文法法則を解明・理解しようとした。その結果，オランダ語は表音文字を使用し，語形変化が存在する点では，中国語よりも日本語に近いと認識した。西周はこのような認識の下に，西洋語モデルの文法の構築によって，日本語の文明化を目指した。

以上の内容から，史料Ａと史料Ｂの価値観の共通点を見出して 150 字以内でまとめる。史料Ａを理解するためには国学の考え方をしっかり認識できていなければならず，史料Ｂは読解して西周の主張を理解しなければならないので，かなりの難問と言えるだろう。

Ⅱ　解答

問１．Ｄ　問２．Ｄ　問３．Ｃ　問４．Ｄ　問５．Ｂ
問６．Ａ　問７．Ｄ　問８．Ｅ　問９．（設問省略）
問10．Ｅ

◀解　説▶

≪江戸時代の幕政改革と社会の変容≫

問１．Ｄ．正文。田畑の面積は，江戸時代初めは 164 万町歩であったが，18 世紀初めには 297 万町歩にまで増えていた。

Ａ．誤文。千石簁は選別用の農具である。脱穀用の農具としては千歯扱が考案された。

Ｂ．誤文。干鰯・〆粕・ぬかなどは金肥として普及した。

Ｃ．誤文。19 世紀に入ると地域の実情に応じた農書が多数つくられ，その時期に大蔵永常の『広益国産考』も刊行された。

E．誤文。農事試験場を設けて稲などの品種改良を進めたのは明治時代である。

問 2．D．正文。河村瑞賢が 17 世紀後半に東廻り海運・西廻り海運を整備し，江戸と大坂を中心とする全国規模の海上交通網を完成させた。

A．誤文。五街道は道中奉行が管理した。

B．誤文。乗合馬車が発達したのは幕末～明治期。

C．誤文。民間営業の飛脚は町飛脚であり，継飛脚は幕府公用の飛脚である。

E．誤文。速力があり安運賃の樽廻船が，近世後期に菱垣廻船を圧倒するようになった。

問 3．C．正文。紀伊国屋文左衛門は紀伊国熊野出身の豪商で，紀伊国のみかんを江戸へ回送して利益をあげ，明暦の大火の際には木曽の材木を買い占めるなどして材木商として財をなした。

A．誤文。二十四組問屋は大坂の荷積問屋の仲間である。

B．誤文。越後屋呉服店は三井高利が江戸に開いた呉服店である。

D．誤文。労働者が 1 カ所に集まり，分業に基づく協業で手工業生産を行う仕組みは，工場制手工業と呼ばれる。

E．誤文。雑喉場の魚市場，天満の青物市場などが有名である。

問 4．D．正文。享保の改革で実施された足高の制の説明である。徳川吉宗は足高の制によって人材登用と支出抑制を図った。

A．誤文。徳川吉宗は，綱吉・家宣・家継 3 代にわたって続いた側用人政治から，幕府本来のあり方である老中政治に戻す姿勢を示した。

B．誤文。実学奨励の立場から，キリスト教関係以外の漢訳洋書の輸入制限をゆるめた。

C．誤文。公事方御定書を編纂して裁判や刑罰の基準を定めた。

E．誤文。上げ米では石高 1 万石につき 100 石を上納させた。

問 5．B．正文。嘉助騒動は 1686 年に信濃松本藩で 224 カ村が参加した一揆である。元文一揆は 1738 年に陸奥磐城平藩領内で起こった全藩一揆である。

A．誤文。百姓一揆の発生件数は 19 世紀にピークを迎える。

C．誤文。村々の代表者が百姓の利害を代表して領主に直訴する一揆は，代表越訴型一揆と呼ばれる。

D．誤文。合法的な農民の訴願闘争は，国訴と呼ばれる。

E．誤文。磔茂左衛門一揆は，代表越訴型一揆の例である。

問6．A．正文。荷田春満は国学の先駆者であり，『万葉集』や記紀を研究して古道の解明を試みた。また，『創学校啓』を著し，国学の学校創設の必要性を幕府に建議している。

B．誤文。賀茂真淵は『国意考』『万葉考』などを著した。『万葉集註釈』は鎌倉時代に仙覚が著した。

C．誤文。『源氏物語湖月抄』を著したのは北村季吟である。

D．誤文。塙保己一は『群書類従』を編纂した。『類聚国史』は菅原道真が六国史を分類し，年代順に再編集したものである。

E．誤文。『比古婆衣』を著したのは伴信友である。

問7．D．正文。寛政の改革の時期に，石川島に人足寄場をつくって無宿人を収容した。1790年に，火付盗賊改の長谷川平蔵の建議により設置されている。

A．誤文。閑院宮家の創設は，新井白石・間部詮房を中心とする正徳の治の時期に認められた。

B．誤文。印旛沼・手賀沼の干拓による新田開発政策は，田沼政治の時期に計画された。

C．誤文。長崎貿易の額は，正徳の治の時期に海舶互市新例が出されたことで制限された。

E．誤文。最上徳内を蝦夷地に派遣したのは，田沼政治の時期である。

問8．E．正文。朝鮮通信使との国書の交換は，最後となった12回目の使節（1811年）のときのみ対馬で行われ，それ以外は江戸で行われた。

A．誤文。イギリスの軍艦フェートン号はオランダ船を捕獲するために長崎湾内に侵入した。

B．誤文。ビッドルは浦賀に来航した。

C．誤文。19世紀前半に幕府が治安維持を強化するために設けたのは関東取締出役である。蕃書調所は洋学教育研究機関である。

D．誤文。貧民救済を目指して大坂で武装蜂起したのは陽明学者の大塩平八郎である。国学者の生田万は越後国柏崎で蜂起した。

III　解答　問1．D（Bも可）※　問2．A　問3．D　問4．B
問5．C　問6．A　問7．B　問8．A　問9．C
問10．A

※問1については，正解が複数存在することから，正解を複数とする措置が取られたことが大学から公表されている。

◀解　説▶

≪大正～昭和初期の日本の外交≫

問1．D．正文。日英同盟では，日本が清と韓国にもつ利益と，イギリスが清にもつ利益を相互に承認した。

B．正文。一方が他の一国（ロシアを想定）と交戦した場合には他方は中立を守ることが定められたが，第三国がその他国の側に立って介入したときは参戦する，という内容であった。

A．誤文。ロシアの南下策に対抗する目的があった。

C．誤文。日本政府内ではロシアとの満韓交換を交渉で行おうとする日露協商論があった。

E．誤文。日露戦争後，日露協約によって日露両国の満州および内蒙古における勢力圏が確認された。

問2．A．正解。日本農民組合は 1922 年に賀川豊彦・杉山元治郎らが創立した。

B．誤り。黎明会は吉野作造らの提唱で発足した。

C．誤り。日本共産党は堺利彦・山川均らが非合法に結成した。

D．誤り。幸徳秋水らが社会民主党を結成したのは 1901 年であり，明治時代である。

E．誤り。青鞜社は平塚らいてうを中心に結成された。

問3．D．正文。国際労働機関（ILO）は，労働者保護のための社会政策を提言するため，ヴェルサイユ条約の規定に基づいて 1919 年に発足した。

A．誤文。会議で日本が人種差別撤廃案を主張したが，条約案に入らなかった。

B．誤文。ベルギーは 1830 年に独立を達成している。

C．誤文。日本への譲渡が取り決められたのは山東省の旧ドイツ権益である。

E．誤文。中国はヴェルサイユ条約の調印を拒否した。

問5．C．正解。1917年にアメリカと日本との間で石井・ランシング協定が結ばれ，中国における日本の特殊権益をアメリカが認めるかわりに，日本は中国における領土保全・門戸開放の原則を受け入れた。

問6．A．正文。原敬内閣が朝鮮総督と台湾総督について文官の就任を認める官制改正を行い，朝鮮総督には海軍軍人の斎藤実が，台湾総督には文官の田健治郎が任命された。また，朝鮮における憲兵警察を廃止した。

B．誤文。義兵運動が本格化するのは1907年の第3次日韓協約後であり，明治時代である。

C．誤文。義和団事件が起きたのは1900年であり，明治時代である。

D．誤文。東学の信徒を中心とする農民反乱（甲午農民戦争）が起きたのは1894年であり，明治時代である。

E．誤文。在華紡のストライキを発端として始まったのは1925年の五・三〇事件である。

問7．B．正文。ワシントン会議の場を借りて，英米の仲介に基づいて日中間の交渉が行われ，山東半島の旧ドイツ権益を中国へ返還する条約が結ばれた。

A．誤文。四カ国条約は米・英・日・仏の間で結ばれた。

C．誤文。四カ国条約により日英同盟協約の終了が同意された。

D．誤文。ワシントン海軍軍縮条約により，日本の主力艦の保有量は対米6割に制限された。

E．誤文。ワシントン会議には加藤友三郎・幣原喜重郎らが全権として派遣された。西園寺公望・牧野伸顕らが全権として派遣されたのはパリ講和会議である。

問8．A．正文。小山内薫・土方与志は1924年に築地小劇場を創設した。「演劇の実験室」として国内外の戯曲を上演し，新劇運動の拠点となった。

B．誤文。大学令の制定により，単科大学や公立・私立大学の設置が認められた。

C．誤文。政治評論中心の大新聞は明治時代初期に相次いで創刊され，自由民権運動に影響を与えた。

D．誤文。西田幾多郎は『善の研究』において，東洋の伝統的思考をもとに西洋哲学を再検討した。マルクス主義が知識人へ与えた影響としては，河上肇の『貧乏物語』が代表的な例である。

E．誤文。『赤い鳥』は児童雑誌である。プロレタリア文学運動の機関誌としては『種蒔く人』がある。

問 9．C．正文。蔣介石率いる国民革命軍が北伐を開始したのは 1926 年である。

A．誤文。北京郊外の盧溝橋で日中両国軍が衝突したのは 1937 年である。

B．誤文。張作霖は中国国民党ではなく，北方軍閥の巨頭である。

D．誤文。関東軍が柳条湖で南満州鉄道の線路を爆破したのは 1931 年である。

E．誤文。中国国民党を結成したのは袁世凱ではなく，孫文である。

問 10．A．正文。1932 年の血盟団事件によって，前蔵相の井上準之助，三井合名理事長の団琢磨が暗殺された。

B．誤文。五・一五事件では犬養毅首相が射殺された。

C．誤文。二・二六事件では皇道派の青年将校たちが首相官邸や警視庁などを襲った。

D．誤文。浜口雄幸首相を狙撃したのは佐郷屋留雄である。

E．誤文。原敬首相を暗殺したのは中岡艮一である。

Ⅳ　解答

問 1．C　問 2．D　問 3．E　問 4．A　問 5．D
問 6．C　問 7．A　問 8．C　問 9．B　問 10．E

◀解　説▶

≪明治維新期と高度経済成長期の社会変動≫

問 1．C．正文。屯田兵は北海道の警備・開拓にあたった農兵である。黒田清隆の建議で 1874 年に制定され，士族授産を兼ねて初めは東北諸藩の困窮士族を移住させた。

A．誤文。徴兵令により満 20 歳以上の男性に兵役の義務を課したが，多くの免役規定があったので，実際に兵役に服したのは貧農の次男以下が多かった。

B．誤文。1871 年に解放令が公布され，えた・非人の呼称を廃止して，身分・職業を平民同様とした。

D．誤文。平民について，苗字を許し，居住・職業・通婚の自由を認めた。

E．誤文。商業に従事した士族の多くは「士族の商法」と言われ失敗した。

問 2．D．正文。アメリカの動物学者であるモースは 1877 年に来日し，ダーウィンの進化論を紹介し，大森貝塚を発見したことなどで知られる。

A．誤文。イギリス人建築家のコンドルは，鹿鳴館・ニコライ堂などの設計で知られる。上野恩賜公園や日比谷公園には関わっていない。

B．誤文。アメリカの科学者・教育者であったクラークは，札幌農学校の教頭となり，キリスト教精神に基づく教育で学生に影響を与えた。労務管理などは指導していない。

C．誤文。アメリカの教育者・宣教師であったジェーンズは，熊本洋学校の教頭となり，キリスト教精神に基づく教育で学生に影響を与えた。

E．誤文。ドイツ人医師のホフマンは，大学東校（のちに東京医学校と改称）の医学教師として招かれて来日し，内科を担当した。

問３．E．正文。1882 年に福地源一郎らによって結成された立憲帝政党は，保守層を基盤とし政府の保護を得たが，支持を拡大させることはできず，1883 年に解党した。

A．誤文。征韓党などが江藤新平を擁して佐賀の乱を起こした。

B．誤文。1882 年に政府は板垣退助を洋行させて穏健化しようと工作し，三井から費用を出させて板垣と後藤象二郎を洋行させた。この時期の板垣は福島事件や秩父事件を直接指導するような行動はとっていない。

C．誤文。立憲改進党を組織したのは大隈重信である。

D．誤文。ルソーの『社会契約論』を翻訳したのは中江兆民である。

問４．A．正文。第一次護憲運動から男性普通選挙制の成立までの時期は大正時代であり，北里柴三郎が北里研究所を設立したのも大正時代である。

B．誤文。火野葦平は日中戦争に従軍し，『麦と兵隊』を執筆した。

C．誤文。与謝野晶子の「君死にたまふこと勿れ」は日露戦争に反対する詩である。

D．誤文。徳冨蘆花の『不如帰』は明治時代の小説である。

E．誤文。新島襄が京都で同志社英学校を設立したのは明治時代初期である。

問６．C．正解。紡績業では，大阪紡績会社の成功後，中国・インド・アメリカからの輸入綿花への依存を強めつつ綿糸生産が伸び続けた。製糸業は開港後に最大の輸出産業として成長し，フランス・アメリカなどへの輸出が伸び続けた。特に，日露戦争後はアメリカ向け輸出が伸び，1909 年に清を追い越して日本が世界最大の生糸輸出国となった。

問7．A．正文。八幡製鉄と富士製鉄が合併して新日本製鉄が誕生したのは1970年であり，高度経済成長の時期にあたる。

B．誤文。都市の住宅難は解消されずアパートが増加したが，不足を補うために郊外に団地・ニュータウンが建設されていった。

C．誤文。産業構造が高度化したことにより，農業などの第一次産業の比率は下がった。

D．誤文。日本経済は復興から技術革新による経済成長へと舵を切り，技術革新は中小企業にも波及した。

E．誤文。エネルギー源として安価な輸入石油が主流を占めるようになり，発電は火力が主体であった。

問8．C．正文。野口遵は日本窒素肥料会社を中心に，新興財閥である日窒コンツェルンを形成した。朝鮮の水力発電開発・化学工業開発などを行った。

A．誤文。鮎川義介は日本産業会社を中心に，新興財閥である日産コンツェルンを形成した。満州で重化学工業開発などを行った。

B．誤文。森矗昶は昭和肥料会社より出発し，森興業を中心に森コンツェルンを形成した。1939年に昭和電工を設立している。

D．誤文。安田善次郎は安田財閥を形成した。安田善次郎が経営の一線から退いた後，婿養子の安田善三郎が財閥を指導した。

E．誤文。大河内正敏が理化学研究所の基礎研究を応用し，理研コンツェルンを形成した。

問9．B．正文。安価な原油の安定的な供給は高度経済成長を支えていたが，石油危機を契機にエネルギーにおける石油の比率が低下し，天然ガスや原子力発電の比重が高まった。

A．誤文。湯川秀樹はノーベル物理学賞を受賞した。

C．誤文。1955年に日米原子力協定を締結し，アメリカからの濃縮ウラン受け入れを決定しているが，ソ連とは同様の協定を締結していない。

D．誤文。民主党の菅直人内閣のときに東日本大震災と東京電力福島第一原子力発電所事故が起こり，その対応などをめぐって菅内閣は政権運営に行き詰まった。

E．誤文。1963年，茨城県東海村の日本原子力研究所で日本初の原子力発電に成功した。

問10．Ｅ．正解。京都議定書の採択は1997年であり，第２次橋本龍太郎内閣の時期である。消費税は竹下登内閣によって税率３％で実施され，第２次橋本龍太郎内閣が税率５％実施，第２次安倍晋三内閣が税率８％実施，第４次安倍晋三内閣が税率10％実施と推移している。

❖講　評

大問数は４題であった。2021年度は大問５題であったが，2022年度以降は大問４題に戻っている。解答個数は2022年度と変わらず38問だった。選択問題が30問，記述問題が７問，論述問題が１問となっている。2022年度は年代配列問題が１問出題されたが，2023年度は出題されなかった。文章選択問題は例年通りすべて正文選択問題であった。

難易度はやや難化した。Ｉの史料読解と論述問題は時間がかかった受験生が多かっただろう。

Ｉが近世～近代の文化，Ⅱが近世の政治・社会経済，Ⅲが近代の外交・政治，Ⅳが近現代の社会経済・政治・文化となっている。時代別では，近現代の割合が大きい。2022・2023年度は古代からの出題がなく，2023年度は中世からの出題もなかったが，2021年度は出題されているので，全時代の学習をしっかりしておきたい。分野別では，政治史・外交史・社会経済史・文化史から幅広く出題されている。

Ｉは「独楽吟」『明六雑誌』という２つの史料を読んで，文字や言葉に関する設問に答えることが求められた。問６・問７と問８の論述問題は，２つの史料を読解し，理解していなければ解答できない。特に史料Ｂの『明六雑誌』は読解に時間がかかっただろう。

Ⅱは江戸時代の幕政の改革と社会の変容について出題された。問３の紀伊国屋文左衛門，問５の嘉助騒動・元文一揆はやや詳細な知識だが，消去法で解答は可能である。

Ⅲは大正～昭和初期の日本の外交をテーマとして出題された。問３では選択肢の中に世界史の知識を必要とするものがあった。

Ⅳは明治維新期と高度経済成長期の社会変動をテーマとして出題された。問２ではやや詳細な知識がなければ判断が難しいものが選択肢の中にあった。

一部の選択問題では詳細な内容が問われる場合があるが，問題の多くは教科書の内容を基礎として出題されている。教科書の範囲内で解ける問題を取りこぼさないように学習することを心がけたい。

世界史

I 解答

ア．ダレイオス1世　イ．テーベ
ウ．ユスティニアヌス1世（大帝）　エ．クリミア
オ．ベルリン
設問1．B　設問2．C　設問3．B　設問4．D　設問5．D

◀解　説▶

≪帝国への野望と挫折の歴史≫

イ．テーベはギリシア中部に位置するポリスで，レオクトラの戦い（前371年）でスパルタを破り，一時ギリシアの覇権を握った。その後，アテネと結び，マケドニア国王フィリッポス2世とのカイロネイアの戦いに臨んだが敗北した（前338年）。

ウ．ユスティニアヌス1世（位527～565年）はヴァンダル王国・東ゴート王国を滅ぼして地中海沿岸一帯を回復する一方，内政面では『ローマ法大全』の編纂やハギア=ソフィア聖堂の建立のほか，養蚕技術の導入によって絹織物業の基礎を確立するなど，ビザンツ帝国の盛期を築いた。

オ．ロシア=トルコ（露土）戦争（1877～78年）の講和条約であるサン=ステファノ条約でロシアが南下政策を実現させるとイギリス・オーストリアが反発し，国際危機が高まった。そこで，ドイツのビスマルクが「誠実な仲買人（公正な仲介人）」と称してベルリン会議を開催し，サン=ステファノ条約は破棄され，新たにベルリン条約が結ばれた（1878年）。

設問1．A．誤文。アッティカ地方に建設され，前6世紀初頭にソロンの改革が行われたのはアテネ。スパルタはペロポネソス半島南部に位置するポリスである。

C．誤文。アテネは前5世紀中頃，ペリクレスの指導のもとで民主政を完成させた。ペイシストラトスは前6世紀の僭主。

D．誤文。ヘロドトスの『歴史』はペルシア戦争（前500～前449年）を主題とした物語的な歴史書。ペロポネソス戦争（前431～前404年）を史料批判に基づいて叙述したのはトゥキディデスの『歴史』である。

設問2．A．誤文。徴税請負人として富を蓄積した新興の富裕市民は騎士

（エクイテス）。パトリキは血統を誇る貴族である。

B．誤文。前367年，公有地の占有を制限する法律を提案・可決したのは護民官のリキニウスとセクスティウス（リキニウス=セクスティウス法）。ティベリウス=グラックスは公有地を制限して自作農の復活を企図したグラックス兄弟の兄で，前133年，護民官として改革を試みたが元老院の保守派に暗殺された。

D．誤文。ローマの地中海制覇を完成させ，元老院からアウグストゥスの称号を与えられたのはカエサルの養子オクタウィアヌスである（前27年）。

設問3．A．誤文。アレクサンドル2世（位1855～81年）は1861年に農奴解放令を発して農奴に人格的自由を認めたが，土地分与は有償であった。

C．誤文。「ナロードニキ（人民主義者）」運動はツァーリズムや農奴制を批判した知識人階級（インテリゲンツィア）によって組織された。

D．誤文。デカブリストの乱（1825年）を鎮圧し，ポーランドを抑圧するなど反動政治を展開したのはニコライ1世（位1825～55年）。

設問4．D．康熙帝は1883年，反清運動を展開する鄭氏一族を降伏させ，台湾を征服した。

設問5．A．誤文。第一次世界大戦において，第2インターナショナルに参加する各国社会主義政党は自国の戦争政策を支持した。

B．誤文。フランスが西アフリカ・サハラ地域と連結させようとしたのはジブチ。

C．誤文。1932年11月の総選挙でナチ党は第1党となったが，過半数の議席を獲得していない。

Ⅱ　解答

ア．ファーティマ　イ．アズハル学院

設問1．B　設問2．A　設問3．B　設問4．C　設問5．C　設問6．D　設問7．イブン=ルシュド〔アヴェロエス〕

設問8．ダウ船

◀解　説▶

≪中世の地中海世界≫

ア．ファーティマ朝（909～1171年）はシーア派の1分派イスマーイール派が北アフリカに建てた王朝で，アッバース朝に対抗して建国時よりカリフの称号を用いた。ファーティマの君主は，第4代カリフのアリーを父，ムハンマドの娘の名ファーティマを母とするものの子孫であると称した。

設問１．A．誤文。辺境地域の司令官に地方の管理を一任したのは軍管区（テマ）制で，兵士に一定の土地を保有させる屯田兵制が併用された。

C．誤文。コンスタンティノープルを占領してラテン帝国（1204～61年）を建てたのは第４回十字軍。

D．誤文。マケドニア朝（867～1056年）時代に併合したのは第１次ブルガリア帝国である（1018年）。

設問２．B．誤文。メディチ家はフィレンツェの大商人。

C．誤文。フランスではフランソワ１世（位1515～47年）がレオナルド=ダ=ヴィンチを招くなど，ルネサンスを積極的に導入した。

D．誤文。エラスムスは宗教改革には批判的であり，ルターとも論争した。

設問４．A．誤文。カール大帝死後，その領土はすべて息子のルートヴィヒ１世（位814～840年）に継承された。

B．誤文。ロタール１世はヴェルダン条約（843年）で中部フランクを領有し，彼の死後，メルセン条約（870年）で中部フランクの東半分が東フランク，西半分が西フランクに分割された。

D．誤文。カペー朝（987～1328年）は，初め王権が弱体で各地に諸侯が分立した。

設問５．A．誤文。フィレンツェは領主から自立し，周辺の農村も支配するコムーネ（自由都市）であった。イタリア中部トスカナ地方の中心都市で12世紀にコムーネを形成し，13世紀に金融業や毛織物業で繁栄，15世紀にはルネサンスの中心地となった。なお，司教座都市としてはライン川流域のケルン・マインツやドナウ川流域のアウクスブルクなどをあげることができる。

B．誤文。北ドイツでリューベックを盟主として結成されたのはハンザ同盟。ロンバルディア同盟は北イタリアの諸都市が結成した同盟で，中核都市はミラノである。

D．誤文。同職ギルドの正式な構成員は親方。親方の下で修業する徒弟は構成員ではない。

設問６．A．誤文。ポルトガル王国はカスティリャから独立して成立した（1143年）。

B．誤文。アルハンブラ宮殿はナスル朝（1232～1492年）がグラナダに建設した建造物である。

C．誤文。スペイン王国は，カスティリャ女王イサベルとアラゴン王子フェルナンドが結婚し（1469年），その後，両国が合併して成立した（1479年）。

設問7．イブン=ルシュド（ラテン名：アヴェロエス）は12世紀，ムワッヒド朝に仕えた哲学者・医学者。

III 解答

ア．鄭和　イ．マタラム　ウ．ラッフルズ

設問1．A　設問2．強制栽培制度　設問3．C

設問4．A　設問5．A　設問6．ラーマ5世〔チュラロンコン〕

設問7．D

◀解　説▶

≪東南アジアの歴史≫

ア．鄭和は明代，永楽帝の命を受けて7回に及ぶ南海遠征（1405～33年）を指揮したイスラーム教徒の宦官。

イ．マタラム王国（1582年頃～1755年）はジャワ島の中・東部を支配したイスラーム国家。農業と交易で17世紀前半に最盛期を迎えたが，同世紀後半から内紛が続き，オランダの侵略を受けた。

ウ．やや難。ラッフルズはシンガポールをジョホール王から獲得し（1819年），この地の植民地化に尽力した。

設問1．B．誤文。チャンパー（2世紀末～17世紀末）は15世紀以降はベトナムの大規模な南進により衰退し，17世紀末に阮朝の属国とされた。

C．誤文。シュリーヴィジャヤ王国（7～14世紀）の中心はスマトラ島東南部のパレンバンである。プランバナンはジャワ島中部のヒンドゥー教寺院の遺跡（がある場所）。

D．誤文。ボロブドゥールの仏教寺院はジャワ島中部に位置し，これを建設したのはシャイレンドラ朝（8世紀半ば～9世紀頃）である。ドヴァーラヴァティー（7～11世紀）はチャオプラヤ川流域を支配した国。

設問2．強制栽培制度はオランダ領東インド総督ファン=デン=ボスによって始められた（1830年）。

設問3．A．誤文。アチェ戦争（1873～1912年）でアチェ王国を滅ぼしたのはオランダ。

B．誤文。イギリスはペナン・マラッカ・シンガポールを海峡植民地とした。バタヴィアはオランダがジャワ島に築いた都市で，オランダ領東インドの総督所在地。この地はナポレオン戦争中にイギリスが占領したが戦後返還された。

D．誤文。マレー半島で進められたのは錫の採掘。また，ゴムのプランテーションに多数活用されたのはインド人である。

設問4．三藩の乱（1673～81年）は雲南の呉三桂・広東の尚可喜・福建の耿継茂の3人の藩王が起こした反乱。康熙帝はこの反乱を鎮圧して中国支配を確立した。

設問5．この時成立したビルマで最後の王朝とはコンバウン（アラウンパヤー）朝（1752～1885年）である。

B．誤文。1767年にコンバウン朝が滅ぼしたシャム（タイ）の王朝はアユタヤ朝（1351～1767年）。

C．誤文。コンバウン朝の首都はシュエボー（コンバウン）に始まり，アヴァ，アマラプーラ，マンダレーと遷った。タウングーを首都としたあとペグー，アヴァへと都を遷したのはタウングー（トゥングー）朝（1531～1752年）である。

D．誤文。コンバウン朝は三度にわたるビルマ戦争（1824～26年，1852～53年，1885年）に敗れて滅亡し，ビルマはインド帝国に編入された（1886年）。

設問6．ラーマ5世（チュラロンコン）はラタナコーシン（チャクリ）朝（1782年～）の第5代国王（位1868～1910年）で，彼の行った近代化改革はチャクリ改革と呼ばれる。

Ⅳ　**解答**

1914年に勃発した第一次世界大戦は総力戦となり，軍需工場などで活躍した女性は，大戦後，社会進出をするようになった。この状況のもと，イギリスでは1918年の第4回選挙法改正で女性の参政権が認められ，さらに1928年の第5回選挙法改正によって男女普通選挙が実現した。一方，大戦末期の革命で君主政国家から民主主義国家に移行したドイツは，1919年に制定したヴァイマル憲法で女性参政権を規定した。また，トルコでは共和国を樹立したムスタファ=ケマルが近代化政策の一つとして女性解放を進め，1934年に女性参政権を認

めた。(240字以上260字以内)

◀解　説▶

≪イギリス・ドイツ・トルコにおける女性参政権の成立≫

難問。指定されている年号に関連する出来事とポイントは以下の通り。

1914年：第一次世界大戦の勃発
　　総力戦体制のもと女性が軍需工場などに動員され，労働力として貢献，大戦後は社会に進出するようになる。

1918年：イギリスで第4回選挙法改正
　　女性参政権（30歳以上）

1919年：ドイツでヴァイマル憲法制定
　　女性参政権（男女普通選挙，20歳以上）

1928年：イギリスで第5回選挙法改正
　　男女普通選挙（21歳以上）

1934年：トルコで女性参政権
　　トルコ共和国のムスタファ=ケマルによる女性解放

全体の背景として，第一次世界大戦を機に女性の社会進出が本格的に始まったことをあげたうえで，国ごとにまとめて述べる。その際，イギリスにおける19世紀以降の女性参政権運動については，設問に記されているので触れる必要はない。一方，ドイツはドイツ革命（1918～19年）で国家体制が君主政国家（帝政）から民主主義国家（共和政）に移行したこと，トルコではトルコ共和国成立（1923年）後，ムスタファ=ケマルによる近代化政策の一環として女性解放が進められたことが背景となったことを記す。

❖講　評

Ⅰ　古代から現代に至るまでに登場した帝国の成立と崩壊について問う大問。リード文の空欄にあてはまる語句の記述と，下線部に関する設問で構成されており，設問は正文選択と語句（人物）の選択である。正文選択は選択肢に詳細な内容を含むものがある。設問3の正解はかなり詳細な知識が必要であるが，他の選択肢は不適であることが明確なので，消去法で対処できる。

Ⅱ　中世の地中海世界に関する大問。空欄補充（記述）と下線部に関する設問で構成されている。設問は正文選択・語句選択に加え，語句の記述がある。語句の記述は空欄・下線部ともに標準的なものである。

Ⅲ　東南アジアについて，古代から19世紀までを問う大問。空欄補充（記述）および下線部と空欄に関する設問で構成されている。設問は正文選択・語句選択，語句（国）の組合せ選択などで構成されている。空欄ウは詳細な知識が必要でやや難といえる。他はおおむね標準レベルの内容ではあるが，系統立てて学習するのが難しい地域でもあり，そのような学習ができたかどうかで差が出る問題といえる。

Ⅳ　イギリス・ドイツ・トルコにおける女性参政権の成立について，背景をふまえて説明する論述問題。2022年度は指定語句がなかったが，2023年度は使用する年号が5つ指定されている。このうち「1934年」に何があったかは用語集の説明文レベルで難しい。世界的な動向を押さえたうえで，各国の情勢をコンパクト（240字以上260字以内）にまとめる必要があるので，時間配分をよく考えて取り組む必要がある。

地理

I

解答　問1．C　問2．A　問3．D　問4．B
問5．①－D　②－B　③－C　④－D
問6．A　問7．C

◀解　説▶

≪農耕文化≫

問1．C．正文。インドネシアは，人口約2.74億人を擁する（2021年）。その約87％にあたる約2.38億人がムスリムであることから，同国は世界で最も多くのムスリム人口を抱える。

A．誤文。カトリックが広く信仰されているフィリピンにおいて，多くのムスリムが暮らすミンダナオ島は，北部ではなく南部にある。

B・D．誤文。インドシナ半島では上座部仏教が広く信仰されているが，ベトナムでは，大乗仏教の信者の方が多い。

問2．A．正文。AU（アフリカ連合）は，2002年，OAU（アフリカ統一機構）の後継組織として設立された。

B．誤文。南アフリカ共和国や一部の北アフリカ諸国のように，工業化により産業の多角化が進む国もみられる。

C．誤文。アフリカの宗教分布は，北アフリカのサハラ砂漠付近を境界に，北側のイスラームと南側のキリスト教や各地域の伝統的宗教に分かれる。

D．誤文。ドラケンスバーグ山脈は，古期造山帯に属する。

問3．D．正文。カンポセラードは，ブラジル高原上に分布するサバナをさす。

A．誤文。サバナは疎林と長草草原からなり，一面の草原ではない。

B．誤文。サバナには，ラトソルや赤黄色土が分布する。褐色森林土は，温帯の森林地帯に分布する。

C．誤文。オリノコ川流域に広がるサバナ地域は，リャノと呼ばれる。グランチャコは，ボリビア南部から，パラグアイ・アルゼンチン北部に広がるサバナ地域である。

問4．B．正文。

A．誤文。ギアナ高地は安定陸塊に属するが，先カンブリア時代の基盤岩が露出する楯状地に分類される。

C．誤文。パタゴニアは，アルゼンチン南部のアンデス山脈以東の地域をさす。アンデス山脈を越える偏西風の風下側に位置し，年中，乾燥した風が吹き下ろして砂漠が形成される。このような砂漠は雨陰《あまかげ》砂漠と呼ばれる。

D．誤文。アンデス山脈の中・低緯度地域では，標高2,500mを超える地域において，とうもろこし・じゃがいもなどが栽培されている。

問5．①大麦は耐寒性に優れることから，ロシアで生産量が最も多い（2019年）。

②小麦の生産量は，人口大国の中国で最も多い（2019年）。

③さとうきびの生産量は熱帯気候が卓越し，かつ，バイオエタノール用としての利用も広がるブラジルが世界第1位（2019年）である。

④アメリカ合衆国がとうもろこしの生産量で世界第1位（2019年）であり，肥沃なプレーリー土が分布するコーンベルトで，大規模な栽培が行われている。

Ⅱ　解答

問1．（設問省略）　問2．（設問省略）

問3．D　問4．D　問5．A　問6．B　問7．D　問8．A　問9．C　問10．A

◀解　説▶

≪災　害≫

問3．D．誤文。2005年8月，ハリケーン・カトリーナにより市街のほとんどが水没したのは，ミシシッピ川河口に近い，ルイジアナ州ニューオーリンズである。

問4．D．誤文。高温・乾燥の北アフリカでは，外気の熱や砂が室内に入るのを防ぐため，開口部が小さい住居が砂漠地帯などに多くみられる。

問5・問6．やや難。ここでの河川延長は，各水系に属する河川全体の合計値となっていることに注意したい。アは利根川水系に該当する。日本有数の河川延長を誇り，日本最大の平野である関東平野を流れるため，全流域面積・想定氾濫区域の総面積・想定氾濫区域の人口が最大である。ウは信濃川水系に該当する。河川延長や全流域面積は日本有数である一方，下流域を除き，山間部や盆地を流れるため，流域の人口密度が低く，全流域面積に比して想定氾濫区域の人口が少ない。なお，イは，想定氾濫区域の人口と流域の人口密度が最大であることから，東京都を流れる荒川水系に該当する。エも流域の人口密度が比較的高いことから，大阪市を流れる淀川水系に該当する。オは筑後川水系に該当する。

問7．やや難。D．誤文。表中の10水系では，想定氾濫区域の総面積と河川延長との間に相関関係はみられない。

問8．消去法で判断したい。A．誤文。西部に台地が広がる関東平野よりも，濃尾平野の方が海抜ゼロメートル地帯の区域面積は大きい。

問9．ウ・エ．正文。

ア・イ．誤文。すべての市町村において，また，すべての河川について，ハザードマップが作成されているわけではない。

問10．ア・ウ．正文。

イ．誤文。2001年の地図では，鉄道路線の東側の，一重山との間の僅かな土地に，新たに道路が整備され，宅地化が進んでいることが読み取れる。

エ．誤文。霞堤は，堤防の一部に開口部をもつ不連続の堤防であり，新田の西にみられる。2列の堤防に挟まれた場所が遊水地の役割をもつが，2001年の地図では建物が増加している。

III　解答

空欄1．B　空欄2．C　空欄3．A　空欄4．D
空欄5．C　空欄6．A　空欄7．B　空欄8．D
空欄9．C　空欄10．C

◀解　説▶

≪環境問題≫

空欄4．バーゼル条約は，正式名称を「有害廃棄物の国境を越える移動及びその処分の規制に関するバーゼル条約」という。A．ワシントン条約は，野生動植物の保護を目的とした条約である。B．ジュネーヴ条約は，戦争犠牲者の保護を目的とした条約である。また，酸性雨の原因となる越境大気汚染の防止を目的として1979年に締結された長距離越境大気汚染条約をさすこともある。

空欄5・空欄6．モルディブとツバルは，ともにサンゴ礁の環礁によって構成され，低平な国土である。したがって，地球温暖化による海面上昇のために国土の水没が懸念されている。

空欄7．OECD（経済協力開発機構）は，各国の経済成長の推進や発展途上国への援助を目的として設立された。UNEP（国連環境計画）やOECDにおいて，バーゼル条約作成の検討が行われた。

空欄8．空欄直後でリサイクル問題について述べられていることから，多くの金属が利用されているDの電子機器が該当する。

空欄9．難問。中国は2017年，主に生活ごみとして出されるプラスチックごみの輸入を禁止し，2020年には廃プラスチックの輸入を全面的に禁止した。

空欄10．難問。日本の最終処分場の約7割は，山間部に立地している（2009年）。

Ⅳ 解答

問1．褶曲　問2．火山　問3．B　問4．C
問5．（設問省略）　問6．A　問7．C

問8．活発な造山運動による急峻な山がみられるうえ，熱帯海域に位置するために周囲にサンゴ礁が分布している。（50字以内）

◀解　説▶

≪大地形≫

問1．リード文より，＜ア＞と＜イ＞はいずれも新期造山帯に属し，＜イ＞の方がマグマの活動が活発であることから，＜ア＞をアルプス=ヒマラヤ造山帯，＜イ＞を環太平洋造山帯とする。前者では，大陸プレートどうしの衝突により，ヒマラヤ山脈のような褶曲山脈が発達する。

問2．環太平洋造山帯では，海洋プレートがほかのプレートの下に沈み込むことにより，地下でマグマが生成され，海溝に沿って火山となって噴出している。

問4．ユカタン半島はメキシコに位置するため，＜ア＞のアルプス=ヒマラヤ造山帯には含まれない。

問6．アメリカ合衆国西部に位置するAのシエラネヴァダ山脈は，新期造山帯に属する。なお，Bのグレートディヴァイディング山脈とDのアパラチア山脈は古期造山帯，Cのカナダ楯状地は安定陸塊に属する。

問7．インドネシアのハルマヘラ島・スラウェシ島は，アルプス=ヒマラヤ造山帯と環太平洋造山帯の合流地点にあたるため，複雑な地形となっている。

問８．３つの島は，ともに新期造山帯に属するため，急勾配の山がみられる（ただし，スラウェシ島・ハルマヘラ島には火山がみられ，山地の占める割合が高いのに対して，カリマンタン島には火山がなく，長大な河川と広大な低地が広がっている）。さらに，赤道直下の熱帯海域に位置することから，周囲にサンゴ礁が分布している。以上の共通点を 50 字以内にまとめたい。

❖講　評

Ⅰ　農耕文化に関するリード文と絡めて，農業統計，農業の分類，さらには，宗教，植生，アフリカ・ラテンアメリカ地誌などが幅広く出題された。いずれも基本～標準レベルの設問であった。問５では，統計表は用いられていないものの，主要農作物の生産量第１位の国が問われた。日常の統計学習が大切である。

Ⅱ　災害について，グラフ・統計表・地形図を用いつつ，近年の災害，日本の河川や防災対策，新旧地形図の読図などが出題された。日本の一級河川における想定氾濫区域が問われた問５～問７は，やや難度が高かった。表中の特徴的な値に着目して河川を判定したい。問８・問９では，「広域避難」「想定最大規模」「マイ・タイムライン」など，災害対策に関する比較的新たな内容が問われた。日常的に防災に対して意識を高めたい。

Ⅲ　グローバル社会における環境問題について出題された。空欄４・空欄７・空欄８では，学習が手薄になりがちなバーゼル条約に関する事項が問われた。空欄前後の内容を活用する，消去法により選択肢を判定する，といった解法も有効である。空欄９は難問。空欄 10 も難問であるが，日本の国土の約７割が山地であることに留意したい。

Ⅳ　大地形について出題された。リード文中の＜ア＞＜イ＞の判定ができれば，基本～標準レベルの設問が中心であった。問７で問われたハルマヘラ島は難度が高いが，消去法で対応が可能。問８では，インドネシアの３つの島の地形上の共通点について，50 字以内の論述問題が出題された。いずれも新期造山帯に属するが，カリマンタン島には火山がみられず，比較的広大な平野が広がる点には気をつけたい。

政治・経済

I

解答　設問1．1．大津事件　2．特別裁判所　3．15
4．弾劾裁判（所）　5．憲法裁判所

設問2．D　設問3．C　設問4．A　設問5．B　設問6．A

◀解　説▶

≪日本の司法制度≫

設問1．4．弾劾裁判は，裁判官の職務上の義務の著しい違反や職務の甚だしい怠慢，または裁判官としての威信を著しく失う非行があったとき，裁判官を罷免するための裁判である（裁判官弾劾法第2条)。2023年3月現在で弾劾の訴追を受けた裁判官は10名（1件は現在係争中）で，そのうち7名が罷免されている。

5．憲法裁判所は，違憲審査などの憲法問題のみを扱う特別の裁判所である。ドイツや韓国では，特別に設けられた憲法裁判所が具体的な訴訟を前提としないで法令の違憲審査を行う抽象的違憲審査制が採用されている。

設問2．D．正文。1787年に採択されたアメリカ合衆国憲法によって，議会の立法権，大統領の行政権，裁判所の司法権という権力の分割と相互抑制によるモンテスキューの厳格な三権分立が制度化された。

A．誤文。ロックは「立法権は君主に帰属する」とは主張していない。

B．誤文。ロックの主張する抵抗権は立法府にも及ぶ。

C．誤文。モンテスキューは権力間の抑制と均衡によって権力の乱用を防止できると考えた。

設問3．C．正文。2022年5月に最高裁判所は，在外選挙人に国民審査の投票権を認めていないことは，憲法第15条1項，第79条2・3項に違反すると判断した。

A．誤文。国民審査は衆議院議員総選挙の際に行われる（憲法第79条2項)。

B．誤文。国民審査は，辞めさせたい裁判官に対する記載欄に×の記号を記載する方式で行われる（最高裁判所裁判官国民審査法第15条)。

D．誤文。各国民審査は，すべての最高裁判所裁判官を対象としていない

（憲法第79条2項）。
設問4．やや難。A．不適。2005年の在外選挙権制限違憲判決の根拠となったのは，憲法第15条1・3項，第43条1項，第44条である。
設問5．やや難。B．正文。愛媛玉ぐし料訴訟において，最高裁は1997年に目的・効果基準によって玉串料の公金支出を宗教活動にあたるとして違憲判決を下した。
A・C・D．誤文。いずれの訴訟においても最高裁は合憲の判決を下している。
設問6．A．正文。裁判員裁判は，地方裁判所で行われる重大な刑事事件の第一審で行われる。
B．誤文。裁判員裁判では，裁判官3人と裁判員6人によって有罪・無罪が判断される。
C．誤文。2022年4月の裁判員法の改正により裁判員の選任年齢も18歳以上に引き下げられた。
D．誤文。裁判員は衆議院議員選挙の有権者から選ばれるので，日本国籍を持たない者は裁判員に選ばれない。

II 解答

設問1．エッセンシャルワーカー
設問2．ナショナル=ミニマム
設問3．C　設問4．A　設問5．D　設問6．赤字国債　設問7．C
設問8．クロヨン　設問9．B　設問10．夕張市

◀解　説▶

≪社会保障制度≫

設問1．コロナ禍では，感染のリスクにさらされながら現場でコロナ患者に接触する医療従事者などのエッセンシャルワーカーの存在が注目された。
設問2．国民の最低限度の生活を保障する公的扶助の水準を意味するナショナル=ミニマムは，イギリスのフェビアン協会のウエッブ夫妻によって提唱され，1942年のベバリッジ報告書の原則となった。
設問3．C．正文。世界金融危機が発生した2007年以降，生活保護被保護人員数が急増し，2013年頃には200万人を超え1951年以降最大の水準となっている。
設問4．やや難。A．正文。需要・供給の法則から，ある商品について供

給よりも需要が大きければ価格は上昇する。賃金は労働力という商品に支払われる価格であるため，労働供給量よりも労働需要量が大きいと賃金水準は上昇する。価格の変化に対して供給がどの程度変化するかを示す供給の価格弾力性は，価格の変化率に対する供給の変化率の割合として表され，1を上回ると弾力的，1を下回ると非弾力的である。

設問5．D．正文。石油や肥料の価格高騰は電力や農産物などの商品価格を上昇させ，コスト=プッシュ=インフレーションを発生させる。

A．誤文。インフレーションが起こった場合，現金給付の実質的水準は低下するため，給付水準を引き上げないと実質的な給付水準を維持することができない。

B．誤文。スタグフレーションは，スタグネーション（景気後退）とインフレーションが同時に起こる現象である。

C．誤文。総需要が増加することによって発生するインフレーションは，ディマンド=プル=インフレーションである。

設問6．赤字国債は，財政赤字を補うために発行される国債である。日本では一般会計予算の歳入不足分を補うために発行される特例国債がそれにあたる。

設問7．C．正文。生活必需品にも課税される消費税は，累進課税が採用されている所得税と比べて，低所得者ほど負担が重くなるという逆進性が強い一方で，同等の経済力に同等の税負担を求める水平的公平性が所得税と比べて保たれている。

A．誤文。消費税はすべての世代が負担するため，水平的公平性が保たれている。

B・D．誤文。消費税には課税対象が増加するほど高い税率を課す累進性はない。

設問8．クロヨンは，給与所得者・自営業者・農家の間の所得捕捉率（各々9割・6割・4割）の差に起因する不公平感を指す言葉である。

設問9．B．正文。地方交付税は，国が地方に代わって徴収する地方税であり，各地方自治体の財源状況を考慮して再配分される。再配分された地方交付税交付金は，使途が限定されない一般財源である。

A．誤文。地方交付税は，地方公共団体の税収入とするべき財源である。

C．誤文．2000年代の小泉純一郎内閣による三位一体の改革によって，地方交付税は削減された。

D．誤文。2022年度には73の不交付団体が存在する。

設問10．夕張市は2007年に財政再建団体に指定され，2010年に財政健全化法に基づく財政再生団体に移行した。

Ⅲ 解答

設問1．1．購買力平価　2．IMF（国際通貨基金）
3．ニクソン

設問2．D　設問3．B　設問4．C　設問5．A

設問6．流動性のジレンマ　設問7．A

設問8．ミルトン=フリードマン

◀解　説▶

≪為替レート≫

設問1．1．購買力平価は，その国1単位の通貨でどれだけの商品が購入可能かを比較し，各国通貨の交換比率を示すものである。

設問2．D．正文。秋葉原の方がスマートフォンの価格が安いため需要は増加し価格が上昇する。一方で御茶ノ水の方がスマートフォンの価格が高いため供給は増加し価格が低下する。これらの動きは両者の価格差が解消するまで続く。

設問3．B．正文。アメリカで5.81ドルのビッグマックが日本では390円で買えたため5.81ドルと390円の購買力は等しい。したがって1ドル＝390／5.81≒67円である。このときの為替レートは1ドル＝115円であったため，実際の円はドルに対して過小評価されていたことになる。

設問4．C．正文。中国は1978年以降，改革・開放政策を進め，外国資本を積極的に導入して製造業で輸出を伸ばし，経常収支黒字を計上し続けている。

A．誤文。アメリカの経常収支は1970年代から赤字を計上することが多くなり，2000年以降は中国の経済成長によって赤字が拡大している。

B．誤文。ドイツは共通通貨ユーロの導入によってドイツ企業の製品価格が割安になり，経常収支黒字を計上し続けている。

D．誤文。2000年以降の原油価格は，2008年の世界金融危機や2015年頃のシェールガス革命において下落しているものの，2000年以前と比べると高価格のまま推移している。

設問5．A．正文。変動相場制の下で日本の金利がアメリカの金利より低くなれば，円を売ってドルを買う動きが強まる。これはドルの需要が増加するということであるから，ドルの需要曲線は右側にシフトし，需要曲線と供給曲線の交点が上方に移動して為替レートが上昇するため，円安ドル高となる。

設問6．流動性のジレンマは，ある国の通貨を基軸通貨とする国際通貨制度の下では，基軸通貨の供給と信用の維持を両立できないという矛盾を意味し，ドルを基軸通貨とするブレトン=ウッズ体制で問題となった。

設問7．A．正文。1971年8月のニクソン=ショックを受け，同年12月，アメリカのワシントンで10カ国蔵相会議（スミソニアン会議）が開かれ，スミソニアン協定が締結された。その概要は，固定相場制を維持するために取られた金平価切り下げ（金1オンス＝38ドル）と，米ドル切り下げによる多国間調整（固定レート手直し）であった。このとき円切り上げが行われ，1ドル＝308円になった。

設問8．1980年に刊行された『選択の自由』の著者であるアメリカの経済学者ミルトン=フリードマンは，経済的自由主義（新自由主義）の立場から，変動相場制や通貨増加率を固定化するマネタリズムを提唱した。

Ⅳ　解答

設問1．1．国民主権　2．公職選挙　3．職業選択
4．健康で文化的　5．学問

設問2．A　設問3．B　設問4．A　設問5．B　設問6．B・C※

※設問6については，正解が複数存在する可能性が判明したことから，正解を複数とする措置が取られたことが大学から公表されている。

◀解　説▶

≪日本国憲法≫

設問2．A．正文。公職選挙法第251条の2の規定である。

B．誤文。満18歳未満の人は投票も選挙活動も禁止されている。

C．誤文。公職選挙法では戸別訪問は禁止されている。

D．誤文。新聞や放送が候補者について量的に平等な報道を行う法的義務はない。

設問3．B．正文。労働者1人当たりの平均年間総実労働時間は，高度経済成長期にあたる1960年の2426時間から，2020年には1598時間と着実

に減少している。

A．誤文。最低賃金は，都道府県・産業別に異なる額が設定されている。

C．誤文。労働組合の組織率は1948年以降一貫して低下傾向にある。

D．誤文。1997年以降，共働き世帯は専業主婦世帯を常に上回っている。

設問5．B．適切。教師は公職選挙法の改正によって2022年の参議院選挙で高校生も投票することができたことを，憲法が定める国民主権の原則の身近な例として挙げることで，憲法の基本原則を守るために若者も投票すべきだと考えている。

設問6．B・C．正文。Aは憲法第20条1項，Bは憲法第26条1項，Cは憲法第21条1項，Dは憲法第30条の英訳である。リード文全体が大学進学についての話題であり，憲法第26条1項の内容にあたる。また第21条1項については直接言及されている。

❖講　評

Ⅰ　司法制度に関連して比較的基礎的な出題の多い問題構成である。選択問題は，問題文をよく読み消去法を駆使する必要がある。設問4・設問5は違憲判決等の判例学習の成果が試されておりやや難しい。

Ⅱ　社会保障制度をテーマとした大問であり，融合問題の傾向が強い。設問3のグラフの読み取りは意外に易しい。設問4は労働供給の弾力性についての理解が問われておりやや難しい。設問6～設問10の財政関連の出題は幅広い観点からの出題であるが基礎的・標準的で取り組みやすい。

Ⅲ　為替レートに関連してグラフの読み取りや需給分析，国際経済の動向など，融合問題の傾向が強い出題である。計算を要する設問3は落ち着いて取り組めば難しくない。設問5は近年の日本の為替動向を加味して類推する必要がある。

Ⅳ　日本国憲法に関連した出題である。設問5は読解力と類推力を働かせる必要がある。設問6は日本国憲法の条文の番号を知らないと迷う。

全体として，グラフ読み取りや統計的な知識，計算問題もあって広範な観点からの出題となっている。難問はなく，教科書の内容でスムーズに解答できるものが多く，標準的な難易度といえる。

数学

I

解答 (1)　ア－1　イ－2　ウ－3　エ－2　オ－3　カ－3
キ－4

(2)　ア－5　イ－4　ウ－5　エ－2　オ－1　カ－2　キ－5　ク－0

(3)　ア－3　イ－0　ウ－0　エ－6　オ－6　カ－9　キ－0

(4)　ア－2　イ－2　ウ－2　エ－6

(5)　ア－7　イ－1　ウ－7　エ－1　オ－1　カ－9　キ－9　ク－4
ケ－5　コ－1　サ－9　シ－8　ス－0

(6)　ア－2　イ－3　ウ－1　エ－1　オ－7　カ－1　キ－3

◀解　説▶

≪小問6問≫

(1)　①　　$\overrightarrow{OA}+2\overrightarrow{OB}+\sqrt{3}\,\overrightarrow{OC}=\vec{0}$　……(P)

また，3点A，B，Cは点Oを中心とする半径1の円周上の点なので

$|\overrightarrow{OA}|=|\overrightarrow{OB}|=|\overrightarrow{OC}|=1$　……(Q)

(P)から

$\overrightarrow{OA}+2\overrightarrow{OB}=-\sqrt{3}\,\overrightarrow{OC}$

$|\overrightarrow{OA}+2\overrightarrow{OB}|=|\sqrt{3}\,\overrightarrow{OC}|$

$|\overrightarrow{OA}+2\overrightarrow{OB}|^2=|\sqrt{3}\,\overrightarrow{OC}|^2$

$|\overrightarrow{OA}|^2+4\overrightarrow{OA}\cdot\overrightarrow{OB}+4|\overrightarrow{OB}|^2=3|\overrightarrow{OC}|^2$

したがって，(Q)より

$1^2+4\overrightarrow{OA}\cdot\overrightarrow{OB}+4\cdot1^2=3\cdot1^2$

$\overrightarrow{OA}\cdot\overrightarrow{OB}=-\dfrac{1}{2}$　→ア，イ

また，(P)から

$2\overrightarrow{OB}+\sqrt{3}\,\overrightarrow{OC}=-\overrightarrow{OA}$

$|2\overrightarrow{OB}+\sqrt{3}\,\overrightarrow{OC}|=|\overrightarrow{OA}|$

$|2\overrightarrow{OB}+\sqrt{3}\,\overrightarrow{OC}|^2=|\overrightarrow{OA}|^2$

$4|\overrightarrow{OB}|^2+4\sqrt{3}\,\overrightarrow{OB}\cdot\overrightarrow{OC}+3|\overrightarrow{OC}|^2=|\overrightarrow{OA}|^2$

したがって，(Q)より

$$4\cdot 1^2+4\sqrt{3}\,\overrightarrow{OB}\cdot\overrightarrow{OC}+3\cdot 1^2=1^2$$

$$\overrightarrow{OB}\cdot\overrightarrow{OC}=-\frac{\sqrt{3}}{2}$$ →ウ，エ

②　(Q)と①の結果から

$$\overrightarrow{OA}\cdot\overrightarrow{OB}=|\overrightarrow{OA}||\overrightarrow{OB}|\cos\angle AOB$$

より，$-\dfrac{1}{2}=1\cdot 1\cdot\cos\angle AOB$ であるから

$$\cos\angle AOB=-\frac{1}{2}\qquad\therefore\quad \angle AOB=120^\circ$$

また

$$\overrightarrow{OB}\cdot\overrightarrow{OC}=|\overrightarrow{OB}||\overrightarrow{OC}|\cos\angle BOC$$

より，$-\dfrac{\sqrt{3}}{2}=1\cdot 1\cdot\cos\angle BOC$ であるから

$$\cos\angle BOC=-\frac{\sqrt{3}}{2}\qquad\therefore\quad \angle BOC=150^\circ$$

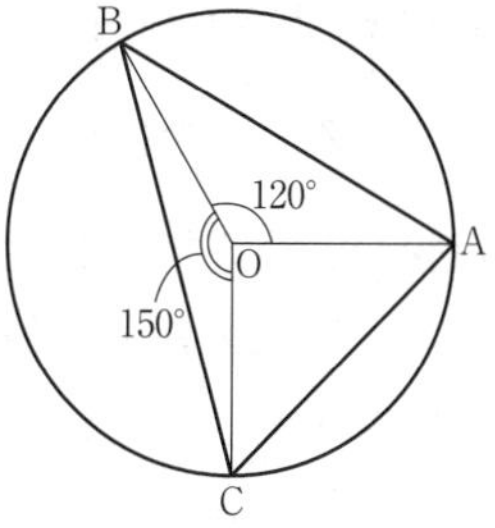

また，①と同様の計算によって

$$\overrightarrow{OA}\cdot\overrightarrow{OC}=0\qquad\therefore\quad \angle AOC=90^\circ$$

以上から，3 点A，B，Cは右図の位置にある。

よって，△ABC の面積は

$$\triangle ABC=\triangle AOB+\triangle BOC+\triangle COA$$
$$=\frac{1}{2}\cdot 1^2\cdot\sin 120^\circ+\frac{1}{2}\cdot 1^2\cdot\sin 150^\circ+\frac{1}{2}\cdot 1^2$$
$$=\frac{1}{2}\left(\frac{\sqrt{3}}{2}+\frac{1}{2}+1\right)$$
$$=\frac{3+\sqrt{3}}{4}$$ →オ～キ

(2)　①　x，y の連立不等式 $\begin{cases}x^2+y^2\leqq 5\\ x+y\geqq\sqrt{5}\end{cases}$ の表す座標平面上の領域は，右図の網かけ部分。ただし，境界線はすべて含む。この領域を D とする。

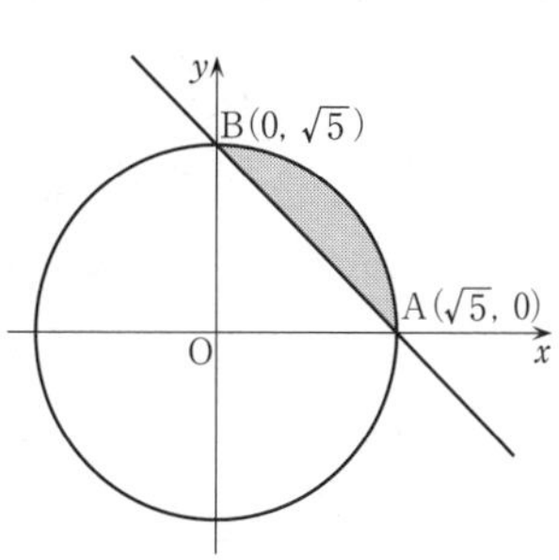

①　A$(\sqrt{5},\ 0)$，B$(0,\ \sqrt{5})$ とすれば，網かけ部分の面積 S は

$S=$(扇型 OAB)−(三角形 OAB)

$=\pi(\sqrt{5})^2\cdot\frac{1}{4}-\frac{1}{2}\cdot(\sqrt{5})^2$

$=\frac{5}{4}\pi-\frac{5}{2}$　→ア～エ

② $x+2y$ のとり得る値の範囲を I とする。次のように読み替えられる。

$k\in I$

$\Longleftrightarrow \begin{cases} x^2+y^2\leqq 5 \\ x+y\geqq\sqrt{5} \end{cases}$ かつ $x+2y=k$ を満たす実数の組 $(x,\ y)$ が存在する

$\Longleftrightarrow$ 領域 D と直線 $x+2y=k$ が共有点 $(x,\ y)$ をもつ

ここで，直線 $x+2y=k$ は傾き $-\frac{1}{2}$ の直線であることに注意する。

k が最大，すなわち $x+2y=k$ の y 切片が最大となるのは，下図のように，直線 $x+2y=k$ が円 $x^2+y^2=5$ の $x\geqq 0$ かつ $y\geqq 0$ の部分の円弧と接するときである。この接点をTとすれば，直線 $x+2y=k$ の傾きは $-\frac{1}{2}$ なので，直線OTの傾きは2である。したがって，点Tの座標を $(X,\ Y)$ とすると

$Y=2X$ かつ $X^2+Y^2=5$ かつ $X\geqq 0$ かつ $Y\geqq 0$

これより

$X^2+(2X)^2=5\qquad\therefore\quad X^2=1$

$x\geqq 0$ であるから

$(X,\ Y)=(1,\ 2)$

したがって，$(x,\ y)=(1,\ 2)$ のとき，$x+2y$ は最大値をとる。 →オ，カ

また，k が最小，すなわち直線 $x+2y=k$ の y 切片が最小となるのは，直線が点Aを通るときである。すなわち，$(x,\ y)=(\sqrt{5},\ 0)$ のとき，$x+2y$ は最小値をとる。 →キ，ク

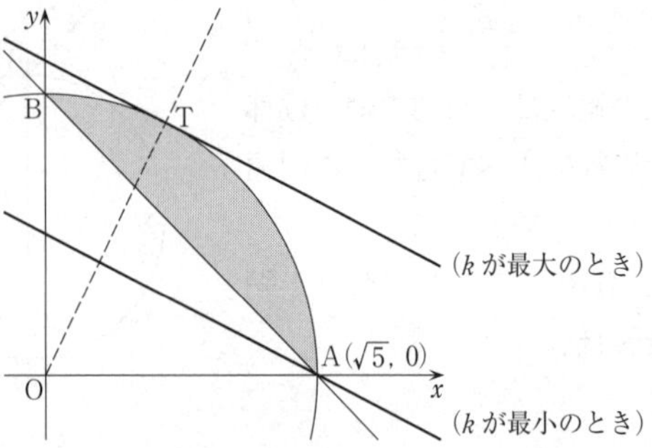

(3)　①　0 以上の整数の組 $(x,\ y,\ z)$ と，○ 23 個，／(仕切り) 2 枚を横一列に並べたときの並べ方が対応する。したがって，求める組の数は

$$\frac{25!}{23!2!}=300$$ 通り　→ア～ウ

②　0 以上の整数 $X,\ Y,\ Z$ により，

$(x,\ y,\ z)=(2X+1,\ 2Y+1,\ 2Z+1)$ と置き換える。

$$(2X+1)+(2Y+1)+(2Z+1)=23$$

$$X+Y+Z=10$$

したがって，○ 10 個，／2 枚を横一列に並べたときの場合の数を考えて

$$\frac{12!}{10!2!}=66$$ 通り　→エ，オ

③　$z^2=23-(x+y)\leqq 23$ から，z のとり得る値は $z=0,\ 1,\ 2,\ 3,\ 4$ のみ。

(i) $z=0$ のとき，$x+y=23$

(ii) $z=1$ のとき，$x+y=22$

(iii) $z=2$ のとき，$x+y=19$

(iv) $z=3$ のとき，$x+y=14$

(v) $z=4$ のとき，$x+y=7$

(i)を満たす $(x,\ y)$ は

$$(x,\ y)=(0,\ 23),\ (1,\ 22),\ (2,\ 21),\ \cdots,\ (23,\ 0)$$

の 24 通りである。(ii)～(v)も同様に考えて

$24+23+20+15+8=90$ 通り　→カ，キ

(4)　①　$40\cdot 2^m$ と 10^8-1 はいずれも整数なので

$$40\cdot 2^m>10^8-1 \iff 40\cdot 2^m\geqq 10^8$$

である。両辺の値は正なので，それぞれの値を真数とした，底を 2 とする対数をとり

$$\log_2(40\cdot 2^m)\geqq \log_2 10^8$$

$$\log_2 40+\log_2 2^m\geqq 8\log_2 10$$

$$\log_2(2^3\cdot 5)+m\geqq 8\log_2(2\cdot 5)$$

$$3+\log_2 5+m\geqq 8(1+\log_2 5)$$

$$m\geqq 5+7\log_2 5=5+7\cdot 2.32=21.24$$

したがって，不等式を満たす最小の正の整数 m は

$m=22$　→ア，イ

② $1+2+2^2+\cdots+2^n=\dfrac{2^{n+1}-1}{2-1}=2^{n+1}-1$ である。したがって，与えられた不等式は $2^{n+1}-1\geqq 10^8$ となる。$2^{n+1}-1$ と 10^8 はいずれも整数なので

$$2^{n+1}-1\geqq 10^8 \iff 2^{n+1}>10^8$$

である。両辺の値は正なので，それぞれの値を真数とした，底を 2 とする対数をとり

$$n+1>\log_2 10^8$$

$$n+1>8\log_2(2\cdot 5)$$

$$n+1>8(1+\log_2 5)$$

$$n>7+8\log_2 5=7+8\cdot 2.32=25.56$$

したがって，不等式を満たす最小の正の整数 n は

$n=26$　→ウ，エ

(5) ① 2023 を素因数分解すると，$2023=7\times 17^2$ である。したがって，2023 の正の約数のうち，最小のものは 1 であり，小さい方から

2 番目は　7　→ア

3 番目は　17　→イ，ウ

4 番目は　$7\cdot 17=119$　→エ～カ

5 番目は　$17\cdot 17=289$

6 番目は　2023

② $17\leqq n\leqq 119$ のうち，7 で割って 1 余る n を，整数 m により $n=7m+1$ と表す。

$$17\leqq 7m+1\leqq 119$$

$$\frac{16}{7}\leqq m\leqq \frac{118}{7}$$

$\dfrac{16}{7}=2.2\cdots$，$\dfrac{118}{7}=16.8\cdots$ なので，$m=3,\ 4,\ \cdots,\ 16$ である。つまり，条件を満たす n の総和は

$$\sum_{m=3}^{16}(7m+1)=\frac{22+113}{2}\cdot(16-2)\quad(\text{等差数列の和})$$

$$=945$$ →キ～ケ

③ 任意の整数 n を，ある整数 m，r を用いて $n=7m+r$ ($r=0,\ \pm 1,\ \pm 2,\ \pm 3$) と表すとき

$$n^2=(7m+r)^2=7(7m^2+2mr)+r^2$$

である。これより，n^2 を 7 で割った余りと r^2 を 7 で割った余りは一致する。

$$0^2=0,\ (\pm1)^2=1,\ (\pm2)^2=4,\ (\pm3)^2=9=7+2$$

より，n^2 を 7 で割った余りが 1 となるのは，$n=7m\pm1$，すなわち，n を 7 で割った余りが 1 または 6 のときである。$n=7m+6$ とすれば

$$17\leqq 7m+6\leqq 119$$

$$\frac{11}{7}\leqq m\leqq\frac{113}{7}$$

であり，$\frac{11}{7}=1.5\cdots$，$\frac{113}{7}=16.1\cdots$ より，$m=2,\ 3,\ 4,\ \cdots,\ 16$ である。

つまり，7 で割って 6 余る整数 n のうち，$17\leqq n\leqq 119$ に含まれる値の総和は

$$\sum_{m=2}^{16}(7m+6)=\frac{20+118}{2}\cdot(16-1)=1035$$

②の結果と合わせ，求める値は

$945+1035=1980$　→コ～ス

(6)　①　$f(1)=\int_1^2|x^2-2x|\,dx=\int_1^2|x(x-2)|\,dx=\int_1^2\{-(x^2-2x)\}\,dx$

$$=\int_1^2(-x^2+2x)\,dx=\left[-\frac{1}{3}x^3+x^2\right]_1^2=\frac{2}{3}$$　→ア，イ

②・③　$y=|x^2-2x|$ のグラフは，$y=|x(x-2)|$ より右図のようになる。

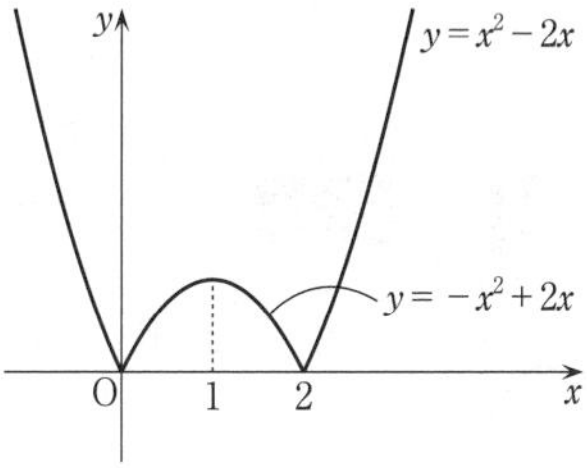

(i) $1<a<2$ のとき

$$f(a)=\int_a^2(-x^2+2x)\,dx+\int_2^{a+1}(x^2-2x)\,dx$$

$$=\left[-\frac{1}{3}x^3+x^2\right]_a^2+\left[\frac{1}{3}x^3-x^2\right]_2^{a+1}$$

$$=\frac{4}{3}-\left(-\frac{1}{3}a^3+a^2\right)+\frac{1}{3}(a+1)^3-(a+1)^2+\frac{4}{3}$$

$$=\frac{2}{3}a^3-a^2-a+2$$

$$f'(a)=2a^2-2a-1=2\left(x-\frac{1-\sqrt{3}}{2}\right)\left(x-\frac{1+\sqrt{3}}{2}\right)$$

(ii) $a\geqq 2$ のとき

$$f(a)=\int_a^{a+1}(x^2-2x)\,dx=\left[\frac{1}{3}x^3-x^2\right]_a^{a+1}=\frac{1}{3}(a+1)^3-a^2-\frac{1}{3}a^3+a^2$$

$$=a^2-a-\frac{2}{3}=a(a-2)+(a-2)+\frac{4}{3}>0$$

したがって，$f(a)$ $(1\leqq a)$ の増減表は，右のようになる。

a	1	$\cdots$	$\frac{1+\sqrt{3}}{2}$	$\cdots$	2	$\cdots$
$f'(a)$	／	$-$	0	$+$	$+$	$+$
$f(a)$	$\frac{2}{3}$	↘		↗	$\frac{4}{3}$	↗

$f(a)=\frac{10}{3}$ となるような a は，$\frac{10}{3}>\frac{4}{3}$ より，$a>2$ のときであるから

$$a^2-a-\frac{2}{3}=\frac{10}{3}$$

$$a^2-a-4=0$$

$a>2$ より

$$a=\frac{1+\sqrt{17}}{2}\quad \rightarrow \text{ウ～オ}$$

また，増減表より，$f(a)$ が最小となるような a の値は

$$a=\frac{1+\sqrt{3}}{2}\quad \rightarrow \text{カ，キ}$$

II　解答

(1) 2　(2) $\dfrac{\tan\alpha+\tan\beta}{1-\tan\alpha\tan\beta}$　(3) $t=3-\sqrt{3}$

(4) $(a,\ b,\ c)=(1,\ 6,\ -4)$

(5) $t=\sqrt{6}$

導出の過程：$t\geqq 1>0$ より，t, $\dfrac{6}{t}$ はいずれも正の実数である。したがって，相加平均・相乗平均の関係から

$$y=t+\frac{6}{t}-4\geqq 2\sqrt{t\cdot\frac{6}{t}}-4=2\sqrt{6}-4$$

が成り立つ。この式で等号が成立する条件は

$t=\dfrac{6}{t}$ かつ $t>0$

$t^2=6$ かつ $t>0$

$t=\sqrt{6}$

これは $1\leqq t\leqq 3$ を満たす。このとき $y=2\sqrt{6}-4$ となる。

したがって，y が最小となるときの t の値は

$t=\sqrt{6}$

◀解　説▶

≪座標平面における直線のなす角の大きさ，分数関数の最小値≫

(1)　$\mathrm{AB}=\sqrt{(3-1)^2+(3-1)^2}=2\sqrt{2}$

$\mathrm{AP}=\sqrt{1^2+(-1)^2}=\sqrt{2}$

$\mathrm{BP}=\sqrt{3^2+(3-2)^2}=\sqrt{10}$

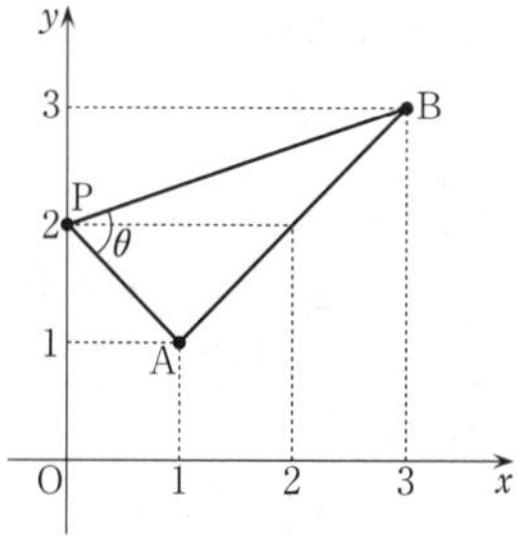

これより

$\mathrm{AB}^2+\mathrm{AP}^2=\mathrm{BP}^2$

したがって，$\triangle\mathrm{ABP}$ は $\angle\mathrm{PAB}=90°$ の直角三角形である。ゆえに

$$\tan\theta=\frac{\mathrm{AB}}{\mathrm{AP}}=\frac{2\sqrt{2}}{\sqrt{2}}=2$$

(2)　加法定理から

$$\tan(\alpha+\beta)=\frac{\tan\alpha+\tan\beta}{1-\tan\alpha\tan\beta}$$

(3)・(4)　x 軸の正の方向と直線 AP のなす角を α $\left(-\dfrac{\pi}{2}<\alpha<0\right)$，直線 BP のなす角を β $\left(0<\beta<\dfrac{\pi}{2}\right)$ とする。

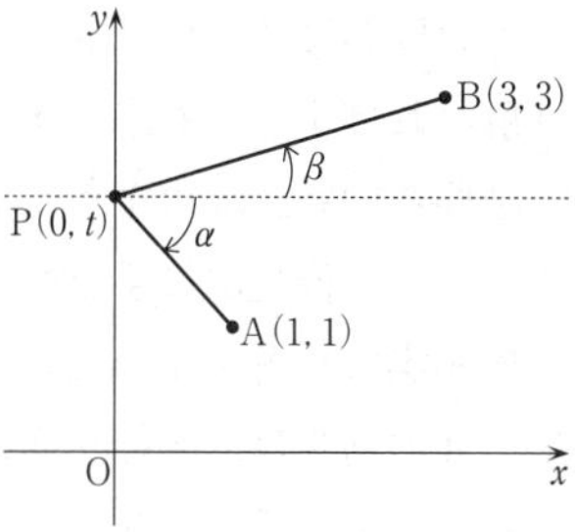

$0<-\alpha<\dfrac{\pi}{2}$ であるから，(2)より

$$\begin{aligned}\tan(\beta-\alpha)&=\tan\{\beta+(-\alpha)\}\\&=\frac{\tan\beta+\tan(-\alpha)}{1-\tan\beta\tan(-\alpha)}\\&=\frac{\tan\beta-\tan\alpha}{1+\tan\beta\tan\alpha}\end{aligned}$$

$\theta=\beta-\alpha$, $\tan\alpha=\dfrac{1-t}{1}=1-t$, $\tan\beta=\dfrac{3-t}{3}$ であるから

$$\tan\theta=\frac{\dfrac{3-t}{3}-(1-t)}{1+\dfrac{3-t}{3}(1-t)}=\frac{2t}{t^2-4t+6}$$

$\theta=\dfrac{\pi}{4}$ のとき，$\tan\theta=1$ であるから

$$t^2-4t+6=2t$$

$$t^2-6t+t=0$$

$1\leqq t\leqq 3$ より

$$t=3-\sqrt{3}$$

このとき

$$y=\frac{2}{\tan\theta}=\frac{t^2-4t+6}{t}=t+\frac{6}{t}-4$$

ゆえに

$$a=1,\ b=6,\ c=-4$$

❖講　評

大問２題の出題で，数学Ⅰ・Ⅱ・Ａ・Ｂそれぞれから出題されている。

Ⅰは小問集合であり，(1)ベクトル，(2)図形と方程式，(3)整数の性質，(4)指数・対数関数，(5)整数の性質，(6)微積分法からの出題であった。多くの問題はごく標準的であり，教科書のやや発展的な問題，例題までが解ければ十分に対応できる。ただし，(5)の②のようにやや高度な議論が必要な問題，(6)のように計算量がある問題も出題される。試験時間が短いため，優先的に手をつける問題を見極めつつ，標準レベルの問題までは確実に正解を重ねたい。

Ⅱの前半は，座標平面における２つの直線がなす角に関する問題である。(1)のような特別な状況であれば，〔解説〕のように正確に図を描ければ解決する。一般的には図から説明をしづらいため，$\tan\theta$ の加法定理を利用して説明する。(2)の問題が，この解決策に気付くためのヒントである。まったく経験がない受験生が試験中にこの誘導に従えるかというとやや難しく，(2)をきっかけに思い出すという人が多かったと考えら

れる。入試でよく問われるテーマに関しては，十分に訓練を積んでおきたい。

一つ一つの内容は決して難しいものではないが，試験本番の緊張感により，また，分量に対して短い試験時間の設定から，高得点を確保するのが難しい。まずは試験時間を気にせず，各単元，各分野の標準的な問題を漏れなく，確実に解ける実力をつけることから始めてほしい。また，過去問は分量，時間の感覚をつかむのには最適であり，特に問題に慣れるという意味では，時間を計りつつ取り組むことで効果が発揮されるだろう。

❖講　評

現代文二題、古文一題、漢字一題の計四題が出題された。

一の評論は、資本主義における貨幣（G）と商品（W）の循環形式を示しながら、交換価値の増殖を論じている。GとWの対比が明確で、具体的な記述も多いので、難解な文章ではない。問1・問2の空所補充は、組み合わせを選ぶので、わかるものから決めて選択肢を絞れば容易。問3・問4は、空欄前後の文脈をおさえ、選択肢の表現にも注意して選べばよい。問5は、脱落文の内容・キーワードに注目して挿入箇所を決める。問6・問8は、具体例の箇所の文脈を丁寧にたどることが必要。問7は、両者の対比が明確なのでまとめやすい。問9は、選択肢中の不適切な箇所が明確なので選びやすい。全体として標準レベルの問題。

二の随筆は、筆者が『續明暗』を書いた事情を述べたものである。問1は、本文全体の流れをおさえた上で、最終段落で選択肢が決定できる。問2は組み合わせを選ぶので、わかるものから決めていけば容易。問4は、筆者のありようを述べた部分に注目して、「十一字」もヒントにして探す。問6の文学史は基本。問7は、選択肢中の不適切な箇所が明確なので選びやすい。問8は、選択肢が言及している箇所を丁寧に読めば難しくはない。全体として標準レベルの問題。

三の古文は、入試頻出作品の『紫式部日記』からの出題。特に第一段落は有名な箇所である。問1・問8は文脈をふまえて、問2は指示語に注目して、それぞれ解釈することが必要である。問3は、ふまえられた和歌の内容・状況を的確におさえる。問6は、傍線部に至る文脈を丁寧にたどる必要があり、やや難。問9は文法から選択肢が絞りやすい。問10は基本。全体として標準レベルの問題。

四は、選択式による漢字の問題。書き取り・読みともに標準レベルの問題。

るが、それでは思いやりがないと述べた上で、女房たちの言うことももっともだと言っている。そういう文脈をおさえて②に決まる。①の「縁起を」以降は作者が「いはまほしき」と思ったこと。③・⑤は女房たちに言及していない。④の「思いやりがない」は、女房たちへの反論を作者自らが評した言葉。

問7　空欄Bの前はサ行下二段活用の「まかす」の未然形か連用形であるから、終止形（ラ行変格活用では連体形）に接続する「らし」「なり」「らむ」は不適。作者が気がねをしていることを述べている箇所であるから、過去の意味を持つ「けむ」「き」も不適。続く部分の「さへ」に注目すれば、〈思うようにしたいことまでも〉ではなく、〈思うようにしてもよいことまでも〉という文脈だろう。そこで、希望の「たし」「まほし」ではなく、強意の「つ」に決まる。「べし」が続いているので終止形になる。「つべし・ぬべし・てむ・なむ」の形は基本事項。

問8　「いでや」は〝いやもう、いやはや〟の意。〝言いたいこともありますが〟に続く部分なので、④に決まる。

問9　「なめり」は、断定の助動詞「なり」の連体形「なる」＋推量の助動詞「めり」の終止形が〈なるめり→なんめり→なめり〉のように撥音便が表記されなくなった形で、〝～であるようだ〟の意。これだけで①・②に絞れる。あるいは、ものに通じている人は少ないという言葉に続いているので、大方の人についての言及であり、「わたし」のことではないから、③～⑤を除いてもよい。「人をばなきになす」は、〝人を無いようにする〟と直訳できるので、①に決まる。

問10　紫式部が仕えたのは中宮彰子、清少納言が仕えたのは中宮定子。彰子・定子とも一条天皇の中宮（定子は後に皇后）である。

四　解答

A―③　B―⑤　C―①　D―⑤　E―②　F―③

り、気がねをする。まして、（宮仕えをして）人の中にまじっては、言いたいこともありますが、いやはや何も言うまいと思われ、わかってくれそうにない人には、言っても益はないでしょう、ものを非難し、我こそはと思っている人の前では、面倒なので、ものを言うことも、おっくうです。特にたいそう物事のあれこれに通じている人はなかなかいない。（たいていの人は）ただ、自分の得意とすることばかりをとりあげて、他人を無視するようなものだ。

▲解　説▼

問1　「艶なり」は〝風流だ、優美だ〟の意。「なりぬる」とあるので〝風流になってしまった人〟であり、この段落は批判的に書かれているので、風流ぶっていてそれが身についてしまった人ということになる。

問2　「心」は同じ文冒頭の「その心」であり、その指示内容は直前の「心すごう」である。「すごし」は〝ぞっとするほど寂しい〟の意。思い出もなく行く末の頼みもなく、作者は寂しさで心がすさんでいるのである。

問3　設問文によれば、踏まえられているのは、荒れた家で琴をひいている女に男が詠んだ歌であり、その第四句を示して、〈わび住まいをしている上に嘆きが加わる〉という意味を表そうとしている。「ゆゆし」は〝忌まわしい〟の意の重要単語。「悩みを重ねたような」「忌まわしく思われます」とおさえられているので、①が正解。②は「求婚」、④は「勘違いをさせる」の部分でそれぞれ不適。③・⑤は「女」とあるところから不適。

問4　「厨子」は〝調度品や書画などをのせる戸棚〟のことである。法隆寺の玉虫厨子は有名。

問5　空欄Aは女房たちの陰口の部分にある。女性である作者が漢籍を読むことを批判しているのである。不審に思い問いただす意味の⑤「なでふ」が正解。ここでは、係助詞「か」とあわせて反語を表す。直訳すると〝どういう女が漢籍を読むのか（いや、女は誰も読んだりしない）〟となる。直後の「女」は作者を指しているわけだから、①の〝どの〟、②の〝どこの〟では不適。③の〝ましてや〟も不適。④は〝なぜ〟の意であるが、漢文の「何為」を読んだものであり、作者を批判している女房たちが使うはずがない。

問6　やや難。直訳すれば〝またそういうこともある〟である。女房たちの陰口に対し、「いはまほしく」思うこともあはりなくならないのでしょうか、物思いのまさる秋の夜も、縁近く出て座って物思いにふけるならば、いっそう、月を昔は賞美したのだろうかと（いうように）、（周囲の人々にもの寂しく）見られている様子をひき起こすもとのようでございますし、世間の人が忌み嫌うと言います咎も、きっとやってくるだろうと、はばかられて、少し奥に引っ込んで、そうは言ってもやはり寂しさにすさんだ心のうちには尽きることなく自然とものを思い続けています。

風の涼しい夕暮れに、聞きよくもない独奏の琴をかきならしては、わび住まいから悩みを重ねたような（琴の音）と、聞き知る男もあろうかと、忌まわしくなど思われますのは、愚かにもわびしくもありました。

それというのも実は、粗末で黒ずみすすけた自宅の部屋に、箏の琴と和琴が調律したままで、気をつけて「雨の降る日は、琴柱を倒せ」などとも言いませんのでそのままに、塵が積もって、寄せ立てておいた厨子と柱との間に（琵琶の）首をさし入れては、琵琶も左右に立ててあります。

大きな厨子一対に、すきまもなく積んでありますものは、ひとつの厨子には、古歌や物語（の書物）で言いようもなく虫の巣になってしまったもので、不快なほどに虫がはって散っているので、開けて見る人もいません。もう一方の厨子には、漢籍などで、わざわざ重ねておいた夫もいなくなりましたのち、手を触れる人も特にありません。それらを、あまりにもひどく所在ないときに、一冊二冊引っぱり出して見ますのを、女房たちが集まって、「御前様（＝紫式部）はこうでいらっしゃる（＝漢籍をお読みになる）から、お幸せが少ないのである。どういう女が漢籍を読むのか（いや、女は誰も読んだりしない）。昔は（女が）お経を読むことをさえ人は止めた」と、陰口を言うのを聞きますにつけても、縁起をかついだ人が、将来命が長いようなことなど、見たことのない例だと、言いたいのですが、それでは思いやりがないようです。また一方女房たちが言うのももっともです。

どんなことも、人によってまちまちである。得意げで派手で、気分良さそうに見える人もいます。すべてに所在ない人が、気の紛れることのないままに、不要な紙（＝古い書物）を探し、勤行を多く行い、お経を絶えず唱え、数珠の音を高くするなど、たいへん気に入らない行いだと存じまして、思うにまかせてよいことまでも、ただ自分の侍女の目をはばか

三

出典　『紫式部日記』

解答

問1　③
問2　①
問3　①
問4　ずし
問5　⑤
問6　②
問7　つ
問8　④
問9　①
問10　②

◆全　訳◆

清少納言は、得意顔でたいへん偉そうにしていた人です。それほどにりこうぶって、漢字を書きちらしています程度も、よく見ると、まだひじょうに足りないところが多い。このように、他人より特別であろうと思いそのように行うのを好む人は、必ず見劣りがし、行く末は見苦しいばかりですから、風流ぶってしまった人は、まったく寂しくなんということもないときも、しみじみと趣深いようになり、興あることも見過ごさないでいるうちに、自然と、あるまじくうわついた様子になるのでしょう。そのうわついてしまった人の果てが、どうして良いでしょうか。

このように、あれこれにつけて、何ひとつ思い出されるべきこともなくて、過ごしてきました人（＝私）が、特に将来の頼みもないのは、慰める方法さえありませんが、心寂しくふるまう身だとはせめて思いますまい。そういう気持ちはや問3　空欄X直後の二つの文は対になっている。空欄直後の文の「ここ」は引用部分を指すのだから、そこには「人間」と「文士」への言及があるはずである。⑤が正解。

問4　空欄Yに続く部分の文脈をおさえる。筆者は「［Y］を生きて来ることのできなかった人間」であり、漱石の言葉がそういう人間に語りかけるのは、漱石が「当時の日本の『今ここ』にある言説空間に向かって書かなかった」からである。ということは、筆者は「今ここ」を生きて来なかった人だと言える。三つ前の段落の前半に、海の向こうで生きて来た筆者の目の前に広がる言語空間への言及がある。

問5　脱落文冒頭の「だが」に注目する。入るべき箇所の前には、「わたし」の母国語が英語（＝日本語ではない）と思えるような内容があるはずである。そう考えながら段落の末尾を見ていくと、第五段落に「日本語でものを書いたことは数えるほどしかない」とある。

問6　①・⑤は漱石、③・④は鷗外の作品。②は二葉亭四迷もしくは林芙美子の作品。

問7　傍線2に続く部分に注目する。漱石が無縁だった「流行」は「自然主義」であり、彼は「学問」があったから「人間」に向かって書くことができた、「今」と「ここ」から離れていた「言葉」を読むことができたのである。以上をおさえた⑤が正解。他の選択肢は、前半後半ともに適さない。

問8　①空欄bの前に「自分の母国語が……当たり前のことのように思えた」とある。合致しない。

②第二段落に「……それだけでは片づかない」とある。「全く同じで」の部分で合致しない。

③傍線2の後に、「流行遅れ」と「学問」へのプラスの評価が書かれている。「どちらかといえば悪評」の部分で合致しない。

④空欄bの段落の冒頭の一文に合致する。

⑤空欄Xの次の段落にあるように、「『今ここ』で彼らが操るしゃべる言葉がすべてである」のは、畏れるに足りない「文士」たちのことである。「文士」は批判の対象であり筆者は「衝撃を受けた」わけではない。合致しない。

問7　⑤
問8　④

◆要　旨◆

十二歳でアメリカに渡ったわたしにとって、母国語が日本語であるのは当たり前のことのように思えたが、日本に戻ると、日本の「今」と「ここ」の中に閉ざされた言語空間に困惑する。日本語を選びとってしまったことによって、切れてしまったようなわたしと世界との関係を復活させてくれるのが漱石のテクストである。わたしに漱石がまっすぐ語りかけてくれるのは、彼が当時の日本の「今ここ」にある言説空間に向かって書かなかったからである。「学問」とは「今ここ」から離れた言葉を読むことであり、漱石は「学問」があったから「人間」に向かって書けた。『續明暗』は漱石を読むことを通じて「人間」に向かい、わたしと日本語との結びつきの必然性を今一度選びなおそうという試みである。

◀解　説▶

問1　すべての選択肢前半に共通する「本屋」への言及の部分では、④の「日本語力がためされている」が不適。後半の『續明暗』への言及の部分で、最終段落をふまえている②に決まる。本文最後の二つの段落にあるように、漱石を読むことは「今」と「ここ」から離れた言葉を読むことであり、それによって筆者は人間に向かって書こうとしている。だから①の「自分は……考えてみたい」の部分は不適。③は「疎外感から抜け出そうとする」、④は「漱石の……参考にしたい」、⑤は「漱石の……学びたい」の部分で、それぞれ不適。

問2　空欄aは、本棚に並んだ本が背を向けている様子を表している部分である。組むのは「スクラム」である。空欄bの段落にある、「すべての子供をアメリカ人にしようとするアメリカ」で、「自分の母国語が日本語であること」を「当たり前にする」のは、大変だったはずである。二つ前の段落にも「必死で日本人であろうとして来た」とある。「エネルギー」に決まり、ここまでで選択肢は⑤になる。空欄cは続く部分から、「漱石」が「拊石」の「モデル」だとつかめる。空欄dは書かれたものである。空欄eの「オマージュ」は〝敬意、賛辞〟の意。

②空欄Dの段落に、貨幣的な価値の獲得が転化をもたらすとある。
③空欄Bの段落に、報酬が行為の価値を高めるわけではないと述べられている。
④「人と競う場においてはじめて得られる」ものならば、「締め出される」ことにはならない。
⑤これは倫理的な意味である。

問9　①「宗教的な崇拝の対象」といった言及はない。
②第一のグループが一番寄付金を得たのだから、公共的な善のための使命感の方が、貨幣的な報酬よりも強い動機づけになっている。「人は結局」以降の部分で合致しない。
③本文冒頭の部分から、「W―G―W′」だったものが「G―W―G′」の循環に反転し、その循環の繰り返しが価値増殖であり資本主義であるとつかめる。合致する。
④「終末論的な思想」への言及はない。
⑤「秩序を……もたらした」といった言及はない。

二

出典　水村美苗『日本語で読むということ』〈3　私の母、母の本　『續明暗』のあとに〉（筑摩書房）

解答

問1　②
問2　⑤
問3　⑤
問4　日本の「今」と「ここ」
問5　しかない。
問6　②

のがある。②「行為へと転化する」、③「単純作業となる」、⑤「抽象的な循環となる」は続きにくい。貨幣が高次の目的へと転換すると、「使用価値」や「行為の価値」はどうなるのか。空欄Yの後の「使用価値Wが……終極性を失い」や「魅力を失う」等にも注目して④に決まる。

問5　脱落文には、特殊が普遍性の具体化になること、普遍性が欲望の対象になること、が述べられている。これは第七段落に示された内容であり、G－W－G′の段階である。

問6　傍線1の現象については、続く三つの段落で、具体的な実験例で解説され、三つ目の段落の最後に「これが、『市場……締め出し』という現象である」とある。善行が賃労働になると、善なる目的への奉仕という意味が締め出されるのである。

①傍線3の前段落に「公共善のための活動にわずかでも貨幣的な報酬がともなうと、人は主として貨幣的な報酬のために活動するようになる」とあり、「これが、『市場……締め出し』という現象である」とある。適。

②道徳が締め出されることへの言及がない。不適。

③「弱肉強食的な競争社会」は本文の内容と無縁。第一グループが最も好成績だったこととも合わない。不適。

④「幼い子どものような……奪われていく」とは本文に書かれていない。不適。

⑤使命感が締め出されていなかったことになる。不適。

問7　傍線2の次の段落は活動の結果について述べている。その次の段落に注目する。善行が賃労働に変質した点をおさえ、第一グループと第二・第三グループの違いを述べればよい。制限字数が少ないので、双方を「前者」「後者」としてよい。

問8　傍線3に続く部分に、パズルやゲームを例とした説明がある。空欄Aの段落に「具体的な行為……締め出されるのだ」、空欄Xの次の段落に「行為の……締め出し」、空欄Bの次の段落に「行為それ自体……具体的な価値」と、同様の言及がある。そこに注目して①に決まる。

為の倫理的な意味や行為の特殊で具体的な価値が締め出される。貨幣的価値の獲得により、任意の使用価値がそれの具体化であるような普遍的な目的として位置づけられるようになる。交換価値Gは使用価値Wへと受肉しながら循環し続ける。

◀解　説▶

問1　空欄Aの前は、行為の特殊性に応じた価値があること。後は、その価値が締め出されること。だから逆接。空欄Bの前は、募金について〈～かもしれないがそうではない〉の形での考察。後も、パズル解きについて同様の表現形式での考察。選択を示す「あるいは」になる。空欄Cの前後は同内容の言い換え。イコールでつなぐ「つまり」が入る。空欄Dは、前で物神性にふれ、後でそれが生まれる論理を述べている箇所。前後は同内容でも逆接でもない。貨幣本来の意味から述べ始めているので、「もともと」が入る。したがって正解は①である。

問2　空欄bの前では、普遍性が事物の有する属性であり、事物への付属品であるとし、使用価値（＝W）中心に展開している状態が述べられているので、空欄bは「W－G－W′」である。空欄cは普遍性が欲望の対象となった段階であり、続く部分に〈抽象的な普遍性（＝G）は自分自身へと回帰する〉とある。空欄cは「G－W－G′」になる。そして空欄b・cの段落では、本来 b だったのが、特殊性と普遍性の間の論理的なプライオリティの関係に逆転が生じた段階が c だと述べていて、続く段落に「 d から e への転換」とあるので、d＝b、e＝cということになる。傍線1以降にも、貨幣という報酬が加わることによる変化が述べられている。そこで⑤に決まる。空欄aも直後に「変化」とあるので「G－W－G′」になる。

問3　空欄Xに入る提案は、直後から、「貨幣的な価値……抵抗すべきだ」という意味を持つものである。最終段落に、〈貨幣的な価値は交換価値Gであり、行為の価値は使用価値Wだ〉ということが述べられているので、GよりWを重視するという②に決まる。①は「貨幣の優位性」で不適。③～⑤は貨幣についての言及がなく、「社会体制」「社会システム」も本文とは無縁で不適。

問4　空欄Yの主語は、直前の「個々の具体的な……行為の価値」であるから、そもそも述語の形としてつながらないも

国語

一

出典　大澤真幸『新世紀のコミュニズムへ――資本主義の内からの脱出』〈第4章　脱成長のための絶対知　3　交換価値か、使用価値か〉（ＮＨＫ出版新書）

解答

問1　①

問2　⑤

問3　②

問4　④

問5　態である。

問6　①

問7　前者にとっては善い目的への使命感のある活動だが、後者にとっては自分の利益のための賃労働という意味。（五〇字以内）

問8　①

問9　③

◆要　旨◆

資本主義とはG―W―G′の循環を基軸として経済が展開している社会システムである。この循環公式は人の欲望のあり方の変化を表現している。本来、普遍性は特殊な事柄の属性にすぎなかったが、特殊性が普遍性のひとつとして位置づけられるようになると、普遍性自体が欲望の対象となり実体性を獲得する。それが貨幣である。貨幣という報酬により、行

2022年度

問題と解答

■学部別入試

問題編

▶試験科目・配点

教　科	科　　　目	配　点
外国語	「コミュニケーション英語Ⅰ・Ⅱ・Ⅲ，英語表現Ⅰ・Ⅱ」，ドイツ語（省略），フランス語（省略）から1科目選択	150点
選　択	日本史B，世界史B，地理B，政治・経済，「数学Ⅰ・Ⅱ・A・B」から1科目選択	100点
国　語	国語総合（漢文を除く）	100点

▶備　考

「数学B」は「数列，ベクトル」から出題する。

英語

(60分)

〔Ⅰ〕 以下の英文を読んで，1～5の問いに答えなさい。

Though people both take and share more photos than ever before, until recently we have known very little about how different reasons for taking photos impact people's actual experiences. For instance, when touring a city, some people take photos to share with others (e.g., to post on Facebook), while others take photos for themselves (e.g., to remember an experience later on). Will those who take photos to share them enjoy the experience more or less than those who take photos for themselves? How do people's purposes for taking photos impact their enjoyment of photographed experiences? In twelve studies with over 2,800 participants, results show that (ア) fact those who take photos to share with others, compared to those who take photos for themselves, enjoy the photographed experiences less.

In one study, tourists lined up to take a photo at the famous Rocky statue in Philadelphia were asked whether these photos were (あ) for themselves or to share. Then, after they took the photo, they were asked how much they enjoyed the experience. Based (イ) their answers in conjunction with other studies it was found that those who take photos to share enjoy the experience less, and are less likely to recommend the experience to a friend, compared to those who take photos for themselves.

Similar effects were found when people were asked to take photos during their Christmas celebrations. Participants were tasked with taking photos on December 25th for a photo album that was either just for themselves or to share on social media platforms, such as Facebook. Interestingly, the albums created for sharing differed from those created for personal use. Albums created for sharing featured more photos where people were posed (as opposed to candid) and where people were smiling for the camera, suggesting that they wanted to present a positive impression to the viewers of the album. In addition, with shared albums, people were more likely to include photos that included items typical (ウ) the holiday (e.g., Christmas trees, stockings, etc.), suggesting that they felt the need (X) to provide details about the context for those who were not there. Further, those that were told to take photos to share enjoyed the photo-taking experience less than those who took photos for themselves.

But why is that the case? Why would one's purpose for taking photographs affect enjoyment of the experience? Findings suggest that this occurs because taking photos to share increases photographers' worries about how others will judge their photos. This intent to share with others increases feelings of anxiety (a) to present one's self in a positive light, which in turn reduces enjoyment during the experience. In addition, these negative feelings extend to people's interest in participating in similar future experiences, such that taking photos to share actually decreases their desire to repeat that experience again. This is even the case when the person taking the photo is not personally in the photo, such as when sharing a photo of a sunset or, in the previous study, a Christmas tree.

Some people experienced these negative effects of intending to share more strongly than others. Those who are high in self-consciousness (those who are highly concerned about how they appear to others and what others think about them) show stronger effects. When they take photos to share, they enjoy the experience less, not just compared to those taking photos for themselves, but also compared to those who do not worry so much about what others think of them.

Does it matter who sees the photos? Researchers investigated whether the audience (エ) whom one shares matters. They reasoned that intending to share one's photos with a broad group of acquaintances (e.g., all friends on Facebook) would reduce enjoyment, but taking photos to share only with close friends or for one's own personal album would make the experience itself significantly more enjoyable. Indeed, that was the case. Taking photos to share with people they did not know very well, and who did not know them well, (い) participants to have feelings of anxiety and also reduced the extent to which they felt engaged in the experience. They worried about what others thought and hence were less present in their own experience, causing them to enjoy the experience less.

Moreover, this research identifies a potential misstep among businesses; (う) consumers to take photos to share during experiences may be counterproductive. For instance, many restaurants and hotels incorporate hashtags throughout their advertising to motivate consumers to take photos for sharing on Instagram, Facebook, and Twitter. Such $\underset{(b)}{\underline{\text{salient}}}$ reminders might have unintended costs if they reduce the enjoyment people feel during the experience itself, with potentially $\underset{(c)}{\underline{\text{harmful}}}$ effects on remembered enjoyment. Moreover, these negative effects on consumers' experiences may reduce their propensity to repeat such experiences or recommend them to others.

Our experiences are $\underset{(d)}{\underline{\text{vital}}}$ to our well-being, and understanding what affects our enjoyment is important both to people seeking happiness and to companies creating and marketing such experiences. People widely share with others, not only through (え) and verbal communication, but increasingly through photos. More and more, photos are taken as an experience unfolds, and hundreds of millions of these photos are shared every day through social media and other channels. While consumers may enjoy sharing these photos later on, and find value in receiving "likes" and "comments" when they do, they may want to consider how taking photos to share can undermine their own enjoyment during the actual experience itself.

1. 空欄（ア）～（エ）に入れるのに適切な語を，それぞれ（1）～（4）から1つ選び，その番号をマークしなさい。

(1) in　(2) of　(3) on　(4) with

2. 空欄（あ）～（え）に入れるのに適切な語を次から選び，必要な場合には適切な形に変えて，解答欄に記入しなさい。

encourage / intend / lead / write

3. 下線部（a）～（d）の語と最も意味が近い語を，それぞれ（1）～（4）から1つ選び，その番号をマークしなさい。

(a) anxiety

(1) anger　(2) concern

(3) happiness　(4) reassurance

(b) salient

(1) easy　(2) irrelevant

(3) notable　(4) open

(c) harmful

(1) damaging　(2) favorable

(3) real　(4) strong

(d) vital

(1) critical　(2) detrimental

(3) spiritual　(4) unimportant

4. 下線部（X）は，この場合，具体的にはどのようなことを意味していますか。日本語で書きなさい。

5. 以下の（1）～（8）の英文について，本文の内容に合致している場合にはTを，合致していない場合にはFを，それぞれマークしなさい。

(1) People who take photos for themselves enjoy the photographed experiences less than those who share photos online.

(2) Those who take photos for themselves are less likely to smile in the photos than people who share photos online.

(3) Someone who did not include Christmas party decorations in their photos

probably enjoyed the party more than someone who did include the decorations.

(4) Taking a photo without people in it prevents the anxiety of sharing the photo.

(5) Sharing photos is a good way to make a person less self-conscious.

(6) A restaurant could eventually lose customers who are persuaded to share photos showing themselves in the restaurant.

(7) Due to social media, people use photos rather than spoken communication to exchange experiences.

(8) Someone anxious about taking photos to share will not enjoy sharing pictures of the event afterwards.

〔Ⅱ〕 以下の英文を読んで，1～7の問いに答えなさい。

We have been telling stories about machines with minds for almost three thousand years. In *The Iliad**, written around 800 B.C., Homer* describes the oldest known AI: “golden handmaids” created by Hephaestus, the disabled god of metalworking. They “seemed like living maids” with “intelligence … voice and vigor,” and “ran around supporting their master.” In *The Odyssey**, Homer also gave us the first autonomous vehicles — the self-sailing ships that take Odysseus home to Ithaca. They navigate “by thought,” along with two robots — a pair of silver and gold watchdogs which guard a palace not with teeth and claws but with their “intelligent minds.”

Such stories have been told continually ever since. They come in a wide range of forms: myths and legends, film and fiction, and serious-minded speculations(a) about the future. Today more than ever, intelligent machines are featured in popular films and bestsellers, from *Star Wars* and *Westworld* to Ian McEwan’s *Machines Like Me*. Currently, we might call such machines “AI” — artificial intelligence — a term coined(b) in 1955. But they have had many other names, all of which have different nuances, including “automaton” (since antiquity), “android” (1728), “robot” (1921), and “cyborg” (1960).

Why are we so fascinated by robots? A few scholars have tried to explain. The first was Ernst Jentsch, who claimed in his 1906 essay “On the Psychology of the Uncanny” that “in storytelling, one of the most reliable ways to produce uncanny effects is to leave the reader uncertain as to whether he has a human person or an automaton in front of him.” Jentsch illustrated this idea with the 1816 short story “The Sandman” by E. T. A. Hoffmann. The story features a young man, Nathanael, enchanted by the beautiful Olimpia, a young woman who lives next door to him. She is an excellent dancer, but does not speak beyond saying “Ah-ah!” When Nathaniel (　A　) discovers that she is, in fact, an automaton, constructed by her “father,” he is so upset that he commits suicide.

In his essay “The Uncanny” a few years later, Sigmund Freud further developed this idea. The notion of the uncanny has remained central to thinking about our reaction to human-like machines to this day. The Japanese roboticist Masahiro Mori famously coined the term “uncanny valley” to describe the unsettling (c) effect of being confronted with a machine that is almost, but not quite, human.

(　B　), Minsoo Kang argued in his book *Sublime Dreams of Living Machines* (2011) that Freud is wrong to only focus on the [　ア　] associated with robots, such as being deceived by a machine into thinking that it is human. Throughout history people have also linked hopes and positive feelings to robots. For example, E. R. Truitt writes in her book *Medieval Robots* (2015) about the castle of Hesdin in medieval France, where automata played jokes on unsuspecting visitors. *Star Wars* fans might think of the comic relief provided by the robots C-3PO and R2-D2.

Kang’s own view is that the humanoid machine is fascinating because it is “the ultimate paradox. Its very nature is a series of contradictions.” The uncanny is one aspect of this, challenging (d) the categories of the real and the unreal. But it is not the whole story, as such machines also challenge our divisions between the living and the dead, or creatures and objects.

Kang's analysis is surely right — but again, not the whole story. Writer and critic Victoria Nelson added another piece of the puzzle, suggesting that repressed religious beliefs motivate many of the stories we tell about humanoid machines. This too seems right. Classicist Adrienne Mayor describes mythical tales of intelligent machines as "ancient thought experiments" in the potential of technology to transform the human condition. This too seems like an important function. Stories — in particular, the last hundred years of science fiction — offer the deepest explorations available of life with AI.

(C) one explanation for why humanoid robots fascinate us is that they can fulfill (e) so many functions. They can be simultaneously unsettling and [イ]. In a way, they can be what we want them to be, unrestricted by what would count as "[ウ]" for a human. In this way, they can fulfill narrative roles similar to those of gods or demons, embodying archetypes* and exaggerated concepts: the ruthless unstoppable killer, the perfect lover, or the ultra-rational calculating machine. They allow us to explore extremes — which is one reason why robot stories are often utopian or dystopian. Stories about such machines are therefore always really stories about ourselves: (X)人間であるとはどういうことかについての私たちの観念を，パロディにし，検討し，複雑化することである。

The Iliad 『イーリアス』(ホメーロスによる叙事詩)

*Homer ホメーロス(古代ギリシアの詩人)

**The Odyssey* 『オデュッセイア』(ホメーロスによる叙事詩)

*archetypes 原型

1. 下線部(a)～(e)の語句の意味と最も近い語句を，それぞれ(1)～(4)から選び，その番号をマークしなさい。

(a) speculations

(1) gambles (2) hopes

(3) investments　　(4) suppositions

(b) coined

(1) discussed　　(2) invented

(3) monetized　　(4) tossed

(c) unsettling

(1) disturbing　　(2) encouraging

(3) flattering　　(4) surprising

(d) challenging

(1) achieving　　(2) disputing

(3) establishing　　(4) trying

(e) fulfill

(1) evoke　　(2) fascinate

(3) perform　　(4) provoke

2. 空欄（ A ）～（ C ）に入れるのに最も適切な語句を，それぞれ（ 1 ）～（ 4 ）から１つ選び，その番号をマークしなさい。

(A) (1) at first　　(2) even

(3) still　　(4) ultimately

(B) (1) And　　(2) For

(3) However　　(4) Therefore

(C) (1) As　　(2) But

(3) So　　(4) While

3. 空欄［ ア ］～［ ウ ］に入れるのに最も適切な語句を，それぞれ（ 1 ）～（ 5 ）から１つ選び，その番号をマークしなさい。

［ ア ］(1) affections　　(2) curiosities　　(3) fears

(4) inconveniences　　(5) joys

［ イ ］(1) funny　　(2) furious　　(3) jealous

(4) scary　　(5) unpleasant

［ ウ ］(1) difficult　　(2) positive　　(3) realistic

(4)　superb　　(5)　suppressive

4. 下線部（X）の日本語を英訳するために，（1）〜（9）の単語を並び替えてカッコの中に入れ英文を完成させるとき，カッコ内の単語のうち6番目に来るものの番号をマークしなさい。

parodying, examining, or complicating (　　　　　　　　　　　　　　).

(1)　be　　(2)　human　　(3)　it　　(4)　means　　(5)　notions

(6)　of　　(7)　our　　(8)　to　　(9)　what

5. この文章の内容と合致する文を，それぞれ1〜4から1つ選び，その番号をマークしなさい。

(1)　The oldest known AI

1　sailed on self-sailing ships.

2　served their disabled master.

3　were made by "golden handmaidens."

4　were not able to talk.

(2)　In a story written by E. T. A. Hoffmann,

1　Nathanael enjoys dancing and talking with Olimpia.

2　Nathanael kills himself.

3　Nathanael's father kills himself.

4　Nathanael's father kills Olimpia.

(3)　The author of this article

1　agrees best with Kang's analysis.

2　agrees best with Victoria Nelson's and Adrienne Mayor's analysis.

3　develops their thoughts based on Freud, Kang, Nelson, and Mayor, adding their own analysis.

4　disagrees with all of the other scholars, developing their own analysis.

6. （設問省略）

7. この文章にタイトルをつける場合，以下の（1）～（5）のうち，最も内容にふさわしいものを1つ選び，その番号をマークしなさい。

(1) A Brief History of Robots in Literature and Film

(2) Our Many Words for Robots

(3) The Evolution of Robots in Fiction

(4) Why We Keep Telling Robot Stories

(5) Why Robots Are Important

〔Ⅲ〕 Amanda Gorman is a young black woman who was invited, at the age of 22, to read aloud her own poem at U.S. President Joe Biden's inauguration ceremony. The world was moved and inspired by the grace and power of her hopeful message. The following conversation is from a television interview she gave the next day in Los Angeles.

For each question (1) to (15) choose the ONE correct answer from A to D that fits the blank.

James Corden (JC): Our next guest, who is only 22 years old, performed her poem "The Hill We Climb" at President Biden's inauguration. It was breathtaking. And I am so ______(1) to say that she's here on the show. Please welcome the incredible Amanda Gorman, everybody.

Amanda, I am so ridiculously happy to talk to you tonight on the show. How are you?

Amanda Gorman (AG): I am amazing. I'm ten times better because I'm talking to you. You are my favorite human being ______(2).

JC: That is such a ______(3) thing for you to say. Now, let's talk. Let's talk about yesterday. Well done. Well done, seriously.

AG: Thank you so much.

JC: ______(4) the grace with which you spoke incredibly profound. And in a moment, it ______(5) you captured so much of how so many people were feeling and you captured the nation's heart. How are you processing this last 24 hours, and the massive positive attention (6)______ bestowed on you?

AG: I don't think I really can process it. To give you a metaphor for that, my phone was (7)______, it was so hot. It just gave up on itself three hours (8)______. I was outside in the cold and my phone was so hot with the (9)______ support and love that was coming for my words. And that was just incredible. You know, honestly, it's a personal honor for me to be the youngest inaugural poet, but I think it was something beyond that, beyond myself, a moment for the country and the world to really move (10)______. And for me to be a small part of that, that's (11)______ anyone can ask for.

JC: But I don't think you were a small part. I think you were for me the pivotal moment. Now. I know that your mother is a teacher (12)______ here in Los Angeles. She (13)______ beyond proud of you, I imagine every day, but today particularly.

AG: This is (14)______ where I can unabashedly say, "I need a new iPhone." Get it! You have to capitalize on these days with your mother. But no, I finished my poem and I came up to her and she was just sobbing. And we were trying to keep from being too emotional. We were standing (15)______ the world!

(1)　A．honorable　　B．honored
　　C．honorific　　D．honoring

(2)　A．at all　　B．ever
　　C．mostly　　D．never

(3)　A．lovable　　B．love
　　C．loved　　D．lovely

(4)　A．For me　　B．I found
　　C．If only　　D．It was

(5)　A．felt like　　B．is in fact

出典追記：Dialogue from The Late Late Show With James Corden - Courtesy of CBS Broadcasting Inc.

C. let　　D. believed that

(6) A. that had been　　B. that is being
C. who has been　　D. who will be

(7) A. fired　　B. firing
C. on fire　　D. set fire

(8) A. ago　　B. early
C. late　　D. since

(9) A. all　　B. amount of
C. emotion　　D. lots of

(10) A. around　　B. backward
C. forward　　D. up

(11) A. all　　B. because
C. therefore　　D. why

(12) A. by　　B. correctly
C. exactly　　D. right

(13) A. can be　　B. has been
C. is going to be　　D. must be

(14) A. one of those days　　B. timely
C. timing　　D. today

(15) A. and expected by　　B. back of
C. behind　　D. in front of

日本史

（60分）

〔Ⅰ〕　次に示す史料Ａ～Ｄを読み，以下の設問に答えなさい。なお，史料には，適宜，表記を改めた箇所がある。

史料Ａ

第三十五条　衆議院ハ［　1　］ノ定ムル所ニ依《よ》リ公選セラレタル議員ヲ以《もっ》テ組織ス

　衆議院ノ議員ハ其《そ》ノ資格ト其ノ任期トヲ定メテ広ク全国人民ノ公選スル所ヲ取ラムトス。本条議員選挙ノ制規ヲ以テ之《これ》ヲ別法ニ譲ル者ハ，蓋《けだし》選挙ノ方法ハ時宜《じぎ》ノ必要ヲ将来ニ見ルニ従ヒ，之ヲ補修スルノ便ヲ取ルコトアラムトス。故ニ憲法ハ其ノ細節ニ渉《わた》ルコトヲ欲セザルナリ。

（出典：伊藤博文『憲法義解』(注1)国家学会）

史料Ｂ

　若《も》し全国民が悉《ことごと》く平等の能力を有し，平等の資格を有《も》つて居るものとすれば，全国民に悉く平等の選挙権を与へて，総ての議員が均しく全国民から公選することにするのが最も正当であるべき筈《はず》でありますが，併《しか》しながら実際には国民は決して平等なものではない。(ア)国民は其《そ》の門閥に於《おい》て，其の財産に於て，其の学識に於て，其の経験に於て，又《また》は其の社会上の徳望に於て，千差万別，実際は極めて不平等なものであります。此の実際上の不平等を無視して，全国民を平等な者として取扱ひ，之《これ》に平等の選挙権を与へて，平等に全国民の中から総ての議員を公選するものとするのは，決して真に適当なる代表者を得る所以《ゆえん》ではないのであります。

（出典：美濃部達吉『憲法講話』(注2)有斐閣）

史料C

然《しか》し更に遡《さかのぼ》つて吾々の考へて見ねばならぬ点は，［　2　］論者が（中略）観て以《もっ》て選挙権の行使に必要なりとする「能力」とはどの程度のものを指すかの問題である。若《も》し之《これ》が，一方に於《おい》ては現代の政治組織を正確に理解し，又《また》他方に於ては時々刻々に起る各種の政治問題に就《つい》て相当の意見を積極的に立て得る程度の高い能力を意味するものならば，斯《か》かる能力を有する者は，国民中極めて少数の部類である事は疑も無い。（中略）併《しか》し乍《なが》ら，現代立憲政治の運用に於ては実は斯かる高度の能力を選挙権者に求むる者では無い。然らば何《ど》れ丈《だ》けの能力を必要とするかと言ふに，（中略）選挙権者が，其《その》権利を行使するに際し，各候補者の言論を聴いて，其の何れが多くの真理を含むやの判断を為し，又予《か》ねての見聞に基き，其《その》各候補者の人格を比較し，其のいづれかより多く信頼するに足るかの判断を誤らなければ可《よ》い。積極的に政治上の意見を立つるまでの必要は無い。即ち極めて平凡なる常識で足りるのである。受働的に候補者の人格と政見との比較を適当に為し得れば可いのである。之《こ》れ位の事なら，今日の国民には誰にも出来ると思ふ。（中略）教育の盛んな現代の文明国民の普通に有つて居る最低度の常識的能力で十分なのである。（中略）斯く考ふれば，選挙制度は原則として必ず普通選挙たらざる可《べか》らざるの理は，一目瞭然であらう。

（出典：吉野作造『普通選挙論』(注3)万朶書房）

史料D

だが此度《このたび》の選挙で一票入れられるのは，皆さん方のお父さん，御良人《おつれあい》，お兄さん，お子さん方を初め運転手，店員，下男，作男，小使，等々すべて男だけです。男なら二十五歳以上の人には全部あります。いくらお母さんでも，学校の校長さんでも，院長さんでも，女ではだめです。

では投票は女には出来ない程の六ケ敷《むつかし》いことかといえば，それは何でもないことです。二月二十日の選挙日に投票場ときめられている所へ行って，自分の最もいいと思う候補者の名を紙に書いて箱に入れてくればいいのです。（中略）

尤《もっと》も女が一票もったって何にもならないではないかと仰有《おっしゃ》る方があるかも知れません。

然《しか》し男と同様に女も一票持っているということになれば，第一女の値打ちが上がります。女だというので男から馬鹿にされる事が少なくなります。又《また》一票の手前，女自身もうっかりしていられなくなります。それに一票持っていると，現在(イ)女にとって不都合な法律，例えば男は姦通してもいいが女はいけないとか，子供は男親のものだとか，夫婦で共稼ぎをして貯めた金でも全部夫のものになってしまうといった法律を改正する事が出来易くなります。

なぜならそれ等の法律を改正するのは代議士がするのですから，一票あれば代議士に賛成させる事が容易です。否，じっとしていても，代議士は女の持っている一票がほしいので，女の気に入るように，先方からこの法律を改《か》えましょう，といって来ます。法律だけでなく，学校の事，子供の事その他同様です。

だからどうしても女も一票持つ必要があります。

(出典：市川房枝「婦選運動十三年」(注4)，『市川房枝集』第2巻)

(注1)『憲法義解』：1889年公刊。明治政府の準公式的な大日本帝国憲法解説書。史料Aは，「第三十五条…」の部分が憲法の条文，「衆議院ノ議員ハ…」の部分が解説である。

(注2)『憲法講話』：1912年初版。引用は1918年の改訂版による。

(注3)『普通選挙論』：1919年刊行。

(注4)「婦選運動十三年」：1932年の『婦人世界』第27巻第3号に掲載。13年前に市川房枝は平塚らいてうらとともに新婦人協会を設立した。

問1　普通選挙について，史料B，C，Dはそれぞれどのように考えているか。解答欄に180字以内で書きなさい。

問2　史料Aの空欄[1]に入る語句は何か。条文の解説をよく読んで，解答欄に漢字3字で書きなさい。

問3　史料Aに関連して，大日本帝国憲法第35条は，選挙資格の「細節」を「別法」に委ねたため，「時宜」に応じた選挙権の拡張が可能となった。最終的に，大日本帝国憲法下で選挙権(選挙人の資格)はどこまで拡張したか。年齢，性別，納税資格の有無に注意して，12字以内で解答欄に書きなさい。

問４　史料Ｂの著者である美濃部達吉は，天皇機関説を唱えて，天皇主権説を唱えたある憲法学者と論争した。その憲法学者の姓名を漢字で解答欄に書きなさい。

問５　史料Ｂの下線部(ア)の見地に立って美濃部達吉が正当化した，国民の公選によらない議院を何というか。適切な語句を漢字で解答欄に書きなさい。

問６　史料Ｃの空欄［　2　］には，「普通選挙」と対になる語句が入る。その語句を漢字４字で解答欄に書きなさい。

問７　史料Ｂの著者である美濃部達吉と史料Ｃの著者である吉野作造は，政党内閣と議院内閣制を正当化する理論を提供し，昭和初期には二大政党が政権交代を繰り返す状況が続いた。このような政治のあり方を何と呼ぶか。適切な語句を解答欄に書きなさい。

問８　史料Ｄの下線部(イ)に関連して，民法典論争において「民法出デヽ忠孝亡ブ」と主張した憲法学者の兄で，男性優位の家父長制的な家制度を支えた民法の起草者の一人は誰か。その姓名を漢字で解答欄に書きなさい。

〔Ⅱ〕　次の文章を読み，以下の設問に答えなさい。

鎌倉時代，将軍との間に主従関係を結んだ武士は，とくに「御家人」(ア)と呼ばれた。源頼朝は挙兵後に関東の荘園・公領を支配し，1185年に義経追討を理由として守護・地頭(イ)をおく許可を得ると，御家人に対し，おもに地頭に任命することで先祖伝来の所領の支配を保障したり，新たな領地を与えたりした。一方，御恩を受けた御家人には，従者として奉公(ウ)を果たす義務があった。このように土地の給与を通じて，主人と従者が御恩と奉公の関係によって結ばれる制度を封建制度という。鎌倉幕府は封建制度にもとづいて成立した最初の政権であった。

鎌倉時代初期には幕府の力はまだ脆弱であり，諸国では朝廷の任命した国司が力を持つなど，政治の面でも経済の面でも二元的な支配が特徴であった。その後，承久の乱(エ)に勝利した幕府は，上皇方についた貴族や武士の所領を没収し，戦功のあった御家人らをその地の地頭に任命した。こうして幕府の力が強まると，朝廷と幕府の二元的支配の状況は大きく変わり，幕府が優位に立つことが多くなった。

しかし蒙古襲来(オ)では，幕府は御家人たちの功績に対し十分な所領を与えることができず，御家人たちの信頼を失うこととなった。鎌倉時代は分割相続を原則としていたこともあり，新たな所領が与えられなければ所領は細分化され，御家人たちは経済的に困窮していった(カ)。困窮する御家人たちの幕府への反発は強まり，後醍醐天皇の呼びかけに応じて足利尊氏などが倒幕に立ち上がると，1333年，鎌倉幕府は滅亡した。その後は南北朝の動乱が続いたが，足利義満は南北朝の合体を実現し，室町幕府を確立した。

武士が大きな力を持つようになった鎌倉時代には，京都の公家の文化(キ)を受け継ぎながらも，一方では，新興の武士や庶民に支持された新しい文化が生み出され，しだいに成長していった。仏教では旧仏教の腐敗を批判する新たな仏教(ク)が生まれ，各地に広がっていった。さらに室町時代になると，武家文化と公家文化の融合は一層進み，当時成長しつつあった惣村(ケ)や都市の民衆から(コ)の影響も受けることで，広い基盤をもつ文化が生み出された。

問 1　下線(ア)について，源頼朝の死後におこなわれた十三人の合議制に参与した東国武士団出身の御家人として正しいものはどれか。A～Eから一つ選び，解答欄にマークしなさい。

A　大江広元

B　三善康信

C　北条泰時

D　三浦義澄

E　金沢実時

問 2　（設問省略）

問 3　下線(ウ)に関連して，鎌倉時代の御家人の奉公についての記述として正しいものはどれか。A～Eから一つ選び，解答欄にマークしなさい。

A　戦時には，惣掟にもとづいて惣領が出陣・参戦を行った。

B　平時には，交替で東北地方の警護にあたった。

C　平時には，将軍御所や鶴岡八幡宮の修造などに経済的負担を負った。

D　国司は，各国の御家人に対して，京都大番役への勤仕を催促・指揮する権限を持った。

E　幕府は，将軍権力を支える軍事力の育成につとめ，奉公衆と呼ばれる直轄軍を編成した。

問 4　下線(エ)に関連して，承久の乱後の政治についての記述として正しいものはどれか。A～Eから一つ選び，解答欄にマークしなさい。

A　京には京都守護が置かれ，西国御家人のための裁判にあたった。

B　北条泰時は執権を補佐する連署をおいて北条氏一門以外の御家人をこれにあてた。

C　幕府は後鳥羽上皇を佐渡へ，順徳上皇を隠岐へ配流した。

D　承久の乱後に補任された地頭を本補地頭という。

E　幕府は後堀河天皇を即位させるなど皇位の継承にも干渉するようになった。

問５　下線(オ)に関連して，蒙古襲来後の鎌倉時代の政治や社会についての記述として正しいものはどれか。Ａ～Ｅから一つ選び，解答欄にマークしなさい。

Ａ　九州地方の政務や裁判の判決，御家人の指揮にあたる異国警固番役を置いた。

Ｂ　北条氏の力が大きくなり，執権，連署，評定衆で行われる寄合は形骸化した。

Ｃ　御内人と御家人の対立が激しくなり，霜月騒動が起きた。

Ｄ　幕府は永仁の徳政令を発布したが，翌年全ての内容を撤回した。

Ｅ　各地の地頭が力を持ち，国人一揆が起きた。

問６　下線(カ)に関連して，中世の相続についての記述として正しいものはどれか。Ａ～Ｅから一つ選び，解答欄にマークしなさい。

Ａ　鎌倉時代，武家ではいったん所領を譲ると，父祖はどのような理由があっても所領を取り返すことはできなかった。

Ｂ　鎌倉時代に所領をめぐる争論の解決のため，鎌倉に赴いた女性の紀行文が『十六夜日記』である。

Ｃ　御成敗式目によって女性が相続できる所領は男性よりも少なくなった。

Ｄ　室町時代になると，地方武士団は血縁的結合を重視するものへと変質していった。

Ｅ　室町時代には守護領国制の確立にともない，分割相続が禁じられた。

問７　下線(キ)に関連して，鎌倉時代，衰退していく貴族の運命を冷静に観察し，道理による歴史の解釈を試みた歴史書はどれか。Ａ～Ｅから一つ選び，解答欄にマークしなさい。

Ａ　愚管抄

Ｂ　歎異抄

Ｃ　方丈記

Ｄ　徒然草

Ｅ　吾妻鏡

問 8　下線(ク)について，新仏教の宗派と中心寺院の組み合わせとして正しいものはどれか。A～Eから一つ選び，解答欄にマークしなさい。

A　浄土宗 ― 本願寺

B　浄土真宗 ― 円覚寺

C　臨済宗 ― 清浄光寺

D　日蓮宗 ― 久遠寺

E　曹洞宗 ― 建仁寺

問 9　下線(ケ)に関連して，室町時代の惣村についての記述として正しいものはどれか。A～Eから一つ選び，解答欄にマークしなさい。

A　名主・組頭・百姓代からなる村方三役によって運営された。

B　宮座を中心に，神社の祭礼をおこなった。

C　年貢納入などの連帯責任を負う五人組が制度化された。

D　一揆と結び，幕府に大挙しておしかける打ちこわしが頻発した。

E　入会地や灌漑用水の管理などがおもな役割で，村民が警察権を行使することはなかった。

問10　下線(コ)に関連して，14 世紀末の都市や民衆についての記述として正しいものはどれか。A～Eから一つ選び，解答欄にマークしなさい。

A　連雀商人や振売と呼ばれた行商人の数が増加していった。

B　月に三度の市(三斎市)が誕生した。

C　美濃の杉原紙，加賀の伊万里焼などの特産品が生産されるようになった。

D　町衆を中心に町が生まれ，独自の町法が定められた。

E　庶民の娯楽として人形浄瑠璃が流行した。

〔Ⅲ〕 次の文章を読み，以下の設問に答えなさい。

17世紀以降長い時間をかけて形成された江戸時代の貨幣制度(ア)は，幕末になり外国との本格的な貿易が始まると，国際的な動向に左右されるようになった。輸出の大幅な増大と金貨の外国への流出防止のための改鋳によって，物価は上昇し，庶民の生活は圧迫された。

新政府が発足すると，1871年に新貨条例(イ)が制定された。1873年には，財政の安定のために地租改正(ウ)条例が公布されたが，負担の軽減を求める地租改正反対一揆が各地で起こった。最大規模の士族の反乱である西南戦争後，政府が財政危機に陥ると，1881年に大蔵卿に就任した松方正義は緊縮財政を推し進めて(エ)，これを克服した。1882年に日本銀行(オ)が設立され，1885年には銀本位の貨幣制度が確立された。第二次松方正義内閣は1897年に貨幣法を制定し，日清戦争の賠償金を準備金に欧米諸国に倣って金本位制を採用することで，貨幣価値の安定と貿易振興をはかった。

第一次世界大戦が勃発すると，日本は欧米列強と同様に金輸出を禁止したが，その一方で，輸出の大幅な増大により空前の好景気になった。しかし，このいわゆる大戦景気は長くは続かず，ヨーロッパ諸国の復興が進むと，国内の生産は圧迫された。株式市場の暴落を口火に欧米に先んじて［　1　］恐慌が発生し，ここから長い恐慌の時代に突入する。1923年には［　2　］恐慌が起きた。その後，片岡直温蔵相の失言がきっかけとなり［　3　］恐慌が起こった。1930年に時の蔵相によって金輸出解禁(カ)がなされたものの，ニューヨークのウォール街での株価大暴落をきっかけとする世界恐慌の煽りを受け，［　4　］恐慌が起こった。各国が世界恐慌からの脱出をはかる(キ)なか，日本は1931年に金輸出を再禁止し，管理通貨制度へと移行した。

第二次世界大戦後は，極度の物資不足と戦後処理などのための通貨の増発によって，猛烈なインフレが発生し，国民の生活は疲弊した。ＧＨＱによる占領政策のもと，幣原喜重郎内閣や吉田茂内閣等は，経済復興の推進に向けてさまざまな措置をとった(ク)。

問1　下線部(ア)についての記述として正しいものはどれか。A～Eから一つ選び，解答欄にマークしなさい。

A　銭貨は江戸の銀座が独占的に鋳造し，全国に供給された。

B　17世紀後半から各藩が発行した藩札は，城下町を中心とする領内で流通した。

C　金座では，後藤庄三郎のもとで小判・一分金などの秤量貨幣が鋳造された。

D　東日本では主に銀貨，西日本では主に金貨が取引や計算単位に用いられた。

E　金・銀・銭の三貨は固定的な換算率で交換された。

問2　下線部(イ)に関連して，1870年代の日本の金融政策についての記述として正しいものはどれか。A～Eから一つ選び，解答欄にマークしなさい。

A　紙幣の統一を進めるために，兌換紙幣として政府紙幣を発行した。

B　伊藤博文が中心となって，金兌換紙幣にもとづく金本位制が確立した。

C　円，銭，厘を単位とした十進法を採用し，新硬貨をつくった。

D　不換紙幣整理のために，伊藤博文と岩崎弥太郎の尽力で国立銀行条例が発布された。

E　正貨兌換を義務付けた国立銀行条例が発布されると，国営の銀行が相次いで設立された。

問3　下線部(ウ)についての記述として正しいものはどれか。A～Eから一つ選び，解答欄にマークしなさい。

A　所有権を立証できない入会地は，分割して，所有者が決められた。

B　政府はさらなる歳入確保のため，1877年に地租率を3.5%に引き上げた。

C　地租額は，豊作の時は高く，凶作時は低く設定されることが決められていた。

D　地租額は，過去5年の平均収穫高の3%と決められた。

E　農民の土地の私的所有権が認められ，所有者が納税の義務を負った。

問4　下線部(エ)に関連して，その影響についての記述として正しいものはどれか。A～Eから一つ選び，解答欄にマークしなさい。

A　米価が高騰したが，地租額が固定されていたことから，農民の負担は相対的に軽くなった。

B　自らは耕作に関わらず，小作人に耕作地を貸し付けて高額な小作料を金納させる寄生地主制が急成長した。

C　西南戦争の戦費を賄うために濫発された兌換紙幣や兌換銀行券を回収したため，貨幣価値が下がった。

D　貧富の差が拡大し，資本主義経済の基盤となる賃労働者が生み出される条件ができていった。

E　酒造税の徴収や官営工場の払い下げなどによる，財政整理が進められ，インフレが起こった。

問5　下線部(オ)に関連して，日本銀行本店を設計した辰野金吾が設計した建築として正しいものはどれか。A～Eから一つ選び，解答欄にマークしなさい。

A　鹿鳴館

B　東京駅

C　旧東宮御所

D　ニコライ堂

E　三井倶楽部

問6　空欄 [1]，[2]，[3]，[4] に入る語の組み合わせとして正しいものはどれか。A～Eから一つ選び，解答欄にマークしなさい。

	[1]	[2]	[3]	[4]
A	戦後	震災	金融	昭和
B	戦後	震災	昭和	金融
C	昭和	震災	金融	戦後
D	金融	戦後	震災	昭和
E	震災	戦後	金融	昭和

問 7　空欄［ 3 ］の恐慌を，モラトリアムを発して収束させた内閣と蔵相の組み合わせとして正しいものはどれか。Ａ～Ｅから一つ選び，解答欄にマークしなさい。

A　浜口雄幸内閣　　— 井上準之助蔵相

B　若槻礼次郎内閣 — 片岡直温蔵相

C　田中義一内閣　　— 高橋是清蔵相

D　若槻礼次郎内閣 — 井上準之助蔵相

E　犬養毅内閣　　　— 高橋是清蔵相

問 8　下線部(カ)についての記述として正しいものはどれか。Ａ～Ｅから一つ選び，解答欄にマークしなさい。

A　国内をデフレに導くことで，円高に向かわせ，金本位制から離脱した。

B　国内をインフレに導くことで，円安に向かわせ，金本位制から離脱した。

C　国内をデフレに導くことで，円高に向かわせ，金本位制に復帰した。

D　国内をインフレに導くことで，円安に向かわせ，金本位制に復帰した。

E　国内をデフレに導くことで，円安に向かわせ，金本位制に復帰した。

問 9　下線部(キ)に関連して，日本を含む世界各国の動きについての記述として正しいものはどれか。Ａ～Ｅから一つ選び，解答欄にマークしなさい。

A　イギリスなどの植民地を持つ国は本国と植民地のブロック経済圏を作り，自由貿易を促進した。

B　アメリカでは，セオドア＝ローズヴェルト大統領によってニューディール政策が行われた。

C　世界恐慌の影響で社会不安が高まったドイツでは，ファシスト党が急速に勢力を拡大した。

D　ソ連では，社会主義をとなえるスターリンのもとで計画経済を通じた中央集権的経済体制が作られた。

E　日本は円安を利用して輸出をのばすと，生糸の輸出が拡大し，イギリスを抜いて世界第一位の輸出国になった。

問10　下線部(ク)について，さまざまな措置として正しいものはどれか。A～Eから一つ選び，解答欄にマークしなさい。

A　ドッジ＝ラインでは，変動為替相場制をとり，国際競争力を強めようとした。

B　過度経済力集中排除法が制定され，指定を受けた企業の大多数が分割された。

C　ドッジ＝ラインによってインフレは収束し，景気が回復した。

D　石炭や鉄鋼の生産拡大に重点を置いた傾斜生産方式が閣議決定され，重要産業部門に資金供給が行われた。

E　インフレ抑制を目的として，金融緊急措置令が発令され，旧円の流通が促された。

〔Ⅳ〕　以下の文章を読み，問1～10に答えなさい。

戦争の終わりは決められても，「戦後」の終わりはよくわからない。第2次世界大戦の敗戦によって到来した日本の「戦後」は，いつ終わったのか。この問いへの解答はひとつではない。1950年から1953年にかけて，朝鮮半島では戦争が続いていた。日本経済はこの戦争から特需を得て，復興から「成長」の基礎を固めた。その後も，日本の経済・社会発展は，内戦や紛争，独立戦争，軍事独裁といった冷戦下の緊張と表裏の関係をなしていた。

【ア】1962年，地域間格差の是正を目指した新産業都市建設促進法(a)が公布され，全国総合開発計画が閣議決定された。同年には，フィデル＝カストロがソ連の援助によって［　1　］にミサイル基地を設置し，アメリカのジョン＝フィッツジェラルド＝ケネディ大統領は，海上封鎖を実施した。

【イ】新東京国際空港(現・成田国際空港)(b)が開港した。ただし建設の閣議決定がなされてから10年以上を経ており，大幅に遅れての開港であった。

【ウ】アメリカは財政赤字と経常収支赤字の「双子の赤字」に苦しみ，世界最大の対外債務国に転落した。ニューヨークのプラザホテルでＧ５（アメリカ，イギリス，西ドイツ，フランス，日本）の蔵相・中央銀行総裁会議が開かれ，(c)プラザ合意と呼ばれるドル高の是正を目標とする合意がなされた。

【エ】日本と大韓民国との間に日韓基本条約が締結された。(d)大韓民国との国交は正常化したが，朝鮮民主主義人民共和国との国交は未だ正常化していない。同年，アメリカは［ 2 ］への爆撃を開始し，インドシナ半島の戦争が激化した。

【オ】(e)第４次中東戦争が勃発し，アラブ石油輸出国機構（ＯＡＰＥＣ）は，「石油戦略」を行使してイスラエルと友好関係にある国への石油輸出を制限すると共に，原油価格を段階的に，大幅に引き上げた。

【カ】(f)日本万国博覧会（大阪万博）が開催された。テクノロジーが可能にする未来イメージを提示した企業パビリオン群が人気を博し，「産業のオリンピック」とも評された。

【キ】1989年，冷戦の象徴であったベルリンの壁が打ちこわされ，1991年に［ 3 ］が解体した。日本の政治は，(g)竹下登内閣が総辞職して以後，小泉純一郎内閣の発足まで，政権がめまぐるしく交代した。

問１　【ア】～【キ】の文章を下記のように左から右に年代順に並べた場合，［②］，［④］，［⑥］に当てはまる正しい組み合わせはどれか。A～Eから一つ選び，記号を解答欄にマークしなさい。

①【ア】 → ② → ③ → ④ → ⑤ → ⑥ → ⑦【キ】

	②	④	⑥
A	エ	ウ	イ
B	オ	イ	ウ

C　ウ　オ　カ

D　イ　カ　オ

E　エ　オ　ウ

問 2　下線部(a)が公布された1960年代前半の地方開発に関する記述として正しいものはどれか。A～Eから一つ選び，解答欄にマークしなさい。

A　山梨，奈良，佐賀は新産業都市に指定されたことで，重化学コンビナート建設が進んだ。

B　茨城県東海村に日本原子力研究所が設立された。

C　上越新幹線が開通し，高速鉄道網が整備されたことで，新潟市は政令指定都市となった。

D　京葉，京浜，中京などの太平洋ベルト地帯への工業の集中が進んだ。

E　北海道開発庁と沖縄開発庁が設置され，集中的な拠点開発が周縁部からスタートした。

問 3　下線部(b)は，福田赳夫内閣の時に開港した。福田首相在任中の出来事として正しいものはどれか。A～Eから一つ選び，解答欄にマークしなさい。

A　「エサキ＝ダイオード」を開発した江崎玲於奈が，ノーベル物理学賞を受賞した。

B　日本経済は戦後初のマイナス成長となり，高度経済成長は終焉を迎えた。

C　ロッキード事件で田中角栄元首相が逮捕され，内閣の支持率が急落した。

D　国際連合の総会で，中華人民共和国の招請と中華民国の追放が可決され，国際連合の代表権が交代した。

E　日本と中華人民共和国との間に日中平和友好条約が調印された。

問 4　下線部(c)以降の日本経済に関する記述として正しいものはどれか。A～Eから一つ選び，解答欄にマークしなさい。

A　空港や高速道路，学術都市建設といった巨大開発プロジェクトが行われなくなった。

B　国内の農業が手厚く保護されるようになり，穀物ベースの食料自給率が70％を超えた。

C　国内の畜産業が活性化し，牛肉の輸出量が輸入量を上回った。

D　レジャーや旅行関連産業，外食産業などが活性化し，第三次産業の比重が高まった。

E　繊維・繊維製品分野での中小企業の輸出力が高まり，西陣織や丹後ちりめんといった地場の絹織物産業が発展した。

問 5　下線部(d)に関連して，小泉純一郎は日本の首相としてはじめて朝鮮民主主義人民共和国を訪問し，日朝平壌宣言に調印した。その際の朝鮮民主主義人民共和国の総書記は誰か。A～Eから一つ選び，解答欄にマークしなさい。

A　朴正熙

B　金正恩

C　金正日

D　金日成

E　李承晩

問 6　文章中の空欄 [1] ， [2] に入る語の組み合わせとして正しいものはどれか。A～Eから一つ選び，解答欄にマークしなさい。

	1	2
A	キューバ	ベトナム社会主義共和国
B	ジャマイカ	ベトナム共和国
C	ジャマイカ	ベトナム社会主義共和国
D	キューバ	ベトナム民主共和国
E	メキシコ	ベトナム共和国

問 7　下線部(e)に起因する第１次石油危機下の日本経済に関する記述として正しいものはどれか。A～Eから一つ選び，解答欄にマークしなさい。

A　石油から石炭へのエネルギー革命が起こり，石炭産業を中心とした産業構造に転換した。

B　洗剤やトイレットペーパーといった日用品を国家が統制し，配給することで，買い占めの抑制に成功した。

C　化学，鉄鋼，アルミ，石油精製部門が不況業種に転落した。国内工場の閉鎖や縮小が進み，重化学工業の企業城下町として栄えた地方工業都市が衰退した。

D　石油から，風力，太陽光といった再生可能エネルギーへと転換したことで，地方部がエネルギー生産基地となり，クリーン・エネルギー立国を実現した。

E　ソ連からパイプラインを引き込み，新たな石油供給ルートを開拓した。

問８　下線部(f)と同年に起こった出来事として正しいものはどれか。A～Eから一つ選び，解答欄にマークしなさい。

A　「日本列島改造論」を掲げた田中角栄内閣が発足した。

B　作家の三島由紀夫が市ヶ谷の自衛隊駐屯地内で割腹自殺した。

C　東京－新大阪間の新幹線が開通した。

D　沖縄返還協定が調印された。

E　自衛隊がカンボジアへ派遣された。

問９　下線部(g)の間に在職した内閣総理大臣とその事績の組み合わせとして正しいものはどれか。A～Eから一つ選び，解答欄にマークしなさい。

A　細川護熙　―　衆議院に小選挙区比例代表並立制を導入し，選挙制度改革を実施

B　中曽根康弘　―　日本国有鉄道・日本電信電話公社・日本専売公社を民営化

C　橋本龍太郎　―　日本郵政公社と日本道路公団を民営化

D　佐藤栄作　―　非核三原則の明確化，小笠原諸島と沖縄の返還協定調印

E　鳩山由紀夫　―　民主党政権が発足

問10　文章中の空欄 [3] に入る語として正しいものはどれか。A～Eから一つ選び，解答欄にマークしなさい。

A　独立国家共同体（ＣＩＳ）

B　ヨーロッパ経済共同体（ＥＥＣ）

C　ドイツ連邦共和国

D　ソビエト社会主義共和国連邦

E　オーストリア共和国

世界史

（60 分）

〔Ⅰ〕 次の文章を読み，空欄(ア～オ)に当てはまる語句を解答欄に記入しなさい。また，下線部(1～4)および空欄(①～③)に関する設問(1～5)に答えなさい。

4 世紀後半から 6 世紀末にかけて，ゲルマン人の諸部族はローマ帝国の領内に侵入し，それぞれの王国を築いていった。その最初のきっかけを作ったのは，ドン川を越えて西進してきたアジア系遊牧民フン人による東ゴート人および<u>西ゴート人</u>(1)に対する圧迫であった。375 年に東ゴート人がフン人の支配下に入ると，その翌年，庇護を求めた西ゴート人は［ ① ］川を越えてローマ帝国領内に侵入し，これがその後 200 年以上続くいわゆるゲルマン人の大移動の先駆けとなった。

帝国の弱体化に伴う国境防衛力の低下や人口過剰による土地不足といったさまざまな要因が重なり，西ヨーロッパにおいても，当時すでに一定の統合が進んでいた他のゲルマン諸部族によって長期的で大規模な民族移動が繰り返されることになった。たとえば 5 世紀の初めに，ヴァンダル人，ブルグンド人，フランク人は，［ ② ］川を渡ってガリアに侵入し，それぞれアフリカ北部とガリア東南部とガリア北部に王国を建てた。また，ユトランド半島から北ドイツの［ ③ ］川下流域に住んでいたアングル人，サクソン人，ジュート人は 5 世紀半ば頃大ブリテン島に渡って，後に七王国として統合されることになる複数の小王国群を築いた。

他方，［ ① ］川中流域の［ ア ］を拠点に一大勢力を築いていたフン人は，同じ頃，アッティラ王の指導の下さらなる西進を続けていたが，451 年，［ イ ］の戦いで西ローマ帝国とゲルマンの連合軍に敗れた。王の死後しばらくしてフンの王国が瓦解すると，フン人の支配下にあった東ゴート人は解放され，これがやがてテオドリック大王率いる東ゴート人がイタリアに転進する契機となった。493年，東ローマ帝国の要請を受けたテオドリック大王は，この間に西ローマ帝国を滅ぼしていたオドアケルの国を倒し，[ウ]を都とする東ゴート王国を建てた。ローマ系の文人(2)を数多く登用したテオドリック大王の治下，東ゴート王国は当時のゲルマン諸王国の中で最も栄えたが，王の死後，東ローマ帝国のユスティニアヌス帝によって滅ぼされた。しかし，皇帝の死後，北イタリアの地に侵入してきた次なる勢力は，6世紀半ば頃には[ア]にまで南下していたランゴバルド人であった。568年，彼らがパヴィアを都とするランゴバルド王国を建てた頃になって，ようやくゲルマン人の大移動の最初の大波は止むことになった。

大移動期を通じてゲルマン人の王国が乱立し，その多くは総じて短命に終わったものの，フランク王国だけは着実に勢力を拡大して長命を保ち，その後の西ヨーロッパ文明の礎を築いた。他の王国とフランク王国のその後の命運を分けた決定的な違いは，後者がいち早くローマ=カトリック教会(3)との結びつきを強めた点にあった。その関係は，496年，メロヴィング朝を開いたクローヴィスが[エ]派のキリスト教に改宗したときに始まった。これによって彼は，司教をはじめとするガリアのローマ系貴族や人口の大部分を占めるローマ系住民を味方につけると同時に，同じキリスト教でも他の宗派を信奉していたゲルマン諸国を討伐するための口実を手に入れることに成功したのである。

しかし，クローヴィスの死後，分割相続の伝統が災いして王家に内紛が生じ，国王の力が弱まると，やがて台頭してきたカロリング家の宮宰がフランク王国の実権を握るようになった。そして751年，宮宰[オ]の子ピピンがメロヴィング朝最後の王を廃して自ら王位につき，カロリング朝を興した。フランク王はこの時もローマ=カトリック教会との関係を巧みに利用した。ピピンは，神の代理人たるローマ教皇から王位を承認してもらうことで，より高い権威によってメロヴィング王家の権威を打ち破ることに成功したのである。他方，ローマ教皇は，当時イタリアで勢力圏を伸ばしていたランゴバルド王国の脅威をフランク王国の力を借りて排除することを期待できた。事実，ピピンは教皇に王位を認めてもらった見返りに，その後ランゴバルドを討伐するためにイタリアへ遠征し，[ウ]をはじめとする彼らから奪った領地を教皇に対して寄進することになった。教皇は王のために権威を授け，王は教皇のためにキリスト教世界を防衛し，拡大するという西ヨーロッパ的な中世の理念がここに誕生した。やがてピピンの子カール1世(4)が，その理念を体現する人物として世界史に登場することになる。

設問1　西ゴートのその後の歩みに関する説明として正しいものをひとつ選び，その記号を解答欄にマークしなさい。

A．アラリック王に率いられた西ゴート人は，バルカン半島を移動しながら5世紀初めにはイタリアに侵入し，ローマを荒らした。

B．アラリック王の死後，西ゴート人はガリア西南部へと転進し，418年，リヨンを都とするゲルマン人最初の国家を建設した。

C．6世紀初め，西ゴート王国はトゥール・ポワティエ間の戦いに敗れ，王国の重心をガリア西南部からイベリア半島へ移した。

D．トレドに都を移した西ゴート王国は，6世紀の後半以降イベリア半島全域に支配を広げたが，711年，後ウマイヤ朝軍によって滅ぼされた。

設問2　以下の人物の中からテオドリック大王に仕えた文人を一人選び，その記号を解答欄にマークしなさい。

A．ウェルギリウス　　B．ホラティウス

C．ボエティウス　　D．トリボニアヌス

設問3　西ローマ帝国の滅亡以来，東ローマ皇帝の権威を後ろ盾にすることができたコンスタンティノープル教会はローマ教会の首位権を否定するようになっていた。そのような状況を打開するためローマ教会が6世紀から8世紀にかけて行ったこととして正しいものをひとつ選び，その記号を解答欄にマークしなさい。

A．ローマ教会は，聖地イェルサレムを管轄するコンスタンティノープル教会に対抗し，パウロの後継者である教皇と，その殉教の地ローマの優越性を唱えた。

B．教皇グレゴリウス1世は，アングロ＝サクソン人をカトリックに改宗させるために，シトー会の修道士たちをイングランドへ派遣した。

C．コンスタンティノープル教会は聖像崇拝を許していたが，ローマ教会は異教徒への伝道の必要もあったため，聖像崇拝を禁じた。

D．大陸への伝道を教皇から託されたイングランドの修道士ボニファティウスは，フランク王国の後ろ盾を得て，ドイツ中部でカトリック信仰を広めた。

設問4　カール1世がキリスト教世界の防衛と拡大のために行った戦争の説明として正しいものをひとつ選び，その記号を解答欄にマークしなさい。

A．東方においては，隣国のバイエルン公国を倒し，当時中央ヨーロッパに進出してきたアジア系遊牧民のフリース人を撃退して，フランク王国の勢力圏をさらに東へ広げた。

B．西方においては，後に『ローランの歌』で詠われることになるアルプス山脈越えの遠征を行い，イスラーム勢力と戦った結果，国境防衛のためのスペイン辺境伯領を設置した。

C．南方においては，ランゴバルド王国の力が再び脅威となったため，教皇グレゴリウス1世の要請を受けてこの国を討伐し，イタリアでの覇権を確立した。

D．北方においては，容易には屈しないザクセン人との長い戦いに勝利し，ゲルマンの原始宗教を奉じていたザクセン人をカトリックに改宗させた。

設問5　［①］，［②］，［③］に当てはまる河川名の組み合わせとして正しいものをひとつ選び，その記号を解答欄にマークしなさい。

A．［①］：ライン，［②］：ドナウ，［③］：オーデル

B．［①］：ドナウ，［②］：ライン，［③］：エルベ

C．［①］：ライン，［②］：エルベ，［③］：ドナウ

D．［①］：ドナウ，［②］：オーデル，［③］：ライン

〔Ⅱ〕 次の文章を読み，空欄(ア～エ)に当てはまる語句を解答欄に記入しなさい。また，下線部(１～５)に関する設問(１～５)に答えなさい。

2020年５月のジョージ＝フロイド氏の殺害事件に端を発するブラック・ライブズ・マター(以下ＢＬＭ)運動は，アメリカ合衆国を越えて世界各地に燃え広がった。イギリスでは17世紀の奴隷商人の銅像が海に投棄され，ベルギーでは19世紀末にコンゴ盆地を私領化した国王［　ア　］の銅像が放火されたことからもわかるとおり，この運動は合衆国内のアフリカ系住民にたいする差別ばかりでなく，欧米とアフリカの歴史を根底から問いなおそうとする側面を有していた。

そもそもアフリカはながいあいだ，ヨーロッパによって，文明の光が届かない「暗黒大陸」として表象されてきた。たとえば，19世紀初頭に活躍したドイツ観念論哲学の大成者［　イ　］は，『歴史哲学講義』のなかで，アフリカが国家も歴史も存在しない未開の大陸であるかのように論じた。これに反して現実のアフリカには，国家と呼びうる政治体制がふるくから存在した。たとえば，東アフリカには，３～６世紀にインド洋交易などにより繁栄したアクスム王国があり，西アフリカには，(1)サハラ縦断交易で栄えた王国群があり，南アフリカには，11世紀にショナ人が建国しインド洋交易によって繁栄した［　ウ　］王国があった。とはいえ15世紀以前，こうしたアフリカの諸国家とヨーロッパ諸国との関係は，イスラーム世界やインドを介した間接的な交流にとどまっていた。

アフリカがヨーロッパと直接的に対峙するようになるのは，アフリカ大陸を経由してインドに至る航路の整備が進む(2)大航海時代のことである。さらに，アメリカ大陸においてサトウキビ・タバコ・綿花などを栽培するプランテーションが盛んになると，アフリカ住民が奴隷労働力としてもとめられるようになった。19世紀までに1000万人以上の住民が大西洋をわたったと推定され，アフリカの諸社会には甚大な被害が生じた。その一方，周辺国で獲得した奴隷とひきかえにヨーロッパ製の武器を購入することで強大化した(3)ダホメ王国のように，ヨーロッパとの直接的接触を契機としてあらたに勃興する国家も出現した。また，カリブ海では奴隷出身の［　エ　］を中心的指導者としてハイチ革命が起こり，のちの奴隷制廃止と黒人共和国の樹立につながった。近年の研究では，ハイチ革命が［　イ　］の思想形成に影響を及ぼしたことが指摘されている。

アフリカとヨーロッパの接触が熾烈化するのは，19世紀末から20世紀初頭にかけてである。産業革命を経て強大な経済力・軍事力を獲得したヨーロッパ諸国は，天然資源と販路の獲得をおもな目的としてアフリカの植民地化にのりだした。［　ア　］によるコンゴ支配の是非をひとつの争点として1884～1885年に開催されたベルリン会議により，アフリカの分割方式を定めた列強は，1910年代までに一部をのぞくアフリカ大陸(4)全土を支配下におさめていく。植民地化の過程はかならずしも一方的に進んだわけではなく，各地でアフリカ住民側からの抵抗運動(5)が生じ，そうした運動が国家樹立の宣言にいたる場合もあった。しかし，これらの運動は最終的に鎮圧され，アフリカ住民による国家建設が本格化するには，第二次大戦後をまたねばならなかった。近年のＢＬＭ運動によってあぶり出されたのは，おおくのアフリカ諸国が独立を遂げてから60年以上を経たいまもなお，奴隷貿易と植民地主義という負の遺産がアフリカと欧米の関係に暗い影を落としつづけている現実だった。

設問1　西アフリカで栄えた諸王国をめぐる説明として正しいものをひとつ選び，その記号を解答欄にマークしなさい。

A．ガーナ王国は，サハラ砂漠で採掘された岩塩とニジェール川流域産の金とを取引する交易によって栄えた。

B．マリ王国の王アスキア＝ムハンマドは，数千人の従者を連れてメッカ巡礼をおこなったことで知られる。

C．ソンガイ王国最盛期の版図はアフリカ最大を誇ったが，火器で武装したムラービト朝モロッコ軍の侵入により崩壊した。

D．カネム＝ボルヌー王国の交易都市トンブクトゥは，西アフリカにおけるイスラーム文化の中心地となった。

設問2　大航海時代におけるヨーロッパ人のアフリカ進出をめぐる説明として正しいものをひとつ選び，その記号を解答欄にマークしなさい。

A．「航海王子」エンリケは，1415年にアフリカ西北端のダカールを攻略し，西アフリカの探検事業を推進した。

B．バルトロメウ＝ディアスは，ジョアン2世の命を受けてアフリカ周回航路の探索に乗りだし，喜望峰を経由してモンバサに到達した。

C．ヴァスコ＝ダ＝ガマは，アフリカを経由して1498年にインド西岸のカリカットに到達し，その後ポルトガル勢力はアフリカ東岸のモザンビークとソファラを占領した。

D．スペイン国王イサベルは，マスト数の増加や逆風に強い縦帆の導入など帆船の改良を推し進め，多数の航海者をアフリカに派遣した。

設問3　ダホメ王国の説明として正しいものをひとつ選び，その記号を解答欄にマークしなさい。

A．現在のナイジェリア西部で繁栄した王国であり，19世紀末に英領ナイジェリアに組みこまれた。

B．現在のウガンダ南部に樹立されたバントゥー系の王国であり，19世紀初頭にブニョロを倒してこの地域の支配権を握った。

C．現在のナイジェリア北部一帯に成立したフルベ系の王国であり，19世紀初頭にはジハードを宣言し地域一帯を平定した。

D．アフリカ大陸西岸の現ベナンで成立した王国であり，19世紀末にフランスの植民地とされた。

設問4　1910年代においてヨーロッパ列強の公的な植民地や保護国とならなかったアフリカの独立国を地図中のａ～ｆから二つ選び，それぞれの記号と国名を回答欄に記入しなさい。

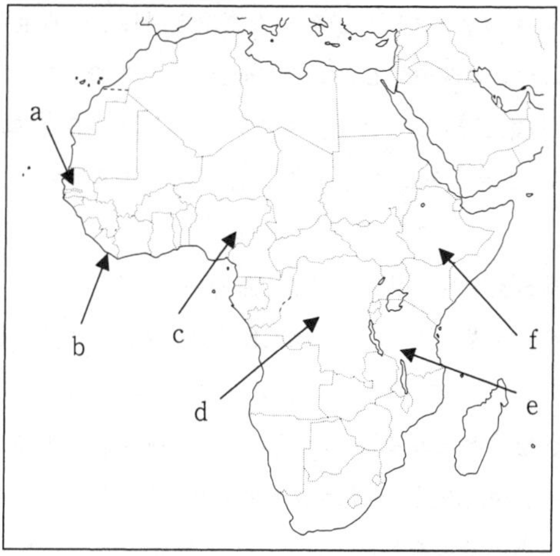

設問5　アフリカ住民による抵抗運動の説明として正しいものをひとつ選び，その記号を解答欄にマークしなさい。

A．ムハンマド＝アフマドに率いられたマフディー運動は，1885年にイギリス軍を撃破し，現在の南スーダンの首都であるハルツームにて国家樹立を宣言した。

B．オランダ人の移民であるアフリカーナーは，現在の南アフリカにトランスヴァール共和国とオレンジ自由国を建国し，石油資源の利権を狙うイギリスと闘った。

C．反フランス武装闘争を進めたサモリ＝トゥーレは，西アフリカ内陸部に100万人の住民を支配する帝国を建設し，イスラーム教による神権政治をおこなった。

D．ムハンマド＝アリーが指導する民族運動は，「エジプト人のためのエジプト」というスローガンの下，ヨーロッパ列強による内政干渉の排除を求めて武装蜂起した。

〔Ⅲ〕 ヨーロッパにおける近代社会の展開過程を考える際，18世紀後半から19世紀前半は歴史的な転換点といえる。イギリスでおこった産業革命は，農業を基盤とした社会から工業を中心とした資本主義経済体制への移行を促し，フランスにおける市民革命は近代国家および市民社会の原理を浸透させる重要な契機となった。この2つの「革命」に関連する以下の文章を読み，空欄(ア～エ)に当てはまる適切な語句を解答欄に記入しなさい。また，下線部(1～5)に関する設問(1～5)に答えなさい。なお，空欄(ア)と(イ)の記入順序は問わない。

産業革命は，機械制工場の展開による生産力の革新を通して資本主義経済体制を確立した。その技術革新を支えたのが18世紀初頭からの蒸気機関の開発(1)，コークス製鉄法の開発，飛《と》び杼《ひ》の発明，紡績機の発明などであった。

ただし，工業化を軸とする産業革命が始まった18世紀後半の年成長率は低調で，短期間で急激な経済成長・変化があったわけではない。しかし，今日に至る市場経済中心の社会の基盤を形成したという意味では，やはり人類史における「革命」的出来事だったといえる。我われの暮らしの側面からこの事象を捉えると，それは生活のあらゆる領域の商品経済化がグローバルに展開していくプロセスでもあった。

そのような状況の中で，1776年にスコットランド出身のアダム＝スミスによって『諸国民の富(国富論)』が刊行され，自由競争を基本原理とした近代経済学が体系化された。その一方で，手工業的な作業場で働いていた職人の失業・生活苦は深刻化し，さまざまな都市問題・生活問題・労働問題が発生した。このような労働者の悲惨な生活の現実を目の当たりにし，スミスとは異なる社会観を提示したのが，エンゲルスによって，フーリエ，サン＝シモンと並ぶ「3人の偉大なユートピア社会主義者」と称されたロバート＝オーウェン(2)であった。競争ではなく，相互扶助を基本原理とするオーウェンの主張は，社会改良のさまざまな領域で多大な影響を与えていくことになる。

さて，産業革命が本格的に展開するのは19世紀に入ってからである。なかでも蒸気機関車を軸とした交通網(鉄道)の発展は産業革命をおし進める原動力となり，1825年にはイングランド北東部の［　ア　］と［　イ　］の区間で世界初の客車・貨車牽引に成功した。その後，ヨーロッパ大陸部で，いち早く産業革命を成し遂げたのはオランダから独立した［　ウ　］であった。

一方，フランスでも七月革命を機に産業革命が本格化したが，工業化の過程は緩やかであった。それには，18 世紀後半のイギリスとは異なるもうひとつの「革命」が少なからず影響している。いわゆるフランス革命である。

フランス革命の思想的背景には，18 世紀にフランスで展開した啓蒙思想がある。この時期には数々の啓蒙思想家が登場し，当時の先進的な学問・技術・思想を集大成し，普及することをめざした<u>『百科全書』</u>(3)も刊行された。また，［　エ　］によって著された，特権身分を批判するパンフレット『第三身分とは何か』(1789年)は世論に多くの影響を与え，フランス革命の高揚を生み出した。

フランス革命の理念は，<u>1789 年に採択された人権宣言(人間および市民の権利の宣言)</u>(4)に端的にあらわされているが，絶対王政や封建制を撤廃し，近代的議会制への道を開くという性質も有していた。

フランスでは，遡ること14世紀に初めて身分制議会としての「三部会」が設置された。しかし 1614 ～ 1615 年を最後に，1789 年まで開催されることはなかった。同年，三部会から第三身分を中心とする一部の議員が分離して結成されたのが国民議会である。結果的に国民議会は国王によって承認され，憲法制定国民議会と改称し，憲法制定に着手する。これがフランス最初の国会といわれている。しかしながら，度重なる政治的混乱のなか，統領政府(1799 ～ 1804 年)まで<u>短期政権</u>(5)を繰り返すことになる。そして，皇帝ナポレオンの統治の時代へと移行していく。

設問 1　下線部(1)に関して，この技術を考案し，主に炭坑の地下水くみあげ作業の動力源として利用することに成功した人物の名前を解答欄に記入しなさい。

設問 2　下線部(2)ロバート＝オーウェンに関する説明として正しいものをひとつ選び，その記号を解答欄にマークしなさい。

A．スコットランドのニューハーモニーに紡績工場を設立したが，失敗に終わった。

B．経済的相互扶助思想にもとづく『所有とは何か』を著し，労働組合運動の発展に尽力した。

C．協同組合の育成に貢献し，その後の国際的な協同組合運動の発展に大きな影響を与えた。

D．18歳未満の夜業を禁止する1819年工場法制定に貢献した。

設問3　下線部(3)『百科全書』の執筆に関わらなかった人物をひとり選び，その記号を解答欄にマークしなさい。

A．コント　　　　B．ケネー

C．テュルゴー　　D．ルソー

設問4　下線部(4)に関連する事柄の説明として正しいものをひとつ選び，その記号を解答欄にマークしなさい。

A．人権宣言の起草にも携わったラ＝ファイエットは，1792年におきた「8月10日事件」後，王権継続に反対しオーストリアへ亡命した。

B．パンの値上げに苦しむ女性らが先頭となってヴェルサイユへ行進した出来事を機に国王ルイ16世は人権宣言を承認した。

C．「球戯場(テニスコート)の誓い」とは，第三身分議員が人権宣言の承認を求めるために集まった事件である。

D．人権宣言では，個人の自由・男女平等・生存権などが自然権として確認された。

設問5　国民議会(憲法制定国民議会：1789～91年)から統領政府(1799～1804年)までの期間の政治の流れを左から右に年代順に並べた場合，［①］，［②］，［③］に当てはまるものを以下のA～Eから選び，その記号を解答欄にマークしなさい。

A．立法議会　B．国民公会　C．総裁政府　D．臨時政府　E．模範議会

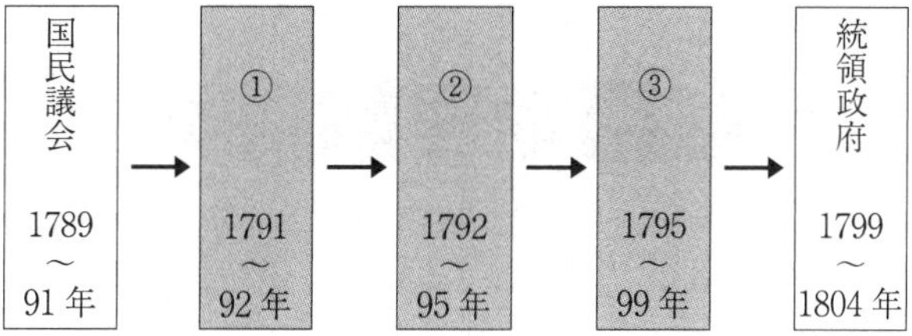

〔Ⅳ〕『統治二論』の著者であるロックは，経済問題についても関心を抱いていた。ロックは，別の本では，《貴金属鉱山に恵まれていない国では，国を富裕にする方法は，他国を征服したり，他国と貿易したりすることである》といった趣旨の文章を記している。ロックが指摘したような「貿易」を重視する経済政策について，すなわち，ヨーロッパにおける近代国家の形成期に，とりわけ絶対王政期に影響力をもった経済政策の本質について述べなさい。なお，解答の書き出しは「絶対王政期の政府は」で始め，解答のなかで上記の経済政策の名称を明記し，その政策が統治機構の整備にいかなる意義を有したのかに言及すること。

解答は，240 字以上，260 字以内で横書きとし，括弧や句読点は 1 マス 1 字に数え，また算用数字を使用する場合には 1 マス 2 字とする。

地理

（60分）

〔Ⅰ〕 以下の設問に答えなさい。

問１　以下に示す４つの地図(ア)〜(エ)の特徴として最も適切なものを，下記の選択肢からそれぞれ１つ選び，解答欄にマークしなさい。

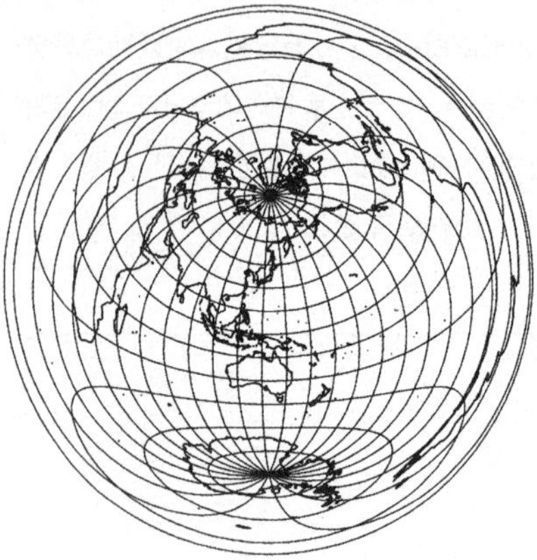

(ア)

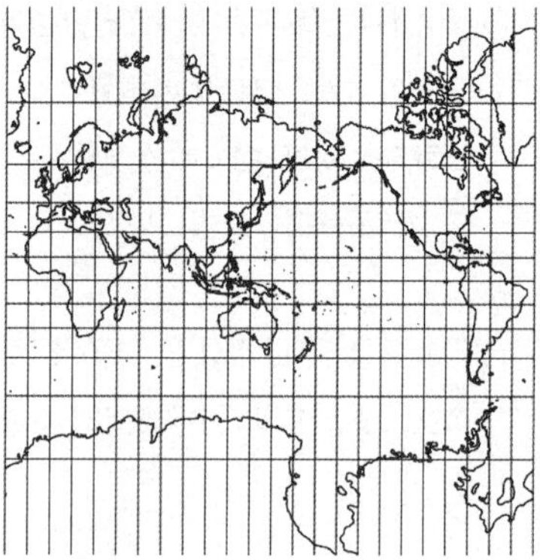

(イ)

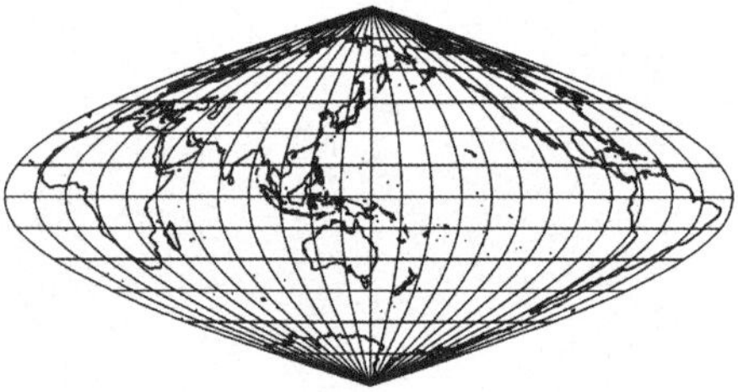

(ウ)

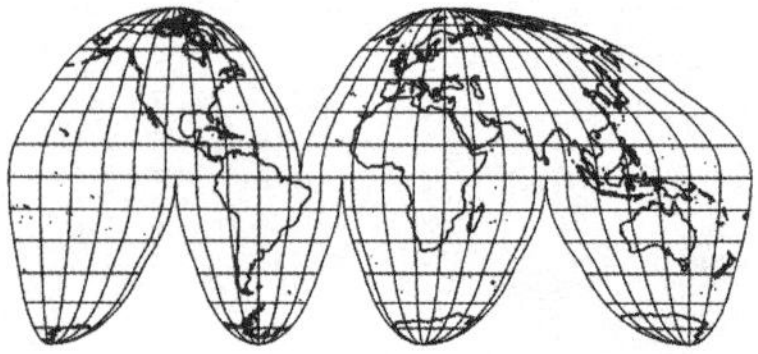

(エ)

（図は http://user.numazu-ct.ac.jp/~tsato/tsato/graphics/map_projection/ などにより作成）

A　すべての緯線は平行直線で描かれ，それに直交する直線の中央経線を除き，他の経線が正弦曲線で描かれる。低緯度の中央経線付近での形は正しいが，高緯度でのひずみが大きい。

B　陸地の形のひずみは小さい正積図法の一つであるが，その特徴から海洋上の移動を示した流線図を表すには適さない。

C　図の中心からの大圏航路が直線で表されるが，周縁部で形や面積のひずみが大きくなる。

D　地球表面を平面に対して正射影して描かれる。宇宙から地球を観測した時に見える様子というイメージを持てる図法とも言われる。

E　羅針盤を利用した航海に適する図法で，任意の２点間を結ぶ直線は等角航路になる。

F　緯線は平行であるが，高緯度ほど正しい長さより長く表示される。そのため高緯度でも，経線が正弦曲線で示される図法より形のひずみは小さい。

問２　日本の「水準点」の説明として最も適切なものを，以下の選択肢から１つ選び，解答欄にマークしなさい。

A　東京湾平均海面からの高さを表記するもので，航空写真をつかって測量され，整数で表示される。

B　東京湾平均海面からの高さを表記するもので，現地測量によって決められ，小数第一位までの数字で表示される。

C　土地の高さを正確に測量するために，全国の主な国道又は主要地方道に沿った約２km ごとに設置されているもの。

D　山の頂上付近や見晴らしのよいところに設置され，経度，緯度，標高が正確に求められているもの。

問３　１月１日のグリニッジ標準時と日本標準時の時差として最も適切な値を，以下の選択肢から１つ選び，解答欄にマークしなさい。ただし，日本標準時の基準となる経線は，東経135度に定められている。

A　８時間　　B　９時間　　C　10時間　　D　11時間

問 4　下の表Ⅰは，ある年の1月における東京(成田国際空港)からニューヨーク(JFK国際空港)までと，東京(成田国際空港)からシンガポール(チャンギ国際空港)までのフライトスケジュールである。東京・ニューヨーク間の所要時間と東京・シンガポール間の所要時間の正しい組み合わせを，以下の選択肢から1つ選び，解答欄にマークしなさい。なお，時刻はすべて現地時間で示されている。

表Ⅰ

フライトスケジュール	日本と現地との時差
東京(成田)発 16：40 → ニューヨーク着 15：10	14時間
東京(成田)発 16：50 → シンガポール着 23：25	1時間

(Googleフライトなどにより作成)

選択肢	東京(成田)・ニューヨーク間	東京(成田)・シンガポール間
A	8時間30分	5時間35分
B	8時間30分	7時間35分
C	12時間30分	5時間35分
D	12時間30分	7時間35分

問 5　北緯35度・東経135度の『対蹠点』を以下の選択肢から1つ選び，解答欄にマークしなさい。

A　南緯55度・西経135度　　B　南緯55度・西経45度

C　南緯35度・西経45度　　D　北緯35度・東経45度

問 6　GIS(地理情報システム)の機能と活用について述べた文として，適切ではないものを以下の選択肢から1つ選び，解答欄にマークしなさい。

A　人工衛星が観測した海流や，海水温などのデータと，過去の操業における位置情報，水温，漁獲量などのデータを組み合わせて，漁獲が多く見込めそうな漁場の位置情報を表すことができる。

B　人工衛星からの信号によって位置情報を計算し，地図上で正確な緯度，経度，高度を求めることができるシステムである。

C　航空写真の上に，防災施設の分布や高齢者の分布に関する情報を重ね合わせて，災害対策用の地図を作成することができる。

D　さまざまな種類の経済活動のデータを地図上に表示することができる。

問 7　統計数値を効果的に示すために，本来の地図を変形させて表現した図の名称として最も適切なものを，以下の選択肢から1つ選び，解答欄にマークしなさい。

A　カルトグラム　　　　B　ドットマップ

C　メッシュマップ　　　D　コロプレスマップ

〔Ⅱ〕 中央アジアの国々について述べた以下の(1)〜(5)の説明文を読み，問いに答えよ。

(1)　この国はオアシス農業$_{ア}$が盛んで，アムダリア川流域は [あ] の産地である。しかし，灌漑用水の過剰な利用により [1] 海の縮小という深刻な環境問題も生じた。首都タシケントや，世界遺産に登録された古都サマルカンドはシルクロードの要衝地で，繊維・機械・食品工業などが発達している。

(2)　この国は，(1)〜(5)の説明文の国々のなかで一人当たりGNI(国民総所得)の値がもっとも大きい。[2] 海に面しており，沿岸部では油田開発が進んでいる。ステップと砂漠が広がっているが，北部の黒土地帯は [い] の主産地である。南部のシルダリア川流域では [あ] が栽培されている。鉱産資源$_{イ}$も豊かで，ウランの生産量は世界第一位(2017年)，クロムの埋蔵量は世界第一位(2017年)である。

(3)　この国は，アムダリア川流域から [2] 海にかけて広がっており，[3] 砂漠が国土の約85％を占めている。人口は南部の山沿いやオアシスに集中している。旧ソ連時代には砂漠地帯を貫流する運河によって農耕地が拡大し，[あ] 生産が増加した。近年は天然ガス(ウ)・石油開発が進み，これらの資源の生産と輸出に依存した経済である。

(4)　この国は，[4] 山脈から [5] 高原にかけての山岳地帯に広がっている。西部の河谷沿いの低地や山麓は夏に乾燥し冬に比較的雨量の多い [う] 気候であるが，山地は寒さの厳しい冷帯気候，[4] 山脈の山岳部では高山気候となっている。山岳部では馬，羊，ヤギなどの牧畜が盛んであり，盆地では [あ] 栽培もおこなわれている。原油，天然ガス，石炭，水銀，タングステンなどの地下資源に恵まれ，近年は特に金の輸出が急速に伸びている。

(5)　この国は，国土の大部分が [5] 高原とそれに連なる山脈・高原・河谷からなる。民族ではイラン系(ペルシア系)が，宗教ではイスラームのスンナ(スンニ)派(エ)が主流である。豊富な水力発電をもとに [え] の生産・輸出が多い。アンチモンなどのレアメタルも産出する。(1)～(5)の説明文の国々のなかでは，一人当たり GNI は最も低い水準にある。

問 1　説明文(3)と説明文(5)に該当する国について，下記の国名(①～⑧)と場所(地図Ｉのａ～ｈ)をそれぞれ１つずつ選びなさい。そのうえで，それらの組み合わせとして正しいものをＡ～Ｅのなかから１つ選び，解答欄にマークしなさい。

① パキスタン　　② モンゴル　　③ ウズベキスタン
④ アフガニスタン　　⑤ タジキスタン　　⑥ キルギス
⑦ トルクメニスタン　　⑧ カザフスタン

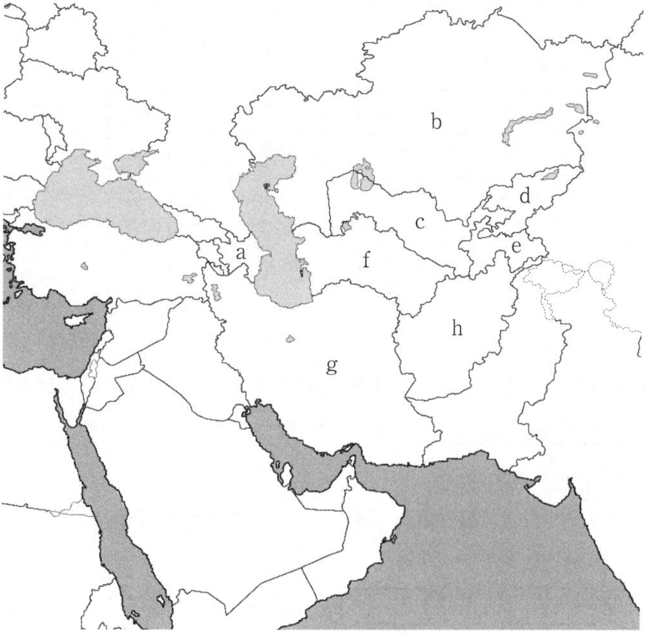

地図Ⅰ

出所：世界地図：http://www.sekaichizu.jp/ をもとに加工

説明文＼選択肢	A	B	C	D	E
(3)	①－a	③－c	⑧－b	⑦－f	④－g
(5)	⑥－d	④－h	②－d	⑤－e	①－a

問2　空欄 1 から 5 にあてはまる最も適切なものを次の①～⑧の選択肢からそれぞれ1つずつ選びなさい。そのうえで，それらの組み合わせとして正しいものをA～Eのなかから1つ選び，解答欄にマークしなさい。

①　パミール　　②　ゴラン　　③　テンシャン

④　カフカス　　⑤　アラル　　⑥　カスピ

⑦　キジルクーム　　⑧　カラクーム

空欄＼選択肢	A	B	C	D	E
1	①	⑥	⑤	⑤	⑥
2	⑤	⑤	⑥	⑥	⑦
3	⑦	⑦	⑧	②	⑧
4	④	③	③	④	⑤
5	②	④	①	①	②

問3　下線部アに関し，オアシス農業がおこなわれる地域でみられる地下用水路として当てはまらないものを以下の選択肢から１つ選び，解答欄にマークしなさい。

A　カナート　　B　カレーズ　　C　フォガラ　　D　モレーン

問4　空欄［　あ　］と空欄［　い　］の農作物に当てはまるものを以下の選択肢からそれぞれ１つずつ選び，解答欄にマークしなさい。

A　とうもろこし　　B　小麦

C　大麦　　D　綿花

問5　下線部イに該当する資源名と生産地(産出地)の組み合わせとして正しいものを以下の選択肢から１つ選び，解答欄にマークしなさい。

A　鉄鉱石・クリヴォイログ　　B　石炭・カラガンダ

C　ニッケル・ノリリスク　　D　天然ガス・バクー

問6　下線部ウに関し，下の表Ⅱはアメリカ合衆国，中国，ロシア，オーストラリア，イギリスの天然ガスの消費量と自給率(2017年)を示したものである。ロシアに当てはまるものを以下の選択肢から１つ選び，解答欄にマークしなさい。

表Ⅱ

	消費量(単位　億㎥)	自給率(%)
A	2319	61.1
B	452	232.6
C	7671	99.1
D	4730	146.7
E	796	52.9

注：自給率は消費量に対する生産量の割合を示す。

出所：『世界国勢図会 2019/20』により作成。

問7　空欄 [う] に当てはまるものを以下の選択肢から1つ選び，解答欄にマークしなさい。

A　地中海性　　B　ステップ　　C　サバナ　　D　亜寒帯湿潤

問8　下線部エに関し，スンナ(スンニ)派が多数派を占める国として当てはまるものを以下の選択肢から1つ選び，解答欄にマークしなさい。

A　スリランカ　　B　イラン　　C　アルメニア　　D　トルコ

問9　空欄 [え] に当てはまるものを以下の選択肢から1つ選び，解答欄にマークしなさい。

A　ボーキサイト　　B　アルミニウム

C　ニッケル　　D　モリブデン

〔Ⅲ〕　次の会話文を読み，以下の問いに答えよ。

岡田：世界人口の急激な増加のことを「人口爆発」と言うらしいけど，これには時期区分があるのだよね。

田中：そうだよ。きっかけは工場制機械工業が進んだ18世紀後半以降のイギリスで起きた　①　革命であり，その後ヨーロッパや北アメリカを中心に進展していった人口増加の現象を第一次，そして第二次世界大戦後の発展途上地域ア を中心に起きた同種の現象を第二次と呼ぶのだよ。

岡田：1950年には25億人程度だった世界人口が，それから100年後の2050年にはおよそ　②　億人に達すると国連が予測しているのだから(2017年度中位推計)，私たちが生きる現代はさながら「第三次人口爆発」と言ってもよいくらいだね。

田中：世界の人口がこんなにも増加していく現状を見て心配なのは，私たちの毎日の食卓を囲む食料の問題だよね。

岡田：そうだね。世界には遺伝子組み換え作物を大規模に生産している国があるね。

田中：2017年時点での遺伝子組み換え作物の国別栽培面積データをみると，7000万ヘクタール以上もの広大な農地でその大規模栽培を行っているのが　③　，そしてこの国に続くのがおよそ5000万ヘクタールの農地で遺伝子組み換え作物を栽培する　④　，そしてさらにそれに続くのが2000万ヘクタール以上の農地でこの種の作物を栽培する　⑤　であることがわかるね。

岡田：また2015年の時点では，　③　で生産されている　⑥　といった作物の9割以上が遺伝子組み換え作物なのだね。

田中：私たちの生活に身近な作物が，実は遺伝子の操作によって生産されているとは驚きだよ。

岡田：まったくだよ。遺伝子組み換えによる作物の生産は将来的な食料自給率の問題イを見据えてなのかもしれないけど，それと同時にこうした作物の大量生産が引き起こすであろう環境問題ウも考えていかないといけないのだろうね。

問 1　空欄 ① に当てはまる最も適切なものを 1 つ選び，解答欄にマークせよ。

A　緑の　　B　産業　　C　通信　　D　白い

問 2　下線部アに関して説明した次の文章のうち，最も適切なものを 1 つ選び，解答欄にマークせよ。

A　WHO（世界保健機関）の 2000 年頃の資料によれば，積極的な推進の結果，発展途上地域全般において家族計画の実行率は 40 ％以上に達している。

B　2013 年の世界における HIV（ヒト免疫不全ウイルス）の感染者は北アフリカ地域に集中している。

C　世界の貧困人口を半減させるために，国連は ODA（政府開発援助）の対 GNI（国民総所得）比 0.7 ％という目標を掲げているが，日本は 2018 年の段階においてこの目標を達成できていない。

D　ILO（国際労働機関）の 2012 年資料によれば，世界全体の児童労働者数は 1 億 7000 万人程度となっている。地域別でみると，ラテンアメリカにおける児童労働者数がこのうちの 5 割近くを占める。

問 3　空欄 ② に当てはまる最も適切なものを 1 つ選び，解答欄にマークせよ。

A　100　　B　85　　C　70　　D　55

問４　空欄 ③ ， ④ ， ⑤ ，それぞれに当てはまる国名を以下の語群の中から１つずつ選び，解答欄にマークせよ。

A　中国　　B　インドネシア　　C　インド
D　アメリカ合衆国　　E　カナダ　　F　アルゼンチン
G　ロシア　　H　ブラジル

問５　空欄 ⑥ に入る農作物の組み合わせとして，最も適切なものを１つ選び，解答欄にマークせよ。

A　米，大豆，トウモロコシ　　B　トウモロコシ，卵，大豆
C　綿花，トウモロコシ，小麦　　D　大豆，トウモロコシ，綿花

問６　下線部イに関して説明した次の文章のうち，誤りのあるものを１つ選び，解答欄にマークせよ。

2017年の農水産品輸入額を見たとき，日本は

A　2106億円相当の農水産品をチリから輸入しているが，その６割以上がワインである。
B　191億円相当の農水産品をモロッコから輸入しているが，その９割近くが魚介類である。
C　1206億円相当の農水産品をフィリピンから輸入しているが，その６割以上がバナナである。
D　1182億円相当の農水産品をメキシコから輸入しているが，その４割近くが豚肉である。

問７　下線部ウに関して説明した次の文章のうち，最も適切なものを１つ選び，解答欄にマークせよ。

A　オゾン層保護のために，1985年に採択されたのがバーゼル条約である。
B　日本は森林大国であるため，京都議定書のルールで認められた二酸化炭

素の森林吸収量を満たしている。

C　アメリカ合衆国の西海岸における酸性雨の被害は深刻である。

D　エビの養殖によって，マングローブの大量破壊が引き起こされている。

問8　遺伝子組み換え作物について述べた次の文章のうち，最も適切なものを1つ選び，解答欄にマークせよ。

A　食料の安定供給をめざして1990年代から広まったものであり，世界の栽培面積は2015年の時点で4億ヘクタールを超えている。

B　長年にわたる研究を経て，害虫や除草剤への耐性をもつ品種が開発された。

C　食材とすることに不安をもつ消費者もいるため，遺伝子組み換え作物を原料とするあらゆる食品に対してその表示が義務づけられている。

D　この作物は2015年の時点で，世界のあらゆるところで栽培されている。

〔Ⅳ〕 人口問題に関する以下の問いに答えよ。

問 1　下のグラフⅠは，おもな先進国の合計特殊出生率の推移を示したものである。このグラフに関する 2 つの設問に答えよ。

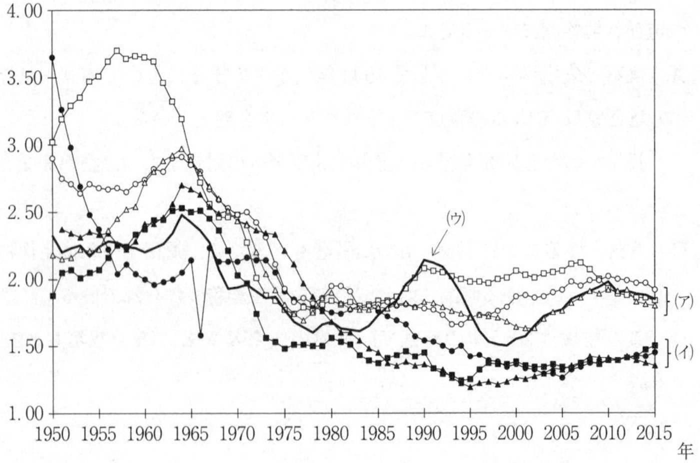

グラフⅠ

UN, Demographic Yearbook; OECD Family database; 厚生労働省「人口動態統計」による。

(1)　1970 年代以降，先進国の多くで，合計特殊出生率の水準が人口規模の維持に必要な約 2.1 の水準を下回るようになったが，21 世紀に入ると，図中の(ア)と(イ)のように，出生率が相対的に高い国々(2015 年に 1.80 ～ 1.92 程度)と低い国々(同 1.35 ～ 1.50 程度)に分かれてきている。(ア)と(イ)の国々の組み合わせとして，最も適切なものを，以下の選択肢から 1 つ選んでマークせよ。なお，以下のアメリカはアメリカ合衆国を指す。

A　(ア)　イギリス，スペイン，フランス　(イ)　日本，オランダ，ドイツ

B　(ア)　アメリカ，スペイン，フランス　(イ)　日本，オランダ，イタリア

C　(ア)　イギリス，オランダ，ドイツ　(イ)　日本，スペイン，イタリア

D　(ア)　オランダ，フランス，ドイツ　(イ)　日本，アメリカ，イギリス

E　(ア)　イギリス，アメリカ，フランス　(イ)　日本，ドイツ，　イタリア

(2)　(ウ)の太線のグラフの国は，1960 年代だけでなく，1990 年前後と 2010 年前後にも，大きな変動の波をくり返した。この国を，以下の選択肢から選んでマークせよ。

A　ノルウェー　　B　スウェーデン　　C　フィンランド
D　エストニア　　E　ロシア

問 2　下のグラフⅡは，47 都道府県から 6 つを選んで，合計特殊出生率の推移を示したものである。グラフから読みとれるように，出生率には地域差が存在する。たとえば，1950 年をみると，出生率がこの年の全国値 3.65 を大きく超える(ア)のようなところもあれば，この時点ですでに 3.0 未満に低下している(カ)のようなところもある。これには，国内における人口転換の進展度が反映されていると考えられるが，人口転換終了後の出生率の推移にも地域差が存在する。実際，(ア)の出生率はこの中で最も低い水準にまで低下する一方で，1950 年に 4.0 を超えていた(イ)は，2015 年においても全国値 1.45 よりも高い水準にある。(ア)と(イ)に該当する都道府県はどこか。それぞれ，以下の語群から 1 つを選んでマークせよ。

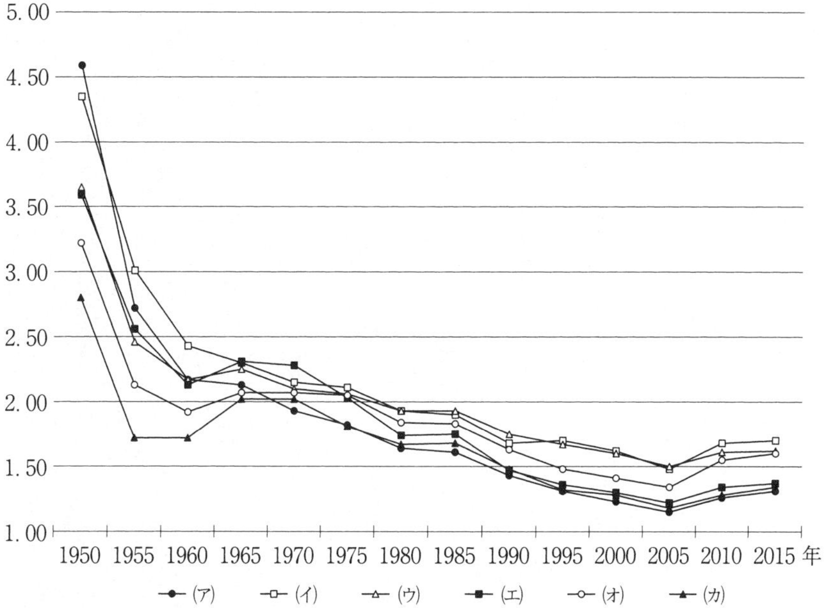

グラフⅡ

国立社会保障・人口問題研究所『人口統計資料集』(2021 年版)による。

（語群）

A　北海道　　B　千葉　　C　福井

D　京都　　E　広島　　F　宮崎

問3　下のグラフⅢは，1990年以降の日本の人口ピラミッドの推移を描いたものである（2040年以降は推計値）。この図から読みとれるように，平成時代の人口ピラミッドは，つぼ型の形状をしていたが，今後は逆さまのピラミッドのような形へと変化していくことが予測されている。このような人口ピラミッドの変化は，将来どのような問題や現象を発生させていくと考えられているか。政治，経済，社会の3つの側面を取り上げて，200字以内で論述しなさい。

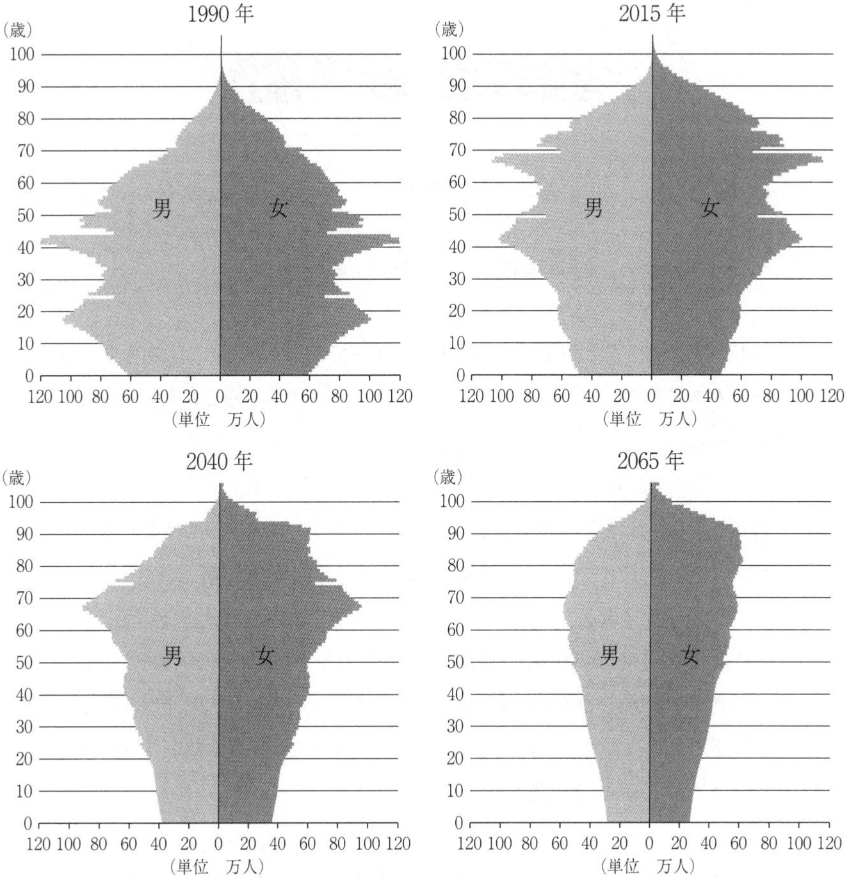

グラフⅢ

総務省「国勢調査」，国立社会保障・人口問題研究所「日本の将来推計人口」(平成29年出生中位・死亡中位推計)による。

政治・経済

（60分）

〔Ⅰ〕 次の文章を読み，下記の設問１～10に答えよ。

高校生の神田さんと和泉さんは，オンラインで実施されたある大学のオープンキャンパスに参加して，オンラインミーティングツールを通じて大学の授業を聴講しました。

神田さんは，政治学の講義を受講しました。そこでは，選挙制度をめぐって先生（生田教授）と学生（中野さん）の間でこんなやりとりがありました。

生田教授「日本の参議院議員選挙は，選挙区選挙と比例代表選挙が並立して行われています。比例代表選挙では，ドント式という議席の配分の計算方法が採用されています。ドント式のもとでは，各政党の総得票数を自然数で割り，商の大きい順に議席を配分します。」

中野さん「ドント式にもとづいて議席を配分する場合，全体の議席数が５で，花党が48票，鳥党が20票，風党が17票，月党が15票獲得した場合，図表１のように花党が３議席，鳥党と風党が１議席ずつ，月党は０議席が配分されます。」

生田教授「その通りですね。一方，比例代表制を採用している国では，ドント式に代わってサン＝ラグ方式という計算方法を採用しているところもあります。サン＝ラグ方式は，総得票数を，自然数ではなく，１から順に増える奇数（１，３，５…）で割り，商の大きい順に議席を配分します。」

中野さん「同じ比例代表制でも，計算方法によって配分される議席数に違いが出るんですね。」

生田教授「選挙制度には様々な類型があり，多数派の意見を過大に反映するものもあれば，少数派(1)の声をできるだけ反映させようとするものもあります。どの選挙制度が自分たちの社会に適切か考えてみることも重要です。」

中野さん「若者の投票率の低さ(2)が問題視されていますが，選挙制度そのものについても考えていかないといけないですね。」

図表１　比例代表におけるドント式に基づく議席の配分例（定数５）

	花党	鳥党	風党	月党
総得票数	48	20	17	15
÷ 1	48	20	17	15
÷ 2	24	10	8.5	7.5
÷ 3	16	6.7	5.7	5

※網かけ部分が，議席配分の対象となる上位５番までの商。

図表２　「衆議院議員総選挙における年代別投票率（抽出）の推移」

年	1967	1969	1972	1976	1979	1980	1983	1986	1990	1993	1996	2000	2003	2005	2009	2012	2014	2017
回	31	32	33	34	35	36	37	38	39	40	41	42	43	44	45	46	47	48
10歳代																		40.49
20歳代	66.69	59.61	61.89	63.50	57.83	63.13	54.07	56.86	57.76	47.46	36.42	38.35	35.62	46.20	49.45	37.89	32.58	33.85
30歳代	77.88	71.19	75.48	77.41	71.06	75.92	68.25	72.15	75.97	68.46	57.49	56.82	50.72	59.79	63.87	50.10	42.09	44.75
40歳代	82.07	78.33	81.84	82.29	77.82	81.88	75.43	77.99	81.44	74.48	65.46	68.13	64.72	71.94	72.63	59.38	49.98	53.52
50歳代	82.68	80.23	83.38	84.57	80.82	85.23	80.51	82.74	84.85	79.34	70.61	71.98	70.01	77.86	79.69	68.02	60.07	63.32
60歳代	77.08	77.70	82.34	84.13	80.97	84.84	82.43	85.66	87.21	83.38	77.25	79.23	77.89	83.08	84.15	74.93	68.28	72.04
70歳代以上	56.83	62.52	68.01	71.35	67.72	69.66	68.41	72.36	73.21	71.61	66.88	69.28	67.78	69.48	71.06	63.30	59.46	60.94
全体	73.99	68.51	71.76	73.45	68.01	74.57	67.94	71.40	73.31	67.26	59.65	62.49	59.86	67.51	69.28	59.32	52.66	53.68

出典：総務省「衆議院議員総選挙における年代別投票率（抽出）の推移」

一部修正

※① この表のうち，年代別の投票率は，全国の投票区から，回ごとに144～188投票区を抽出し調査したものです。

※② 第31回の60歳代の投票率は60歳～70歳の値に，70歳代以上の投票率は71歳以上の値となっています。

※③ 10歳代の投票率は，全数調査による数値です。

図表3 「衆議院議員総選挙における20歳代，70歳代以上，全体の投票率(抽出)の推移」

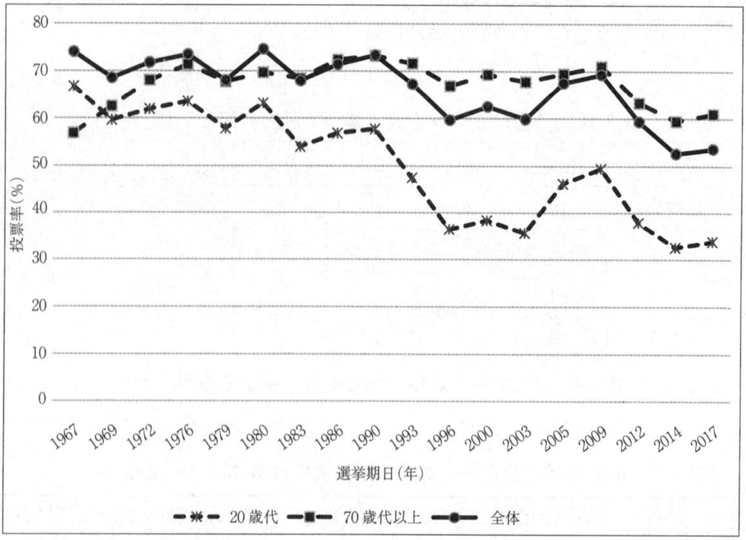

図表2より作成

設問 1 図表1に関して，各党の総得票数と全体の議席数に変化がなく，計算方式のみサン＝ラグ方式で計算した場合，鳥党に配分される議席数を解答欄に数字で記入せよ。

設問 2 下線部(1)に関連して，少数派に対する課題として，民族的マイノリティのアイデンティティを国家がどう認めていくのかということが，しばしば各国で議論される。2019年に日本で法律として初めてアイヌ民族を先住民族と明記し，差別の禁止などを盛り込んだ法律の名称を解答欄に記入せよ。

設問 3　政党の選挙戦術を考えてみよう。日本における比例代表選挙において，実際の現在の制度を踏まえたもっとも適当な選挙戦術と思われるものを次のなかから一つ選び，解答欄の記号(A～D)をマークせよ。

A．衆議院の比例代表選挙は非拘束名簿式なので，投票用紙に名前を書いてもらいやすいよう著名人を立候補させよう。

B．参議院の比例代表選挙は拘束名簿式で全国11ブロックに分かれているので，そのブロック内で知名度のある候補者を上位に登載した名簿を提出しよう。

C．衆議院の比例代表選挙では選挙区との重複立候補が認められていないので，特に当選させたい候補者は名簿の順位の上位に名前を登載しよう。

D．参議院の比例代表選挙には特定枠があるので，特に当選させたい候補者は名簿の特定枠に名前を登載しよう。

設問 4　下線部(2)に関連して，図表2および図表3から読み取れることは何か。もっとも適当と思われるものを次のなかから一つ選び，解答欄の記号(A～D)をマークせよ。

A．「シルバーデモクラシー」とは，高齢者の政治的影響力が世代間において相対的に大きくなっていることを指す。事実，70歳代以上の投票率は一貫して上昇している。

B．20歳代の投票率は常に全体の平均よりも高い。就職や出産・子育てなどで政治や行政との接点が多いからであると考えられる。

C．20歳代，30歳代の若者の「選挙離れ」は課題である。特に1960年代から20歳代の投票率は現在に至るまで一貫して低下しており，主権者教育の充実が望まれる。

D．1970年代と比べ現在の20歳代の投票率は低下している。少子高齢化も進んでおり，総投票数における比率でみた場合の20歳代の選挙結果に対する影響力は低下していると考えられる。

和泉さんは，政治学のゼミの一つにオンライン参加しました。ゼミが始まる前に，ゼミの学生の間でこんな会話がありました。

山中さん「政治的な自由が重視される自由民主主義体制というのは本当に素晴らしいのかな。新型コロナウイルス感染症が世界中で猛威を振るいはじめた2020年では，政治的な自由度が低いとされる国や地域の方がいち早く新型コロナウイルス感染症の感染防止策(3)を実施して感染拡大の抑止に成功し，人口あたりの死者数を抑えられているという声もある。」

清里さん「そういう国や地域では，特定の政党や人物，中央政府に権限が集中し，市民の声が政治になかなか反映されないと聞く。競争的な選挙は重要であるし，地方分権も進めるべきだ。」

菅平さん「地方分権が進めばいいというわけではない。日本でも個人情報(4)保護制度について「2000個問題」が大きな問題となった。新型コロナウイルスは行政機関や地方公共団体間のデータ連携の課題を浮き彫りにした。行き過ぎた地方分権は非効率的だ。」

清里さん「さまざまな課題があるにせよ，私は自らの生き方については自らが決定したい(5)し，そのことと密接に結びつく政治については，できるだけ自由が保障され，競争的であるとともに，身近な地方自治体にできるだけ大きな権限を持ってもらいたい。」

ゼミが始まると，政治と司法の関係についての話し合いが始まりました。そこでは，また違う学生同士でこんなやりとりがありました。

黒川さん「社会で生じる様々な争いを，憲法や法律の解釈に基づいて解決するのが司法の役割だが，司法もまた政治に影響を与える。」

八幡さん「たしかに，最高裁による婚外子相続差別や女性の再婚禁止期間の違憲判断は，国会に法改正を迫った。」

黒川さん「しかし，そのようにして憲法や法律の解釈に基づいて政治に影響を及ぼしうる存在の裁判官が，(6)なんの民意の統制も受けないというのは問題ではないか。」

設問 5　自由民主主義体制とは異なる政治体制の国として中国がある。中国における最高の決定機関である全国人民代表大会（全人代）の常設機関であり，法令の制定，法律の解釈，条約の批准などについて広範な権限を持っている機関を何というか。解答欄に記入せよ。

設問 6　下線部(3)に関連して，日本でも新型コロナウイルス感染症拡大防止のための行政施策にしばしば用いられたが，広範な許認可権限を持つ行政機関が一定の行政目的を達成させるため，勧告・助言・警告などの法的な根拠に基づかない手法を通じ，個人・法人・団体などに協力を求めることを漢字四文字で何というか。解答欄に記入せよ。

設問 7　下線部(4)に関連して，個人情報についての記述として，もっとも適当と思われるものを次のなかから一つ選び，解答欄の記号（A～D）をマークせよ。

A．「石に泳ぐ魚」事件は，原告が自らのプライバシーが侵害されたとして小説の出版差し止めを求めた裁判である。第一審判決（1964年）においてプライバシーの権利が法的に保護されることが初めて認定された。

B．「2000個問題」とは，民間事業者，国の行政機関，独立行政法人向けにそれぞれ個人情報保護に関連する法規があり，さらに地方自治体も独自に条例を制定することから，個人データの流通に支障がきたされていることを指す。

C．プライバシーの権利に対する関心の高まりやEUにおいて一般データ保護規則が制定されたことへの対応として，2016年から住民票をコンピューター管理する住民基本台帳ネットワークが実施された。

D．私的情報が個人の意思に反した目的などに勝手に利用されないために，プライバシーの権利が侵害されるおそれのある犯罪捜査において，捜査機関に通信の傍受を認める通信傍受法が制定されている。

設問 8　下線部(5)に関連して，和泉さんはこのやりとりを聞いて，「自己決定権」について学ぼうと思った。このとき和泉さんが取ろうとする行動としてもっとも適当と思われるものを次のなかから一つ選び，解答欄の記号(A～D)をマークせよ。

A．人間の自然状態は「万人の万人に対する闘争」状態となるので，一般意志に基づいて定められた法によって服従を強制すべきと主張したホッブズの著作を読もう。

B．人間を「自由の刑に処せられている」と表現し，自分の責任において積極的に社会参加すること(アンガジュマン)を主張したアリストテレスの著作を読もう。

C．本人の意思表示などの要件を欠いた安楽死は殺人にあたるとした，東海大学安楽死事件を調べよう。

D．宗教上の理由から輸血を拒否した患者に対し，医師が輸血を行ったことを合法とした1998年の東京高裁の判決を調べよう。

設問 9　逮捕された政治家や官僚が不起訴処分になった場合などに大きく話題になる機関で，検察官が被疑者(犯罪の嫌疑を受けている者)を裁判にかけなかったことの是非を審査する機関のことを何というか。解答欄に記入せよ。

設問10　下線部(6)に関して，この主張に対する反応として，もっとも適当と思われるものを次のなかから一つ選び，解答欄の記号(A～D)をマークせよ。

A．最高裁判所の裁判官には，罷免を可とする票が有効票数の過半数に達すると罷免される国民審査の制度があり，この制度は司法部に対する民主的な統制といえる。ただし，国民審査で罷免された裁判官は，ただのひとりも存在しない。

B．都道府県および政令市にひとつずつ設置されている地方裁判所の長官は，設置されている地方自治体の首長によって任命されるため，間接的に民意が反映されているといえる。

C．国家の行為について統治の基本に関する高度の政治性がある事柄に関しては，積極的に司法審査の対象とすることがある。これを統治行為論という。その場合，民主的な統制を受けている行政部より司法部の立場が優先されているといえる。

D．裁判員制度によって，訴訟価額が140万円以下の請求と罰金以下の刑にあたる罪に係る訴訟については，国民の中からくじで選ばれる裁判員が裁判官とともに審理に参加するので，司法部は民主的な統制を部分的に受けているといえる。

〔Ⅱ〕　次の文章を読み，下記の設問1～7に答えよ。

資本主義経済では，私有財産制と契約の自由の法的枠組みのもとで，企業はより多くの利潤を求めて競争し，市場のメカニズムを通じて，資源の効率的配分が達成される(1)。18世紀にアダム・スミスは，その著書『　1　』において，個人や企業が自由な経済活動をするとき，見えざる手を介して，社会全体の利益が増進されると説いた。しかし，経済が発展するにつれ，資本主義経済の弊害も認識されるようになった。その一つが過度な景気変動である。1929年のアメリカの株価暴落に端を発した世界恐慌は，企業の倒産とそれに伴う多数の失業者を発生させた。この世界恐慌に対し，アメリカのローズベルト大統領は，大規模な公共投資の実施や，労働者の団結権を保障した　2　法の制定などを骨子とするニューディール政策をとった。ニューディール政策は，大きな政府の先駆けと位置付けられるが，政府の経済活動への介入の理論的裏付けとされたのが，ケインズの経済学である。ケインズは，『雇用・利子及び貨幣の一般理論』で有効需要の原理を説き，第二次世界大戦後の各国政府は，景気変動(2)に対して，さまざまな政策(3)を実施するようになった。その後，石油危機後のスタグフレーションや政府の財政赤字の拡大を背景に，フリードマンを中心に市場のメカニズムを重視し，小さな政府を志向する［　3　］主義と呼ばれる考え方が台頭した。この主張に基づき，1980年代以降の日本，アメリカ，イギリスなどでは，政府事業の民営化やさまざまな分野における規制緩和が行われたが，一連の政策は所得格差を拡大させたという指摘もある。

また，資本主義経済の進展に伴い，巨大企業による生産の集中が進んだ。その背景として，19世紀後半以降に発展した重工業における規模の経済(4)の存在が挙げられる。市場支配力を持つ企業は，生産量を抑制して高価格を設定することが可能となり，その結果，資源の効率的配分が損なわれる。このような状況を回避するため，政府は企業の自由な行動を基本としつつも，市場構造のほか，価格設定や他社との取引条件などのさまざまな企業の行動に注視し，必要に応じ対応策を講じている。市場構造は，市場に存在する企業数や市場占有率などの指標で表され，市場に1企業しか存在しない場合は独占，少数の企業で構成される場合は寡占，市場に多数の企業が存在し，それらが異なるデザインや特性を持つ製品を販売する場合は［　4　］と呼ばれる。また，企業の競争を阻害する恐れがある行動(5)として談合がある。しかし，談合は関係者間で秘密裏に行われることから，これを発見し，防止することは難しい場合が多い。

さらに，企業が第三者に損失を与え，その企業が損失への支払いを行わないとき，外部不経済があるという。このような状況では，企業の生産量は過大となり，資源の効率的配分は損なわれる。しかし，損害を与えた企業への課税や，被害を被った者への補償金の支払い(6)によって，資源配分の問題は解決することもできる。資本主義経済では，市場のメカニズムが機能することが期待されているが，政府は，どのような場合に，どのような方法で，企業や個人の行動に関与するのか考えなければならない。

設問1　文中の［　1　］～［　4　］に入る，もっとも適当と思われる語句を解答欄に記入せよ。

設問2　下線部(1)に関して，完全競争市場の要件として，もっとも適当と思われるものを次のなかから一つ選び，解答欄の記号（A～D）をマークせよ。

A．多数の売り手を確保するため，企業の退出が制限されていること。

B．売り手と買い手の双方とも，財に関する完全な情報を保有すること。

C．買い手の嗜好に合うよう製品差別化が行われていること。

D．売り手が競争相手の行動に反応し，相互に数量や価格の決定に影響を与えながら競争すること。

設問 3　下線部(2)に関連して，図表 4 に示す日本の実質 GDP 成長率の推移に関して，もっとも適当と思われるものを次のなかから一つ選び，解答欄の記号(A～D)をマークせよ。

図表 4　日本の実質 GDP 成長率の推移

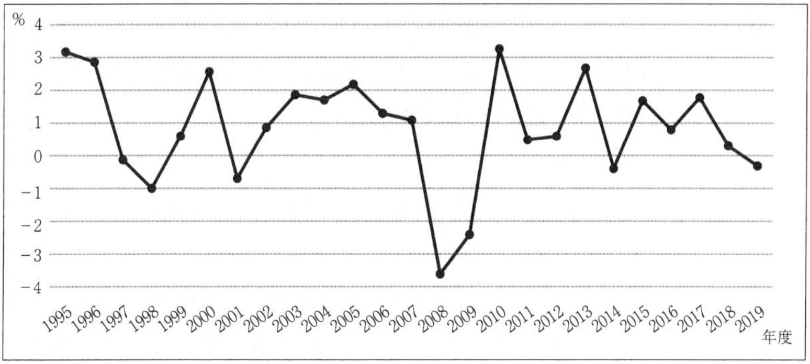

出典：内閣府「国民経済計算」より作成

A．実質 GDP 成長率とは，名目 GDP を企業物価指数で除して実質化し，今期の実質 GDP から前期の実質 GDP を差し引いたものを，前期の実質 GDP で除したものである。

B．1997 年度と 1998 年度に実質 GDP 成長率がマイナスとなった主たる要因は，1997 年に 3 %の消費税が導入されたことによって，民間消費が落ち込んだことによる。

C．2003 年度から 2007 年度までの実質 GDP 成長率は，1 から 2 %台で推移したが，これには好調なアメリカ経済を背景に外需が堅調であったことが寄与していた。

D．2008 年度の実質 GDP 成長率の低下に対し，日本銀行は，2009 年に金融機関が保有する日本銀行当座預金の一部にマイナス金利を適用することとした。

設問 4　下線部(3)の政策についての記述として，もっとも適当と思われるものを次のなかから一つ選び，解答欄の記号(A～D)をマークせよ。

A．景気過熱期に緊縮的な財政政策と金融引き締めを同時に実施することは，ポリシー・ミックスの一つである。

B．消費税は，支払額が増えるほど消費税額も増加するため，累進課税である。

C．不況期に公共事業を拡大するために発行される国債は，特例国債と呼ばれる。

D．不況期に同一所得水準における所得税の税率を引き下げることは，財政の自動安定化装置の一つである。

設問 5　下線部(4)に関して，以下の図表5は1種類の財を生産する4企業(ア～エ)の，それぞれの生産量水準に対応する企業の総費用を示す。図表の10から40の生産量水準を通して規模の経済を有する企業として，もっとも適当と思われるものを次のなかから一つ選び，解答欄の記号(A～D)をマークせよ。

図表5　4企業の生産量に対応した総費用

企業名＼生産量	10	20	30	40
ア	40	90	120	180
イ	45	100	165	200
ウ	50	100	150	200
エ	70	130	180	220

A．ア

B．イ

C．ウ

D．エ

設問 6　下線部(5)に関連する記述として，もっとも適当と思われるものを次のなかから一つ選び，解答欄の記号（A～D）をマークせよ。

A．同一産業に属する企業が，競争を回避し，利潤を増加させるために生産量を制限する協定をトラストという。

B．電気製品を製造するメーカーが，小売価格を指定したうえで小売店に製品を販売する行為は，法律上認められる。

C．消費者にとって財の価格は低いほど望ましいので，低価格の設定は，いかなる場合も独占禁止法に抵触することはない。

D．公正な企業の取引を確保する機関としての公正取引委員会は，委員長と4人の委員からなる行政委員会であるが，組織上は内閣府の外局にあたる。

設問 7　外部不経済があるとき，下線部(6)によって，企業の私的費用と社会的費用を一致させることを何というか。もっとも適当と思われる語句を解答欄に記入せよ。

〔Ⅲ〕 次の文章を読み，下記の設問1～9に答えよ。

21世紀の国際経済は財・サービスの貿易だけではなく，資本や労働力の国境を越えた移動も活発化しており，各国経済の相互依存はこれまでになく高まっている。このような国境を越えた経済活動において，貿易は古くから非常に重要な位置を占めており，リカードの<u>比較生産費説</u>(1)に基づく国際分業の利益が，今日の国際貿易や多角的な自由貿易制度の考え方の礎となっている。さらに，<u>国際貿易の拡大</u>(2)の背景には国際的な生産網の拡大もあり，特に企業が自社の業務の一部または全部を国外に移すオフショアリングが積極的に展開されている。

国際貿易などを含めた一国の対外取引の全体像を把握する上で，<u>国際収支統計</u>(3)が有用である。国際収支統計は大きく経常収支，金融収支，[1]および誤差脱漏の4つの項目に分けられ，ある国の一定期間内の対外取引についてまとめたものである。実際に海外と取引を行う主体は各国における企業がほとんどであり，国境をまたぎ，通貨や法制度などが異なる地域の相手と取引を行う点に対外取引の大きな特徴がある。特に法定通貨の違う相手と貿易を行う際，自国通貨を外国通貨に交換する必要が生じることが多々ある。ある国の通貨とそれ以外の国の通貨を交換する市場は[2]市場と呼ばれ，その市場における各国通貨の交換比率である<u>為替レート</u>(4)は様々な理由によって刻一刻と変動している。

国際収支統計各項目の赤字・黒字や為替レートの変動は，その経済学的な意味合い以上に，政治的な注目を集める場合がある。近年におけるその最たる例が米中貿易摩擦であり，米国はトランプ政権下で中国を含む多くの国に対して，多角的な自由貿易制度を軽視するような<u>輸入制限措置</u>(5)をとった。一国の通商政策の決定は，当然その国の主権の範疇である。しかし，多角的な自由貿易制度は多くの国に貿易を通じて恩恵をもたらすものであり，<u>WTO(世界貿易機関)</u>(6)はこのような多角的な自由貿易制度の実現に向けた調整の場として，また<u>加盟国同士の貿易紛争</u>(7)を解決する機関としての役割を果たすべく設立されている。しかし，米中貿易摩擦の発生および経過において，WTOがその調整機能や紛争解決機能を十分に果たしたとは言えない。前事務局長が異例の任期途中での辞任をするなど，WTO自体が機能不全に陥っており，今後の改革が注目される。

さらに，新型コロナウイルスの感染拡大により，対外的に国境封鎖や出入国制限などの措置をとり，国内ではロックダウンによる活動制限などを実施した国もある。この結果，感染が拡大した国だけではなく，国境を越えたヒト・モノ・カネの移動(8)を通じたつながりを持つ国際経済全体が大きなダメージを受けたのである。国境封鎖や出入国制限などにより，グローバル化がその勢いを失っているとする意見がある一方，様々な経済活動のオンライン・リモート化により，さらにグローバル化が推進されるという主張もある。新型コロナウイルスの感染拡大が貿易だけではなく，国境を越えた資本や労働力の移動にも大きな影響を与えたことは間違いない。それが今後のグローバル化や世界経済の在り方をどのように変えていくのかについては慎重に見極める必要があると言えよう。

設問１　文中［ 1 ］～［ 2 ］に入る，もっとも適当と思われる語句を解答欄に記入せよ。

設問２　以下の図表６のような２国を想定する。下線部(1)に関して，比較生産費説の考え方に基づいた場合，M財とN財それぞれに比較優位を持つ国の組み合わせとして，もっとも適当と思われるものを選択肢のなかから一つ選び，解答欄の記号（A～D）をマークせよ。

図表６　X国，Y国のM財，N財の生産性

	M財を１単位生産するのに必要な労働量	N財を１単位生産するのに必要な労働量
X国	30	9
Y国	100	20

	M財	N財
A.	X国	X国
B.	X国	Y国
C.	Y国	X国
D.	Y国	Y国

設問 3 下線部(2)に関連して，以下の図表 7 は世界全体の貿易額と円・ドル為替レートの推移を表したものである。図表 7 から読み取れる内容とそれに関する記述のうち，もっとも適当と思われるものを選択肢のなかから一つ選び，解答欄の記号（A～D）をマークせよ。

図表 7 世界の貿易額と円・ドル為替レートの推移

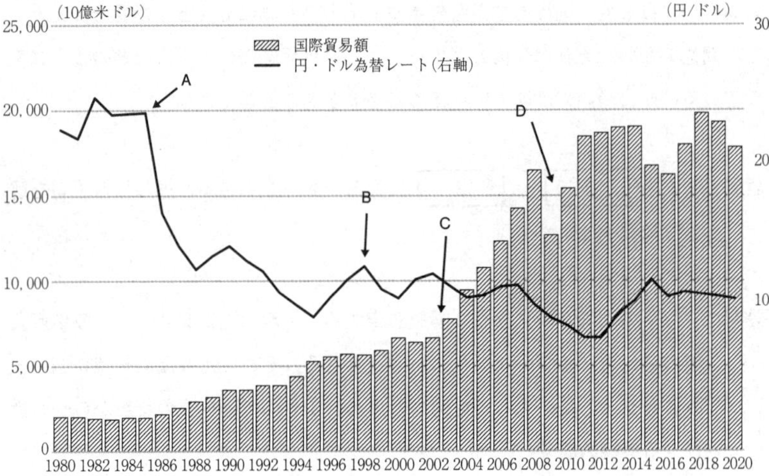

出典：世界貿易機関，日本銀行より作成

A．図中のA前後から見られる為替レートの大きな変動は，G 7 がドル高是正のための協調介入を行うことを合意したプラザ合意の影響によるものであると考えられる。

B．図中のB前後から見られる為替レートの変動は，インドネシアがその法定通貨であるルピアを切り下げたことを発端とするアジア通貨危機の影響が大きいと考えられる。

C．図中のC前後から見られる国際貿易の急成長の一因として，2001 年のロシア連邦の世界貿易機関加盟が挙げられる。

D．図中のD前後に見られる国際貿易の落ち込みはいわゆるリーマン・ショックによるものであると考えられ，リーマン・ショックはその後 G 20 首脳会談が定期的に開催される契機となった。

設問 4　下線部(3)に関連して，近年の日本の国際収支の状況に関する記述のうち，もっとも適当と思われるものを選択肢のなかから一つ選び，解答欄の記号(A～D)をマークせよ。

A．日本の経常収支黒字はかつて貿易・サービス収支黒字が最も大きな割合を占めていたが，2000年以降，第一次所得収支黒字が占める割合が最も高くなっている。

B．日本の貿易・サービス収支では，かつて貿易収支黒字が占める割合の方が大きかったが，2010年以降，訪日外国人の増加などにより，サービス収支黒字が占める割合の方が大きくなる傾向が続いている。

C．経常収支と金融収支は財・サービスとお金とで表裏一体の関係にあるため，経常収支が黒字である日本において，金融収支は赤字となっている。

D．日本は世界第2位の外貨準備高を保有しており，外貨準備は経常収支の赤字と為替相場への外国通貨売り介入によって増加する。

設問 5　下線部(4)に関して，為替レートの変動を説明する主な要因に関する記述のうち，もっとも適当と思われるものを選択肢のなかから一つ選び，解答欄の記号(A～D)をマークせよ。

A．貿易・サービス収支に注目した場合，ある国の貿易・サービス収支の黒字は，その国の通貨価値を下落させる要因になると考えられる。

B．購買力平価説によると，2国間の為替レートは，2国間の物価水準の違いによって決定される。

C．経済成長率などの経済の基礎的な条件が良好な場合，その後の循環的な景気後退予想からその国の通貨価値は下落する。

D．内外金利差説に基づいた場合，ある国における金利の上昇はその国の通貨での資金調達費用の上昇を意味するので，その国の通貨の価値は下落する。

設問 6　下線部(5)に関連して，WTOではある財の輸入が何らかの理由によって急増し，その財の国内生産者が重大な損害を被った場合，輸入制限措置を認めている。この WTO で認められている輸入制限措置の名称として，もっとも適当と思われる語句を解答欄に記入せよ。

設問 7　下線部(6)に関連して，WTO 設立協定であるマラケシュ協定の附属書として結ばれ，著作権・商標・意匠・特許などについての実体的な保護規定と実施措置を定めた協定は何か。もっとも適当と思われる語句を解答欄に記入せよ。

設問 8　下線部(7)に関して，貿易紛争が発生した場合，WTO 加盟国は WTO に提訴することによって審議を求めることができる。その審議を行う委員会の名称として，もっとも適当と思われる語句を解答欄に記入せよ。

設問 9　下線部(8)に関連して，以下の図表 8 は 2018 年における国境を越えるある経済活動について，日本の相手国上位 10 カ国を地図上に黒塗りで示したものである。この国際的なヒト・モノ・カネの移動として，もっとも適当なものを次のなかから一つ選び，解答欄の記号(A～D)をマークせよ。

図表8　国境を越えるある経済活動の日本の相手国上位10カ国

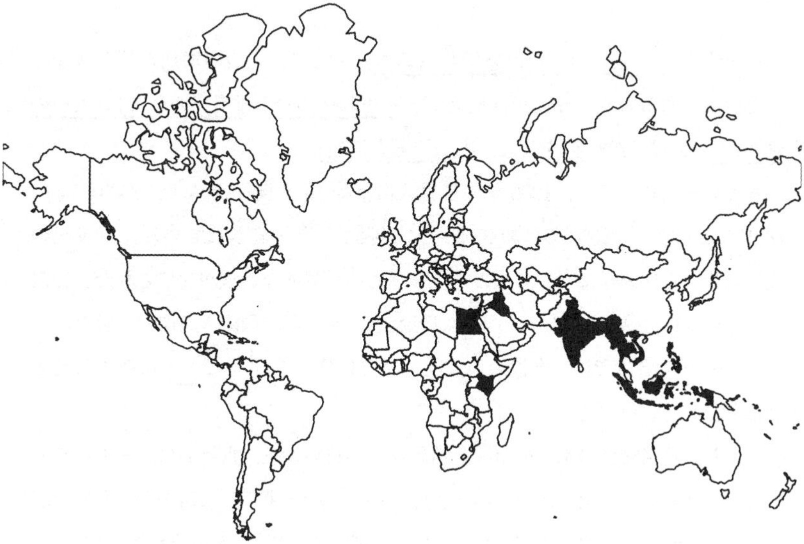

出典：各種政府統計より作成

A．対外直接投資額

B．化石燃料輸入額

C．政府開発援助総額

D．訪日外国人旅行客数

〔Ⅳ〕 次の文章を読み，下記の設問 1 ～ 6 に答えよ。

18 世紀以降，世界の人口は急増し始めた(1)。そして，人口の増加が社会問題として討議されるようになった。例えば，イギリスの経済学者マルサスは『人口の原理(人口論)』(1798 年)を著し，人口問題を提起した(2)。

国連の資料によると，1900 年の世界人口は約 16 億 5000 万人で，2020 年は約 78 億人となった。2050 年は約 97 億人に膨張すると予測されている。20 世紀の後半以降，人口問題に関して次のような多くの世界的な会議が開催された。1974 年の世界人口会議や 1984 年の国際人口会議と 1994 年の国際人口開発会議であった。1994 年の会議では，女性の地位向上などに関して「［ 1 ］に関する健康と権利」が主張された。

しかし，経済発展の水準や宗教と慣習などの違いから，世界的に統一された人口抑制政策がなく，世界人口は増え続けている。その中で，人口大国である中国では 1979 年から人口増加を抑制するため，国策として「一人っ子政策」が独自に実施された。しかし，高齢化が社会問題となる中，この政策は 2015 年に廃止された。2021 年 5 月，中国政府は夫婦が［ 2 ］人の子どもをもうけることを認める方針を示した。

現在の発展途上国と先進国をみると，それぞれの人口問題の課題が異なる。まず，発展途上国における人口問題をみよう。世界人口の約 4 分の 3 を占める発展途上国における人口増加は，飢餓の問題を引き起こすこともあるが，他方，人口増加は経済発展を促す要因の一つとも考えられる。多くの発展途上国では，人口増加の過程には一定の期間に生産年齢人口に対する年少人口と老年人口の割合が低下する時期があり，その後，老年人口が増え始めるまでの一定の期間に生産年齢人口の割合が増える。このことを［ 3 ］という。

次に，先進国における人口問題をみよう。例えば，日本では，少子高齢化社会の進行に伴い(3)，日本の医療保険も改革せざるをえないし，公的年金も多くの課題(4)を抱えている。また，日本の総人口が減少を始めたことやさらなる少子化・高齢化に伴い，経済社会を維持するために，外国人労働者への依存が高まっている。1990 年，「［ 4 ］及び難民認定法」が改正され，日系 3 世などには「定住者」

という在留資格が認められ，就労が可能となった。外国人単純労働者の入国はこの法律により依然として厳しく制限されているが，2018年には，同法が改正され，外国人労働者の受け入れが拡大された。労働力不足を補うための対策の一つとして外国人労働者をどう増加させるのかは引き続き日本社会の課題となっている。また，労働力不足を補うためには，(5)女性や高齢者の労働力の活用も行われてきた。

世界人口の増加の問題は現在注目されている地球環境の問題とも結びつけられていた。例えば，そのなかで，地球環境は閉ざされたもので，人間はその乗組員としての共同体の一員だという主張があった。この主張は［　5　］という言葉で表現された。これからわれわれは地球環境などの視点から人口問題に対処する諸方策をさらに講じなければならない。

設問 1　文中の［　1　］～［　5　］に入る，もっとも適当と思われる語句や数字を解答欄に記入せよ。

設問 2　下線部(1)に関連して，一般に近代化が進めば，「人口革命」といわれる現象がみられる。この現象についての記述のうち，もっとも適当と思われるものを次のなかから一つ選び，解答欄の記号(A～D)をマークせよ。

A．人口は年少人口中心型→生産年齢人口中心型→老年人口中心型へ転換する。

B．人口は多産多死型→多産少死型→少産少死型へ転換する。

C．人口の増加に伴い，市民たちが自由・平等，政治参加などを要求して市民革命をおこす。

D．近代化の過程において，大衆教育の普及によって人口の質が向上する。

設問 3　下線部(2)に関して，マルサスの人口問題についての主な主張は後世に深く影響を与えてきた。この主張に関する記述のうち，もっとも適当と思われるものを次のなかから一つ選び，解答欄の記号(A～D)をマークせよ。

A．高い出生率と高い識字率は経済成長をもたらす。

B．国民一人当たりの所得がある段階に到達すると，出生率の上昇傾向がみられる。

C．労働者階級の子どもの良好な発育を確保するためには，学校給食の普及は不可欠である。

D．人口は「1，2，4，8」と等比級数的（幾何級数的）に増加するが，食料は「1，2，3，4」と等差級数的（算術級数的）に増加するため，飢饉などの社会問題が発生する。

設問 4　下線部(3)に関して，以下の図表9を参考に少子高齢化社会に関するもっとも適当と思われる記述を次のなかから一つ選び，解答欄の記号（A～D）をマークせよ。

図表 9　日本の人口の推移

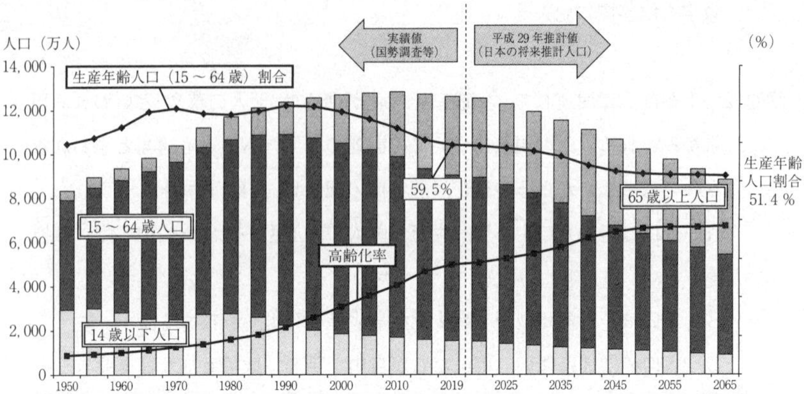

出典：『令和2年版　厚生労働白書　資料編』より作成

A．高齢化率の折れ線グラフから，高齢化率が2019年には約20％であり，2065年には約45％になると推計することができる。

B．日本の高齢化率は1970年に高齢化社会の基準である7％に達し，1994年には高齢社会の基準である14％に達した。倍加年数は24年となる。アメリカとフランスのこの倍加年数は日本よりはるかに短い。日本にとって高齢化問題の対策を制定するには欧米諸国よりも時間のゆとりがあった。

C．1990年代以降，生産年齢人口割合は低下し，2019年に59.5％であり，2065年には，51.4％になると推計されている。こういう状況の中で，今後，社会保障の運用は生産年齢人口の負担の問題を考慮せざるをえない。

D．今後の生産年齢人口の低下という状況において，高齢者問題に対処するためには，公的年金の受給年齢を引き上げる以外の方法が考えられない。

設問 5　下線部(4)に関して，公的年金の課題の一つは財源の調達の方法である。財源の調達の方法には主に積立方式と賦課方式がある。積立方式と賦課方式のそれぞれの特徴についての記述のうち，もっとも適当と思われるものを次のなかから一つ選び，解答欄の記号（A～D）をマークせよ。

A．積立方式は，年金受給に必要な原資を，被保険者の保険料のみを積み立てる方式であるため，人口の減少に伴い，原資を確保しにくいという課題を抱えている。

B．積立方式の場合は，インフレになると積立金が増額される。

C．賦課方式の場合は，人口の高齢化がすすむと現役世代の負担が重くなる。

D．賦課方式は，その年の年金給付総額を在職中の被保険者と国がそれぞれ賦課金として拠出する方式である。この方式では雇用者が賦課金を拠出していないため，労使関係の協調には不利であるという問題点がある。

設問 6　下線部(5)に関して，労働力不足を補うための女性や高齢者の労働力活用に関連する記述のうち，もっとも適当と思われるものを次のなかから一つ選び，解答欄の記号（A～D）をマークせよ。

A．1995年に，育児・介護休業法として，家族の介護のための休業が法制化され，女性の職場進出を促進する制度が整備されてきた。

B．1997年の男女雇用機会均等法の改正により，男性と同様に女性も深夜業や就労できる職種を拡大するなどの規制緩和が進められている。

C．1999 年の男女共同参画社会基本法の制定によって，女性の非正規労働者に関する労働条件の文書化や正社員に転換するチャンスを講じることが義務化された。

D．2012 年に高年齢者雇用安定法が改正され，希望すれば 70 歳まで雇用を確保することが可能となった。

数学

（60 分）

〔Ⅰ〕 次の各問の $\boxed{}$ にあてはまる 0 から 9 までの数字を解答用紙の所定の欄にマークせよ。分数はすべて既約分数で表し，根号の中の平方数は根号の外に出して簡略化せよ。文字 x について，通常 $1x$ は x と書き，1 を省略するが，以下の問では x の係数として 1 を正答とする場合もあり得る。

(1) さいころを 4 回投げることを考える。k 回目 $(k = 1, 2, 3, 4)$ に出た目の数を a_k とする。

① $a_1 < a_2 < a_3 < a_4$ となる目の出方は $\boxed{\text{アイ}}$ 通りある。

② $a_1 \leqq a_2 < a_3 < a_4$ となる目の出方は $\boxed{\text{ウエ}}$ 通りある。

③ $a_1 \leqq a_2 < a_3 \leqq a_4$ となる目の出方は $\boxed{\text{オカ}}$ 通りある。

(2) x, y, z はそれぞれ 0 以上の実数であり，$x + y + z = \pi$ かつ

$$\begin{cases} \sin x \cos y = \sin z \\ \cos x + \sin y = \sqrt{3} \sin z \end{cases}$$

を満たすとする。

① $y = 0$ のとき，$x = \dfrac{\boxed{\text{ア}}}{\boxed{\text{イ}}}\pi$ である。

② $y > 0$ のとき，$x = \dfrac{\boxed{\text{ウ}}}{\boxed{\text{エ}}}\pi$, $y = \dfrac{\boxed{\text{オ}}}{\boxed{\text{カ}}}\pi$ である。

(3) 座標空間において，定点 $\mathrm{A}(0, 0, 1)$ と 2 点 $\mathrm{B}(b, 0, 0)$ および $\mathrm{C}(0, c, 0)$ が与えられている。ここで b, c は正の実数であり，$\angle \mathrm{BAC} = \dfrac{1}{3}\pi$ を満たすように変化する。

① $\overrightarrow{\mathrm{AB}}$ と $\overrightarrow{\mathrm{AC}}$ の内積 $\overrightarrow{\mathrm{AB}} \cdot \overrightarrow{\mathrm{AC}}$ の値は $\boxed{\text{ア}}$ である。

② △ABCの面積は $\dfrac{\sqrt{\boxed{\text{イ}}}}{\boxed{\text{ウ}}}$ である。

③ $b=\dfrac{\sqrt{3}}{2}$ のとき，$c=\dfrac{\boxed{\text{エ}}\sqrt{\boxed{\text{オ}}}}{\boxed{\text{カ}}}$ である。

④ 線分BCの長さの最小値は $\sqrt{\boxed{\text{キ}}}$ である。

(4) a は正の定数であり，2次関数 $f(x)$ は

$$\int_a^x f(t)dt + af(x) = 2x^3 + 3x^2 - 31x + 20$$

を満たす。

① 関数 $f(x)$ について，x^2 の係数は $\boxed{\text{ア}}$ である。

② 定数 a の値は $\boxed{\text{イ}}$ である。また関数 $f(x)$ は

$$f(x) = \boxed{\text{ア}}\,x^2 - \boxed{\text{ウエ}}\,x + \boxed{\text{オ}}$$

である。

(5) xy 平面上に放物線

$$\mathrm{H} : y = x^2$$

と直線

$$\mathrm{L} : y = x + 6$$

がある。両者の交点をA, Bとする。ただしAの x 座標はBの x 座標より小さい。

いま直線Lを y 軸の負の向きに平行移動した直線Mを考える。ここで直線Mは放物線Hと異なる2点P，Qで交わるとする。ただしPの x 座標はQの x 座標より小さい。Pの x 座標を k とおく。

① Qの x 座標を k の式で表すと，

$$\boxed{\text{ア}} - \boxed{\text{イ}}\,k$$

である。

②　k の値のとり得る範囲は

$$-\boxed{\text{ウ}} < k < \frac{\boxed{\text{エ}}}{\boxed{\text{オ}}}$$

である。

③　四角形 ABQP の面積を S とする。S を k の式で表すと，

$$S = \boxed{\text{カ}}\,k^3 - \boxed{\text{キ}}\,k^2 - \boxed{\text{ク}}\,k + \boxed{\text{ケコ}}$$

である。

④　直線 M が条件を満たしながら動くとき，面積 S を最大にするような k の値は $-\dfrac{\boxed{\text{サ}}}{\boxed{\text{シ}}}$ である。

(6)　関数

$$y = 4^x - 15 \cdot 2^x + 60 \cdot 2^{-x} + 16 \cdot 4^{-x} + 52$$

を考える。

①　$t = 2^x - 2^{2-x}$ とする。このとき y は t の 2 次関数として

$$y = \boxed{\text{ア}}\,t^2 - \boxed{\text{イウ}}\,t + \boxed{\text{エオ}}$$

と表せる。

②　y の最小値は $\dfrac{\boxed{\text{カキ}}}{\boxed{\text{ク}}}$ である。y を最小にする x の値は $\boxed{\text{ケ}}$ である。

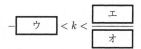

〔Ⅱ〕　3 つの地点 A, B, C のあいだを，動点 P が次の規則に従って移動している。なお以下で n は 0 以上の整数である。

(a)　時刻 n に地点 A にいるならば，時刻 $n+1$ には確率 $\dfrac{3}{4}$ で B に，確率 $\dfrac{1}{4}$ で C に移る。

(b)　時刻 n に地点 B にいるならば，時刻 $n+1$ には確率 $\dfrac{3}{4}$ で A に，確率 $\dfrac{1}{4}$ で C に移る。

(c)　時刻 n に地点 C にいるならば，時刻 $n+1$ には確率 1 で C にとどまる。

時刻 n において動点 P が地点 A, B, C にいる確率をそれぞれ a_n, b_n, c_n とする。また，時刻 0 に動点 P は地点 A にいるとする。すなわち $a_0=1$，$b_0=0$，$c_0=0$ とする。次の各問に答えよ。

(1)　b_1 と a_2 と c_3 の値をそれぞれ求めよ。

(2)　c_{n+1} を c_n で表せ。

(3)　c_n の一般項を求めよ。

(4)　$c_n \geqq 0.99$ となるような最小の整数 n を求めよ。なお $\log_{10} 2 = 0.30$，$\log_{10} 3 = 0.48$ とする。

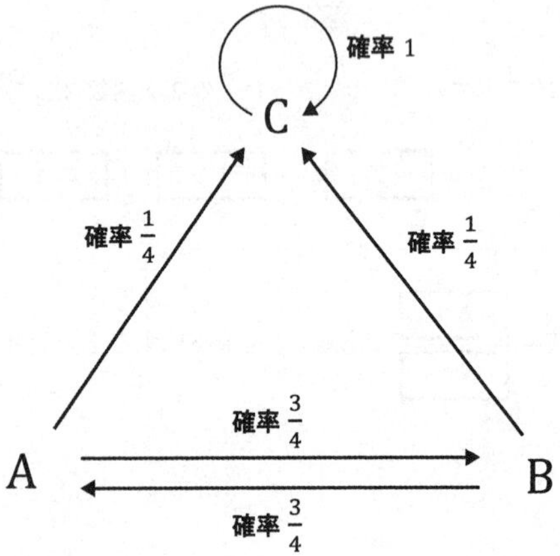

④　カン境問題が深刻だ。

⑤　先生はカン暦になった。

E　凹凸のないなだらかな坂道。

①　でこぼこ

②　でこでこ

③　おうとつ

④　でこおつ

⑤　おうでこ

F　斟酌を加える必要はない。

①　しゃくりょう

②　しょうりょう

③　しょうしゃく

④　しんかく

⑤　しんしゃく

B　料テイで歓迎会を開く。

①　テイ宅に住む。

②　記念品を贈テイする。

③　横領の内テイ捜査を行う。

④　利益がテイ減している。

⑤　あの家はテイ主関白の家だ。

C　長い間、怠ダな生活をしてきた。

①　政治がダ落している。

②　ダ性で仕事をしてはいけない。

③　無ダ遣い厳禁。

④　宿敵のダ倒をめざす。

⑤　ダ協点を見付ける。

D　血液循カンが正常だ。

①　遺カンの意を表する。

②　カン大な措置に感謝する。

③　詐欺師のしかけたカン穽におちいる。

問9　右の文中に登場する「元輔」の娘が著した文学作品として最も適切なものを次の中から一つ選んで、番号をマークせよ。

① 浜松中納言物語
② 蜻蛉日記
③ 更級日記
④ 枕草子
⑤ 源氏物語

(四)

次のA～Dのカタカナを漢字に改めた場合、それと同じ漢字を用いるもの、またE・Fの漢字の読みとして最も適切なものをそれぞれの群から一つ選び、その番号をマークせよ。

A　盗みのケン疑をかけられる。

① 定時にケン温する。
② ケン虚な態度で臨む。
③ 死者の霊にケン花する。
④ 自己ケン悪におちいる。
⑤ ケン著な効果が期待できる。

問6　傍線4「をこなる」の解釈として最も適切なものを次の中から一つ選んで、番号をマークせよ。

①　わたしを老人だと思って笑っていると、いずれ自分が老人となったときに後悔する。
②　冠を落とすことは前例もあることで、それも知らずにわたしを笑うのは愚かである。
③　老人の頭髪が寂しくなるのは自然であるから、それを笑うのは無礼である。
④　馬は心をもたないものなのだから、ひとがそれを自由にできないと笑うのは愚劣である。
⑤　落馬して冠を落としたひとはこれまでもいるのだから、落馬を笑うものこそ馬鹿である。

問7　傍線5「落ち給ふ則《すなは》ち冠を奉らで、などかくよしなし事は仰せらるるぞ」の解釈として最も適切なものを次の中から一つ選んで、番号をマークせよ。

①　落馬なさってすぐに冠をおかぶりにならず、どうしてこのようなつまらないことをおっしゃったのですか。
②　落馬なさったあとすぐに冠を献上なさらず、なぜこのようなとりとめもないことを奏上されたのですか。
③　落馬なさって即座に冠をかぶって乗り直さず、どうしてこのような気にとめるべきでないお話をなさったのですか。
④　冠を落とされたあとすぐに冠をお渡ししたのに、どうしてこのようなくだらないお話をなさったのですか。
⑤　冠を落とされてすぐにかぶり直さず、なぜこのようなどうでもよいことをおっしゃったのですか。

問8　右の文中に登場する「元輔」は勅撰和歌集である『後撰和歌集』の撰者の一人である。いわゆる八代集のうち、『後撰和歌集』は何番目に編まれたか。解答欄に合うように漢数字で記せ。算用数字等で記した場合は不正解とする。

問3　空欄［A］に入れるべき助動詞を次に示すもののなかから一つ選び、適切な活用形にして記せ。

【まじ　めり　なり　らむ　べし　たり】

問4　傍線3「君達に聞ゆべき事あり」とあるが、なぜ元輔は話をしたのか。本文に照らして、その理由として最も適切なものを次の中から一つ選んで、番号をマークせよ。

①　失態を取り繕うようなことを大まじめに述べて、笑いを誘うため。
②　年少のひとびとに自分の知見を語り、今後の糧としてもらうため。
③　年老いてからの失敗について自分を許せず、事態をごまかすため。
④　自分に落ち度がないことを述べ、許しを得るため。
⑤　失敗についての釈明をして、今後の自分の評判を上げるため。

問5　空欄［B］および［C］には同一の語が入る。その語として最も適切なものを次の中から一つ選んで、番号をマークせよ。

①　など
②　なむ
③　また
④　だに
⑤　より

＊さらなる……盤《さら》のような。平らな。
＊御禊……大嘗会の前に天皇が行う禊の儀式。

問1 傍線1「おいらかに」の解釈として最も適切なものを次の中から一つ選んで、番号をマークせよ。

① 慎重に
② 率直に
③ すばやく
④ ゆったりと
⑤ 威厳をもって

問2 傍線2「冠」について、本文に照らして正しい着用方法として最も適切なものを次の中から一つ選んで、番号をマークせよ。

① 冠の左右に飾りを付ける。
② 冠は儀礼の際にのみ用いる。
③ 冠は本来、馬上ではかぶらない。
④ 冠のあごひもをしっかり締める。
⑤ 髪を冠の中にまとめて入れて留める。

の事なり。まして馬は心あるものにあらず。この大路はいみじう石高し。馬は口を張りたれば、歩まんと思ふ［C］歩まれず。と引きかう引き、くるめかせば、倒れんとす。馬を悪しと思ふべきにあらず。唐鞍は*さらなる鐙の、かくうべくもあらず。それに、馬はいたくつまづけば落ちぬ。それ悪しからず。また冠の落つる事は、物して結ふものにあらず、髪をよくかき入れたるにとらへらるるものなり。それに鬢は失せにたれば、ひたぶるになし。されば落ちん事、冠恨むべきやうなし。また例なきにあらず。何の大臣は大嘗会の*御禊に落つ。何の中納言はその時の行幸に落つ。かくのごとく例も考へやるべからず。しかれば、案内も知り給はぬこの比《ごろ》の若き君達、笑ひ給ふべきにあらず。笑ひ給はば4をこなるべし」とて、車ごとに手を折りつつ数へて言ひ聞かす。

かくのごとく言ひ果てて、「冠持て来」というてなん取りてさし入れける。その時に、どよみて笑ひののしる事限りなし。冠せさすとて、馬添の曰く、「5落ち給ふ則《すなは》ち冠を奉らで、などかくよしなし事は仰せらるるぞ」と問ひければ、「痴事《しれごと》ないひそ。かく道理をいひ聞かせたらばこそ、この君達は後々にも笑はざらめ。さらずは、口さがなき君達は長く笑ひなんものをや」とぞいひける。人笑はする事役にするなりけり。

（『宇治拾遺物語』による）

注

＊元輔……清原元輔。

＊内蔵助……内蔵寮の次官。

＊ほとぎ……瓶。

＊馬添……馬の口取りをする従者。

③「点は墜石の如く」の言葉に若いときに出会っていてもあまり重い意味をもたなかったかもしれないが、このように生きなかったという年齢に達してから出会うと大きな意味を持つようになると思われる。

④「点は墜石の如く」は一番好きな言葉であるが、悔恨をともなってこちらに迫ってくることがある。なぜなら若いときに、この言葉の意味をきちんと把握しないで好きになってしまったからである。

⑤人間や美術品や言葉はみな出会いが重要である。それらの多くは偶然の出会いであることが多いが、しかし必ずしもそうではなく、長い人生においては運命的な出会いというものもあるのである。

(三)

次の文章を読んで、後の問に答えよ。

今は昔、歌よみの*元輔、*内蔵助になりて、賀茂祭の使しけるに、一条大路渡りける程に、殿上人の車多く並べ立てて、物見ける前渡る程に、1おいらかにては渡らで、人見給ふにと思ひて、馬をいたくあふりければ、馬狂ひて落ちぬ。年老いたる者の、頭をさかさまにて落ちぬ。君達あないみじと見る程に、いととく起きぬれば、2冠脱げにけり。髻《もとどり》露なし。ただ*ほとぎを被《かづ》きたるやうにてなんありける。

*馬添、手惑ひをして、冠を取りて着せさすれど、後ろざまにかきて、「あな騒がし。しばし待て。3君達に聞ゆべき事あり」とて、殿上人どもの車の前に歩み寄る。日のさしたるに頭きらきらとして、いみじう見苦し。大路の者、市をなして笑ひののしる事限りなし。車、桟敷の者ども笑ひののしるに、一つの車の方ざまに歩み寄りていふやう、「君達、この馬より落ちて冠落したるをば、をこなりとや思ひ給ふ。しか思ひ給ふ［A］。その故は、心ばせある人［B］も、物につまづき倒るる事は常

問6　傍線「しかし、日が経つにつれて、この言葉の持つ意味は、私の心の中で、その時々で多少変化して、今日に到っている。」とあるが、その説明として最も適切なものを次の中から一つ選んで、番号をマークせよ。

①　最初は、顔真卿の書とその優れた人間性に対する批評という受け取り方をし、その後は書に対してよりもより人間性に対する讃辞としての意味をもったが、最近はまた書に対する敬意の意味になっている。

②　最初は、顔真卿の書とその非凡な人間に対する批評という受け取り方をし、その後は顔真卿と離して解釈する一時期があり、最近はまた顔真卿の一生についての讃辞という意味になっている。

③　最初は、顔真卿の書と優れた生涯に対する批評という受け取り方をしたが、その後はすべての書に対しての意味をもち、最近は人間の一生はこうでなければならないという意味になっている。

④　最初は、顔真卿の書と優れた武将に対する批評という受け取り方であったが、その後は顔真卿を離れた受け取り方をし、最近ではもっと広い受け取り方をするようになっている。

⑤　最初は、顔真卿が国に殉じた人物であったという受け取り方であったが、その後はもっと広い政治家としての受け取り方をし、最近では広い展望をもった人という受け取り方をするようになっている。

問7　本文の内容と最も合致するものを次の中から一つ選んで、番号をマークせよ。

①　人生航路には、点をうつことにより物事を始めることもあれば、鉤や戈のように方向転換して折り曲げるようなことも必要ではあるが、しかしうまくいかないことも多くあるのが人生である。

②　出会いは、純粋な若いときよりも、中年以後の年齢になってからの方が感動的な出会いをすることが多い。最近では国内外の十一面観音像や女神像、また五重塔との感動的な出会いがあった。

問3　空欄 **C** に入る最も適切な表現を次の中から一つ選んで、番号をマークせよ。

①　凛乎とした
②　郁々とした
③　謹厳とした
④　隆然とした
⑤　燦々とした

問4　本文には、次の一文が欠落している。どこに入るのが最も適切か。入るべき箇所の直前の五字を抜き出せ。（句読点・記号等も字数に含む）

【脱落文】出会いというものは、そんないい加減なものではないのであって、どこかに魂を売り渡してしまったようなところがある。

問5　本文は井上靖の文章である。井上靖の作品を次の中から一つ選んで、番号をマークせよ。

①　たけくらべ
②　それから
③　あにいもうと
④　あらくれ
⑤　しろばんば

ったに違いないのであるが、そうしたことは、ただの一度もなかったのである。

そういう意味では、この言葉ともっと早く出会うべきであったという考え方もできるが、しかし、早く出会わなかったからこそ、いまこの言葉が好きになっているのだと思う。おそらく若い時、この言葉にぶつかっていても、何ものも感じなかったに違いない。この言葉のように生きるべきであったが、そのようには生きなかった。そう思う年齢に達して、この〝点は墜石の如く〟の言葉の生命は、初めて千鈞の重みをもって輝いて見えるに違いないのである。

私はいま、せめてこれから書く小説の主題が、いつも墜石の如きものでありたいと思っている。天から落ちて来た石のように、私の心の中に落ちて来たものでなければならないと念じている。そうできるかどうかは判らないが、そうありたいと心掛けているのである。

（井上靖の文章による）

問1　空欄 [A] に入る最も適切な表現を次の中から一つ選んで、番号をマークせよ。

① 温故知新
② 謦咳に接する
③ 久闊を叙す
④ 平身低頭
⑤ 光陰矢の如し

問2　空欄 [B] には、本文中の九字の言葉が入る。最も適切なものを選んで記せ。（句読点・記号等も字数に含む）

それからまた、私はこの〝点は墜石の如く〟の言葉を、顔真卿の書とも、その人間とも離して解釈した一時期がある。私は勝手に自分の一存で、この言葉を一本立ちにさせてしまったのである。なべて書というものを考える場合、この言葉の生命はそのまま通用すると考えたからだ。

しかし、最近、この〝点は墜石の如く〟の言葉は、私の心の中でこれまでとはかなり大きく変わった坐り方をしている。顔真卿の書からも、その人間からも、そして一般の書というものからもはなして、私はこの言葉を解釈している。現在の私にとっては、この言葉はたいへん広い展望を持っている。人の一生というものは、このようなものでなければならぬというような意味を、私はこの言葉から貰っている。私が勝手にこのような解釈をしたのには違いないが、私にこのような解釈をさせるだけのものを、もともとこの言葉が持っていたとも言えるかと思う。

人間が一生を生きるには、その人生行路に於て、点もあれば、画もあり、鉤もあれば、戈もあると思う。物事を始めるのは点を打つことと変わりはないし、その仕事を長く続けてゆくのは、一画、一画を大切にしてゆくようなものである。しかし、いつも平坦な道が続くとばかりは限らない。方向転換して折り曲げなければならぬ時もあれば、思い切って身を躍《おど》らせなければならぬ時もある。それは人生における鉤でもあり、戈であると言っていいのではないかと思う。

このように広く解釈すると、この顔真卿の書に対する評言は、急に広い展望をもって、私たちの人生に、生活に、仕事に直接結びついてくる。

現在、この言葉は、私の好きな言葉の一つになっている。ただ私にとって、多少、この言葉は悔恨といった性格をもって、こちらに迫ってくる。私はこれまでの生涯を、決してこの言葉が意味しているようには生きて来なかったからである。墜石の如く、一つの仕事をスタートラインに置いたこともなければ、夏雲の湧くようなゆたかさで、仕事を育てて行ったこともない。そして逆境に処して、屈金の如き強い意志を持ったこともなければ、発弩の如き決意と構えを持ったこともない。そうすべきであで、簡単にはその前には立てないし、水分神社の女神像も、いくらすばらしくても神像なので、簡単にお目にかかることはできない。近江の二つの十一面観音像の方は、度々その前に立っている。（中略）

言葉とか、文章というものにも出会いはある。四、五年前、中国唐代の有名な文人であり、官吏であり、書家であった顔真卿のことを、小さい文章に綴るために調べたことがあった。その時、顔真卿の書を評した言葉の中に、

――点は墜石の如く、画は夏雲の如く、鉤《かぎ》は屈金の如く、戈《ほこ》は発弩《はつど》の如し

というのがあるのを知った。もちろん顔真卿の書を褒《ほ》めた言葉で、このような褒め方をされれば、顔真卿もさぞ満足であろうと思った。〝点は墜石の如く〟は、言うまでもなく、顔真卿の字に見える点は、［B］のように自然であり、力があり、そして梃《てこ》でも動かぬ安定さがある。まあ、こういった意味であろうと思う。同様に、一画一画は夏雲の如くゆったりして、軽やかで、美しく、折り曲げる箇処は折り曲げられた金のように力強く、確《しっか》りしており、はねるところは今まさに弓を振りしぼって発せんとしているかのように力が漲《みなぎ》っている。大体こういう意味ではないかと思う。顔真卿の書は、日本にも愛好者が多いので、そうした人たちには、この評のこころはそのまま受け入れられるのではないかと思う。

この〝点は墜石の如く〟に始まる短い言葉は、初めてこれを眼にした時から、ずっと今日まで私の心の中に居坐っている。しかし、日が経つにつれて、この言葉の持つ意味は、私の心の中で、その時々で多少変化して、今日に到っている。

私はこの言葉を、顔真卿の書に対する評であると共に、それとほぼ同分量に顔真卿という非凡な人間に対する批評であるという受取り方をした一時期があった。顔真卿は安禄山の乱によって唐朝が危なくなった時、ひとり叛逆者に対抗し、よく唐朝を支えた人物であり、最後は李希烈の乱に際して、ひとり節義を守って、国に殉じた人物である。その［C］生涯には、点もあれば、画もあり、鉤もあれば、戈もあったと言える。その書に対する評はそのまま、その生涯に対する評であり、その書に対する讃辞は、その人間、その生涯に対する讃辞として通用するように思ったからである。

(二)

次の文章を読んで、後の問に答えよ。

最近、人間にしろ、美術品にしろ、言葉にしろ、所詮はみな出会いであると思うようになっている。一生付き合う友達とも、そのそもそもの始まりは出会いに他ならないし、美術品でも、言葉でも同じである。一生忘れることのできないような感動を受けたものとの邂逅《かいこう》は、甚だ偶発的な出会い以外の何ものでもなさそうである。自分が意識して求めたわけでもないのに、ある日、ある時、ある場所でたまたま出会ってしまったのである。

室生寺の五重塔、浄瑠璃寺の九体仏、東大寺三月堂、東寺の講堂、龍安寺の石庭、唐招提寺の鑑真和上坐像、薬師寺の塔、醍醐寺の塔、法隆寺の金堂。いずれも若い時出会ったものである。今でも奈良や京都へ行くと、[A]といったような気持で、時間があれば顔を出す。昔からかぞえ切れないほどお目にかかっているものであるから、そうしたものを見るより、新しいものを見に行った方がいいに決まっていると思うが、なかなかその気になれない。曾て一度大きい感動を受け、それ以後今日までずっと付き合って来たもののところを訪ねる方が間違いないといった気持である。決して裏切られることはないし、一度大きい感銘を受けたものは、何回その前に立っても、やはりいいと思う。昔はよかったが、今はそれほどでもないといったような場合は、まずないと言っていい。

出会いという形での取引の多くは若い時になされ、ある年齢からは、こちらが気難しくなるのか、容易なことでは出会いは成立しない。めったに出会うことはないのである。と言って、出会いが全くないというわけではない。この四、五年の間に、やはり出会いと言っていい会い方をしているものがある。滋賀県高月町の渡岸寺の十一面観音像、同じく木之本町の石道寺の十一面観音像、吉野水分《みくまり》神社の女神像、韓国扶余の定林寺の石の五重塔、慶州石窟庵の浮彫りの十一面観音像などは、その前に立った時の感動は今なお新しい。何回もその前に立ちたくなる。定林寺の五重塔も、石窟庵の十一面観音像も、異国の塔や仏像なの問8　傍線4「観光客の哲学」とはどのようなものか。次の中から最も適切なものを次の中から一つ選んで、番号をマークせよ。

① グローバリズムとナショナリズムの両立を目指すもの
② 人間と動物の融和を目指すもの
③ 政治と経済が別の秩序で構成されることを目指すもの
④ 思考と欲望が二つの層として存在することを目指すもの
⑤ 個人が欲望を持ったまま公共とつながることを目指すもの

問9　本文の内容と最も合致するものを次の中から一つ選んで、番号をマークせよ。

① 現在はナショナリズムとグローバリズムの二層構造の世界であり、カントやヘーゲルが考えたネーションやナショナリズムとは異なる思考によって、この二つの層を接続することが求められている。
② 政治と経済の二つの場が接続することで、ネーションやナショナリズムを超越したグローバリズムの移行を実感することができる。
③ ネーションにとって政治と経済は、それぞれ思考と欲望の場であり、この二つと上手につながることで、欲望に忠実な市民でいることができる。
④ 人間は肉体関係に流される動物的欲望を持っており、それを人間的理性で制御することによって、成熟した市民社会にとどまり、常識的な生活を送ることができる。
⑤ 欲望によって国境を超越するのが二一世紀の現実であり、小さな企業や個人の自由な経済的活動を起点として、動物的な層からの世界像の転換を迫られている。

問5　傍線1「身も蓋もない現実の帰結」とはどのようなことか。その説明として最も適切なものを次の中から一つ選んで、番号をマークせよ。

①　大企業のみならず、個人もまた国境を越えて、自由に経済活動をしているということ。
②　「上半身」と「下半身」が分裂し、身体の統合がとれていないということ。
③　「意識」と「無意識」の対比によって、精神の統合がとれていないということ。
④　政治はネーションを単位としているが、経済はネーションを単位としていないということ。
⑤　ナショナリズムからグローバリズムへと、時代が移行しているということ。

問6　傍線2「このイメージこそ、まさに、二層構造の時代の世界秩序の表象にふさわしい。」とあるが、なぜか。その説明として最も適切なものを次の中から一つ選んで、番号をマークせよ。

①　個人の欲望に頼ることで、現在の国民国家が成立しているから。
②　グローバリズム以前の国家は、個人の欲望をおさえこむことで成立しているから。
③　現在の市民社会を媒介にして、国家はばらばらな形で存在しているから。
④　ナショナリズムにおいて、国民の欲望は、様々な場所で展開するから。
⑤　グローバリズムとナショナリズムが一体化して、国民の欲望は、様々な国家と融合するから。

問7　傍線3「愛を確認しないまま、肉体関係だけをさきに結んでしまった」とあるが、どういうことと筆者は考えているか。本文中の言葉を用いて五〇字以内で述べよ。（句読点・記号等も字数に含む）

問2　空欄 X に入る最も適切なものを次の中から一つ選んで、番号をマークせよ。

① まずはおまえの金銭にまみれた欲望を抑えこんでから
② まずはおまえのみすぼらしい姿をよく見直してから
③ まずはおまえの動物的な本能を抑制してから
④ まずはおまえの下半身を制御できるようになってから
⑤ まずはおまえの寝ぼけた顔をよく洗ってから

問3　本文には、次の一文が段落末尾から欠落している。どこに入るのが最も適切か。入るべき箇所の直前の八字を抜き出せ。
（句読点・記号等も文字数に含む）

【脱落文】それは人間関係でも国際関係でも同じではなかろうか？

問4　空欄 A ～ E に入る語の組み合わせとして、最も適切なものを次の中から一つ選んで、番号をマークせよ。

① A グローバリズム　B ナショナリズム　C ナショナリズム　D ナショナリズム　E ナショナリズム
② A ナショナリズム　B グローバリズム　C ナショナリズム　D グローバリズム　E グローバリズム
③ A グローバリズム　B ナショナリズム　C グローバリズム　D グローバリズム　E グローバリズム
④ A グローバリズム　B ナショナリズム　C グローバリズム　D ナショナリズム　E グローバリズム
⑤ A ナショナリズム　B グローバリズム　C ナショナリズム　D ナショナリズム　E ナショナリズム

大きな世界像の転換があったからである。

シュミットもコジェーヴもアーレントも、みな一致して、グローバリズムの到来を「人間ではないもの」の到来と位置づけていた。彼らは、経済の拡大は人間の消滅につながると考えていた。だからこのふたつの層は、人間の層と「人間ではないもの」の層、すなわち人間の層と動物の層と名づけることもできる。

二一世紀の世界は、人間が人間として生きるナショナリズムの層と、人間が動物としてしか生きることのできないグローバリズムの層、そのふたつの層がたがいに独立したまま重なりあった世界だと考えることができる。この世界像のうえであらためて定義すれば、本書が構想する4観光客の哲学なるものは、グローバリズムの層とナショナリズムの層をつなぐヘーゲル的な成熟とは別の回路がないか、市民が市民社会にとどまったまま、個人が個人の欲望に忠実なまま、そのままで公共と普遍につながるもうひとつの回路はないか、その可能性を探る企てである。

（東浩紀『観光客の哲学』による）

問1　空欄 a ～ d に入る語の組み合わせとして、最も適切なものを次の中から一つ選んで、番号をマークせよ。

	a	b	c	d
①	だとすれば	また	それゆえ	したがって
②	だとすれば	そして	けれども	したがって
③	そして	また	むしろ	たしかに
④	それゆえ	たしかに	けれども	そのうえ
⑤	そして	そのうえ	しかし	そのうえ

の時代の世界秩序の表象にふさわしい。

経済はつながるのに、政治はつながらない時代。欲望はつながるのに、思考はつながらない世界。下半身はつながっているのに、上半身はつながりを拒む時代。それが二層構造の時代の世界秩序だが、最後に、さらに下品との非難を浴びるのを承知のうえで連想を進めるとすれば、この時代においては、国民国家(ネーション)間の関係は、しばしば、3愛を確認しないまま、肉体関係だけをさきに結んでしまったようなものになりがちだと言うことができるのかもしれない。

いまの時代、経済＝身体は、欲望に忠実に、国境を越えすぐにつながってしまう。けれども政治＝頭はその現実に追いつかない。政治＝頭のほうは、両国のあいだにはさまざまな問題があり、いまだ信頼関係は育っていないので、経済＝身体だけの関係は慎むべきだと考える。とはいえ市民社会＝身体はすでに快楽を知っており、関係はなかなか切断できない。機会があればまた関係をもってしまう。比喩的に言えば、いま世界中でそのような事態が起きている。日本と隣国の関係もその一例である。そしてここで問題なのは、愛がないなら関係は切るべきだ、とはいえ現実には切れないという葛藤は、実際には社会のなかにストレスを高めるだけでろくな結果を引き起こさないということである。

たしかに、愛を確認しないまま関係をもってしまったのは、つまりは政治的な信頼関係をつくれないまま経済的な依存関係を深めてしまったのは、軽率ではあるだろう。不純でもあるかもしれない。二層構造の時代は、そういう意味では徹底して軽率で不純な時代である。けれども結局は、関係が切れないなら、覚悟を決めて愛を育てるしかない。

いささか話が逸れた。いずれにせよ、ぼくたちは、以上のように、国家と市民社会、政治と経済、思考と欲望、ナショナリズムとグローバリズムのふたつの層からなる、二層構造の世界に生きている。それが本書の仮説である。ぼくたちがいま、カントとヘーゲルのパラダイム(ナショナリズムの時代のパラダイム)では「政治」の定義に原理的にあてはまらない、しかしそれでも政治的と言うほかない事例についてあらためて思考することを迫られているのは、政治そのものの場所を変質させる、このような以上の記述からわかるとおり、現代はけっしてナショナリズムの時代ではない。かといって単純にグローバリズムの時代でもない。現代では、ナショナリズムとグローバリズムというふたつの秩序原理は、むしろ、政治と経済のふたつの領域にそれぞれ割り当てられ重なり共存している。ぼくはそれを二層構造の時代と名づけたいと思う。

カントは国民国家を人間＝人格として捉えた。実際に［　E　］の時代においては、国際関係はしばしば人間関係に擬して描かれた。読者のみなさんも、歴史の教科書で、日清戦争や日露戦争の当時、ヨーロッパのメディアが日本を含む関係諸国を擬人化して描いたポンチ絵を見たことがあるのではないかと思う。アメリカが星条旗の山高帽を被ったひげの男性として、中国(清)がアヘン中毒の患者として、ロシアが熊として描かれているようなコミカルなイラストだ。最近はそのようなポンチ絵はあまり見ない。この二層構造の時代においては、アメリカにしろ中国にしろロシアにしろ、ひとつの人格でひとつの国家を代表させることに無理があるからである。実際、トランプ大統領が誕生したからといって、アメリカ全体がすぐに保護主義的で排外主義的になり、閉じたネーションになるかといえば、必ずしもそうではない。トランプの政策にかかわらず、アメリカは中国との貿易を止めることができないし、これはほかの国に対しても同じである。

それでは、この世界に適合するイメージとはどのようなものだろうか。二層構造の時代においては、政治がいくらいがみあっていても経済はつながり続けるのだから、もし国際関係をポンチ絵にしたてあげるとすれば、それは、各国が独立の人間として表象されるのではなく、むしろ人間としての独立性を失い、ひとつにつながった「身体」(市民社会)のうえに、ばらばらに「顔」(国家)だけがくっついているような絵になると考えられる。じつは日本のマンガ史には、まさにこの特徴を満たした有名なイメージが存在する。諸星大二郎が一九七四年の「生物都市」で描いた怪物がそれである。宇宙船が異星からもち帰った「何か」のため、人々の身体が、接した生物や無機物とつぎつぎに融合してしまう。けれども意識の独立性は失われない。最終的に出現するのは、無数の独立した「顔」が付随した、生物とも機械とも言えない不定型の怪物である。2このイメージこそ、まさに、二層構造ントとヘーゲルは、この前提のうえで、国家が市民社会のうえに立ち、政治の意識が経済の無意識を抑えこんで国際秩序を形成するのが、人倫のあるべきすがただと考えた。

さて、ここでしつこくイメージの話をしているのは、ナショナリズムの時代の世界秩序をそのように捉えると、それとの差異を定めることで、現在の世界秩序もまたより明確に理解できるからである。

ナショナリズムの時代においては、国家と市民社会、政治と経済、公と私のふたつの半身が合わさり、ひとつの実体＝ネーションが構成されていた。だからこそネーションがすべての秩序の基礎となりえた。

けれども、二一世紀の世界ではまさにその前提こそが壊れているのである。そしてここで重要なのは、けっしてネーションそのものが壊れたのではなく、ただネーションの統合性が壊れただけだと理解することである。

いまもネーションは生き残っている。政治はいまだにネーションを単位に動いている。政治家は国民から信任を集め、国民のために働いている。そこには厳然とネーションの感覚がある。けれども経済はネーションを単位としていない。商人は世界中の消費者に商品を売り、世界中の消費者から貨幣を集めている。大企業だけでなく、驚くほど小さな企業や個人でさえ、いまや国境を越えて商売をしている。そこにネーションの感覚はない。政治の議論はネーション単位で分かれているが、市民の欲望は国境を越えてつながりあっている。それが二一世紀の現実である。

言い換えれば、ぼくたちが生きるこの二一世紀の世界においては、国家と市民社会、政治と経済、思考と欲望は、ナショナリズムとグローバリズムという異質なふたつの原理に導かれ、統合されることなく、それぞれ異なった秩序をつくりあげてしまっているのだ。ぼくの考えでは、それが大澤を悩ませた問題の正体である。[A]は[B]を破壊したのではない。それを乗り越えたのでもない。ましてやその内部で[C]を生みだしたのでもない。それは、単純に、既存の[D]の体制を温存したまま、それに覆い被せるように、まったく異質な別の秩序を張りめぐらせてしまったのである。

ナショナリズムの時代の世界像の意味を、あらためて考えてみよう。そこでは国家と市民社会は、ひとつの実体（ネーション）の精神と身体になぞらえられていた。

ここで精神と身体の対比を、フロイト的な意味での「意識」と「無意識」の対比に、あるいはさらに低俗に、「上半身」と「下半身」の対比に重ねてみる。上半身は思考の場所、下半身は欲望の場所である。だとすれば、国民（ネーション）にとって、国家＝政治は思考の場所、市民社会＝経済は欲望の場所だと言うことができる。実際、国民は政治の場では政策について理性をもって熟議するし、経済の場では必要と欲望にしたがい自由にモノを購買するものだと見なされている。

この比喩をさらに推し進めてみる。人間はふだん、上半身の合理的な思考に基づき行動している。少なくともそのつもりになっている。他人に見せるのは上半身の顔だけである。けれども、現実にはつねに下半身が抱く非合理な欲望に悩まされている。欲望の管理は、健全な社会生活を営むうえで致命的に重要である。それに失敗すると病気になる。それがフロイトの精神分析の教えである。

［a］、ネーションについても同じことが言えないだろうか。国民（ネーション）はふだん、政治の合理的な思考に基づき行動している。少なくともそのつもりになっている。［b］他国に見せるのは、カントが言うように国家という顔＝人格だけである。［c］、現実にはつねに、市民社会に渦巻く非合理な欲望に悩まされている（排外主義やヘイトスピーチを想像してみてほしい）。［d］、その欲望の管理は、健全な国際秩序を設立するうえで致命的に重要になる。このように解きほぐすとわかるように、『永遠平和のために』の第一確定条項（各国家における市民的体制は共和的でなければならない）は、人間の話に置き換えると、じつはきわめてわかりやすい、ほとんど低俗と形容していいようなことを言ってしまっている。カントはじつはそこで、各国家に、［X］国際社会に乗りだしてこいと、そう注文をつけていたのである。

国民国家（ネーション）は、国家と市民社会、政治と経済、上半身と下半身、意識と無意識のふたつの半身からなっている。カ

国語

（六〇分）

（一）　次の文章を読んで、後の問に答えよ。

かつて、ナショナリズムの時代は終わり、これからはグローバリズムの時代が来ると楽観的に語られたことがあった。いまでも情報社会論ではそのような楽観主義が見られる。しかしその「移行」は、かりに未来では実現するとしても、そう簡単に進むものではなさそうである。現実にはこの四半世紀、グローバリズムが高まるとともに、ナショナリズムもまたその反動として力を強めている。そしていまや両者の衝突こそが政治問題となっている。つまりは、世界はいま、一方でますますつながり境界を消しつつあるのに、他方ではますます離れ境界を再構築しようとしているように見える。ぼくたちが生きているのは、カントが夢見た国家連合の時代（ナショナリズムの時代）でもなければ、ＳＦ作家やＩＴ起業家が夢見る世界国家の時代（グローバリズムの時代）でもなく、そのふたつの理想の分裂で特徴づけられる時代である。

この分裂はなぜ生じたのだろうか。大澤真幸の著作『ナショナリズムの由来』（五六一頁以下）は、その分裂のメカニズムを説明するため、きわめて複雑な論理を編み出している。それこそが彼の大著の主題でもある。しかしぼくには、それは、もっとシンプルな、ある意味で身も蓋もない現実の帰結にすぎないように感じられる。

解答編

英語

I **解答** 1．ア―(1)　イ―(3)　ウ―(2)　エ―(4)

2．あ．intended　い．led　う．encouraging　え．written

3．(a)―(2)　(b)―(3)　(c)―(1)　(d)―(1)

4．その場にいなかった人々にもその場の状況について詳しくわかるようにする必要性のこと。

5．(1)―F　(2)―T　(3)―F　(4)―F　(5)―F　(6)―T　(7)―T　(8)―F

◆全　訳◆

≪写真の共有が経験に及ぼす影響≫

人々は今まで以上に多くの写真を撮り，さらにシェアするが，最近まで私たちは写真を撮る様々な理由がどのように実際の経験に影響を及ぼすのかほとんど知らなかった。例えば，市内観光をするとき他人とシェアするために写真を撮る（例えばフェイスブックに投稿するため）人がいる一方，自分のために写真を撮る（例えば後で経験したことを思い出すため）人もいる。人とシェアするために写真を撮る人々は，自分のために写真を撮る人々よりその経験を楽しんでいるのかいないのか？　写真を撮る人々の目的が，どのように撮影された実経験を楽しむことに影響を及ぼすのか？　2800人を超える参加者を用いた12に及ぶ研究では，自分のために写真を撮る人々と比較し，人とシェアするために写真を撮る人々は実際のところ撮影された実経験をそれほど楽しんでいないという結果が示されている。

ある研究で，フィラデルフィアの有名なロッキー像のところで写真撮影するために並んだ観光客たちは，これらの写真が自分のためなのか，あるいは，シェアすることを意図されたものか尋ねられた。次に，その写真を撮った後でどれほど彼らがその実経験を楽しんだか聞かれた。他の研究を加味しながら彼らの答えを基にわかったのは，シェアする目的で撮影する人々は，自分のために写真を撮る人々と比較し，その実経験をそれほど楽しまず，また，友人にその経験を勧める可能性も少ないことがわかった。

クリスマスの祝日期間に写真を撮影するよう頼まれたときも同様の結果が得られた。参加者たちは，自分自身のため，もしくは，フェイスブックのようなソーシャルメディアプラットフォーム上にシェアする目的のいずれかで12月25日に写真アルバム用の撮影をするという課題を与えられた。面白いことに，シェアするために作られたアルバムは個人的利用のために作られたアルバムとは相違していた。シェア用に作られたアルバムでは，人々がポーズをとったり（ありのままではなく），人々がカメラに向かって微笑んでいるような写真がより多く載せられており，そのことはそのアルバムを見る人にポジティブな印象を残したいと思っていることを暗に示していた。さらに，シェアされたアルバムに関して，人々はその祝日に典型的なアイテム（例えばクリスマスツリー，靴下など）が写っている写真を含めている傾向がより高く，それはそこにいなかった人々のためにその状況に関する詳細を提供する必要性を彼らが感じていることを暗に示していた。さらに，シェアする目的で撮影するよう言われた人々は，自分のために写真を撮る人々と比較し，写真撮影体験をそれほど楽しまなかった。

しかし，なぜそのようなことになるのだろうか？　なぜ写真を撮る目的がその経験を楽しむことに影響を及ぼすのだろうか？　わかったことから暗示されるのは，これが生じるのはシェアするために写真を撮る場合，他人が写真をどう判断するか撮影者が不安を募らせてしまうからだということである。このような他者とシェアするという意図は，ポジティブな観点から自分を提示しなければいけないという思いを増加させ，今度はそのせいでその経験の最中の楽しみを少なくさせてしまうのである。さらに，これらのネガティブな感情は人々が将来同じような経験に参加したいという興味へと拡大するのだが，その感情はあまりに強いため，シェアを目的で撮影することで実際にはもう一度その経験をしたいと思う気持ちが減ってしまうほどなのである。このことは，夕焼けの写真を，あるいは，前の研究ではクリスマスツリーの写真を共有するときのように，その写真の中にその人自身が写っていようがいまいが関係ない。

シェアしようとすることのネガティブな効果を人一倍強く経験する人々もいた。自意識が強い人々（自分はどのように人に見えているか，自分のことを人はどのように思っているか大いに心配する人々）はより強い影響を示している。自分のために撮影している人々だけでなく他人が彼らをどう思っているかさほど心配しない人々と比べると，シェアする目的で写真を撮るとき，彼らはその経験を楽しめていない。

誰がその写真を見るかは重要なのだろうか？　研究者たちはシェアする相手が重要なのかどうかを調べてみた。彼らは，広範囲に及ぶ知人のグループ（例えばフェイスブック上のすべての友人）と写真をシェアしようとすることは楽しみを減らすが，親友とだけシェアする目的で，あるいは，自身の個人アルバムのために写真を撮ることはその経験自体をはるかに楽しめるものにすると推論した。実際にそれは事実であった。参加者たちは，自分がよく知らない人々，そして，自分をよく知らない人々とシェアする目的で写真を撮ると不安な気持ちになってしまい，さらにまた，その経験に参加している感覚が減ってしまったのである。彼らは他者が思っていることを心配し，そのため自身の経験の中において彼らの存在は希薄になり，その結果，彼らはその経験をそれほど楽しめなくなってしまったのである。

さらにこの研究では，ビジネスにおいて失敗になりかねないことを特定した。消費者に対し，その経験の最中にシェア目的の写真を撮影するよう促すのは逆効果なのかもしれないということである。例えば，多くのレストランやホテルは，消費者がインスタグラム，フェイスブック，そして，ツイッター上でシェアする写真を撮るよう動機づけるため，広告の中にハッシュタグを組み込んでいる。もしそのような目立ったリマインダーがその経験の最中に人々が感じる楽しみを減らしてしまい，記憶に残る楽しみに悪影響を及ぼしかねないならば，それらは予想外の損失をもたらしているかもしれない。さらに，こうした消費者の実経験への悪影響により，再びそのような経験をしたい，あるいは，その経験を他者に推薦したいという気持ちが減ってしまうかもしれない。

私たちの実経験は私たちの幸福にとって必須のものであり，何が私たちの楽しみに影響を与えるのかを理解することは，幸福を求める人々およびそのような経験を創造しマーケティングする会社の双方にとって重要である。人々は，筆記および口頭のコミュニケーションを通してだけでなく，ますます写真を通して広く情報を共有する。経験が生まれると，ますます写真は撮影され，何億ものこれらの写真がソーシャルメディアおよび他のチャンネルを通して毎日共有される。消費者は後にこれらの写真を共有することを楽しみ，そのときに「いいね」や「コメント」を受け取ることに価値を見出すかもしれないが，シェアするために写真を撮影することが実経験そのものの最中における自身の楽しみをどのように損ないかねないか考えたほうがよいかもしれない。

◀解　説▶

1．ア．in fact「①実際，②ところが実際は」 単に事実を示す場合と，論と逆接的に展開する場合がある。本文では①の意味。

イ．be based on 〜「〜に基づいて」 本文では based から始まる分詞構文。

ウ．be typical of 〜「〜に典型的である，〜に特徴的である（≒be characteristic of 〜）」

エ．share with 〜「〜と共有する」 この場合の share は自動詞。

2．あ．be intended for 〜「〜に向けられている」 *cf.* be intended to *do*「〜するよう意図されている」

い．lead *A* to *do*「*A* が〜するよう導く」 主語が原因で *A* to *do* が結果になることが多い。本文では taking photos が原因にあたる。文脈上過去形 led が適切。

う．encourage *A* to *do*「*A* が〜するよう奨励する」 本文では encourage 部分が主語になるため，動名詞 encouraging が適切。

え．後に続く形容詞 verbal「口頭の」との並立と考え，分詞形容詞の written「筆記の」が適切。

3．(a) anxiety「心配，不安，切望」 意味が近いのは concern「心配，関心」である。

(b) salient「顕著な，目立った」 意味が近いのは notable「注目に値する，著しい」である。

(c) harmful「有害な」 意味が近いのは damaging「損害を与える，不利になる」である。

(d) vital「①生命の，②活気のある，③極めて重要な」 本文では③の意味。意味が近いのは critical「危機的な，批判的な，極めて重要な」である。

4．後に続く to provide … 以下の内容を記述する。context「状況，背景，前後関係」 there は「クリスマスのお祝いの場」のこと。

5．(1)「自分のために写真を撮る人々は写真をオンラインでシェアする人々ほど撮影される実経験を楽しまない」 第 1 段第 5 文（In twelve studies …）より，本文に不一致。

(2)「自分のために写真を撮る人々は，オンライン上で写真をシェアする人々ほど写真の中で微笑むことがなさそうである」 第 3 段第 4 文（Albums created for …）に，シェア用に作られたアルバムには微笑んでいるような写真がより多いとあるので，本文に一致。

(3)「写真の中にクリスマスパーティーの装飾を入れない人は，おそらく，その装飾を入れた人々よりパーティーを楽しんだだろう」 第 3 段第 5 文（In addition, with …）に，アルバムをシェアしようとする人々はクリスマスに典型的なアイテムが写っている写真をアルバムに入れようとするという記述はあるが，それは写真の取捨選択の問題であって写真に装飾を入れることとパーティーを楽しむことの関係性自体を推論することはできない。よって，本文に不一致と判断する。

(4)「その中に人々が入っていない写真を撮ることは写真をシェアする不安感を防ぐ」 第 4 段最終文（This is even …）に，共有するための写真を撮ることについてのネガティブな感情は，「その写真の中にその人自身が写っていようがいまいが関係ない」とある。また，単に人が写っていない写真を撮ることに関する記述は本文にない。よって，本文に不一致。

(5)「写真をシェアすることは，人をそれほど自意識的にしないようにするよい方法である」 写真をシェアすることによって自意識が弱まるという記述はない。よって，本文に不一致。

(6)「レストランは，そのレストランの中で自身が写っている写真をシェアするよう説得される顧客を最終的には失いかねない」 第 4 段最終 2 文（In addition, …）ならびに第 7 段最終文（Moreover, these negative …）より，本文に一致。

(7)「ソーシャルメディアのせいで，人々は経験を取り交わすために口頭でのコミュニケーションよりも写真を利用する」 最終段第 2 文（People widely share …）だけを見ると，「書いたり口頭でのコミュニケーションばかりでなく，どんどん写真を通しても多くの人と経験を共有するようになっている」とあるので，一致していないように思われる。しかし，続く同段第 3 文（More and more, …）を見ると，「経験を写真に撮って SNS

でシェアしようという動きがますます加速し，何億枚もの写真が毎日シェアされている」とあるので，最終的には本文に一致していると判断できる。
(8)「シェアするための写真を撮ることに気を使う人は，後にその出来事の写真をシェアすることを楽しまないだろう」 記述にない。よって，本文に不一致。

II 解答

1．(a)―(4) (b)―(2) (c)―(1) (d)―(2) (e)―(3)
2．A―(4) B―(3) C―(3)
3．ア―(3) イ―(1) ウ―(3)
4―(4)
5．(1)―2 (2)―2 (3)―3
6．（設問省略）
7―(4)

◆全 訳◆

≪なぜ人はロボットの物語を語り続けるか≫

ほぼ3千年前から心をもつ機械に関する話が伝わっている。紀元前800年頃書かれた『イーリアス』の中で，体に障害がある金属細工の神ヘパイストスが創造した，知られている最古のAI「黄金の女性給仕たち」についてホメーロスは記述している。彼らは「知能…声そして活力」をもった「まるで命ある給仕のようであり」，「走り回って主人を支えた」のである。ホメーロスはまた『オデュッセイア』の中で，最初の自律した乗り物，すなわち，オデュッセウスをイサカへと帰郷させる帆船を私たちに示した。それらは，2つの「ロボット」，すなわち，歯や爪ではなく「知的な頭脳」で宮殿を守る金銀一対の番犬とともに「思考を基に」航海を続ける。

そのような物語はそれ以来絶えず語られている。それらは神話や伝説，映画や物語，そして，未来への真剣な推測といった様々な形をとる。今日，これまで以上に知的機械は，『スターウォーズ』や『ウェストワールド』からイアン=マキューアンの『私のような機械』まで，人気ある映画やベストセラーの中で主役として扱われている。今であれば，私たちはそのような機械を1955年に造語された用語である“AI”，すなわち，人工知能と呼ぶかもしれない。しかし，それらには多くの他の名前があり，そのようなすべては様々なニュアンスをもっている。その中には「オートマトン」

（古代から），「アンドロイド」（1728），「ロボット」（1921），そして，「サイボーグ」（1960）がある。

なぜ私たちはそれほどまでロボットに魅了されるのだろうか？　何人かの学者たちはそれを説明しようとした。最初はエルンスト=イエンチであり，彼は1906年のエッセイ『不気味の心理学について』の中で「物語において不気味な効果を作り出す最も確実な方法の一つは，読者に自分の前にいるのが人間なのか，それとも，オートマトンなのかはっきりわからなくさせることだ」と主張した。イエンチはこの考えをE.T.A.ホフマンの1816年の短編小説『ザ・サンドマン』を例に用いて示した。その話では，隣に住んでいるオリンピアという美しい若い女性に魅了されるナサニエルという若者が主人公である。オリンピアは素晴らしい踊り子なのだが「アー，アー！」としか話さない。ナサニエルはついに彼女は実は父親によって作られたオートマトンであると知り，動揺のあまり自殺してしまう。

数年後，『不気味なもの』というエッセイの中で，ジークムント=フロイトはさらにこの考え方を発展させた。疑似人間的機械に対する我々の反応について考える場合，今日まで依然として不気味なものという考え方はその中心にある。日本のロボット研究家森政弘は，ほぼ人間だが完全には人間でない機械に直面する際に気持ちが落ち着かなくなる効果を説明するため，「不気味の谷」という用語を創造したことはよく知られている。

しかし，ミンス=カンは『生命をもつ機械という崇高な夢』（2011）という本の中で，機械に欺かれてそれを人間だと思ってしまうといった，ロボットに関わる不安のみに焦点を当てたのはフロイトの誤りだと主張した。歴史を通して人々は，希望と前向きな感情もまたロボットと結び付けてきた。例えば，E.R.トゥルイットは『中世のロボット』（2015）という著作の中で中世フランスのエダンという城について書いている。その城ではオートマータが信じ込みやすい客人たちをからかっていた。『スターウォーズ』のファンならロボットC-3POとR2-D2が与えてくれる息抜きの場面について考えるかもしれない。

カン自身の見方によると，ヒューマノイドは「究極の逆説であり，まさに本質は一連の矛盾である」という理由で魅力的なのである。不気味なものというのはこのような逆説の一側面であり，現実と非現実という区分に異議を唱えているのである。しかし，それが話のすべてではなく，そのような機械はまた生者と死者，あるいは，生物と物体の区分をも問題化する。

カンの分析が正しいのは確かであるが，しかし，それもまた話のすべてではない。作家で批評家のヴィクトリア=ネルソンはそのパズルの一片をさらに加え，ヒューマノイドについて私たちが語る物語の多くを動機づけているのは抑圧された宗教的信念であると示唆する。これもまた正しいように思える。古典学者アドリエンヌ=メイヤーは，知能を有する機械に関する神話的物語を人間状態を変える技術潜在力に関する「古代の思考実験」だと説明する。これもまた重要な機能のように思える。物語，特にここ百年の空想科学小説は，AIとともに生きることへの可能な限り最も深い探求を提供している。

したがって，なぜヒューマノイドロボットが私たちを魅了するのかの説明としては，ひとつにはそれらが非常に多くの機能を果たすことができるということである。それらは不安にさせると同時に面白い。ある意味では，それらは私たちがそれらにそうあってもらいたいものになることができ，人間にとって「現実的」であろうとみなされるものによって制約されることもない。このようにして，それらは神や悪魔の役割に類似した物語上の役割を果たすことができ，原型や誇張された概念を具体化する。すなわち，情け容赦ない止めることができない殺人者，完全な恋人，あるいは，超合理的な計算機械のような人といったものである。それらは私たちが極端なものを探索することを可能にさせ，そして，そのことがロボットの話がしばしばユートピア的にもディストピア的にもなる一つの理由である。それゆえ常にそのような機械に関する物語というのは，実際に私たち自身に関する物語である。人間であるとはどういうことかについての私たちの観念を，パロディにし，検討し，複雑化することである。

◀解　説▶

1．(a) speculation「①推測，②投機」 ここでは①の意味。よって，意味が近いのは supposition「推測」である。

(b) coin「～を鋳造する，～(造語など) を作り出す」 意味が近いのは invent「～を発明する」である。

(c) unsettling「不安定な，落ち着かなくさせる」 意味が近いのは disturbing「かき乱す，不安を生じさせる」である。

(d) challenge「①～に挑戦する，挑む，②～を争う，～に異議を唱える」

ここでは②の意味。よって，意味が近いのは dispute「～を論じる，～に異議を唱える」である。

(e) fulfill「～を果たす，～を実現する」 意味が近いのは perform「～を遂行する，～を果たす」である。

2．A．第3段第5～最終文（The story features … he commits suicide.）は小説『ザ・サンドマン』の内容を順を追って説明している。展開の結末部分を示す副詞 ultimately「最終的に，ついに」が適切。

B．空欄Bの前の第4段では，ジークムント=フロイトがロボットの不気味さに焦点を当てて論を展開したことが記されている。空欄の後でミンス=カンはフロイトは間違っていると主張しているので，However「しかしながら」が適切。

C．空欄Cの前の第7段ではカンの分析以外に，ヴィクトリア=ネルソンやアドリエンヌ=メイヤーが考える「知的機械」に関する機能が記されている。第3段のエルンスト=イエンチ，第4段のジークムント=フロイトの考え方も含めて考え，最終段第1文の最初に So「したがって，だから」と展開してまとめるのが適切。

3．ア．第4段第2文（The notion of …）において，フロイトは人間に似た機械に関して uncanny「不気味な」側面に注目している。したがって，fears が適切。

イ．第6段第1文（Kang's own view …）においてヒューマノイドは逆説的であることが魅力であると述べられている。したがって，unsettling「不安定な，落ち着かなくさせる」と対比的な形容詞として funny「愉快な，楽しい」が適切。

ウ．空欄に続く文（In this way, …）で，ロボットは物語上 gods や demons のような役割を果たすとして，現実にはありえないような存在が列挙されている。よって，realistic「現実的な」が適切。

4．(parodying, examining, or complicating) our notions of what it <u>means</u> to be human.

parodying, examining, complicating はそれぞれ動名詞。it は仮主語であり to be human が真の主語である。

5．(1)「知られている限り最古の AI は…」 第1段第2文（In *The Iliad*, …）より，それらを作ったヘパイストスが主人であると考え，2．

「体に障害のある主人に仕えた」が適切。1.「自律する帆船で航海した」のは第1段第4文（In *The Odyssey,* …）にあるオデュッセウスなので不可。

⑵「E. T. A. ホフマンによって書かれた話の中で…」 第3段最終文（When Nathaniel …）より，2.「ナサニエルは自殺する」が適切。

⑶「この記事の著者は…」 文章全体の内容より，3.「フロイト，カン，ネルソン，メイヤーに基づいた考え方を展開し，さらに，自身の分析を付け加える」が適切。The author という単数の名詞に対して their が使われているのは，著者の性別が明らかになっていないためと考えてよいだろう。

1.「カンの分析に一番同意する」 第7段第1文（Kang's analysis is …）より不適。

2.「ヴィクトリア=ネルソンとアドリエンヌ=メイヤーの分析に一番同意する」 第7段第3文（This too seems right.）および第5文（This too seems like …）より不適。

4.「その他すべての学者とは意見を異にし，自身の分析を展開する」 最終段第1・2文（(　C　) one explanation … unsettling and [　イ　].）より不適。

7．文章全体を通してロボット（人工知能をもった機械）に関する物語や映画などの魅力と機能について語っているので，⑷「なぜ人はロボットの物語を語り続けるか」が表題として適切。

⑴「文学と映画の中のロボットに関する簡潔な歴史」 ⑵「ロボットに対する多くの言葉」 ⑶「作り話におけるロボットの進化」 ⑸「なぜロボットは重要か」

III　解答

⑴―B　⑵―B　⑶―D　⑷―B　⑸―A　⑹―B　⑺―C　⑻―A　⑼―B　⑽―C　⑾―A　⑿―D　⒀―D　⒁―A　⒂―D

◆全　訳◆

≪アマンダ=ゴーマンへのインタビュー≫

アマンダ=ゴーマンは，22歳でアメリカ大統領ジョー=バイデンの就任式で自身の詩を朗読するよう招待された若き黒人女性である。世界は彼女の希望に満ちたメッセージの優美さと力強さに感動し，そして，鼓舞された。次の会話は翌日にロサンゼルスでなされた彼女のテレビインタビューからのものである。

James Corden（JC）：次のゲストは若干 22 歳でバイデン大統領の就任式で「私たちが登る丘」という詩を朗読しました。それは見事でした。彼女がこのショーに来ているなんて本当に私は光栄です。皆さん，素晴らしきゲスト，アマンダ=ゴーマンさんです，ようこそいらっしゃいました。

アマンダ，今夜このショーであなたとお話しできて本当にうれしく思います。こんにちは。

Amanda Gorman（AG）：こんにちは，素晴らしい気分です。あなたと話しているなんていつもより 10 倍気分がいいです。あなたはこれまでで私が一番好きな人間なのですから。

JC：あなたにそう言ってもらえるなんて大変うれしいです。さて，話をしましょう。昨日のことについて話しましょう。よかったですよ。本当に素晴らしかったです。

AG：大変ありがとうございます。

JC：あなたが話をした優雅さは信じられないほど深いものだと思いました。そしてすぐに，あなたはとても多くの人々が感じていることの多くをとらえ，そして，国民の心をとらえたように感じられました。この 24 時間を，そして，あなたに与えられているものすごくポジティブな注目をどう処理されているのでしょうか？

AG：うまく処理できていないと思います。比喩で言うとすれば，私の携帯電話は火がついてしまって，とても熱くなってしまいました。3 時間前にとても使ってはいられなくなりました。私は寒い屋外にいて，私の携帯は私の言葉に対する大量の支持と愛でとても熱くなってしまったのです。もう本当に信じられませんでした。正直言って，私が一番若くして就任式の詩人となれて個人的には光栄なのですが，それは，それ以上のもの，私以上のものであり，国と世界が本当に先へと進む瞬間だったと思っています。そして，私がそのほんの小さな部分となれたこと，それが，誰もが求めることのできるすべてです。

JC：でも私にはあなたが小さな部分であるとは思えません。あなたは私にとっては重要な瞬間だったと思っています。さて，あなたのお母さんはここロサンゼルスで教師をなさっていることを私は知っています。私が想像するに，お母さんは毎日，特に今日は，きっとあなたを誇りに思っているどころではないと思います。

AG：今日は「新しいiPhoneが必要なの」って臆面もなく言える，そんな日のひとつなんです。買ってよって！　お母さんに関してはこのような日を利用しないと。でも無理でした，私が詩の朗読を終え彼女に近づくと彼女はただ泣いていました。それから私たちはあまりに感情が高ぶらないようにしようとしていました。私たちは世界の前に立っていたわけですから！

◀解　説▶

(1) be honored to *do*「〜して光栄である」 honor「〜に栄誉を与える」を受動態にして用いる定型表現。

(2) my favorite human being ever「今まででで一番好きな人間」 everは最上級を強める副詞として用いることができる。favoriteは「一番好きな」という意味を含意する。

(3) lovely「①魅力的な，美しい，②素晴らしい」 ここでは②の意味。

(4) I found O C「私はOがCであるとわかった」 Cはincredibly profoundの部分。

(5) it felt like S V「〜であるように感じられた」 likeは接続詞。口語的表現。

(6) (attention) that is being (bestowed on 〜)「〜に授けられている注目」 thatは主格の関係代名詞。bestow *A* on *B*「*A*を*B*に授ける，*A*を*B*に与える」

(7) be on fire「燃えている，興奮している」 ここでは比喩として使われている。

(8) 動詞部分（gave up）が過去形になっていることに注目する。three hours ago「3時間前に」

(9) 直前に定冠詞theが示されているので，A．allとD．lots ofは不適。文脈より，(the) amount of (support and love)「支援と愛の量（大きさ）」が適切。

⑽文脈より，move forward「前に進む」が適切。大統領就任式にふさわしい内容となるはずだと推測する。

⑾文脈より，that's all anyone can ask for.「それが誰もが求めうるすべてである」が適切。これ以上望むべきものはない，ということ。

⑿文脈より，right here「ちょうどここ」が適切。ロサンゼルスからテレビインタビューが行われているという状況である。

⒀文脈より，推定を表す must be ～「きっと～にちがいない」が適切。

⒁(This is) one of those days (where ….)　this は「今日」を指し示し，one of those days は「(where 以下で説明されるような) 日々のうちの1日」と考える。関係副詞 where はここでは when と同様の使い方をしている。

⒂文脈より，in front of が適切。stand in front of the world「世界の前に立つ」という表現は，大統領就任式で世界中の人々に注目されている状況を表していると推測する。

❖講　評

2022年度は大問3題で，読解問題2題，会話文問題1題である。

Ⅰは，ソーシャルネットワーク上でシェアするための写真撮影が実経験に及ぼす影響を中心に記述した文章である。設問形式は空所補充，同意表現，内容説明，内容真偽であり，総合的英語力を問う形式である。

Ⅱは，多くの引用を基にAIをもつ機械が人々を引きつける理由を考察した文章からの出題で，哲学的分析も含まれている。設問に関してはⅠと同様に総合力を問う形式だが，3.［　ウ　］などは文脈判断の精度を要する。

Ⅲは会話文問題であり，テレビインタビューがベースになっている。対話の流れをしっかり押さえることが基本である。⑺，⒁などは表現の仕方が個性的なので想像力を働かせたい。

日本史

I **解答** 問1．史料Bは，家柄・財産・学識・経験・徳望などにおいて不平等な状況では普通選挙実施は不適切であると主張する。史料Cは，有権者に必要なものは候補者の人格や政見を比較する能力であるから，教育が普及した状況であれば普通選挙を実施すべきであると主張する。史料Dは，女性に参政権が与えられることで女性に不利な法や社会制度の改正が可能となると主張している。(180字以内)

問2．選挙法

問3．満20歳以上の成人男女。(12字以内)

問4．上杉慎吉　問5．貴族院　問6．制限選挙　問7．憲政の常道

問8．穂積陳重

◀解　説▶

≪近代の選挙制度と政治制度≫

問1．普通選挙について，美濃部達吉『憲法講話』，吉野作造『普通選挙論』，市川房枝「婦選運動十三年」でそれぞれどのように述べられているかを180字以内にまとめることが求められている。

美濃部達吉は，普通選挙の実現を条件つきで認めている。全国民に「平等の能力」「平等の資格」がある場合は「平等の選挙権」を与えるべきだと述べているのである。しかし，その後の文章では国民の不平等な現状に言及する。「門閥」「財産」「学識」「経験」「徳望」など様々な面で不平等だと断じ，その状況下では全国民から議員を公選するのは適当ではないとしている。つまり，美濃部達吉はこの時期の普通選挙実現には反対の立場をとっている。

吉野作造は，政治について自ら積極的な意見を持てる者は少数であるが，投票行動にはそこまで積極的かつ高度な能力が必要なわけではなく，候補者の人格や政見を比較できればよいと主張する。また，この時期の日本は教育が普及しており，最低限度の常識的能力を備えた文明国民が育成されていることをふまえ，吉野作造は普通選挙実現に賛成の立場をとる。

市川房枝は，女性にも投票行動は可能な行為であり，また，女性に不利

な法や社会制度の改正につながる可能性を指摘することにより，女性参政権を実現すべきと主張している。

以上の内容をふまえて，3 人の考えがはっきり示されている箇所を要約し，バランスよくまとめて解答を作成しよう。

問 2．条文の解説文中に「本条議員選挙ノ制規ヲ以テ之ヲ別法ニ譲ル」とあるが，この「別法」とは選挙法（衆議院議員選挙法）のことである。選挙の方法については情勢をみて「補修」(改正）していくことが必要であり，憲法ではあえて細部まで記さないという内容が解説文で述べられている。

問 3．まず，戦後最初の総選挙は日本国憲法下ではなく，大日本帝国憲法下で実施されていることに注意したい。1945 年の 12 月に衆議院議員選挙法が大幅に改正され，満 20 歳以上の成人男女に選挙権が与えられた。これにより男女普通選挙が実現し，1946 年の総選挙で 39 名の女性議員が誕生した。解答を作成する際には，字数に余裕があれば納税資格の制限がないことにも言及したいが，12 字以内という制約があるので，1925 年の普通選挙法から変化した内容を優先して書くべきである。

問 4．天皇主権説を唱えた憲法学者で，天皇機関説を唱えた美濃部達吉と論争したのは上杉慎吉である。上杉慎吉は，主権を有する天皇の権力行使に制限はないと主張し，国家主義団体の七生社を育成するなど実践面にも関与した。

問 5．国民の公選によらない議院は貴族院である。公選による立法機関である衆議院とは異なり，貴族院は皇族議員・華族議員らの世襲議員，勅選議員，多額納税者議員で構成された。

問 6．普通選挙と対になる語句は制限選挙である。1889 年に公布された衆議院議員選挙法では，選挙権は直接国税を 15 円以上納める 25 歳以上の男子，被選挙権は同条件の 30 歳以上の男子と定められていたため，選挙権の資格に制限を設ける制限選挙が実施された。1925 年に納税額による制限を撤廃し，25 歳以上の男子普通選挙が実現した。

問 7．1924 年の加藤高明内閣から 1932 年の犬養毅内閣まで，衆議院で多数の議席を有する政党が内閣を担当し，二大政党が政権交代を繰り返す状況が続いた。この慣例を「憲政の常道」とよぶ。

問 8．民法典論争において「民法出デヽ忠孝亡ブ」と主張した憲法学者は穂積八束であり，穂積八束の兄は穂積陳重である。穂積陳重は法典調査会主査委員として民法などの編纂にあたった。

II　解答　問1．D　問2．（設問省略）　問3．C　問4．E
問5．C　問6．B　問7．A　問8．D　問9．B
問10．A

◀解　説▶

≪鎌倉時代の政治・社会経済・文化≫

問1．D．正解。源頼朝の死後に行われた 13 人の合議制に参与したのは，北条時政・北条義時・比企能員・和田義盛・梶原景時・三浦義澄・安達盛長・八田知家・足立遠元・大江広元・三善康信・中原親能・二階堂行政である。大江広元と三善康信は東国武士団出身の御家人ではなく公家出身なので，Dの三浦義澄を選ぶ。

問3．C．正文。将軍御所や鶴岡八幡宮の修造などに御家人が経済的負担を負うことを関東御公事とよぶ。

A．誤文。惣掟は惣村の寄合で定められた規約である。

B．誤文。平時には，交替で京都大番役や鎌倉番役をつとめた。

D．誤文。各国の御家人に対して，京都大番役への勤仕を催促・指揮する権限を持ったのは国司ではなく守護である。

E．誤文。奉公衆は室町幕府の直轄軍である。

問4．E．正文。幕府は仲恭天皇を廃し，後堀河天皇を即位させた。承久の乱後は，幕府が皇位の継承や朝廷の政治にも干渉するようになった。

A．誤文。承久の乱後に京に置かれたのは六波羅探題である。

B．誤文。連署は北条氏一門から任命された。

C．誤文。幕府は後鳥羽上皇を隠岐へ，順徳上皇を佐渡へ配流した。

D．誤文。承久の乱後に任命され，新補率法を適用された地頭を新補地頭という。

問5．C．正文。蒙古襲来後，得宗家（北条氏の嫡流）の地位が強化される中，1285 年，有力御家人の安達泰盛と得宗の家来（御内人）を代表する内管領の平頼綱が対立して霜月騒動が起きた。安達泰盛の敗北により得宗の権威はさらに高まった。

A．誤文。蒙古襲来後に置かれ，九州地方の政務や裁判の判決，御家人の指揮にあたったのは鎮西探題である。
B．誤文。執権・連署・評定衆で行われる評定が形骸化し，得宗の私邸で催される寄合が幕政を左右するようになった。
D．誤文。9代執権北条貞時のもとで永仁の徳政令が出されたが，かえって困窮する御家人が増えたこともあり，質入地・売却地の無償返還の項目だけを残し，他はすべて撤回した。
E．誤文。南北朝期から室町時代にかけての在地有力武士を国人とよび，国人層が結成した地縁的集団が国人一揆である。
問6．B．正文。阿仏尼が所領紛争解決のために都を出発して鎌倉に赴いたときの紀行文が『十六夜日記』である。
A．誤文。親から子へいったん譲った所領であっても，不孝を理由に父母の判断で所領を取り返せるという規定が御成敗式目 26 条にある。
C．誤文。御成敗式目では，所領の相続を性別で分ける規定はなかった。また，実子のいない女性が所領を養子に譲る権利が認められているなど，公家法とは異なる独自の規定がみられる。
D．誤文。鎌倉後期から南北朝期にかけて，血縁的結合を主とした地方武士団が地縁的結合を中心とするものへと変質していった。
E．誤文。分割相続が禁じられたわけではないが，鎌倉後期から南北朝期にかけて武家社会では単独相続が一般的になった。
問7．A．正解。慈円が著した『愚管抄』は，道理の理念と末法思想により時代の変化を論じた。後鳥羽上皇の討幕計画をいさめるねらいがあった。
問8．D．正解。日蓮宗の総本山である久遠寺は，佐渡配流から帰った日蓮が甲斐国に建てた寺院である。
A．誤り。浄土宗の中心寺院は知恩院である。
B．誤り。浄土真宗の中心寺院は本願寺である。
C．誤り。臨済宗の中心寺院は建仁寺である。
E．誤り。曹洞宗の中心寺院は永平寺である。
問9．B．正文。神社の祭祀を自主的に運営する宮座は，惣村結合の中心的役割を果たし，土一揆の際には一味神水し行動計画を立てた。
A．誤文。村方三役によって運営されたのは江戸時代の村である。
C．誤文。年貢納入などの連帯責任を負う五人組が制度化されたのは江戸時代である。

D．誤文。打ちこわしが頻発したのは江戸時代である。

E．誤文。惣村では治安の維持や裁判を自治的に行った。そのような行為は自検断（地下検断）とよばれる。

問 10．A．正文。室町時代には連雀商人や振売といわれた行商人が各地で活躍し，京都近郊では大原女・桂女など女性行商人の進出がみられた。

B．誤文。三斎市は鎌倉時代にあらわれ，室町時代には六斎市がみられるようになった。

C．誤文。有名な和紙では美濃の美濃紙，播磨の杉原紙があった。伊万里焼とは，朝鮮出兵後に創始された有田焼が伊万里港から各地へ積み出されたことから消費地でよばれるようになった名称であり，室町時代には存在しない。

D．誤文。町衆を中心に町が生まれたのは応仁の乱後であり，15 世紀以降のことである。

E．誤文。人形浄瑠璃は室町時代末期に起こり，17 世紀以降に流行した。

Ⅲ　解答

問 1．B　問 2．C　問 3．E　問 4．D　問 5．B
問 6．A　問 7．C　問 8．C　問 9．D　問 10．D

◀解　説▶

≪近世～現代の貨幣史・金融史≫

問 1．B．正文。藩札は諸藩が主に財政難打開のために発行した紙幣であり，領内でのみ通用した。

A．誤文。銭貨を鋳造する銭座は江戸と近江坂本に 1636 年に設置され，その後は各地に設けられて，寛永通宝を大量に鋳造した。

C．誤文。小判・一分金は計数貨幣である。

D．誤文。東日本では主に金貨，西日本では主に銀貨が取引や計算単位に用いられた。

E．誤文。三貨の交換比率は相場によって常に変動した。

問 2．C．正文。1871 年の新貨条例では円・銭・厘の十進法が採用された。金本位制は確立できず，実際は金銀複本位制だった。

A．誤文。兌換紙幣は国立銀行条例によって設立された民間銀行が発行した。

B．誤文。第 2 次松方正義内閣のもとで 1897 年に貨幣法が成立し，金本位制を基本とした貨幣の製造および発行が規定された。

D．誤文。国立銀行条例は岩崎弥太郎ではなく渋沢栄一らの尽力で発布された。

E．誤文。正貨兌換を義務づけていたため国立銀行の開業は4行にとどまった。1876年に正貨兌換義務を取り除いたことで増加し，1879年には153行におよんだ。

問3．E．正文。地租改正によって地券所有者が納税者となり，地主・自作農の土地所有権が確立した。

A．誤文。所有権を立証できない入会地は，没収されて官有地となった。

B．誤文。負担の軽減を求める地租改正反対一揆が各地で起こり，1877年に地租率は2.5％に引き下げられた。

C．誤文。地租額は豊作・凶作に関係なく一定だった。

D．誤文。地租額は地価の3％と決められた。

問4．D．正文。米価と繭価の下落により小作人に転落する農民が増え，小作人の子女の中には工場の賃労働者として家計を補う者もあった。

A．誤文。米価と繭価が下落し収入が減る一方で，地租は定額であることから農民の負担は重くなった。

B．誤文。小作人が地主へ納める小作料は現物納が多かった。

C．誤文。政府は西南戦争の戦費の必要から不換紙幣を増発した。

E．誤文。松方財政ではデフレ政策をとってインフレを抑えようとした。その結果，物価が下がり深刻な不況となった。

問5．B．正解。辰野金吾は日本銀行本店や東京駅などを設計した。Aの鹿鳴館，Dのニコライ堂，Eの三井倶楽部はいずれもコンドルが設計した。Cの旧東宮御所（迎賓館赤坂離宮）は片山東熊が設計した。

問8．C．正文。金本位制に復帰すれば金と円が連動するため，日本銀行が日本銀行券を自由に増発できる状態を抑える必要があった。そこで浜口雄幸内閣の大蔵大臣井上準之助は，産業を合理化して物価を引き下げることでデフレの状態とし，日本銀行券の増発をむやみに行えないようにすることで円高に向かわせ，金輸出解禁を断行した。

問9．D．正文。ソ連のスターリンは一国社会主義をとなえて独自の中央集権的経済体制を築いており，世界恐慌の影響をあまり受けずに工業生産力をのばした。

A．誤文。ブロック経済圏により促進されるのは自由貿易ではなく保護貿易である。

B．誤文。ニューディール政策を行ったのはフランクリン=ローズヴェルト大統領である。

C．誤文。ドイツで急速に勢力を拡大したのはナチ党である。

E．誤文。イギリスを抜いて世界第1位の規模に達した輸出品は綿織物である。

問10．D．正文。傾斜生産方式とは，産業復興を目的に石炭・鉄鋼・電力などの基幹産業の生産拡大に重点を置く経済政策である。有沢広巳が提唱し，第1次吉田茂内閣が閣議決定した。

A．誤文。ドッジ=ラインでは固定相場制をとり，1ドル＝360円の単一為替レートが設定された。

B．誤文。過度経済力集中排除法により指定を受けた企業は325社だったが，占領政策の変化により実際に分割されたのは11社のみであった。

C．誤文。ドッジ=ラインによってインフレは収束したが，不況が深刻化し，中小企業の倒産と人員整理によって失業者が増大した。

E．誤文。インフレ抑制を目的とした金融緊急措置令の発令により，旧円の流通が禁止され，新円の引出しを制限して貨幣流通量を減らそうとした。

Ⅳ 解答

問1．E　問2．D　問3．E　問4．D　問5．C
問6．D　問7．C　問8．B　問9．A　問10．D

◀解　説▶

≪戦後日本の経済・社会発展≫

問1．【ア】新産業都市建設促進法の公布は1962年（池田勇人内閣)。→【エ】日韓基本条約の締結は1965年（第1次佐藤栄作内閣)。→【カ】日本万国博覧会（大阪万博）の開催は1970年（第3次佐藤栄作内閣)。→【オ】第4次中東戦争の勃発は1973年（田中角栄内閣)。→【イ】新東京国際空港（現・成田国際空港）の開港は1978年（福田赳夫内閣)。→【ウ】プラザ合意が成立したのは1985年（中曽根康弘内閣)。→【キ】竹下登内閣の退陣は1989年。以上の内容から正解はEとなる。

問2．D．正文。1960年に池田勇人内閣が閣議決定した所得倍増計画を推進するための産業基盤として，関東から北九州までの太平洋ベルト地帯構想が提唱された。

A．誤文。1962年の新産業都市建設促進法で指定された都市は13区域（のち15区域）であったが，山梨・奈良・佐賀は入っていない。

B．誤文。茨城県東海村に日本原子力研究所が設立されたのは1956年である。

C．誤文。上越新幹線の開通は1982年である。

E．誤文。北海道開発庁の設置は1950年，沖縄開発庁の設置は沖縄が日本に返還された1972年である。

問3．E．正文。日本と中華人民共和国との間に日中平和友好条約が調印されたのは福田赳夫首相在任中の1978年である。

A．誤文。江崎玲於奈がノーベル物理学賞を受賞したのは1973年（田中角栄内閣）。

B．誤文。日本経済が戦後初のマイナス成長となったのは1974年（田中角栄内閣）。

C．誤文。ロッキード事件で田中角栄元首相が逮捕されたのは1976年（三木武夫内閣）。

D．誤文。国際連合の総会で，中華人民共和国の招請と中華民国の追放が可決されたのは1971年（佐藤栄作内閣）。

問4．D．正文。日本の第三次産業の構成比は上昇し続け，1980年には約6割となり，2005年には7割を上回った。

A．誤文。1994年に開港した関西国際空港，2012年に開通した新東名高速道路，1987年の関西文化学術研究都市建設促進法の制定により進められている関西文化学術研究都市建設など，1985年以降も巨大プロジェクトが進められている。

B．誤文。日本の食料自給率は減少傾向にあり，国内で消費される食料の多くを海外からの輸入に頼っている。

C．誤文。日米貿易交渉により1991年から牛肉・オレンジ輸入自由化が決定されて以降，牛肉の輸入量が増え，自給率が減っている。

E．誤文。繊維・繊維製品分野は1950年代に好景気を迎えたが，1985年のプラザ合意以降は繊維輸入が輸出を上回るようになった。

問5．C．正解。朝鮮民主主義人民共和国では1948年に金日成が初代首相となり，1972年からは国家主席となった。1994年に金日成が死去すると，息子の金正日が後継者となり，2002年の日朝首脳会談で日本人拉致問題の存在を認めた。2011年には金正恩が最高指導者の地位を継承している。

問6．D．正解。1．キューバ革命後の1962年，ソ連がキューバにミサイルを配備したことから米・ソの関係が悪化した（キューバ危機）。

2．アメリカは南ベトナムの政権を支援し，北ベトナム（ベトナム民主共和国）を爆撃した。1973年のベトナム和平協定により米軍はベトナムから撤退し，1976年にハノイを首都とするベトナム社会主義共和国が成立した。

問7．C．正文。石油危機の影響は鉄鋼・化学・窯業などの素材産業で最も大きかった。産業コストに占める原燃料や海外一次産品の割合が高く，設備投資などの動向に左右される度合いが大きかったことなどが原因であった。

A．誤文。石炭から石油へのエネルギー革命が起こり，石炭産業は衰退していた。

B．誤文。洗剤やトイレットペーパーなどの配給は行われていない。

D．誤文。2011年の福島第一原子力発電所事故の後，再生可能エネルギーへの注目度が急速に高まった。

E．誤文。日本はソ連からパイプラインを引き込んではいない。

問8．やや難。B．正文。日本万国博覧会（大阪万博）の開催は1970年であり，三島由紀夫が割腹自殺したのも1970年である。

A．誤文。田中角栄内閣が発足したのは1972年である。

C．誤文。東京－新大阪間の新幹線（東海道新幹線）が開通したのは1964年である。

D．誤文。沖縄返還協定が調印されたのは1971年である。

E．誤文。自衛隊がカンボジアへ派遣されたのは1992年である。

問9．A．正解。細川護熙内閣（1993～94年）は小選挙区比例代表並立制を導入した。竹下登内閣（1987～88年）と小泉純一郎内閣（2001～06年）の間の時期の内閣である。

B．誤り。中曽根康弘内閣（1982～87年）は竹下登内閣より前の時期である。

C．誤り。橋本龍太郎内閣（1996～98年）は竹下登内閣と小泉純一郎内閣の間の時期だが，日本郵政公社と日本道路公団を民営化したのは小泉純一郎内閣である。

D．誤り。佐藤栄作内閣（1964～72年）は竹下登内閣より前の時期である。

E．誤り。鳩山由紀夫内閣（2009～10年）は小泉純一郎内閣より後の時期である。

問10．D．正解。ソビエト社会主義共和国連邦は1991年に解体し，ロシア連邦を中心に11の共和国によって構成される独立国家共同体（CIS）が成立した。

❖講　評

大問数は4題であった。2021年度は大問5題であったが，2022年度は2020年度までの大問数に戻ったと言える。解答個数は2021年度と変わらず38問だった。選択問題が30問，記述問題が6問，論述問題が2問となっている。2021年度に続き年代配列問題が1問出題された。文章選択問題は例年通りすべて正文選択問題であった。

難易度は標準である。一部にやや難問がみられるが，ほとんどは教科書中心の学習で解答が可能である。

Ⅰが近代の政治，Ⅱが中世の政治・社会経済・文化，Ⅲが近世～現代の社会経済，Ⅳが現代の社会経済・政治・外交となっている。時代別では，近現代の割合が大きい。2022年度は古代からの出題がなかったが2021年度は出題されているので，全時代の学習をしっかりしておきたい。分野別では，政治史・外交史・社会経済史・文化史から幅広く出題されている。2022年度は社会経済史からの出題が目立った。

Ⅰは『憲法義解』『憲法講話』『普通選挙論』「婦選運動十三年」という4つの史料を読んで，選挙や政治制度などに関する設問に答えることが求められた。問1は史料B・C・Dを読んで，普通選挙について美濃部達吉・吉野作造・市川房枝の考えがはっきり述べられている箇所をそれぞれ探し出して要約しなければならない。180字以内という字数内で，3人の考えをバランスよくまとめる必要がある。

Ⅱは鎌倉時代の政治・社会経済・文化について出題された。問1は源頼朝の死後に行われた13人の合議制に参与した人物に関する出題であり，やや詳細な内容が問われた。

Ⅲは近世～現代の貨幣史・金融史をテーマとして出題された。教科書を中心にしっかり学習していれば解答が可能な設問ばかりであり，高得点をねらいたい。

Ⅳは戦後日本の経済・社会発展に関する出題であった。問２・問４・問７の正文選択問題では誤りの選択肢の中で詳細な内容がみられた。問８は日本万国博覧会（大阪万博）と三島由紀夫の割腹自殺が同年であると判断しなければならない設問で，やや難問であった。

一部の選択問題では詳細な内容が問われる場合があるが，問題の多くは教科書の内容を基礎として出題されている。近現代史を中心に，教科書の範囲内で解ける問題を取りこぼさないように学習することを心がけたい。

世界史

I 解答

ア．パンノニア イ．カタラウヌム ウ．ラヴェンナ
エ．アタナシウス オ．カール=マルテル

設問1．A 設問2．C 設問3．D 設問4．D 設問5．B

◀解 説▶

≪ゲルマン人の移動とフランク王国≫

ア．パンノニアはドナウ川中流域，現在のハンガリーとほぼ同じ地域にあたり，古代ローマ時代の属州に由来する地名。

ウ．ラヴェンナはイタリア北東部に位置する都市。西ローマ帝国を滅ぼしたオドアケル，東ゴート王国のテオドリックがこの地を都とした。ユスティニアヌス帝が東ゴート王国を滅ぼしたのち，ビザンツ帝国のイタリア統治における重要拠点となった。その後，ランゴバルド王国がこの地を奪ったが，フランク王国のピピンがこれを討伐，ラヴェンナとその周辺を教皇に献上した（ピピンの寄進）。

エ．アタナシウス派はニケーア公会議（325 年）で正統とされたキリスト教の宗派。

設問1．B．誤文。西ゴート王国が最初に都を置いたのはトロサ（現フランスのトゥールーズ）である。

C．誤文。トゥール・ポワティエ間の戦いは，732 年，フランク王国の宮宰カール=マルテルがウマイヤ朝イスラーム軍を撃破した戦い。西ゴート王国はフランク王国のクローヴィスに南西ガリア地方を奪われ，都をイベリア半島のトレドに移した。

D．誤文。西ゴート王国はウマイヤ朝軍によって滅ぼされた（711 年）。

設問2．ボエティウスはテオドリック大王に仕えた哲学者で，ギリシア哲学のラテン語訳に努め，彼の著作は中世の哲学に影響を与えた。主著は『哲学の慰め』。

設問3．やや難。A．誤文。教皇は十二使徒の筆頭であるペテロの後継者。

B．誤文。シトー会は 11 世紀末に創設された修道会である。

C．誤文。ローマ教会はゲルマン人への布教に聖像が必要であると主張し

た。コンスタンティノープル教会は東ローマ皇帝の支配下にあり，東ローマ皇帝は8世紀前半に聖像禁止令を出している。

設問4．やや難。A．誤文。カール1世が撃退したアジア系遊牧民はアヴァール人である。

B．誤文。カール1世はピレネー山脈越えの遠征を行い，スペイン辺境伯領を設置した。

C．誤文。グレゴリウス1世は6世紀末～7世紀初め（在位590～604年）の教皇である。

II　解答

ア．レオポルド2世　イ．ヘーゲル　ウ．モノモタパ
エ．トゥサン=ルヴェルチュール

設問1．A　設問2．C　設問3．D

設問4．記号：b　国名：リベリア　記号：f　国名：エチオピア

設問5．C

◀解　説▶

≪アフリカの歴史≫

ア．レオポルド2世はスタンリーの探検を支援してコンゴの植民地化を図った。これにイギリス・ポルトガルが抗議し，ベルリン会議（ベルリン=コンゴ会議：1884～85年）が開かれ，結果的にコンゴはレオポルド2世の私有領として認められた（コンゴ自由国）。

ウ．モノモタパ王国（11～19世紀）は現ジンバブエから現モザンビークにかけて支配し，金などの輸出で繁栄した。

エ．トゥサン=ルヴェルチュールはサン=ドマングにおける1791年からの黒人奴隷反乱を指導し，1801年に独立を宣言したがフランス軍に捕らえられ獄死した人物で，「黒いジャコバン」と呼ばれた。

設問1．B．誤文。多くの従者を連れてメッカ巡礼を行ったマリ王国（1240～1473年）の王はマンサ=ムーサ（カンカン=ムーサ：在位1312～37年）。アスキア=ムハンマドはソンガイ王国（1464～1591年）の全盛期の王である。

C．誤文。ムラービト朝（1056～1147年）はソンガイ王国登場以前に滅亡している。ソンガイ王国を滅ぼしたのはサアド朝のモロッコ軍である。

D．誤文。トンブクトゥはマリ王国からソンガイ王国時代に栄えた，アフ

リカ西部を流れるニジェール川中流域の都市。カネム=ボルヌー王国（8世紀頃～1846年）はアフリカ中央部のチャド湖周辺で栄えた国である。

設問2．A．誤文。「航海王子」エンリケが1415年に攻略したアフリカ西北端の地はセウタ。

B．誤文。バルトロメウ=ディアスは1488年に喜望峰に到達したのち帰還しており，アフリカ東岸中部のモンバサには到達していない。

D．誤文。マスト数の増加や逆風に強い縦帆の導入など帆船の改良を推し進めたのは「航海王子」エンリケである。スペイン国王イサベルはコロンブスの航海を支援した人物。

設問3．難問。A．誤文。ナイジェリア西部で繁栄し，19世紀末に英領ナイジェリアに組みこまれたのはベニン王国（13世紀～1897年）。

B．誤文。ウガンダ南部のバントゥー系王国で，19世紀初頭にブニョロを倒してこの地域の支配権を握ったのはブガンダ王国（17世紀～19世紀末）。

C．誤文。ナイジェリア北部一帯に成立したフルベ（フラニ）系の王国で，19世紀初頭に地域一帯を平定したのはフラニ王国（19世紀初め～20世紀初め）。

設問4．bのリベリア（共和国）はアメリカの解放奴隷の入植によって成立した国で，1847年に独立した。fのエチオピアは紀元前後頃に成立したアクスム王国が7世紀に衰退し，10世紀以降小国分裂状態となったが，13世紀後半にエチオピア帝国が成立した。メネリク2世がアドワの戦い（1896年）でイタリア軍を撃退し，独立を維持した。

設問5．A．誤文。ハルツームはスーダン共和国の首都。南スーダンの首都はジュバである。

B．誤文。イギリスが狙ったのはダイヤモンドと金の利権。

D．誤文。「エジプト人のためのエジプト」というスローガンのもと武装蜂起したのはエジプトの軍人ウラービー（オラービー）である（ウラービーの反乱：1881～82年）。ムハンマド=アリーはオスマン帝国のエジプト総督で，ムハンマド=アリー朝（1805～1952年）を創始した人物。

III 解答

ア・イ．ストックトン・ダーリントン（順不同）
ウ．ベルギー　エ．シェイエス

設問1．ニューコメン　設問2．C　設問3．A　設問4．B
設問5．①―A　②―B　③―C

◀解　説▶

≪産業革命とフランス革命≫

ウ．ベルギー（南ネーデルラント）はウィーン会議でオランダに併合されたが，1830年，七月革命を機に武装蜂起して独立を宣言し，翌1831年にレオポルド1世が即位して立憲王国となった。

エ．シェイエスは聖職者出身の政治家で，三部会・国民議会において指導的役割を果たした。その後，総裁政府に加わったが，ブリュメール18日のクーデタ（1799年）に際してはナポレオンに協力し，第二統領となった。

設問2．難問。A．誤文。オーウェンが失敗したのはアメリカに建設した共産社会ニューハーモニーである。

B．誤文。経済的相互扶助思想にもとづく『所有とは何か』を著したのはプルードン（仏）である。

D．誤文。18歳未満の夜業を禁止したのは1833年の一般工場法である。

設問3．コント（1798～1857年）は19世紀に実証主義哲学を創始した哲学者。『百科全書』が刊行されたのは1751～72年のことである。

設問4．A．誤文。ラ=ファイエットは立憲君主派の自由主義貴族で，「8月10日事件」（1792年）後，王権が停止されたことに反対して亡命した。

C．誤文。「球戯場（テニスコート）の誓い」（1789年）は国民議会を形成した第三身分代表を中心とする議員が，憲法制定まで解散しないことを誓い合った出来事。

D．誤文。人権宣言において女性の権利は想定されていなかった。

IV 解答

絶対王政期の政府は積極的に経済に介入し国富の増大を目指す重商主義政策をとった。初期にはスペインのように金銀を獲得する重金主義がとられたが，やがて輸出を増やし輸入を抑えることで富の蓄積を目指す貿易差額主義に移行した。これは17世紀のイギリスやフランスなどでみられ，輸出拡大のために国家が産業の保護・育成を行う産業保護主義もとり，また，貿易の拡大・市場の獲得のため東インド会社を展開させ，植民地の獲得にのりだした。こうして重商主義政策によって蓄積された国富は，絶対王政を支える官僚制と常備軍を整備・維持する財源となった。(240 字以上 260 字以内)

◀解　説▶

≪絶対王政期の経済政策≫

絶対王政期に影響力をもった経済政策とは重商主義政策のこと。重商主義には重金主義と貿易差額主義などがあるが，前者はスペイン，後者はイギリスやフランスで展開され，その本質は国富の増大を目指すことにあった。貿易差額主義では，輸出拡大に向けての良質の製品を製造するため，国家が国内産業の保護・育成を行った。そうした製品の原料供給・市場の獲得のため東インド会社が広く展開され，その活動の延長上に激しい植民地獲得競争がなされたのである。なお，重商主義の具体的なあり方は時期や国によって様々で，フランスのルイ 14 世の財務総監コルベールが東インド会社を再建して貿易振興をはかり，王立マニュファクチュアを創設するなどして国内の商工業の保護・育成を行ったことなども字数に余裕があれば言及してもよいだろう。重商主義政策が統治機構の整備にいかなる意義を有したかについては，蓄積された国富が絶対王政の統治機構，すなわち，官僚制と常備軍を整備・維持する財源となったことを記すこと。

❖講　評

Ⅰ　ゲルマン人の移動とフランク王国に関する大問。リード文の空欄にあてはまる語句の記述と，空欄と下線部に関する設問で構成されており，設問は正文選択と正語の組み合わせ選択である。選択法は選択肢に詳細な内容を含むものがある。設問 3 と設問 4 はかなり詳細な内容であり，やや難。設問 2 も詳細な知識が必要であるが，他の選択肢が不適であることが明確なので消去法で対処できる。

Ⅱ　アフリカの植民地化を中心に，この地の歴史を問うた大問。空欄補充（記述）と下線部に関する設問で構成されている。設問 5 問中 4 問が正文選択で，1 問が地図を用いた問題となっている。設問 3 はアフリカの王国について詳細な知識が必要で難問である。設問 4 の地図問題は標準レベル。

Ⅲ　産業革命とフランス革命についての大問で，関連して思想・文化についても問われた。語句の記述と正文・語句選択，さらに配列法が出題されている。正文選択の選択肢に詳細な内容のものが複数含まれているものがある。設問 2 の D は工場法の内容まで把握していないと判断が難しく，難問といえる。

Ⅳ　絶対王政期の経済政策について説明する論述問題。2021 年度のような指定語句がない一方，書き出し方が指定されて，おさえるべきポイントが解答条件として挙げられている。政策の本質，意義をおさえつつ，240 字以上 260 字以内でまとめる必要があるため，時間配分をよく考えて取りかかる必要があるだろう。

地理

I　解答

問1．(ア)－C　(イ)－E　(ウ)－A　(エ)－B

問2．C　問3．B　問4．D　問5．C　問6．B

問7．A

◀解　説▶

≪地理情報と地図≫

問1．(ア)の正距方位図法はCに該当する。(イ)のメルカトル図法はEに該当する。(ウ)のサンソン図法はAに該当する。(エ)のホモロサイン図法（グード図法）はBに該当する。緯度40度44分でサンソン図法とモルワイデ図法を接合した正積図法であり，陸地のひずみは小さいが，海洋部の断裂のため，流線図や海図には適さない。なお，Dは正射図法，Fはモルワイデ図法の説明である。

問2．水準点は，土地の高さを測量する基準点である。

A・B．誤文。実際の水準点に高さが表記されているわけではない。

D．誤文。見晴らしのよい山頂付近に設置されているのは，三角点である。

問3．グリニッジ標準時は，経度0度を基準にした時刻であるので，日本との経度差は135度。経度15度で1時間の時差が生じることから

135度÷15度＝9時間

問4．東京（成田）はニューヨークより14時間進んでいるので，東京（成田）を16：40に出発するとき，ニューヨークの現地時刻は2：40。15：10に到着するので，所要時間は12時間30分となる。同様に，東京（成田）はシンガポールより1時間進んでいるので，東京（成田）を16：50に出発するとき，シンガポールの現地時刻は15：50。23：25に到着することから，所要時間は7時間35分となる。

問5．対蹠点の緯度は，値はそのままで，北緯（南緯）を南緯（北緯）にかえて求める。一方，経度は，180度から経度の値を引き，東経（西経）を西経（東経）にかえて求める。

問6．GISは，地理情報を重ね合わせて地図に表現できるシステムである。

B．誤文。GNSS（全球測位衛星システム）の説明である。

問7．B．ドットマップは，点（ドット）で分布を表現した地図。
C．メッシュマップは，地図上に網目（メッシュ）をかけ，各網目の情報を表現した地図。
D．コロプレスマップ（階級区分図）は，統計数値をいくつかの階級に分け，地域ごとに塗り分けた地図。

Ⅱ 解答

問1．D　問2．C　問3．D
問4．あ－D　い－B　問5．B
問6．D　問7．A　問8．D　問9．B

◀解　説▶

≪中央アジアの地誌≫

問1．(3)トルクメニスタンについての説明である。国土の大半をカラクーム砂漠（空欄3）が占め，アムダリア川から出るカラクーム運河周辺では，綿花（空欄あ）の生産が，カスピ海周辺では天然ガスの採掘が盛んである。
(5)タジキスタンについての説明である。トルコ系が多い周辺国に対して，イラン系の民族が主流である。
なお，(1)はウズベキスタン，(2)はカザフスタン，(4)はキルギスの説明である。
問2．1．アラル海。アムダリア川やシルダリア川の流域での灌漑用水の大量消費により，下流のアラル海の縮小が深刻となった。
2．カスピ海。カザフスタンやトルクメニスタンが面しており，周辺では天然ガスや原油の産出量が多い。
4．テンシャン山脈。キルギス西部から中国まで連なっている。
5．パミール高原。タジキスタンを中心に，アフガニスタンや中国などに連なっている。
問3．D．誤り。モレーンは氷河によって運搬された土砂が堆積した地形である。
問4．い．小麦。カスピ海の北部には肥沃なチェルノーゼムが分布するため，小麦の生産が盛んである。
問5．B．カラガンダ炭田はカザフスタン北東部に位置する。A．クリヴォイログはウクライナで鉄鉱石の，C．ノリリスクはロシアでニッケル鉱などの，D．バクーはアゼルバイジャンでの原油のそれぞれ産出地である。

問6．D．ロシア。輸出量が世界第1位で自給率が高く，消費量も世界第2位である。

A．中国。近年の経済成長に伴い消費量は多いが，一部は輸入に頼っている。

B．オーストラリア。5カ国中，人口と消費量は最も少ない一方，輸出量が多く，自給率は最も高い。

C．アメリカ合衆国。消費量は世界第1位であるが，シェールガス開発により産出量を増加させ，自給率は100％前後である。

残るEがイギリスである（いずれも2017年）。

問7．空欄の直前に「夏に乾燥し冬に比較的雨量の多い」とあるので，地中海性気候である。

問8．A．スリランカは上座（上座部）仏教，B．イランはイスラームのシーア派，C．アルメニアはキリスト教（アルメニア正教）が主流である。

問9．空欄の直前に「豊富な水力発電をもとに」とあるので，精錬時に大量に電力を消費するアルミニウムである。

Ⅲ 解答

問1．B　問2．C　問3．A

問4．③－D　④－H　⑤－F

問5．D　問6．A　問7．D　問8．B

◀解　説▶

≪人口問題と食料問題≫

問1．A．緑の革命は，発展途上国で穀物の収穫量を飛躍的に増大させた農業の技術革新である。

D．白い革命は，インドで乳牛の品種改良などにより，経済成長に伴って生乳の生産量が増加したことである。

問2．C．正文。日本のODA拠出額の対GNI比は0.28％（2018年）である。

A．誤文。発展途上国では家族計画の普及が進んでいない国が多い。

B．誤文。HIV感染者は南アフリカ地域に多い。

D．誤文。児童労働者数は，2012年にはアジア太平洋地域で最も多かったが，2016年以降はサハラ以南アフリカで最も多くなっている。

問3．2050年には，約97億人に達すると予測されている。

問4．遺伝子組み換え作物の栽培面積は，南北アメリカで大きい。

問5．世界の作物別遺伝子組み換え作物栽培面積は，第1位が大豆，第2位がトウモロコシ，第3位が綿花の順であり，上位3品目で約94％を占める（2015年）。これらはアメリカ合衆国でも生産量の多い作物である。

問6．A．誤文。チリから最も多く輸入している農水産品は，魚介類（特にサケ・マス）である（2017年）。B．モロッコからはタコやマグロ，C．フィリピンからはバナナ，D．メキシコからは豚肉や果実の輸入が多い。

問7．A．誤文。オゾン層保護のために1985年に採択されたのは，ウィーン条約である。

B．誤文。森林吸収量としてカウントできるのは，適切に整備がなされている森林に限られる。森林の面積が大きければ，それだけで二酸化炭素の森林吸収量を満たせるわけではない。

C．誤文。アメリカ合衆国では，化石燃料の消費量が多い北東部での酸性雨被害が大きい。

問8．A．誤文。2015年時点で，遺伝子組み換え作物の栽培面積は約1億8千万ヘクタールである。

C．誤文。遺伝子組み換え作物が主原料でない場合は，現在の日本では表示義務はない。

D．誤文。安全性への懸念などから，商業用の栽培が禁止されている国も多い。

Ⅳ　解答

問1．(1)―E　(2)―B

問2．(ア)―A　(イ)―F

問3．有権者に占める高齢者の割合が高くなるので，高齢者の支持を得るための政策が優先され，若者の意見が反映されにくくなる。また，労働力人口の減少に伴う生産・消費活動の縮小により，国内市場が縮小して経済が停滞する。さらに，総人口が急激に減少し，地方の過疎化と地域格差の拡大が加速するうえに，老年人口を支える生産年齢人口の減少により，社会保障費の負担の増大，財政の悪化，介護の人材や施設の不足等の問題が生じる。(200字以内)

◀解　説▶

≪人口問題≫

問１．⑴(ア)には，少子化対策が手厚いフランスや，出生率の高い移民が多いアメリカ合衆国が入る。一方で，(イ)には，男女の分業など伝統的な家族観が根強い日本やドイツに加えて，財政状況が厳しい南ヨーロッパのイタリアが入る。同様に，スペインも出生率が低いため，Ａ・Ｂは誤りである。

⑵難問。スウェーデンは，政策として移民や難民を受け入れており，1990年代の旧ユーゴスラビア内戦，2003年のイラク戦争，2011年のシリア内戦などで生じた難民を受け入れた際に，合計特殊出生率が上昇した。

問２．難問。(ア)北海道。戦後，札幌市を中心に急速に核家族化と単身世帯の増加が進行したこともあり，合計特殊出生率が大幅に低下した。

(イ)宮崎県。合計特殊出生率が比較的高水準で推移しており，2019年には都道府県別で第２位となっている。

問３．問題文とグラフから，①人口ピラミッドの変化，②将来の問題や現象，③政治・経済・社会的側面への影響を考えることが求められている。①について，過去から将来にかけて老年人口割合が高くなり，生産年齢人口と年少人口の割合が低くなっていくことを読み取り，その影響について述べるという方針を立てる。②と③について，政治面では，高齢者の意見が採用され，若者の意見が反映されにくくなる点，経済面では，労働力人口の減少による経済の停滞，財政の悪化，社会保障費の増大などについて言及すればよい。そして，社会面では，人口の急速な減少，地方の衰退・地域格差の拡大，介護の負担の増大などが考えられる。３つの側面について，因果関係をきちんと述べることが重要である。

❖講　評

Ⅰ　地理情報と地図について，図法，水準点，時差，対蹠点，GIS，統計地図などが幅広く出題された。水準点の適切な説明を選択する問２は，やや注意が必要であったが，いずれも基本的事項が問われていた。

Ⅱ　中央アジアについて，国名と位置，自然地形名，農業，鉱工業，気候，宗教など広範囲から出題された。学習が手薄になりやすい地域であり，タジキスタンを問う問１の⑸や，カザフスタンのカラガンダ炭田を問う問５で差がついたと思われる。問９は難しいが，空欄直前の文から，電力指向型工業のアルミニウムが問われていると判断したい。

Ⅲ　人口問題と食料問題にからめて，人口爆発，国際協力，遺伝子組み換え作物，貿易，環境問題など様々な分野から出題された。正文（誤文）選択問題の問２，問６，問７，問８はやや細かく，問５では統計の知識が問われていた。日常の学習で細かい知識や統計の習得に努めたい。

Ⅳ　**Ⅲ**に続き，人口問題について出題された。グラフをもとにした出題が中心で，問１の⑴はやや細かく，問１の⑵と問２は難問である。特筆すべきは，問３で200字以内の論述問題が出題されたことである。問われているのは基本的事項であるので，重要な点について冷静に論述したい。

政治・経済

I **解答**　設問１．１　設問２．アイヌ民族支援法

設問３．D　設問４．D　設問５．常務委員会

設問６．行政指導　設問７．B　設問８．C　設問９．検察審査会

設問10．A

◀解　説▶

≪日本の政治制度≫

設問１．図表１に関して，サン=ラグ方式で議席を配分した場合，花党は２議席，鳥党は１議席，風党は１議席，月党は１議席となる。なお，サン=ラグ方式は総得票数を奇数（１，３，５…）で割っていくため，自然数（１，２，３…）で割った場合よりも商が小さくなり，ドント式と比べて総得票数の少ない政党が議席を得やすいという特徴がある。

設問３．D．正文。特定枠とは，2018 年の公職選挙法改正により導入され，それ以降の参議院選挙で実施されている制度である。参議院の比例代表選挙は非拘束名簿式が採用されているので，原則として候補者個人の得票数が多い順に当選が決まっていくが，例外的に政党が優先的に当選する候補者を指定するのが特定枠である。

A．誤文。衆議院の比例代表選挙は拘束名簿式が採用されており，有権者は投票に際して政党名のみを記入することができる。そのため，投票用紙に候補者個人の名前を書くことはできない。

B．誤文。参議院の比例代表選挙は非拘束名簿式が採用されており，有権者は投票に際して政党名または各政党の候補者名を記入できる。また，参議院の比例代表選挙は全国１ブロックとなっている。全国 11 ブロックに分かれているのは衆議院の比例代表選挙である。

C．誤文。衆議院の比例代表選挙では選挙区との重複立候補が認められており，比例区と小選挙区のどちらにも立候補することができる。なお，参議院の比例代表選挙では選挙区との重複立候補が認められていない。

設問７．B．正文。「2000 個問題」とは，日本において個人情報保護に関連する法律や条例が 2000 個近くあるため，相互の個人情報の定義や解釈

の違いにより，個人情報の利活用や地方自治体間の連携などが阻害されている問題を指す。

A．誤文。東京地裁の第一審判決（1964年）により，プライバシーの権利が法的に保護されることが初めて認定されたのは「宴のあと」事件である。

C．誤文。住民基本台帳ネットワークが実施されたのは2002年からである。

D．誤文。通信傍受法によって捜査機関による通信の傍受が認められているのは，一定の組織的な犯罪（組織的殺人や薬物関連犯罪など）である。

設問8．C．正文。東海大学安楽死事件（1991年）は，医師が末期がんの患者に塩化カリウムを投与して死亡させた事件。1995年に横浜地裁は医師に有罪判決を下し，安楽死が許容される要件として，①患者に耐えがたい激しい肉体的苦痛が存在すること，②死が避けられず，死期が迫っていること，③患者の意思表示があること，④苦痛の除去・緩和のための手段が尽くされ，他に代替手段がない状態に至っていることの4つを挙げた。

A．誤文。一般意志に基づいた法律の重要性を主張したのはルソーである。また，そもそも「法によって服従を強制」することは「自己決定権」の事例とはいえない。

B．誤文。社会参加（アンガジュマン）を主張したのはフランスの思想家サルトルである。

D．誤文。エホバの証人輸血拒否事件の東京高裁判決（1998年）では，医師が患者の承諾を得ずに輸血を行ったことについて不法行為責任が認められた。

設問10．A．正文。

B．誤文。地方裁判所は，各都府県に1カ所，北海道に4カ所の計50カ所に置かれており，「都道府県および政令市にひとつずつ設置されている」は誤り。また，地方裁判所の長官は，最高裁判所の指名した者の名簿に基づいて内閣が任命する（日本国憲法第80条1項）。よって，「設置されている地方自治体の首長によって任命される」は誤り。

C．誤文。統治行為論とは，統治の基本に関する高度の政治性がある国家行為（統治行為）については司法審査の対象とはしないという立場であり，砂川事件などで最高裁判所が採用したことで知られている。よって，統治行為について「積極的に司法審査の対象とする」わけではなく，また，司法部よりも，民主的な統制を受けている立法部や行政部を優先する考え方である。

D．誤文。裁判員制度は，重大な刑事事件（殺人など）の第一審について，有権者から選ばれた裁判員が裁判官とともに審理に参加する制度である。なお，「訴訟価額が140万円以下の請求と罰金以下の刑にあたる罪に係る訴訟」を管轄するのは簡易裁判所である。

Ⅱ　解答

設問1．1．諸国民の富〔国富論〕　2．ワグナー　3．新自由　4．独占的競争

設問2．B　設問3．C　設問4．A　設問5．D　設問6．D

設問7．内部化

◀解　説▶

≪資本主義経済の発展と市場の失敗≫

設問1．4．難問。市場に多数の企業（売り手）が存在し，それぞれの企業がデザインなどの面で差別化された製品を販売して競争することを独占的競争という。企業が多数存在する点では完全競争市場と同じだが，完全競争市場のようにすべての企業が同じ品質の製品を販売するわけではない点に注意。

設問2．B．正文。売り手と買い手の双方が，財に関する情報を熟知していることが完全競争市場の条件となる。なお，その他の条件としては，企業（売り手）が自由に市場へ参入・退出できること（ゆえにAは誤文），製品は同質で差別化されていない（ゆえにCは誤文），売り手も買い手も多数存在し，製品の価格に影響を与えることはない（ゆえにDは誤文）点が挙げられる（設問1〔解説〕参照）。

設問3．やや難。C．正文。

A．誤文。名目GDPをGDPデフレーター（GDPを用いた物価指数）で除して実質GDPが算出される（名目GDP÷GDPデフレーター＝実質GDP)。なお，GDPデフレーターは，GDPに計上されるすべての財・サービスを含むため，企業物価指数や消費者物価指数よりも包括的な物価指数といえる。

B．誤文。3％の消費税が導入されたのは1989年であり，1997年に5％

に引き上げられた。

D．誤文。日本銀行が，市中銀行の保有する日銀当座預金を対象にマイナス金利を適用したのは 2016 年である。

設問 4．A．正文。景気変動に対処するため，政府の財政政策と中央銀行の金融政策を同時に実施することをポリシー・ミックスという。

B．誤文。消費税の税率は支払額にかかわらず一律であり，累進課税ではない。

C．誤文。不況期に公共事業を拡大するために発行される国債は，建設国債と呼ばれる。特例国債は赤字国債ともいい，事務的諸経費など通常の財政支出に充てるために発行される国債である。

D．誤文。不況期に所得税の税率を引き下げることは，裁量的財政政策（フィスカル・ポリシー）の一つである。なお，自動安定化装置（ビルト・イン・スタビライザー）とは，累進課税制度と社会保障制度が機能することによって自動的に景気を調節する仕組みである。

設問 5．D．正答。規模の経済（スケールメリット）とは，企業の生産規模が拡大するほど，製品 1 個あたりの生産費用が低下することである。図表 5 では，企業ア～エの総費用を生産量で割ることで財 1 単位あたりの生産費用を導くことができる。企業アの場合，生産量 10 単位の場合は，40÷10＝4 で 1 単位当たり 4 の生産費用がかかり，生産量 40 単位の場合は 180÷40＝4.5 で 1 単位当たり 4.5 の生産費用がかかる。同様に計算していくと，企業イは，生産量 10 単位で 1 単位当たり 4.5 の生産費用，生産量 40 単位で 1 単位当たり 5 の生産費用，企業ウは，生産量 10 単位で 1 単位当たり 5 の生産費用，生産量 40 単位で 1 単位当たり 5 の生産費用，企業エは，生産量 10 単位で 1 単位当たり 7 の生産費用，生産量 40 単位で 1 単位当たり 5.5 の生産費用がかかる。よって，生産量の増加に応じて，財 1 個あたりの費用が低下している企業エが規模の経済に該当する。

設問 6．D．正文。

A．誤文。同一産業に属する企業が，利潤確保のため生産量や販路などについて協定を結ぶことをカルテルという。なお，トラストは同一産業に属する企業同士が合併することである。

B．誤文。独占禁止法では，メーカーが小売店に対して小売価格を指定することは不公正な取引きとして禁止されている。ただし，例外的に書籍や新聞など6品目については，言論の自由や文化保護の観点から小売価格の指定が認められている（再販売価格維持制度）。

C．誤文。独占禁止法では，供給に要する費用を著しく下回る価格で商品を販売すること（不当廉売）は不公正な取引きとして禁止されている。

III 解答

設問1．1．資本移転等収支　2．外国為替
設問2．B　設問3．D　設問4．A
設問5．B　設問6．セーフガード〔緊急輸入制限〕
設問7．TRIPs協定　設問8．パネル〔紛争処理小委員会〕
設問9．C

◀解　説▶

≪現代の国際貿易≫

設問1．1．資本移転等収支とは，対価を伴わない固定資産の提供，債務免除，非生産・非金融資産の取得・処分などにかかわる収支である。

設問2．B．正答。比較生産費説（比較優位説）は，リカードが提唱した国際分業に関する理論であり，一国の各商品の生産費（生産性）の比を他国と比較し，比較優位の商品の生産に特化することで全体の生産量が増大すると説かれる。図表6では，当初，X国とY国はそれぞれM財とN財を1単位ずつ生産しており，全体の生産量はM財が2単位（1+1），N財も2単位（1+1）となっている。そのうえで，各財を1単位生産するのに必要な労働量を比較すると，X国のM財とN財の労働量が3.3：1，Y国のM財とN財の労働量が5：1となることから，X国の方がM財の生産性が高いことがわかる。そして，X国がM財の生産に特化して1.3単位を生産し，Y国がN財の生産に特化し6単位を生産することで，合計の生産量が7.3単位（1.3+6）と最も多くなる。

設問3．D．正文。

A．誤文。プラザ合意（1985年）は，G7ではなくアメリカ・イギリス・フランス・ドイツ（当時は西ドイツ）・日本のG5によって行われた。プラザ合意ではドル高是正のため外国為替相場への協調介入が決定され，これ以降，日本でも急激に円高ドル安が進行していった。

B．誤文。アジア通貨危機は，1997年にタイの法定通貨であるバーツが暴落したことが発端となった。

C．誤文。2001 年に WTO（世界貿易機関）に加盟したのはロシア連邦ではなく中国である。なお，ロシア連邦は 2012 年に WTO に加盟している。

設問 4．難問。A．正文。第一次所得収支とは，雇用者報酬と投資収益（利子・配当など）の合計額の収支である。2000 年以降，貿易・サービス収支に代わって第一次所得収支の黒字額が最も大きくなっている。

B．誤文。近年の訪日外国人の増加などを背景として，2019 年にサービス収支は初の黒字となった（1996 年の統計開始以降)。ただし，それ以前のサービス収支は赤字であり，2010 年以降にサービス収支の黒字額が貿易収支の黒字額を上回ったわけではない。

C．誤文。日本の金融収支は黒字である。なお，「経常収支と金融収支は財・サービスとお金とで表裏一体の関係にある」が，金融収支では海外への投資による資産の増加をプラスで計上するため，経常収支が黒字であれば金融収支も黒字となる関係にある。

D．誤文。「経常収支の赤字と為替相場への外国通貨売り介入」の場合，外貨準備は増加ではなく減少する。例えば，円とドルの関係で考えると，上記の事例では日本側（政府や日銀）は為替相場においてドル売り円買いを行うため，外貨（ドル）の保有量は減少することになる。

設問 5．やや難。B．正文。

A．誤文。ある国の貿易・サービス収支の黒字は，その国の自国通貨に対する需要をもたらすため通貨価値を上昇させる要因となる。

C．誤文。ある国の経済の基礎的な条件が良好であれば，その国の自国通貨に対する需要をもたらすため通貨価値を上昇させる要因となる。

D．誤文。ある国における金利の上昇は，その国の自国通貨に対する需要をもたらすため通貨価値を上昇させる要因となる。

設問 8．WTO では加盟国間の貿易紛争が生じた場合，紛争当事国の申立てにより設置されるパネル（紛争処理小委員会）において審理される。また，パネルの審理では，全加盟国が異議を唱えない限り採択される方式（ネガティブ・コンセンサス方式）が採用されており，従来の GATT（関税と貿易に関する一般協定）と比べ紛争処理機能が強化されている。

設問 9．やや難。C．正答。東南アジア諸国やアフリカ諸国が上位であることから政府開発援助（ODA）総額であると判断したい。なお，対外直接投資額（A）の上位国にはアメリカや中国，化石燃料輸入額（B）の上位国にはサウジアラビアなどの中東諸国，訪日外国人旅行客数（D）の上位国には近隣の中国・韓国・台湾がそれぞれ入っており，いずれも誤りとなる。

Ⅳ　解答

設問１．１．性と生殖　２．３　３．人口ボーナス
４．出入国管理　５．宇宙船地球号

設問２．B　設問３．D　設問４．C　設問５．C

設問６．AまたはB※

※設問６については，複数の選択肢を正解として扱ったことが大学から公表されている。

◀解　説▶

≪世界の人口問題≫

設問１．１．「性と生殖に関する健康と権利」は「リプロダクティブ・ヘルス・ライツ」とも呼ばれ，子どもの人数や出産の時期などに関して女性の自己決定権を認めようという考え方のことである。

２．中国では一人っ子政策の廃止により，夫婦が２人の子どもを持つことを認めたが，出生率の増加につながらなかったため，2021 年５月に，夫婦が３人まで子どもを持つことを認める方針を政府が発表した。

３．難問。人口ボーナスとは，生産年齢人口（15～64 歳）が，それ以外の従属人口（０～14 歳の年少人口と 65 歳以上の老年人口の合計）の２倍以上ある状態であり，高い経済成長率が期待できる人口構成とされる。

５．「宇宙船地球号」はアメリカの経済学者ボールディングの言葉であり，閉鎖的で有限な地球環境を宇宙船にたとえたものである。

設問２．B．正文。社会が近代化する過程において，人口構造が「多産多死型」→「多産少死型」→「少産少死型」へと移行することを人口転換という。

設問４．C．正文。

A．誤文。2019 年の高齢化率（65 歳以上人口の割合）は約 28％である。また，2065 年の高齢化率は約 38％になると推計されている。

B．誤文。日本の倍加年数（高齢化率が７％を超えてから 14％に達するまでの所要年数）は 24 年（1970～1994 年）であり，フランス（115 年）やアメリカ（72 年）など欧米諸国と比べてはるかに短い。

D．誤文。高齢者問題への対処としては，公的年金の受給年齢の引き上げだけではなく，働く意欲のある高齢者が就労を継続できる環境づくり，健康寿命の延伸による医療費の縮減など様々な方策が考えられる。

設問 5．C．正文。

A．誤文。積立方式では，被保険者自身が将来受給する年金を積み立てるため，人口変動の影響を受けず原資を確保することができる。

B．誤文。インフレになると通貨価値が下落するため，積立金は実質的に減額される。

D．誤文。賦課方式では，被保険者と国だけでなく，雇用者も保険料を負担する。例えば，厚生年金では雇用者と被保険者が保険料を半分ずつ負担している。

設問 6．A．正文。育児・介護休業法により，労働者は家族一人につき通算で 93 日間の介護休業の取得が認められている。

B．正文。1997 年に男女雇用機会均等法が改正され，また女性の深夜業が解禁された。なお，後者は労働基準法の改正によるものである。

C．誤文。「非正規労働者に関する労働条件の文書化や正社員に転換するチャンスを講じること」を義務付けているのは，男女共同参画社会基本法ではなくパートタイム労働法である。

D．誤文。2012 年に高年齢者雇用安定法が改正され，65 歳までの雇用確保措置をとることが事業主に義務付けられた。なお，同法は 2020 年にも改正され，65 歳から 70 歳までの就業機会確保義務（ただし努力義務）が事業主に課されている。

❖講　評

Ⅰ　日本の選挙制度，新しい人権（プライバシー権や自己決定権），政治と司法の関係など政治分野から幅広く出題されている大問である。標準的な難易度の問題が並んでおり，教科書レベルの知識があれば十分に対応することができる。設問 3 の衆参両議院の選挙制度の違いは頻出なので注意したい。また，設問 7 では見慣れない用語（「2000 個問題」）が問われているが，消去法により正答可能である。

Ⅱ　資本主義経済の進展，それに伴う独占や寡占，外部不経済などをテーマとした大問である。市場メカニズムが機能しない「市場の失敗」

はたびたび出題される分野。ただし，設問３はやや難。設問１．４の「独占的競争」，設問７の「内部化」は教科書や用語集にもほとんど記載が見られない点では難問といえる。

Ⅲ　国際収支や為替レート，WTOを中心とした自由貿易体制など国際経済の分野から出題されている。論理的な思考力を問う設問（設問２・設問５），詳細な知識を問う設問（設問４・設問７）が見られ，全般的に難度の高い大問である。

Ⅳ　発展途上国と先進国の人口問題をテーマとした大問である。難易度は概ね標準的といえるが，人口問題は手薄となりやすい分野だけに得点差がつきやすい大問だったと考えられる。設問１．３の「人口ボーナス」はかなりの難問。

数学

I

解答　(1)アー1　イー5　ウー3　エー5　オー7　カー0

(2)アー1　イー6　ウー1　エー2　オー1　カー3

(3)アー1　イー3　ウー2　エー3　オー7　カー7　キー2

(4)アー6　イー2　ウー1　エー8　オー5

(5)アー1　イー1　ウー2　エー1　オー2　カー1　キー4　クー3　ケー1　コー8　サー1　シー3

(6)アー1　イー1　ウー5　エー6　オー0　カー1　キー5　クー4　ケー3

◀解　説▶

≪小問6問≫

(1)　①　1，2，3，4，5，6の6個の目から異なる4個の目の組を選ぶ方法は，${}_6C_4={}_6C_2=15$ 通りある。

この異なる4個の目の組に対して1組あたり，$a_1<a_2<a_3<a_4$ を満たすように a_1，a_2，a_3，a_4 の値を決める方法は，1通りであるから，求める目の出方は

$15\times1=15$ 通り　→ア，イ

②　$a_1\leqq a_2<a_3<a_4$ を満たすときは，次の2つの場合がある。

(i) $a_1<a_2<a_3<a_4$，(ii) $a_1=a_2<a_3<a_4$

(i)を満たす目の出方は，①より　　15通り

(ii)を満たす目の出方は，①と同様に考えると，1，2，3，4，5，6の6個の目から異なる3個の目の組を選ぶ方法の数に一致するから

${}_6C_3=20$ 通り

よって，求める目の出方は

$15+20=35$ 通り　→ウ，エ

③　$a_1\leqq a_2<a_3\leqq a_4$ を満たすときは，次の4つの場合がある。

(i) $a_1<a_2<a_3<a_4$，(ii) $a_1=a_2<a_3<a_4$，

(iii) $a_1<a_2<a_3=a_4$，(iv) $a_1=a_2<a_3=a_4$

(i)または(ii)を満たす目の出方は，②より　　35通り

(iii)を満たす目の出方は，(ii)と同様に　20 通り

(iv)を満たす目の出方は　${}_6C_2=15$ 通り

よって，求める目の出方は

$35+20+15=70$ 通り　→オ，カ

(2)　$x+y+z=\pi$　……(i)

すなわち，$z=\pi-(x+y)$ より

$$\begin{cases}\sin x\cos y=\sin z\\ \cos x+\sin y=\sqrt{3}\sin z\end{cases}$$

の z を消去すると

$$\begin{cases}\sin x\cos y=\sin\{\pi-(x+y)\}\\ \cos x+\sin y=\sqrt{3}\sin\{\pi-(x+y)\}\end{cases}$$

すなわち

$$\begin{cases}\sin x\cos y=\sin(x+y) & \cdots\cdots\text{(ii)}\\ \cos x+\sin y=\sqrt{3}\sin(x+y) & \cdots\cdots\text{(iii)}\end{cases}$$

また，x，y，z はそれぞれ 0 以上の実数，かつ，(i)より

$0\leqq x\leqq\pi$，$0\leqq y\leqq\pi$，$0\leqq z\leqq\pi$　……(iv)

①　$y=0$ のとき，(iii)より

$\cos x=\sqrt{3}\sin x$

これは $x=\dfrac{\pi}{2}$ のときは成り立たないから，(iv)より $\cos x\neq 0$ であり，両辺を $\cos x$ で割ると

$$1=\sqrt{3}\cdot\frac{\sin x}{\cos x}$$

$$\tan x=\frac{1}{\sqrt{3}}$$

よって，(iv)より　$x=\dfrac{1}{6}\pi$　→ア，イ

②　$\sin(x+y)=\sin x\cos y+\sin y\cos x$ より，(ii)は

$\sin x\cos y=\sin x\cos y+\sin y\cos x$

$\sin y\cos x=0$

となり，これより

$\sin y=0$　または　$\cos x=0$

これと(iv)，$y>0$ より

$$x=\frac{1}{2}\pi \quad \text{または} \quad y=\pi$$

(あ) $x=\frac{1}{2}\pi$ のとき

(iii)より

$$\sin y=\sqrt{3}\sin\left(\frac{1}{2}\pi+y\right)$$

$$\sin y=\sqrt{3}\cos y$$

これは $y=\frac{\pi}{2}$ のときは成り立たないから，(iv)より $\cos y\neq 0$ であり，両辺を $\cos y$ で割ると

$$\frac{\sin y}{\cos y}=\sqrt{3}$$

$$\tan y=\sqrt{3}$$

よって，(iv)より

$$y=\frac{1}{3}\pi \quad \left(\text{このとき，(i)より } z=\frac{1}{6}\pi\right)$$

(い) $y=\pi$ のとき

(i)と(iv)より，$x=y=0$ であるが，これは(iii)を満たさないから不適である。

以上(あ)，(い)より　　$x=\frac{1}{2}\pi$，$y=\frac{1}{3}\pi$　→ウ～カ

(3)　A$(0,\ 0,\ 1)$，B$(b,\ 0,\ 0)$，C$(0,\ c,\ 0)$ より

$$\overrightarrow{OA}=(0,\ 0,\ 1),\ \overrightarrow{OB}=(b,\ 0,\ 0),\ \overrightarrow{OC}=(0,\ c,\ 0)$$

①　$\overrightarrow{AB}=\overrightarrow{OB}-\overrightarrow{OA}=(b,\ 0,\ -1)$，$\overrightarrow{AC}=\overrightarrow{OC}-\overrightarrow{OA}=(0,\ c,\ -1)$ より

$$\overrightarrow{AB}\cdot\overrightarrow{AC}=b\times 0+0\times c+(-1)^2=1 \quad \text{→ア}$$

②　$\angle BAC$ は $\overrightarrow{AB}$ と $\overrightarrow{AC}$ のなす角であるから

$$\overrightarrow{AB}\cdot\overrightarrow{AC}=|\overrightarrow{AB}||\overrightarrow{AC}|\cos\angle BAC$$

$\angle BAC=\frac{1}{3}\pi$ と①の結果より

$$1=|\overrightarrow{AB}||\overrightarrow{AC}|\cos\frac{1}{3}\pi$$

$$|\overrightarrow{AB}||\overrightarrow{AC}|=2 \quad \cdots\cdots(\mathrm{i})$$

よって

$$\triangle ABC=\frac{1}{2}AB\cdot AC\sin\angle BAC=\frac{1}{2}|\overrightarrow{AB}||\overrightarrow{AC}|\sin\frac{1}{3}\pi$$

$$=\frac{1}{2}\cdot 2\cdot\frac{\sqrt{3}}{2}=\frac{\sqrt{3}}{2}$$　→イ，ウ

③　$b=\frac{\sqrt{3}}{2}$ より

$$\overrightarrow{AB}=\left(\frac{\sqrt{3}}{2},\ 0,\ -1\right)$$

これと $\overrightarrow{AC}=(0,\ c,\ -1)$ より

$$|\overrightarrow{AB}|=\sqrt{\left(\frac{\sqrt{3}}{2}\right)^2+0^2+(-1)^2}=\frac{\sqrt{7}}{2}$$

$$|\overrightarrow{AC}|=\sqrt{0^2+c^2+(-1)^2}=\sqrt{c^2+1}$$

であるから，(i)より

$$\frac{\sqrt{7}}{2}\cdot\sqrt{c^2+1}=2$$

$$\sqrt{c^2+1}=\frac{4}{\sqrt{7}}$$

両辺を 2 乗すると

$$c^2+1=\frac{16}{7}\qquad c^2=\frac{9}{7}$$

よって，$c>0$ より　　$c=\sqrt{\frac{9}{7}}=\frac{3\sqrt{7}}{7}$　→エ～カ

④　　$|\overrightarrow{BC}|^2=|\overrightarrow{AC}-\overrightarrow{AB}|^2=|\overrightarrow{AC}|^2-2\overrightarrow{AB}\cdot\overrightarrow{AC}+|\overrightarrow{AB}|^2$

$\overrightarrow{AB}=(b,\ 0,\ -1)$，$\overrightarrow{AC}=(0,\ c,\ -1)$ より

$$|\overrightarrow{AB}|=\sqrt{b^2+1},\ |\overrightarrow{AC}|=\sqrt{c^2+1},\ \overrightarrow{AB}\cdot\overrightarrow{AC}=1$$

であるから

$$|\overrightarrow{BC}|^2=(c^2+1)-2\cdot 1+(b^2+1)=b^2+c^2\quad\cdots\cdots(\text{ii})$$

また，(i)より

$$\sqrt{b^2+1}\sqrt{c^2+1}=2$$

$$(b^2+1)(c^2+1)=4$$

であり，$b^2+1>0$ であるから

$$c^2+1=\frac{4}{b^2+1} \qquad c^2=\frac{4}{b^2+1}-1$$

これを(ii)に用いると

$$|\overrightarrow{\mathrm{BC}}|^2=b^2+\frac{4}{b^2+1}-1=(b^2+1)+\frac{4}{b^2+1}-2 \quad \cdots\cdots\text{(iii)}$$

$b^2+1>0$，$\dfrac{4}{b^2+1}>0$ であるから，相加平均と相乗平均の関係より

$$b^2+1+\frac{4}{b^2+1} \geqq 2\sqrt{(b^2+1)\cdot\frac{4}{b^2+1}}$$

（等号成立条件は，$b^2+1=\dfrac{4}{b^2+1}$ かつ $b>0$ より，$b=1$）

すなわち

$$b^2+1+\frac{4}{b^2+1}-2 \geqq 2$$

よって，(iii)より，$|\overrightarrow{\mathrm{BC}}|^2 \geqq 2$ であるから，線分 BC の長さの最小値は $\sqrt{2}$ である。→キ

(4)　$$\int_a^x f(t)\,dt+af(x)=2x^3+3x^2-31x+20 \quad \cdots\cdots\text{(i)}$$

①　(i)の両辺を x で微分すると

$$f(x)+af'(x)=6x^2+6x-31 \quad \cdots\cdots\text{(ii)}$$

$f(x)$ を n 次式（n は自然数）とすると，$f'(x)$ は $n-1$ 次式であり，(ii)の左辺は n 次式である。

これより，(ii)の右辺は 2 次式であるから，$n=2$ であり

$$f(x)=px^2+qx+r \quad (p,\ q,\ r \text{ は実数の定数，} p\neq 0)$$

とおくと，$f'(x)=2px+q$ であるから

$$(\text{(ii)の左辺})=px^2+(q+2ap)x+r+aq$$

(ii)は x の恒等式であるから，係数を比較すると

$$\begin{cases} p=6 & \to ア \\ q+2ap=6 & \cdots\cdots\text{(iii)} \\ r+aq=-31 & \cdots\cdots\text{(iv)} \end{cases}$$

②　$p=6$ を(iii)に代入すると

$$q+12a=6$$

であり，これと(iv)より

$$q=-12a+6,\quad r=12a^2-6a-31$$

であるから

$$f(x)=6x^2+(-12a+6)x+12a^2-6a-31 \quad \cdots\cdots(\mathrm{v})$$

また，(i)の両辺に $x=a$ を代入すると

$$\int_a^a f(t)\,dt+af(a)=2a^3+3a^2-31a+20$$

すなわち

$$af(a)=2a^3+3a^2-31a+20$$

であり，(v)より

$$a\{6a^2+(-12a+6)a+12a^2-6a-31\}=2a^3+3a^2-31a+20$$

これより

$$4a^3-3a^2-20=0$$

$$(a-2)(4a^2+5a+10)=0$$

よって，a は実数であるから　　$a=2$　→イ

(v)より　　$f(x)=6x^2-18x+5$　→ウ～オ

(5)　①　直線Mは直線L：$y=x+6$ と平行であるから，Mの傾きは1であり

$$\mathrm{M}: y=x+m \quad (m \text{ は実数})$$

とおくと，放物線H：$y=x^2$ とMの共有点の x 座標は

$$x^2=x+m \quad \cdots\cdots(\mathrm{i})$$

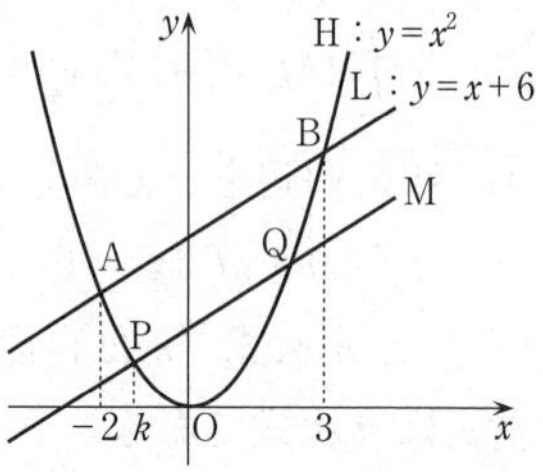

の実数解である。HとMの交点Pの x 座標が k であるから，$x=k$ は(i)の解であるから

$$k^2=k+m$$

$$m=k^2-k$$

これを(i)に代入すると

$$x^2=x+k^2-k$$

$$(x-k)\{x-(1-k)\}=0$$

よって，Qの x 座標は　　$1-k\,(=1-1\cdot k)$　→ア，イ

②　MはLを y 軸の負の向きに平行移動した直線であり，MはHと異なる2点で交わるから

$$-2<k<1-k<3$$

$$-2<k<\frac{1}{2} \quad \to ウ〜オ$$

③　点 P から直線 L : $x-y+6=0$ の距離を d とおくと

$$S=\frac{1}{2}(AB+PQ)\cdot d \quad \cdots\cdots(ii)$$

ここで，$A(-2,\ 4)$，$B(3,\ 9)$，$P(k,\ k^2)$，$Q(1-k,\ (1-k)^2)$ より

$$AB=\sqrt{(-2-3)^2+(4-9)^2}=5\sqrt{2}$$

$$PQ=\sqrt{\{k-(1-k)\}^2+\{k^2-(1-k)^2\}^2}=\sqrt{2(2k-1)^2}=\sqrt{2}\,|2k-1|$$

$$=\sqrt{2}(1-2k) \quad \left(-2<k<\frac{1}{2}\text{ より}\right)$$

$$d=\frac{|k-k^2+6|}{\sqrt{1^2+(-1)^2}}$$

また，$P(k,\ k^2)$ は不等式 $y<x+6$ が表す領域内に存在するから

$$k^2<k+6$$

$$k-k^2+6>0$$

を満たすから　$d=\dfrac{k-k^2+6}{\sqrt{2}}$

(ii)より

$$S=\frac{1}{2}\{5\sqrt{2}+\sqrt{2}(1-2k)\}\cdot\frac{k-k^2+6}{\sqrt{2}}$$

$$=k^3-4k^2-3k+18\ (=1\cdot k^3-4k^2-3k+18) \quad \to カ〜コ$$

④　$f(k)=k^3-4k^2-3k+18$ とおくと

$$f'(k)=3k^2-8k-3=(3k+1)(k-3)$$

より，$-2<k<\dfrac{1}{2}$ における $f(k)$ の増減は右のようになる。

よって，$f(k)$ すなわち S を最大にする k の値は

k	(-2)	$\cdots$	$-\frac{1}{3}$	$\cdots$	$\left(\frac{1}{2}\right)$
$f'(k)$		$+$	0	$-$	
$f(k)$		↗		↘	

$$k=-\frac{1}{3} \quad \to サ，シ$$

(6)　①　$t=2^x-2^{2-x}=2^x-2^2\cdot2^{-x}=2^x-4\cdot2^{-x} \quad \cdots\cdots(\text{i})$

より

$$t^2=(2^x-4\cdot 2^{-x})^2=(2^x)^2-2\cdot 2^x\cdot 4\cdot 2^{-x}+(4\cdot 2^{-x})^2=4^x+16\cdot 4^{-x}-8$$

であるから

$$\begin{aligned}y&=4^x-15\cdot 2^x+60\cdot 2^{-x}+16\cdot 4^{-x}+52\\&=(4^x+16\cdot 4^{-x}-8)-15(2^x-4\cdot 2^{-x})+60\\&=t^2-15t+60\ (=1\cdot t^2-15t+60)\quad\to ア〜オ\end{aligned}$$

②　(i)より

$$t=2^x-4\cdot\frac{1}{2^x}$$

$$(2^x)^2-t\cdot 2^x-4=0\quad\cdots\cdots(\text{ii})$$

これより，x の方程式(i)を満たす実数 x が存在するような t の条件を考える。

ここで，$2^x=X$ とおくと，(ii)は

$$X^2-tX-4=0\quad\cdots\cdots(\text{iii})$$

となり，$2^x>0$ すなわち $X>0$ であるから，X の方程式(iii)が $X>0$ の範囲に少なくとも１つ解をもつような t の条件を考えればよい。

$f(X)=X^2-tX-4$ とおくと，放物線 $Y=f(X)$ は下に凸であり，かつ $f(0)=-4<0$ であるから

「放物線 $Y=f(X)$ は X 軸と $X>0$ の範囲に共有点をもつ」

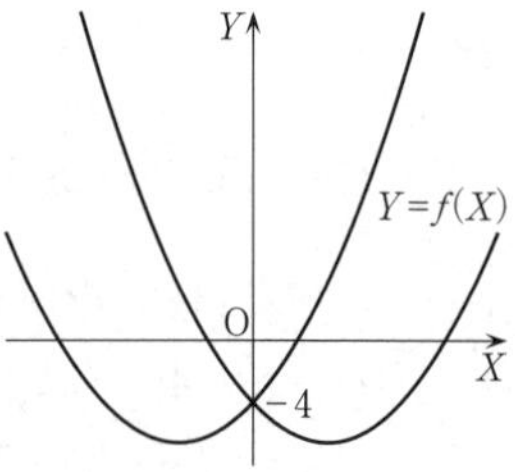

すなわち

「X の方程式(iii)は $X>0$ の範囲に解をもつ」

これより，t はすべての実数をとる。よって，①の結果より

$$y=\left(t-\frac{15}{2}\right)^2+\frac{15}{4}$$

であるから，y は

$$t=\frac{15}{2}\text{ のとき，最小値 }\frac{15}{4}\quad\to カ〜ク$$

をとる。このとき(i)より，$\dfrac{15}{2}=2^x-4\cdot 2^{-x}$ であるから

$$2\cdot(2^x)^2-15\cdot 2^x-8=0$$

$$(2\cdot 2^x+1)(2^x-8)=0$$

であり，$2^x>0$ であるから

$$2^x=8\,(=2^3)\qquad x=3\quad \to ケ$$

Ⅱ　解答

(1) $b_1=\dfrac{3}{4}$，$a_2=\dfrac{9}{16}$，$c_3=\dfrac{37}{64}$

(2) $c_{n+1}=\dfrac{3}{4}c_n+\dfrac{1}{4}$　(3) $c_n=1-\left(\dfrac{3}{4}\right)^n$　(4) $n=17$

◀解　説▶

≪確率漸化式，0 以上の整数 n で表された不等式を満たす最小の n の値≫

(1)　問題に与えられた点Pの1回の移動に対する推移の図より，時刻0から時刻3までの点Pがいる地点の推移は次図のようになる。

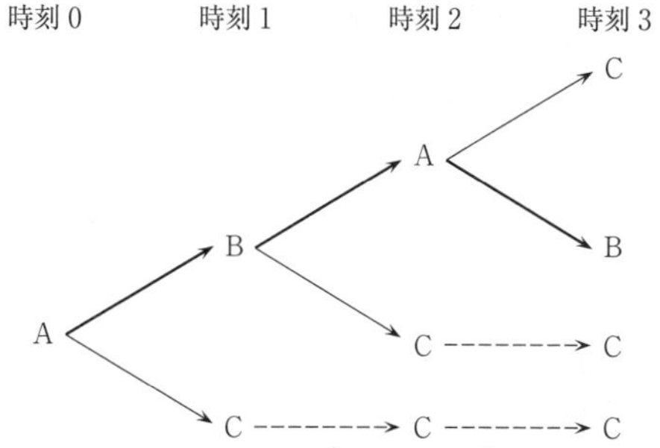

（各移動の確率は，$\longrightarrow$：$\dfrac{1}{4}$，$\boldsymbol{\longrightarrow}$：$\dfrac{3}{4}$，$\dashrightarrow$：1）

よって，求める確率は

$$b_1=\frac{3}{4}$$

$$a_2=\frac{3}{4}\cdot\frac{3}{4}=\frac{9}{16}$$

$$c_3=\frac{3}{4}\cdot\frac{3}{4}\cdot\frac{1}{4}+\frac{3}{4}\cdot\frac{1}{4}\cdot 1+\frac{1}{4}\cdot 1\cdot 1=\frac{37}{64}$$

(2)　時刻 n に点Pは，地点A，地点B，地点Cのいずれかにいるから

$$a_n+b_n+c_n=1\quad \cdots\cdots(\mathrm{i})$$

次に，(1)と同様に，時刻 $n+1$ に点Pが地点Cにいるような時刻 n と時刻 $n+1$ の点Pの推移は次図のようになる。

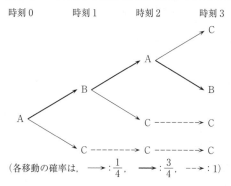

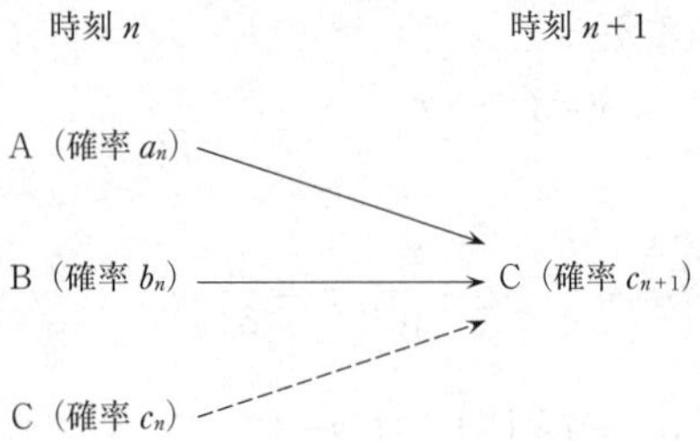

上の推移図より

$$c_{n+1}=a_n\cdot\frac{1}{4}+b_n\cdot\frac{1}{4}+c_n\cdot 1=\frac{1}{4}(a_n+b_n)+c_n$$

(i)より，$a_n+b_n=1-c_n$ であるから

$$c_{n+1}=\frac{1}{4}(1-c_n)+c_n=\frac{3}{4}c_n+\frac{1}{4}$$

(3)　(2)の結果より　　$c_{n+1}-1=\dfrac{3}{4}(c_n-1)$

これより，数列 $\{c_n-1\}$ は，初項が $c_0-1=0-1=-1$，公比が $\dfrac{3}{4}$ の等比数列であるから

$$c_n-1=-1\cdot\left(\frac{3}{4}\right)^n$$

$$c_n=1-\left(\frac{3}{4}\right)^n$$

(4)　(3)の結果と $c_n\geqq 0.99$ より

$$1-\left(\frac{3}{4}\right)^n\geqq 0.99 \qquad \left(\frac{3}{4}\right)^n\leqq\frac{1}{100}$$

これより，$\log_{10}\left(\dfrac{3}{4}\right)^n\leqq\log_{10}\dfrac{1}{100}$ であるから

$$n(\log_{10}3-\log_{10}4)\leqq\log_{10}10^{-2}$$

すなわち

$$n(\log_{10}3-2\log_{10}2)\leqq -2\log_{10}10$$

これと $\log_{10}2=0.30$，$\log_{10}3=0.48$ より

$$n(0.48-2\times 0.30)\leqq -2\times 1$$

$$n\geqq\frac{50}{3}\ (=16.66\cdots)$$

よって，求める n の値は　　$n=17$

❖講　評

大問2題の出題で，数学Ⅰ，Ⅱ，A，Bから幅広く出題されている。

Ⅰは小問集合で⑴場合の数，⑵三角関数，⑶空間座標，⑷積分法，⑸図形と方程式，微分法，⑹指数関数，2次関数からの出題である。標準レベルの問題の出題が多いが，⑹の②で t のとり得る値の範囲を正しく考察するのは，やや難度が高いと感じるかもしれない。この部分以外は各分野の基本事項を押さえて，典型的な問題をくまなく演習していれば得点できる問題であるので，しっかり得点したい。

Ⅱは，まず時刻 n において点Pが地点Cにいる確率 c_n を求める問題である。時刻0から時刻 n までの点Pの推移をすべて考える事は困難であるため，⑵で数列 $\{c_n\}$ の漸化式を立式して，この漸化式を利用して⑶で c_n 求めるという方針が示されている。このような漸化式を利用した確率の計算に慣れていれば難しくない問題であるが，この経験がなければ難しく感じたかもしれない。大切な手法の一つなので，慣れていない人はしっかり演習するようにしてほしい。

全体的に，各分野の標準的なレベルの問題がほとんどであるので，基本事項を漏れのないように固めて，各分野の典型的な問題の演習をしっかり行ってほしい。ただ，問題集等で演習した問題とまったく同じ問題が出題される訳ではないので，問題と考え方を意識しながら問題演習をしてほしい。

であるから容易。問3の空所補充はやや難。問4は、脱落文の内容や指示語に注目して挿入箇所を絞る。問5の文学史は基本。問6は、傍線の後の文脈をたどれば難しくはない。問7は、選択肢中の不適切な箇所が明確なので難しくはない。全体として標準レベルの問題。

三の古文は、入試頻出作品の『宇治拾遺物語』からの出題。清少納言の父である清原元輔のエピソード。問2は、知識問題ではなく、冠への言及箇所をおさえればよい。問3・問5の文法は基本。問4・問6は、元輔の言葉を丁寧にたどることが必要。問8・問9の文学史も基本事項である。全体として標準～やや易のレベルの問題。

四は、選択式による漢字の問題。書き取り・読みともに、日常的な語句を中心とした漢字が出題されている。標準レベルの問題。

ことである。順序はしっかりおさえておきたい。①『古今和歌集』、②『後撰和歌集』、③『拾遺和歌集』、④『後拾遺和歌集』、⑤『金葉和歌集』、⑥『詞花和歌集』、⑦『千載和歌集』、⑧『新古今和歌集』である。

問9 ④『枕草子』の作者である清少納言の「清」は「清原」に由来する。

①作者未詳だが菅原孝標女かとも言われる。

②藤原倫寧《ともやす》女（藤原道綱母）。

③菅原孝標女。

⑤藤原為時女（紫式部）。

四 解答

A—④ B—⑤ C—② D—④ E—③ F—⑤

❖講 評

現代文二題、古文一題、漢字一題の計四題が出題された。

一の評論は、ナショナリズムとグローバリズムをテーマとした文章。二一世紀の世界における両者のつながりを考えようとしている。比喩も多いが、対比が明確なので、難解な文章ではない。問1・問4の空所補充は、組み合わせを選ぶので、わかるものから決めて選択肢を選べば容易。問2は、空欄前後の文脈をおさえて、「低俗」な比喩を選べばよい。問3は、脱落文の内容や指示語に注目して挿入箇所を絞る。問5・問6は、傍線前後の文脈を丁寧にたどることが必要。問7は、傍線前後の文脈から、「政治」と「経済」の対比をまとめる。問8は、最終段落をおさえればよい。全体として標準レベルの問題。

二の随筆は、言葉との出会いについての井上靖の文章。問1は慣用表現の知識が求められる。問2は「墜石」の意味にとらへらるるものなり」の部分をおさえればよい。

問3　空欄Aは、笑った君達に対する元輔の言葉の中にある。空欄の前で「をこなりとや思ひ給ふ」と問いかけているが、言葉の最後に「笑ひ給ふべきにあらず。笑ひ給はばをこなるべし」とある。つまり「をこなり」と思って笑ってはいけないということである。空欄直前の「しか」は指示語で「をこなりと」を指すので、空欄には打消の意味を持つ語が入るはずである。そこで「まじ」に決まる。文末で、係り結びなどもないので、終止形のままでよい。

問4　最終段落に、人々は「どよみて笑ひののしる事限りなし」とあり、なぜつまらないことを言ったのかと問う馬添に、道理を言い聞かせたと元輔は言っている。そして最後の一文に「人笑はする事役にする」とある。こうした文脈をふまえると①に決まる。

問5　空欄Bを含む文は、〈「心ばせある人」もつまずく、「まして馬は」心もないのだから（つまずく）〉という内容である。〝～さえ～まして～〟という類推の意を表す「だに」が適する。空欄Cの前後も〈歩こうと思うときさえ歩けない〉という意で問題ない。

問6　傍線を含む言葉の最初で、元輔は「君達……をこなりとや思ひ給ふ」と問いかけている。そして、そう思ってはいけない理由を述べている。馬がつまずくのは悪いことではなく、冠も結んであるわけではないので、落ちても冠が悪いのではない、落ちた前例もある、と続け、笑うべきではない、「笑ひ給はばをこなるべし」と言ったのである。②・⑤に同様の言及があるが、馬と冠の双方にふれている⑤が正解。「御禊」は河原で行うもの、「行幸」は天皇のお出ましであり、両方とも移動を伴い、大臣や中納言も馬に乗っていたと考えられる。

問7　「落ち」は〝落ちる〟の意であり、〝落とす〟ではない。「奉る」が動詞のときは、〝お食べになる、お飲みになる、お召しになる、お乗りになる、さし上げる〟の意であることは基礎重要事項。ここまでで①が選べる。「よしなし」は〝つまらない〟、「仰す」は〝おっしゃる〟でいずれも基本単語。

問8　八代集は、最初の勅撰和歌集である『古今和歌集』から、八番目の『新古今和歌集』までの、八つの勅撰和歌集のる者たちも笑い騒いでいると、（元輔は）一つの車の方に歩み寄って言うことには、「君達よ、この馬から落ちて冠を落としたのを、愚かだとお思いか。そうはお思いになるまい。その理由は、心がけのある人でさえも、物につまずいて倒れることは常のことである。まして馬は心を持っているものではない。この大路は非常に石が高い。馬は手綱で口を引っ張られているので、歩こうと思うときさえ歩けない。ああ引いたりこう引いたり、ぐるぐる回すと、倒れるようになる。馬を悪いと思うべきではない。唐鞍《からくら》は平らな鐙《あぶみ》で、（足を）かけることもできない。それに、馬がひどくつまずいたので落ちた。それは悪いことではない。また、冠が落ちることは、（冠は）物で結びつけるものではなく、髪の毛を（冠の中に）かき入れたところに留められるものである。それに（私の）鬢《びん》の毛はなくなっているので、まったくない。だから落ちることは、冠を恨むべきことではない。また、前例がないのではない。何々の大臣は大嘗会の御禊のときに落ちた。何々の中納言はこれこれのときの行幸のときに落ちた。このように例も考えきれない（ほど多い）。だから、事情も知っていらっしゃらないこの頃の若い君達は、お笑いになるべきではない。お笑いになったら（それこそが）愚かだろう」と言って、車ごとに手を折っては数えて言いきかせる。

　このように言い終わって、（元輔は）「冠を持って来い」と言って受け取ってかぶった。そのときに、どっと声が起こって（人々が）笑い騒ぐことこの上ない。冠をつけさせようとして、馬添が言うには、「落馬なさってすぐに冠をおかぶりにならず、どうしてこのようなつまらないことをおっしゃったのですか」と尋ねたところ、（元輔は）「ばかなことを言うなよ。このように道理を言いきかせたなら、この君達は後々にも笑わないだろう。そうでなかったら、口うるさい君達はきっといつまでも笑うだろうに」と言った。人を笑わせることを役目のようにするのであった。

▲解　説▼

問1　形容動詞「おいらかなり」は〝ゆったり落ち着いている、おだやかである〟の意。〈「おいらかに」通らないで馬をひどくあおった〉という文脈もヒントになる。

問2　第二段落で元輔が君達に言った言葉の中に冠への言及がある。「物して結ふものにあらず、髪をよくかき入れたる

三

出典　『宇治拾遺物語』〈巻第十三　二　元輔落馬の事〉

解答

問1　④
問2　⑤
問3　まじ
問4　①
問5　④
問6　⑤
問7　①
問8　二（番目）
問9　④

◆全　訳◆

今では昔のこと、歌よみの（清原）元輔が、内蔵寮の次官になって、加茂祭の使者をしたところ、一条大路を通ったときに、殿上人が車をたくさん並べて止めて、見物していた前を通ったときに、（元輔は）ゆったりとは通らないで、人がご覧になっているからと思って、馬をひどくあおって急がせたので、馬が狂ったようになって（元輔は馬から）落ちた。年老いた者が、頭からまっ逆さまに落ちた。君達《きんだち》（＝〝貴族の子供たち〞）がああ大変だと見ているうちに、（元輔は）たいへん早く起き上がったので、冠が脱げてしまった。髻《もとどり》が少しもない。ただ瓶をかぶったようであった。

馬添（＝馬の口取りをする従者）が、あわてふためいて、冠を取ってかぶらせるが、（元輔は）後ろの方へかきやって、「ああ騒がしい。しばらく待て。君達に申し上げるべきことがある」と言って、殿上人たちの車の前に歩み寄る。日が射しているので頭がきらきらとして、非常に見苦しい。大路の者は、群をなして笑い騒ぐことこの上ない。車や、桟敷にい

〝凛とした・きびしくひきしまった様子〟を表す①が適切。②は〝文化が盛んな様子〟、③は〝行いを慎み厳格な様子〟、④は〝栄えている様子〟、⑤は〝明るく照り輝く様子〟を表す言葉。

問4　脱落文に「そんないい加減なもの」とあるので、挿入箇所の前には、いい加減な出会いについての言及があるはずである。（中略）の後は顔真卿の書を評した言葉とのよき出会いについて述べられているので、最初の三つの段落の中で考えることになる。

問5　作者の幼年時代をモデルにした自伝的作品である⑤が正解。他の作品の作者は、①樋口一葉、②夏目漱石、③室生犀星、④徳田秋声である。

問6　傍線の後に、「この言葉」に対する筆者の受け取り方・解釈の変化が述べられている。それを順に確認すればよい。まず次の段落には、「顔真卿の書」・「顔真卿という非凡な人間」に対する批評、その次の段落には、「書というもの」一般を考えるもの、その次の段落には、「人の一生というものは、このようなものでなければならぬ」という解釈、とある。この順序でおさえている③が正解になる。

問7　①人生に様々な場面があることは述べられているが、「うまくいかないことも多くある」という言及はない。合致しない。

②第二段落は「若い時出会ったもの」の例であり、第三段落冒頭には、「出会い……若い時になされ……」とある。「若いときよりも、中年以後の年齢になってからの方が」の部分で、合致しない。

③最後から二つ目の段落の内容に合致する。

④最後から三つ目の段落に、悔恨を伴う理由として「これまでの生涯……生きて来なかったから」とある。「意味をきちんと把握しないで」の部分で、合致しない。

⑤第一段落に、「偶発的な出会い以外の何ものでもなさそう」・「たまたま出会ってしまった」とある。「そうではなく……運命的な」の部分で、合致しない。

問3　①

問4　っていい。

問5　⑤

問6　③

問7　③

◆要　旨◆

最近、人間にしろ、美術品にしろ、言葉にしろ、所詮はみな出会いであると思うようになっている。四、五年前、顔真卿の書を評した〝点は墜石の如く〟という言葉を知った。この言葉は今日まで私の心に居坐っているが、言葉の意味は、私の中で多少変化している。最初は顔真卿の書と人物に対する評、その後はすべての書に対しての意味、最近は人の一生のあるべき姿という意味になっている。この言葉のように生きるべきだったが、そうは生きなかった。そう思う年齢に達して、この言葉の生命は輝いて見える。

▲解　説▼

問1　前後の文脈をおさえる。若いとき出会ったもののところに、時間があれば顔を出すときの気持ちである。かつて感動を受けたものの方が間違いないと思って訪ねるのである。〝久しぶりの挨拶をする〟という意味の③が正解。①は〝古いことを調べて新しいことに適応すべき知識を得る〟、②は〝尊敬する人の話を身近に聞く〟、④は〝体をかがめて恐れ入る〟、⑤は〝時間はすばやく過ぎる〟の意味。

問2　空欄を含む文は「点は墜石の如く」の意味の説明であり、「墜石の如く」を「[B]のように」と述べているので、空欄Bは「墜石」すなわち〝落ちた石〟を意味する言葉である。顔真卿の書の「点」について言及している部分に注目して九字の言葉を探せばよい。

問3　やや難。空欄の前に顔真卿の説明がある。唐朝を支え節義を守り国に殉じた彼の生涯を形容する言葉としては、問8　「観光客の哲学」という言葉はここで初めて登場している。最終段落で考えれば、ナショナリズムとグローバリズムのふたつの層が独立したまま重なっている世界において、ふたつをつなぐヘーゲル的成熟とは別の回路、「市民が……つながるもうひとつの回路」を探るものである。ヘーゲルの考えは空欄Xの次の段落にある、「国家」・「政治」が「市民社会」・「経済」のうえに立つという考え方である。それとは別の、〈市民が市民社会にとどまり、個人が欲望に忠実なまま公共と普遍につながる回路を探る〉ものである。よって⑤が正解。①・③・④は現在のふたつの層に関するだけなので、不適。本文に「人間の層」と「動物の層」への言及はあるが（最後から二つ目の段落）、②には「層」という言葉もないので、人間と犬やライオンが融和するように読める。不適。

問9　①最終段落の内容に合致する。

②第一段落に「移行」は簡単ではないとあり、最終段落では「ふたつの層」が「重なりあった世界」でのつながりを考えている。合致しない。

③空欄Aの前の二つの段落に、二一世紀にはネーションの統合性が壊れ、政治はネーションを単位とし、経済はネーションを単位としていない、とある。「市民の欲望は国境を越えてつながりあっている」ともある。合致しない。

④一般的な意味での欲望と理性の対比は考えられていない。合致しない。

⑤最終段落にあるように、動物的な層はグローバリズムであり、その存在は前提である。「動物的な層からの世界像の転換」の部分で合致しない。

二

出典　井上靖『わが一期一会』〈近時寸感　点は墜石の如く〉（学習研究社）

解答

問1　③

問2　天から落ちて来た石

問5　「身も蓋もない」は、〝露骨すぎて含蓄もない〟という意味の慣用表現。傍線は、同じ段落冒頭の「この分裂」の説明である。「この分裂」は、第一段落の「ぼくたちが生きている」時代の「分裂」であり、空欄Aの前の二つの段落に、「ネーションの統合性が壊れた」「二一世紀の世界」や「二一世紀の現実」への言及がある。そこをふまえた④が正解。

①空欄Aの前の段落にある「二一世紀の現実」の、「経済」の面への言及である。不適。

②・③第四段落で、「精神と身体」の対比を、「意識」と「無意識」、「上半身」と「下半身」の対比に重ねている。つまり「意識」と「上半身」が「精神」の側、「無意識」と「下半身」が「身体」の側ということになる。「上半身」と「下半身」が「身体」を形成し、「意識」と「無意識」が「精神」を形成するという一般的な意味で使われているのではない。不適。

⑤第一段落に、「移行」は「簡単に進むものではなさそう」とある。不適。

問6　「このイメージ」は直前の「無数の……怪物」のことである。同じ段落の前半に、二層構造の時代の世界のイメージが「人間としての……絵になる」と述べられている。続く段落にもつながるものとつながらないものとの対比が述べられている。つまり、「身体（市民社会）」・「経済」・「欲望」がつながっているのに、「顔（国家）」・「政治」・「思考」はばらばらなのである。これらをふまえて③に決まる。

問7　傍線3は、二層構造の時代の国民国家間の関係を、「さらに下品」にたとえた箇所である。二層構造については、空欄Eの前の段落に言及があり、傍線2の段落では、「政治がいくらいがみあっていても経済はつながり続ける」とし、怪物のイメージも示している。そして、傍線3の段落に、「つながる」ものは「経済」・「欲望」・「下半身」、「つながらない」ものは「政治」・「思考」・「上半身」とあり、二つ後の段落で、「愛を確認しないまま関係をもってしまった」ことを、「政治的な……深めてしまった」と述べている。以上の流れをおえさて、政治と経済の対比としてまとめる。

二層構造の時代に、市民が市民社会にとどまり個人の欲望に忠実なまま、公共と普遍につながる回路の可能性を探るものである。

◀解　説▶

問1　空欄の前の段落には、比喩として、人間の上半身の合理的な思考と下半身の非合理な欲望との対比が述べられている。それを受けて空欄の段落では、「ネーション」における思考と欲望とを対比させている。空欄cが決めやすい。空欄cの前は〈他国に見せる国家という顔〉、後は〈現実の非合理な欲望〉であり、前段落の対応する箇所も参照して逆接に決まる。空欄dの前は〈欲望に悩まされていること〉、後は〈欲望の管理の重要性〉であり、理由を受ける「したがって」となる。これで選択肢の②に決まる。空欄aは比喩を受けて考えている部分、空欄bの前後は「政治の合理的な思考」と「国家という顔」、つまりどちらも「上半身」についてである、と確認すればよい。

問2　空欄X直後と選択肢の表現に注目すれば、Xには「国際社会に乗りだして」行くときの前提が入るとつかめる。空欄dの後に、国際秩序の設立には欲望の管理が重要だとあり、空欄Xの前に「ほとんど低俗と形容していいようなこと」とある点をあわせて考えれば、④になる。

問3　脱落文冒頭に「それは」とあるので、挿入箇所の直前には、「人間関係」・「国際関係」のどちらかだけではなく、双方にあてはまる事柄が書かれているとわかる。段落末尾という点に注目すれば、不適切な箇所はいくつも明らかになる。また、挿入箇所の次の段落の冒頭の文とのつながりも考える。接続語や指示語はつながりを確認する大きなヒントになる。内容面とあわせて該当箇所を絞ればよい。

問4　空欄Eは、続く部分に日清・日露戦争当時の例があるので、ナショナリズムとわかり、これだけで選択肢の①・⑤に絞れる。違うのは空欄Aと空欄Bである。〈[A]は[B]を破壊したのでも乗り越えたのでもなく、その内部でナショナリズムを生んだのでもない。既存のナショナリズムの体制を温存したまま……〉という文脈から、容易に決められる。

国語

一

出典 東浩紀『観光客の哲学』〈第1部　観光客の哲学　第3章　二層構造〉（ゲンロン）

解答

問1　②
問2　④
問3　育てるしかない。
問4　①
問5　④
問6　③
問7　思考の場である政治面での信頼関係を作れないまま、欲望の場である経済面での依存関係を深めたということ。
（五〇字以内）
問8　⑤
問9　①

◆要　旨◆

ナショナリズムの時代は、国家と市民社会、政治と経済、思考と欲望のふたつの半身が合わさり、ひとつのネーションを構成していた。けれども二一世紀にはネーションの統合性が壊れ、国家と市民社会、政治と経済、思考と欲望は、ナショナリズムとグローバリズムというふたつの原理に導かれ、異なった秩序をつくりあげた。観光客の哲学とは、そういう

教学社 刊行一覧

2025年版 大学赤本シリーズ

374大学556点
全都道府県を網羅

国公立大学（都道府県順）

全国の書店で取り扱っています。店頭にない場合は，お取り寄せができます。

1 北海道大学（文系−前期日程）
2 北海道大学（理系−前期日程） 医
3 北海道大学（後期日程）
4 旭川医科大学（医学部〈医学科〉） 医
5 小樽商科大学
6 帯広畜産大学
7 北海道教育大学
8 室蘭工業大学／北見工業大学
9 釧路公立大学
10 公立千歳科学技術大学
11 公立はこだて未来大学 総推
12 札幌医科大学（医学部） 医
13 弘前大学 医
14 岩手大学
15 岩手県立大学・盛岡短期大学部・宮古短期大学部
16 東北大学（文系−前期日程）
17 東北大学（理系−前期日程） 医
18 東北大学（後期日程）
19 宮城教育大学
20 宮城大学
21 秋田大学 医
22 秋田県立大学
23 国際教養大学 総推
24 山形大学 医
25 福島大学
26 会津大学
27 福島県立医科大学（医・保健科学部） 医
28 茨城大学（文系）
29 茨城大学（理系）
30 筑波大学（推薦入試） 医 総推
31 筑波大学（文系−前期日程）
32 筑波大学（理系−前期日程） 医
33 筑波大学（後期日程）
34 宇都宮大学
35 群馬大学 医
36 群馬県立女子大学
37 高崎経済大学
38 前橋工科大学
39 埼玉大学（文系）
40 埼玉大学（理系）
41 千葉大学（文系−前期日程）
42 千葉大学（理系−前期日程） 医
43 千葉大学（後期日程） 医
44 東京大学（文科） DL
45 東京大学（理科） DL 医
46 お茶の水女子大学
47 電気通信大学
48 東京外国語大学 DL
49 東京海洋大学
50 東京科学大学（旧 東京工業大学）
51 東京科学大学（旧 東京医科歯科大学） 医
52 東京学芸大学
53 東京藝術大学
54 東京農工大学
55 一橋大学（前期日程）
56 一橋大学（後期日程）
57 東京都立大学（文系）
58 東京都立大学（理系）
59 横浜国立大学（文系）
60 横浜国立大学（理系）
61 横浜市立大学（国際教養・国際商・理・データサイエンス・医〈看護〉学部）
62 横浜市立大学（医学部〈医学科〉） 医
63 新潟大学（人文・教育〈文系〉・法・経済科・医〈看護〉・創生学部）
64 新潟大学（教育〈理系〉・理・医〈看護を除く〉・歯・工・農学部） 医
65 新潟県立大学
66 富山大学（文系）
67 富山大学（理系） 医
68 富山県立大学
69 金沢大学（文系）
70 金沢大学（理系） 医
71 福井大学（教育・医〈看護〉・工・国際地域学部）
72 福井大学（医学部〈医学科〉） 医
73 福井県立大学
74 山梨大学（教育・医〈看護〉・工・生命環境学部）
75 山梨大学（医学部〈医学科〉） 医
76 都留文科大学
77 信州大学（文系−前期日程）
78 信州大学（理系−前期日程） 医
79 信州大学（後期日程）
80 公立諏訪東京理科大学 総推
81 岐阜大学（前期日程） 医
82 岐阜大学（後期日程）
83 岐阜薬科大学
84 静岡大学（前期日程）
85 静岡大学（後期日程）
86 浜松医科大学（医学部〈医学科〉） 医
87 静岡県立大学
88 静岡文化芸術大学
89 名古屋大学（文系）
90 名古屋大学（理系） 医
91 愛知教育大学
92 名古屋工業大学
93 愛知県立大学
94 名古屋市立大学（経済・人文社会・芸術工・看護・総合生命理・データサイエンス学部）
95 名古屋市立大学（医学部〈医学科〉） 医
96 名古屋市立大学（薬学部）
97 三重大学（人文・教育・医〈看護〉学部）
98 三重大学（医〈医〉・工・生物資源学部） 医
99 滋賀大学
100 滋賀医科大学（医学部〈医学科〉） 医
101 滋賀県立大学
102 京都大学（文系）
103 京都大学（理系） 医
104 京都教育大学
105 京都工芸繊維大学
106 京都府立大学
107 京都府立医科大学（医学部〈医学科〉） 医
108 大阪大学（文系） DL
109 大阪大学（理系） 医
110 大阪教育大学
111 大阪公立大学（現代システム科学域〈文系〉・文・法・経済・商・看護・生活科〈居住環境・人間福祉〉学部−前期日程）
112 大阪公立大学（現代システム科学域〈理系〉・理・工・農・獣医・医・生活科〈食栄養〉学部−前期日程） 医
113 大阪公立大学（中期日程）
114 大阪公立大学（後期日程）
115 神戸大学（文系−前期日程）
116 神戸大学（理系−前期日程） 医
117 神戸大学（後期日程）
118 神戸市外国語大学 DL
119 兵庫県立大学（国際商経・社会情報科・看護学部）
120 兵庫県立大学（工・理・環境人間学部）
121 奈良教育大学／奈良県立大学
122 奈良女子大学
123 奈良県立医科大学（医学部〈医学科〉） 医
124 和歌山大学
125 和歌山県立医科大学（医・薬学部） 医
126 鳥取大学 医
127 公立鳥取環境大学
128 島根大学 医
129 岡山大学（文系）
130 岡山大学（理系） 医
131 岡山県立大学
132 広島大学（文系−前期日程）
133 広島大学（理系−前期日程） 医
134 広島大学（後期日程）
135 尾道市立大学 総推
136 県立広島大学
137 広島市立大学
138 福山市立大学 総推
139 山口大学（人文・教育〈文系〉・経済・医〈看護〉・国際総合科学部）
140 山口大学（教育〈理系〉・理・医〈看護を除く〉・工・農・共同獣医学部） 医
141 山陽小野田市立山口東京理科大学 総推
142 下関市立大学／山口県立大学
143 周南公立大学 新 総推
144 徳島大学 医
145 香川大学 医
146 愛媛大学 医
147 高知大学 医
148 高知工科大学
149 九州大学（文系−前期日程）
150 九州大学（理系−前期日程） 医
151 九州大学（後期日程）
152 九州工業大学
153 福岡教育大学
154 北九州市立大学
155 九州歯科大学
156 福岡県立大学／福岡女子大学
157 佐賀大学 医
158 長崎大学（多文化社会・教育〈文系〉・経済・医〈保健〉・環境科〈文系〉学部）
159 長崎大学（教育〈理系〉・医〈医〉・歯・薬・情報データ科・工・環境科〈理系〉・水産学部） 医
160 長崎県立大学 総推
161 熊本大学（文・教育・法・医〈看護〉学部・情報融合学環〈文系型〉）
162 熊本大学（理・医〈看護を除く〉・薬・工学部・情報融合学環〈理系型〉） 医
163 熊本県立大学
164 大分大学（教育・経済・医〈看護〉・理工・福祉健康科学部）
165 大分大学（医学部〈医・先進医療科学科〉） 医
166 宮崎大学（教育・医〈看護〉・工・農・地域資源創成学部）
167 宮崎大学（医学部〈医学科〉） 医
168 鹿児島大学（文系）
169 鹿児島大学（理系） 医
170 琉球大学 医

2025年版　大学赤本シリーズ

国公立大学 その他

171 〔国公立大〕医学部医学科 総合型選抜・学校推薦型選抜※ 医 総推
172 看護・医療系大学〈国公立 東日本〉※
173 看護・医療系大学〈国公立 中日本〉※
174 看護・医療系大学〈国公立 西日本〉※
175 海上保安大学校／気象大学校
176 航空保安大学校
177 国立看護大学校
178 防衛大学校 総推
179 防衛医科大学校（医学科） 医
180 防衛医科大学校（看護学科）

※No.171～174の収載大学は赤本ウェブサイト（http://akahon.net/）でご確認ください。

私立大学①

北海道の大学（50音順）
201 札幌大学
202 札幌学院大学
203 北星学園大学
204 北海学園大学
205 北海道医療大学
206 北海道科学大学
207 北海道武蔵女子大学・短期大学
208 酪農学園大学（獣医学群〈獣医学類〉）

東北の大学（50音順）
209 岩手医科大学（医・歯・薬学部） 医
210 仙台大学 総推
211 東北医科薬科大学（医・薬学部） 医
212 東北学院大学
213 東北工業大学
214 東北福祉大学
215 宮城学院女子大学 総推

関東の大学（50音順）
あ行（関東の大学）
216 青山学院大学（法・国際政治経済学部－個別学部日程）
217 青山学院大学（経済学部－個別学部日程）
218 青山学院大学（経営学部－個別学部日程）
219 青山学院大学（文・教育人間科学部－個別学部日程）
220 青山学院大学（総合文化政策・社会情報・地球社会共生・コミュニティ人間科学部－個別学部日程）
221 青山学院大学（理工学部－個別学部日程）
222 青山学院大学（全学部日程）
223 麻布大学（獣医、生命・環境科学部）
224 亜細亜大学
226 桜美林大学
227 大妻女子大学・短期大学部

か行（関東の大学）
228 学習院大学（法学部－コア試験）
229 学習院大学（経済学部－コア試験）
230 学習院大学（文学部－コア試験）
231 学習院大学（国際社会科学部－コア試験）
232 学習院大学（理学部－コア試験）
233 学習院女子大学
234 神奈川大学（給費生試験）
235 神奈川大学（一般入試）
236 神奈川工科大学
237 鎌倉女子大学・短期大学部
238 川村学園女子大学
239 神田外語大学
240 関東学院大学
241 北里大学（理学部）
242 北里大学（医学部） 医
243 北里大学（薬学部）
244 北里大学（看護・医療衛生学部）
245 北里大学（未来工・獣医・海洋生命科学部）
246 共立女子大学・短期大学
247 杏林大学（医学部） 医
248 杏林大学（保健学部）
249 群馬医療福祉大学・短期大学部
250 群馬パース大学 総推
251 慶應義塾大学（法学部）
252 慶應義塾大学（経済学部）
253 慶應義塾大学（商学部）
254 慶應義塾大学（文学部） 総推
255 慶應義塾大学（総合政策学部）
256 慶應義塾大学（環境情報学部）
257 慶應義塾大学（理工学部）
258 慶應義塾大学（医学部） 医
259 慶應義塾大学（薬学部）
260 慶應義塾大学（看護医療学部）
261 工学院大学
262 國學院大學
263 国際医療福祉大学 医
264 国際基督教大学
265 国士舘大学
266 駒澤大学（一般選抜T方式・S方式）
267 駒澤大学（全学部統一日程選抜）

さ行（関東の大学）
268 埼玉医科大学（医学部） 医
269 相模女子大学・短期大学部
270 産業能率大学
271 自治医科大学（医学部） 医
272 自治医科大学（看護学部）／東京慈恵会医科大学（医学部〈看護学科〉）
273 実践女子大学 総推
274 芝浦工業大学（前期日程）
275 芝浦工業大学（全学統一日程・後期日程）
276 十文字学園女子大学
277 淑徳大学
278 順天堂大学（医学部） 医
279 順天堂大学（スポーツ健康科・医療看護・保健看護・国際教養・保健医療・医療科・健康データサイエンス・薬学部） 総推
280 上智大学（神・文・総合人間科学部）
281 上智大学（法・経済学部）
282 上智大学（外国語・総合グローバル学部）
283 上智大学（理工学部）
284 上智大学（TEAPスコア利用方式）
285 湘南工科大学
286 昭和大学（医学部） 医
287 昭和大学（歯・薬・保健医療学部）
288 昭和女子大学
289 昭和薬科大学
290 女子栄養大学・短期大学部 総推
291 白百合女子大学
292 成蹊大学（法学部－A方式）
293 成蹊大学（経済・経営学部－A方式）
294 成蹊大学（文学部－A方式）
295 成蹊大学（理工学部－A方式）
296 成蹊大学（E方式・G方式・P方式）
297 成城大学（経済・社会イノベーション学部－A方式）
298 成城大学（文芸・法学部－A方式）
299 成城大学（S方式〈全学部統一選抜〉）
300 聖心女子大学
301 清泉女子大学
303 聖マリアンナ医科大学 医
304 聖路加国際大学（看護学部）
305 専修大学（スカラシップ・全国入試）
306 専修大学（前期入試〈学部個別入試〉）
307 専修大学（前期入試〈全学部入試・スカラシップ入試〉）

た行（関東の大学）
308 大正大学
309 大東文化大学
310 高崎健康福祉大学
311 拓殖大学
312 玉川大学
313 多摩美術大学
314 千葉工業大学
315 中央大学（法学部－学部別選抜）
316 中央大学（経済学部－学部別選抜）
317 中央大学（商学部－学部別選抜）
318 中央大学（文学部－学部別選抜）
319 中央大学（総合政策学部－学部別選抜）
320 中央大学（国際経営・国際情報学部－学部別選抜）
321 中央大学（理工学部－学部別選抜）
322 中央大学（5学部共通選抜）
323 中央学院大学
324 津田塾大学
325 帝京大学（薬・経済・法・文・外国語・教育・理工・医療技術・福岡医療技術学部）
326 帝京大学（医学部） 医
327 帝京科学大学 総推
328 帝京平成大学 総推
329 東海大学（医〈医〉学部を除く－一般選抜）
330 東海大学（文系・理系学部統一選抜）
331 東海大学（医学部〈医学科〉） 医
332 東京医科大学（医学部〈医学科〉） 医
333 東京家政大学・短期大学部 総推
334 東京経済大学
335 東京工科大学
336 東京工芸大学
337 東京国際大学
338 東京歯科大学
339 東京慈恵会医科大学（医学部〈医学科〉） 医
340 東京情報大学
341 東京女子大学
342 東京女子医科大学（医学部） 医
343 東京電機大学
344 東京都市大学
345 東京農業大学
346 東京薬科大学（薬学部） 総推
347 東京薬科大学（生命科学部） 総推
348 東京理科大学（理学部〈第一部〉－B方式）
349 東京理科大学（創域理工学部－B方式・S方式）
350 東京理科大学（工学部－B方式）
351 東京理科大学（先進工学部－B方式）
352 東京理科大学（薬学部－B方式）
353 東京理科大学（経営学部－B方式）
354 東京理科大学（C方式、グローバル方式、理学部〈第二部〉－B方式）
355 東邦大学（医学部） 医
356 東邦大学（薬学部）

2025年版　大学赤本シリーズ

私立大学②

357 東邦大学(理・看護・健康科学部)

358 東洋大学(文・経済・経営・法・社会・国際・国際観光学部)

359 東洋大学(情報連携・福祉社会デザイン・健康スポーツ科・理工・総合情報・生命科・食環境科学部)

360 東洋大学(英語〈3日程×3カ年〉)

361 東洋大学(国語〈3日程×3カ年〉)

362 東洋大学(日本史・世界史〈2日程×3カ年〉)

363 東洋英和女学院大学

364 常磐大学・短期大学 総推

365 獨協大学

366 獨協医科大学(医学部) 医

な行(関東の大学)

367 二松学舎大学

368 日本大学(法学部)

369 日本大学(経済学部)

370 日本大学(商学部)

371 日本大学(文理学部〈文系〉)

372 日本大学(文理学部〈理系〉)

373 日本大学(芸術学部〈専門試験併用型〉)

374 日本大学(国際関係学部)

375 日本大学(危機管理・スポーツ科学部)

376 日本大学(理工学部)

377 日本大学(生産工・工学部)

378 日本大学(生物資源科学部)

379 日本大学(医学部) 医

380 日本大学(歯・松戸歯学部)

381 日本大学(薬学部)

382 日本大学(N全学統一方式−医・芸術〈専門試験併用型〉学部を除く)

383 日本医科大学 医

384 日本工業大学

385 日本歯科大学

386 日本社会事業大学 総推

387 日本獣医生命科学大学

388 日本女子大学

389 日本体育大学

は行(関東の大学)

390 白鷗大学(学業特待選抜・一般選抜)

391 フェリス女学院大学

392 文教大学

393 法政大学(法〈Ⅰ日程〉・文〈Ⅱ日程〉・経営〈Ⅱ日程〉学部−A方式)

394 法政大学(法〈Ⅱ日程〉・国際文化・キャリアデザイン学部−A方式)

395 法政大学(文〈Ⅰ日程〉・経営〈Ⅰ日程〉・人間環境・グローバル教養学部−A方式)

396 法政大学(経済〈Ⅰ日程〉・社会〈Ⅰ日程〉・現代福祉学部−A方式)

397 法政大学(経済〈Ⅱ日程〉・社会〈Ⅱ日程〉・スポーツ健康学部−A方式)

398 法政大学(情報科・デザイン工・理工・生命科学部−A方式)

399 法政大学(T日程〈統一日程〉・英語外部試験利用入試)

400 星薬科大学 総推

ま行(関東の大学)

401 武蔵大学

402 武蔵野大学

403 武蔵野美術大学

404 明海大学

405 明治大学(法学部−学部別入試)

406 明治大学(政治経済学部−学部別入試)

407 明治大学(商学部−学部別入試)

408 明治大学(経営学部−学部別入試)

409 明治大学(文学部−学部別入試)

410 明治大学(国際日本学部−学部別入試)

411 明治大学(情報コミュニケーション学部−学部別入試)

412 明治大学(理工学部−学部別入試)

413 明治大学(総合数理学部−学部別入試)

414 明治大学(農学部−学部別入試)

415 明治大学(全学部統一入試)

416 明治学院大学(A日程)

417 明治学院大学(全学部日程)

418 明治薬科大学 総推

419 明星大学

420 目白大学・短期大学部

ら・わ行(関東の大学)

421 立教大学(文系学部−一般入試〈大学独自の英語を課さない日程〉)

422 立教大学(国語〈3日程×3カ年〉)

423 立教大学(日本史・世界史〈2日程×3カ年〉)

424 立教大学(文学部−一般入試〈大学独自の英語を課す日程〉)

425 立教大学(理学部−一般入試)

426 立正大学

427 早稲田大学(法学部)

428 早稲田大学(政治経済学部)

429 早稲田大学(商学部)

430 早稲田大学(社会科学部)

431 早稲田大学(文学部)

432 早稲田大学(文化構想学部)

433 早稲田大学(教育学部〈文科系〉)

434 早稲田大学(教育学部〈理科系〉)

435 早稲田大学(人間科・スポーツ科学部)

436 早稲田大学(国際教養学部)

437 早稲田大学(基幹理工・創造理工・先進理工学部)

438 和洋女子大学 総推

中部の大学(50音順)

439 愛知大学

440 愛知医科大学(医学部) 医

441 愛知学院大学・短期大学部

442 愛知工業大学 総推

443 愛知淑徳大学

444 朝日大学 総推

445 金沢医科大学(医学部) 医

446 金沢工業大学

447 岐阜聖徳学園大学 総推

448 金城学院大学

449 至学館大学 総推

450 静岡理工科大学

451 椙山女学園大学

452 大同大学

453 中京大学

454 中部大学

455 名古屋外国語大学 総推

456 名古屋学院大学 総推

457 名古屋学芸大学 総推

458 名古屋女子大学 総推

459 南山大学(外国語〈英米〉・法・総合政策・国際教養学部)

460 南山大学(人文・外国語〈英米を除く〉・経済・経営・理工学部)

461 新潟国際情報大学

462 日本福祉大学

463 福井工業大学

464 藤田医科大学(医学部) 医

465 藤田医科大学(医療科・保健衛生学部)

466 名城大学(法・経営・経済・外国語・人間・都市情報学部)

467 名城大学(情報工・理工・農・薬学部)

468 山梨学院大学

近畿の大学(50音順)

469 追手門学院大学 総推

470 大阪医科薬科大学(医学部) 医

471 大阪医科薬科大学(薬学部) 総推

472 大阪学院大学 総推

473 大阪経済大学 総推

474 大阪経済法科大学 総推

475 大阪工業大学 総推

476 大阪国際大学・短期大学部 総推

477 大阪産業大学 総推

478 大阪歯科大学(歯学部)

479 大阪商業大学 総推

480 大阪成蹊大学・短期大学 総推

481 大谷大学 総推

482 大手前大学・短期大学 総推

483 関西大学(文系)

484 関西大学(理系)

485 関西大学(英語〈3日程×3カ年〉)

486 関西大学(国語〈3日程×3カ年〉)

487 関西大学(日本史・世界史・文系数学〈3日程×3カ年〉)

488 関西医科大学(医学部) 医

489 関西医療大学 総推

490 関西外国語大学・短期大学部 総推

491 関西学院大学(文・法・商・人間福祉・総合政策学部−学部個別日程)

492 関西学院大学(神・社会・経済・国際・教育学部−学部個別日程)

493 関西学院大学(全学部日程〈文系型〉)

494 関西学院大学(全学部日程〈理系型〉)

495 関西学院大学(共通テスト併用日程〈数学〉・英数日程)

496 関西学院大学(英語〈3日程×3カ年〉) 新

497 関西学院大学(国語〈3日程×3カ年〉) 新

498 関西学院大学(日本史・世界史・文系数学〈3日程×3カ年〉) 新

499 畿央大学 総推

500 京都外国語大学・短期大学 総推

502 京都産業大学(公募推薦入試) 総推

503 京都産業大学(一般選抜入試〈前期日程〉)

504 京都女子大学 総推

505 京都先端科学大学 総推

506 京都橘大学 総推

507 京都ノートルダム女子大学 総推

508 京都薬科大学 総推

509 近畿大学・短期大学部(医学部を除く−推薦入試) 総推

510 近畿大学・短期大学部(医学部を除く−一般入試前期)

511 近畿大学(英語〈医学部を除く3日程×3カ年〉)

512 近畿大学(理系数学〈医学部を除く3日程×3カ年〉)

513 近畿大学(国語〈医学部を除く3日程×3カ年〉)

514 近畿大学(医学部−推薦入試・一般入試前期) 医 総推

515 近畿大学・短期大学部(一般入試後期) 医

516 皇學館大学 総推

517 甲南大学 総推

518 甲南女子大学(学校推薦型選抜) 新 総推

519 神戸学院大学 総推

520 神戸国際大学 総推

521 神戸女学院大学 総推

522 神戸女子大学・短期大学 総推

523 神戸薬科大学 総推

524 四天王寺大学・短期大学部 総推

525 摂南大学(公募制推薦入試) 総推

526 摂南大学(一般選抜前期日程)

527 帝塚山学院大学 総推

528 同志社大学(法、グローバル・コミュニケーション学部−学部個別日程)

2025年版　大学赤本シリーズ　No. 406

明治大学（政治経済学部－学部別入試）

2024年6月25日　第1刷発行

ISBN978-4-325-26465-1

定価は裏表紙に表示しています

編　集　教学社編集部

発行者　上原 寿明

発行所　教学社

〒606-0031

京都市左京区岩倉南桑原町56

電話　075-721-6500

振替　01020-1-15695

印　刷　太洋社